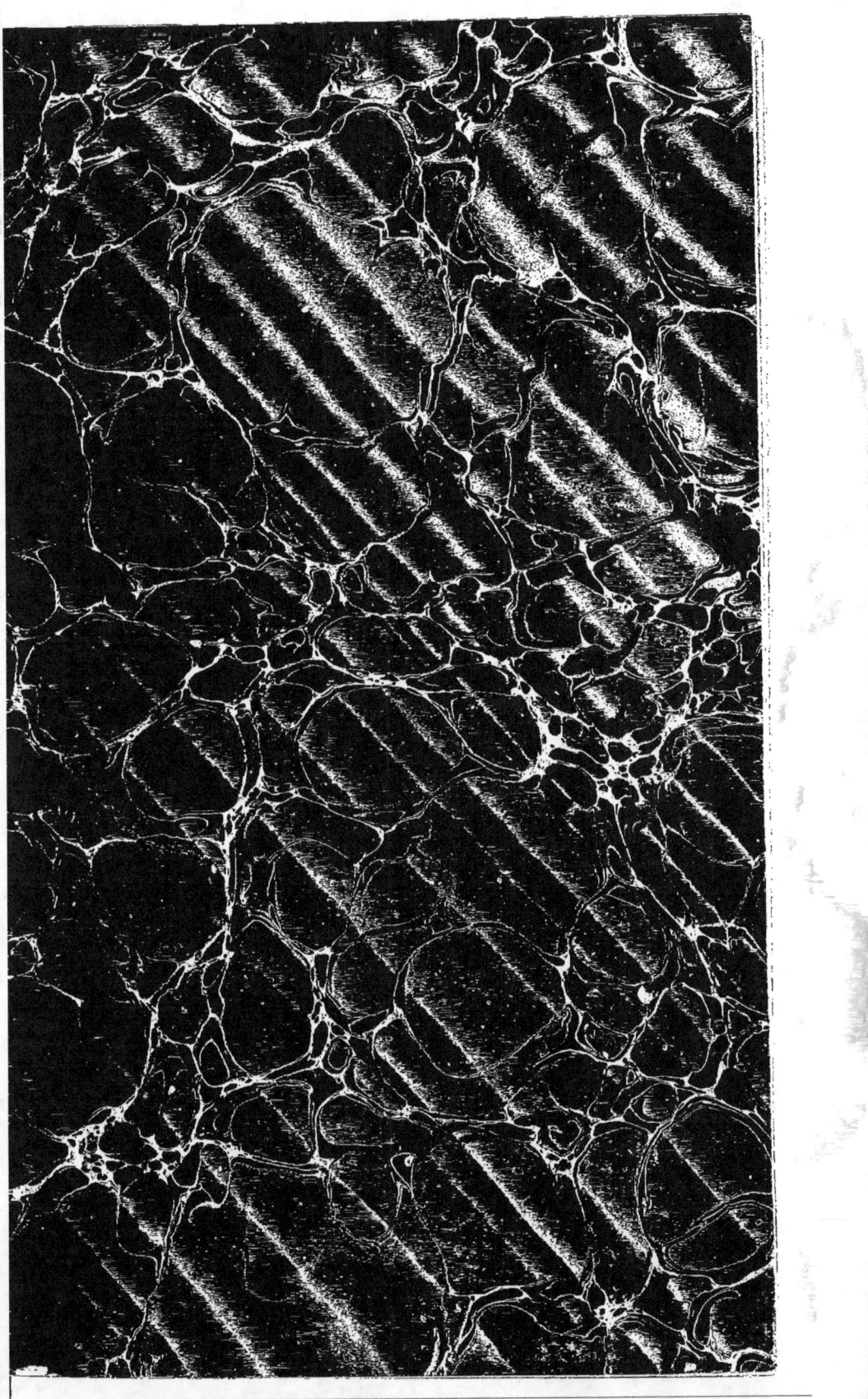

V
☧ ~~3844~~
~~14.T.?~~
C

31699

LE NOUVEAU
CUISINIER ROYAL.

VERSAILLES. — IMPRIMERIE DE MARLIN.

LE NOUVEAU
CUISINIER ROYAL

OU

TRAITÉ COMPLET

DE L'ART CULINAIRE,

D'APRÈS

MM. Carême, Brillat-Savarin, Albert, Viard, Fouret, et plusieurs autres Officiers de bouche célèbres;

CONTENANT

1° **LA CUISINE PROPREMENT DITE;**
2° **LA PATISSERIE;**
3° **L'OFFICE;**
4° **UNE INSTRUCTION SUR LE CHOIX DES VINS.**

PAR M. BEAUVILLERS.

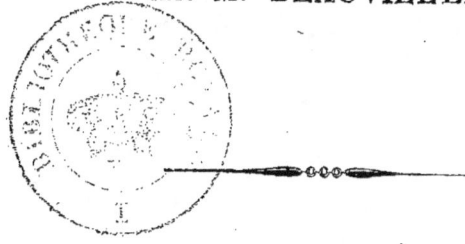

Paris,
CHEZ CAMUZEAUX, LIBRAIRE,
QUAI SAINT-MICHEL, N° 25.

1835.

LE NOUVEAU CUISINIER ROYAL.

CHAPITRE I.

DES POTAGES AU GRAS.

Du bouillon. — Manière de conserver le bouillon. — Potage au pain ou au naturel. — Potage aux carottes nouvelles. — Potage aux navets. — Potage aux ognons blancs. — Potage aux poireaux. — Potage à la pointe d'asperges. — Potage aux petits pois. — Potage aux laitues. — Potage au riz. — Potage printanier à l'allemande. — Potage au vermicelle. — Potage à la semoule. — Potage aux lazagnes. — Potage aux nouilles. — Potage aux choux. — Potage aux herbes. — Potage à la julienne. — Potage à la moelle. — Potage à la purée de racines. — Potages à la purée de pois, lentilles, haricots, etc. — Potage à la purée de marrons. — Potage à la purée de pois nouveaux. — Potage à la purée d'écrevisses. — Potage à la purée d'huîtres. — Potage aux œufs. — Garbure aux marrons ou à la Polignac. — Garbure aux ognons. — Garbure aux laitues. — Garbure aux choux. — Garbure à la Villeroy. — Garbure au fromage. — Garbure à la béarnaise. — Garbure au hameau de Chantilly. — Chapon au riz. — Chapon à la Grimod de la Roynière. — Potage à la turque. — Potage à la reine. — Potage à la Condé. — Potage aux quenelles de pommes de terre. — Potage au macaroni. — Croûtes au pot. — Potage à la Crécy. — Potage à la Vusel. — Potage à la languedocienne. — Potage aux concombres. — Potage à la Geaufret. — Potage à la polacre. — Potage à la raiette. — Potage à la purée de gibier. — Potage à la tortue. — Jus à l'étouffade. — Potage à la russe. — Potage aux rabioles. — Potage au macaroni à la napolitaine. — Potage aux quenelles de volaille. — Potage printanier. — Potage à la purée de tomates. — Potage à la purée d'oseille. — Oille à l'espagnole. — Potage au chasseur. — Potage au mouton. — Consommé. — Potage au salep. — Potage au sagou. — Potage au gruau d'avoine. — Potage à l'orge perlé.

Du bouillon.

Le bouillon étant la base non seulement d'un grand nombre de potages, mais encore de presque toutes les sauces, sa confection est très importante. La pratique la plus longue, et les meilleurs élémens sont insuffisans pour faire de bon bouillon, et sur ce point, la théorie est indispensable. Il faut donc savoir que la viande, en général, se compose de cinq substances qui sont : la gélatine, l'osmazone, l'albumine, la graisse et les fibres. De ces cinq substances, deux seulement concourent à la confection du bouillon ; ce sont la gélatine qui contient la partie nourrissante, et l'osmazone qui contient toute la saveur et le parfum. Des trois autres substances, l'une est insoluble, ce sont les fibres; l'albumine, qui a les mêmes propriétés que le blanc d'œuf, se coagule à un certain degré de chaleur, et la graisse surnageant ne peut faire corps avec le bouillon.

Il résulte de là que l'on ne peut à la fois avoir d'excellent bouillon et d'excellent bœuf bouilli; car si l'on met le bœuf dans l'eau froide, et que l'on fasse chauffer par degrés pendant le temps nécessaire, le bouillon sera bon, attendu que l'albumine ne se sera pas coagulée assez promptement pour empêcher la gélatine de se dissoudre; mais le bœuf aura perdu presque tout son suc nutritif et une grande partie de son parfum. Si au contraire on met le bœuf dans l'eau bouillante ou dans l'eau froide que l'on ferait bouillir trop rapidement, l'albumine se coagulant presque instantanément retiendra la gélatine et l'osmazone dans le morceau de bœuf qui sera très savoureux, tandis que le bouillon sera faible et manquera de parfum.

On conçoit, d'après cela, que si l'on employait la viande dans l'unique but d'avoir du bouillon d'une qualité supérieure, il faudrait hacher la viande le plus menu possible afin que les deux substances nécessaires à la confection n'éprouvassent aucun obstacle pour se dissoudre.

Bien que la viande la plus fraîche soit ordinairement la moins tendre, elle est préférable en ce qu'elle donne le meilleur bouillon.

On n'obtient de bon bouillon que de la viande de bœuf; celle de mouton a l'inconvénient grave de sentir souvent le suif, et celle de veau ne donne qu'un bouillon pâle et sans saveur. Quant aux volailles, bien qu'une erreur fort accréditée les fasse regarder comme un excellent auxiliaire pour faire de bon bouillon, il est certain qu'elles n'ajoutent presque rien à ses qualités; il n'en est pas de même de la perdrix qui donne au bouillon un parfum délicieux : le pigeon produit à peu près le même effet.

Les parties du bœuf qui sont préférables pour la confection du bouillon sont, la tranche, le gîte à la noix, le milieu du trumeau, et le bas de l'aloyau. La viande brune est préférable à la blanche, et celle d'un bœuf vieux a plus de parfum que celle d'un jeune.

De ces observations préliminaires, il est aisé de déduire les règles suivantes :

I.

Après avoir désossé votre viande, ficelez-la, afin qu'elle conserve une forme arrondie; déposez-la dans la marmite avec une quantité d'eau suffisante, c'est-à-dire environ une pinte par livre de viande, et posez la marmite sur un feu doux. L'écume paraîtra bientôt à la surface de l'eau; cette écume n'est autre chose que l'albumine dont nous avons parlé précédemment, et qui, en s'élevant à la surface de l'eau, entraîne avec elle les corps étrangers qui peuvent se trouver dans cette eau. Enlevez cette écume, en ayant soin d'entretenir un feu assez doux pour que l'eau ne bouille pas avant que toute l'écume n'ait été extraite. Plus l'écume aura été abondante, plus le bouillon sera limpide, et mieux il se conservera.

II.

La marmite étant écumée, salez le bouillon, et mettez-y les légumes, qui se composent ordinairement de quelques carottes, autant de navets, un ognon dans lequel vous aurez enfoncé trois ou quatre clous de girofle, un panais, et un bouquet composé de poireaux et de céleri en petite quantité. On peut joindre à cela un petit chou et un ognon brûlé; ce dernier donne une belle couleur au bouillon.

III.

Si, indépendamment des os que vous avez séparés de votre morceau de bœuf, il vous restait quelques os de rôti, brisez-les tout aussi menu que possible, enfermez ces os ainsi broyés dans un sac et déposez-les dans la marmite; les os, en général, contenant une grande quantité de gélatine, il en résultera que deux onces d'os donneront à votre bouillon autant de substance nutritive qu'une livre de viande. Il ne faut pourtant pas inférer de là qu'il soit possible de faire de bon bouillon avec des os seulement; car les os étant entièrement dépourvus d'osmazone ne peuvent donner qu'un bouillon sans saveur.

IV.

L'ébullition de la marmite se trouvant suspendue par l'addition des légumes, vous activerez un peu le feu, et dès que l'ébullition recommencera vous descendrez la marmite, vous la couvrirez soigneusement, et la laisserez bouillir bien doucement devant un feu doux, pendant six heures, sans la remplir, excepté dans le cas où il n'y aurait plus assez de bouillon pour que la viande baigne entièrement. Vous préviendrez cet accident en ayant une marmite dont le couvercle ferme hermétiquement, ce qui empêchera l'évaporation.

Manière de conserver le bouillon.

Autant par économie que pour obtenir en même temps de bon bœuf et de bon bouillon, il ne faut pas opérer sur une trop petite quantité de viande; car il est prouvé qu'un morceau de deux livres, proportion gardée, se trouve bien plus promptement épuisé qu'un morceau de quatre livres, c'est-à-dire qu'avec un morceau de quatre livres, on obtient une quantité de bouillon double de celle que l'on obtiendrait avec un morceau de deux livres, et que le morceau de quatre livres conserve en outre une partie de ses substances nutritives.

Il résulte de là que dans une maison où la consommation est peu considérable, on est dans la nécessité de faire du bouillon pour deux ou trois jours; or, dans l'été, le bouillon aigrit en vingt-quatre heures, et si on le dépose dans un endroit très frais, il y contracte un goût désagréable. On remédiera à ces inconvéniens en le faisant bouillir soir et matin; mais dans ce car il faudra qu'il ait été peu salé dans le principe, attendu qu'il se concentre par l'évaporation que déterminent ces ébullitions répétées. On peut ainsi conserver du bouillon pendant plusieurs jours, même au temps des plus grandes chaleurs, sans qu'il perde rien de sa qualité.

Potage au pain ou au naturel.

Après avoir mis dans une soupière une quantité suffisante de croûtes de pain bien taillées et d'une belle couleur, jetez dessus un peu de bouillon bouillant, et laissez-les tremper jusqu'à ce que le moment de tremper le potage soit venu; ajoutez alors la quantité de bouillon nécessaire pour que le pain baigne aisément. On se sert avec avantage, pour le potage au pain, de croûtes de pain à café séchées au four, ou de petites tartines qui ont subi une double cuisson, et que l'on nomme biscotes.

AU GRAS.

Potage aux carottes nouvelles.

Après avoir coupé et tourné des carottes nouvelles de manière à en former des petits bâtons d'un pouce de longueur, et toutes de la même grosseur, faites-les blanchir, puis égouttez-les et les faites cuire dans du bouillon. Votre potage étant préparé comme ci-dessus, vous mettrez vos carottes sur le pain.

Potage aux navets.

Agissez comme pour le potage aux carottes, avec cette différence seulement que lorsque vos navets seront tournés, il faudra les sauter dans le beurre pour leur donner une belle couleur.

Potage aux ognons blancs.

Épluchez avec soin un certain nombre de petits ognons blancs, faites-les blanchir et faites-les cuire ensuite dans du bouillon, en y joignant un peu de sucre; lorsqu'ils seront suffisamment cuits, vous les verserez sur le potage au pain que vous aurez préparé.

Potage aux poireaux.

Coupez des poireaux en filets de la longueur d'un pouce, faites-les revenir dans le beurre jusqu'à ce qu'ils soient blonds, puis faites-les cuire sur un feu doux, dans une petite quantité de bouillon, et versez-les sur le potage au pain.

Potage à la pointe d'asperges.

Coupez des asperges en petits morceaux de six lignes environ, faites-les blanchir, et faites-les bouillir ensuite dans le bouillon, pendant quelques minutes seulement, attendu qu'il faut qu'elles demeurent un peu fermes. Versez-les alors sur le potage que vous aurez préparé comme ci-dessus.

Potage aux petits pois.

Il se prépare comme le précédent, seulement on met un peu de sucre dans le bouillon où l'on fait cuire les petits pois.

Potage aux laitues.

Ce potage se fait de deux manières, savoir: aux laitues entières et aux laitues émincées. Pour le faire aux laitues entières, il faut éplucher ces dernières de manière à ne pas séparer les feuilles du cœur. Après les avoir lavées convenablement, faites-les blanchir en les jetant dans l'eau bouillante avec du sel. Une demi-heure après, jetez-les dans de l'eau bien fraîche; mettez alors dans une casserole des bardes de lard, des tranches de veau, et posez les dessus les laitues que vous aurez, au préalable, bien pressées et ficelées; recouvrez les laitues avec du lard, ajoutez-y des carottes et des ognons coupés en tranche, mouillez le tout avec du bouillon, et faites-le cuire à petit feu. Les laitues étant cuites, vous les dressez sur le potage au naturel.

Pour le potage aux laitues émincées, on coupe les laitues en petits filets, on les passe au beurre, on achève de les faire cuire dans du bouillon, et on les sert comme ci-dessus.

Potage au riz.

Après avoir bien épluché le riz, qui contient souvent des petits cailloux et d'autres corps étrangers, lavez-le à plusieurs reprises dans de l'eau chaude d'abord, en le frottant dans vos mains, puis, en dernier lieu, dans de l'eau froide; faites-le bouillir ensuite dans une petite quantité de bouillon, et mouillez-le toujours avec du bouillon, à mesure qu'il crèvera. Il faut que le riz soit bien crevé, sans cependant être réduit en bouillie; il est suffisamment crevé lorsque les grains s'écrasent sans effort entre les doigts. Ajoutez-y alors une quantité de bouillon telle que votre potage ne soit ni trop clair, ni trop épais. La quantité de riz nécessaire, est d'environ une once par personne.

Potage printanier à l'allemande.

Hachez ensemble une égale quantité de laitue, d'oseille, de cerfeuil et de pourpier; mettez ces herbes hachées dans une casserole, avec un litre de petits pois, plus ou moins selon la quantité de potage que vous voulez faire; mouillez le tout avec du bouillon, et faites-le cuire pendant deux heures au moins. Vous ferez en même temps crever du riz dans de l'eau avec un peu de beurre et de sel, et vous servirez ce riz, en pain, dans un vase à part.

Potage au vermicelle.

Il est indispensable que le vermicelle soit nouvellement fabriqué, et qu'il n'ait aucun goût. Brisez le vermicelle entre vos doigts, et jetez-le dans le bouillon bouillant; remuez-le avec une cuillère de bois, afin qu'il ne reste pas en paquets, et laissez-le bouillir pendant une demi-heure.

Ce potage ainsi que le précédent, et en général tous les potages aux pâtes, étant ordinairement fort pâles, il est indispensable, pour qu'ils soient agréables à l'œil, de les colorer avec un peu de jus ou une décoction d'ognon brûlé, ou un peu de caramel, c'est-à-dire de sucre brûlé, dans une casserole non étamée.

Potage à la semoule.

La semoule est une pâte qui ressemble assez à du vermicelle que l'on aurait concassé ; elle doit, comme ce dernier, être fraîchement faite et sans goût. On la jette dans le bouillon bouillant, que l'on agite en même temps avec une cuillère, afin que cette pâte ne se coagule pas ; une demi-heure de cuisson lui suffit.

Potage aux lazagnes.

On appelle lazagnes, une espèce de vermicelle qui ne diffère de ce dernier que par la forme ; les lazagnes sont en rubans ; elles se préparent comme le vermicelle, seulement il faut les laisser bouillir un quart-d'heure de plus.

Potage aux nouilles.

On appelle nouilles, une espèce de pâte que l'on ne prépare qu'au moment de s'en servir. Cassez cinq ou six œufs bien frais, dans un demi-litron de farine ; ajoutez-y un peu d'eau, du sel, du gros poivre, et faites de tout cela une pâte très ferme que vous étendrez avec un rouleau, jusqu'à ce qu'elle soit réduite à l'épaisseur d'une ligne ; coupez-la alors en losanges, en ronds, en filets, etc., que vous saupoudrez de farine pour qu'ils ne s'attachent pas ensemble ; faites ensuite bouillir votre bouillon, jetez les nouilles dedans et faites-les cuire.

On fait encore le potage aux nouilles d'une autre manière, que l'on nomme *à l'allemande*. La pâte, dans ce cas, doit être assez liquide pour passer à travers les trous d'une passoire que l'on tient suspendue sur du bouillon bouillant, sur un feu assez vif pour que l'ébullition ne soit pas suspendue par l'addition de la pâte ; il ne faut alors qu'un quart-d'heure de cuisson. Ce potage se nomme aussi *potage à la Xavier*.

Potage aux choux.

Coupez un chou en morceaux, et faites-le blanchir pendant une demi-heure ; jetez-le ensuite dans de l'eau fraîche et faites-le égoutter. Lorsqu'il ne contiendra plus d'eau, vous le mettrez dans une casserole ; vous y joindrez un ognon et quelques carottes, et vous garnirez le fond et les parois de la casserole de bardes de lard. Mettez le tout sur un feu doux, et mouillez-le de temps en temps avec du bouillon.

Le chou étant cuit, vous dressez un potage au pain comme il a été indiqué ci-dessus, et vous mettez ce chou dessus, puis vous arrosez le tout avec le bouillon dans lequel le chou aura cuit, et que vous aurez dégraissé.

On fait un autre potage aux choux, auquel on ajoute du fromage, et, dans ce cas, voici comment on procède : Le chou étant cuit comme on l'indique ci-dessus, on met un morceau de beurre dans une casserole ; sur ce beurre on fait un lit de pain, que l'on saupoudre de fromage de Gruyère ou de Parme râpé ; puis on met successivement un lit de pain et un lit de chou, en ayant le soin de saupoudrer chaque lit avec du fromage ; on arrose ensuite le tout avec du bouillon, et l'on met la casserole sur un feu doux, afin que le potage puisse non pas bouillir, mais mijoter pendant une demi-heure. On verse alors le contenu de la casserole dans une soupière, et l'on y ajoute le bouillon nécessaire pour qu'il ne soit pas trop épais.

Potage aux herbes.

Hachez ensemble une poignée d'oseille, une pincée de poirée, et deux laitues dont vous aurez ôté les côtes ; faites fondre le tout dans une casserole, sans eau, et mouillez les herbes avec du bouillon jusqu'à ce qu'elles soient bien cuites. Dressez ensuite un potage au pain, et versez ces herbes dessus.

Potage à la julienne.

Prenez une égale quantité de navets et de carottes, une quantité beaucoup moindre d'ognons, de poireaux et de céleri ; coupez le tout en petits filets d'un pouce de long, et de deux lignes de diamètre ; joignez-y de la laitue, du cerfeuil et de l'oseille hachés, et en proportion convenable. Après avoir fait revenir les racines dans du beurre bien frais, ajoutez-y les herbes, et mouillez le tout avec du bouillon. Tout cela ayant bouilli pendant une heure, vous le verserez sur le pain que vous avez préparé comme pour le potage au naturel.

Il arrive aussi, et cette méthode est plus moderne, que l'on sert la julienne sans pain ; dans ce cas, les légumes doivent être plus abondans, et l'on peut ajouter à ceux que nous avons indiqués des petits pois, des haricots verts, des pointes d'asperges, des culs d'artichauts, etc.

Potage à la moelle.

Prenez une demi-livre de moelle de bœuf, faites-la fondre, et passez-la au tamis; cassez dedans quatre ou cinq œufs bien frais; joignez-y un petit pain à café que vous aurez fait tremper dans du bouillon, du sel, de la muscade, du persil, de la farine. Faites, avec tout cela, des boulettes, et faites-les bouillir dans le bouillon pendant cinq minutes. Versez ensuite dans la soupière, et servez.

Potage à la purée de racines.

Après avoir coupé par tranches des navets et des carottes en égale quantité, un panais et quelques ognons, passez le tout au beurre, en ayant soin de mouiller avec du bouillon, et de remuer assez fréquemment pour que les racines ne s'attachent pas ensemble; ajoutez-y un peu de sucre que vous aurez presque réduit à l'état de caramel, et mettez le tout sur un feu doux; lorsque la cuisson sera terminée, passez ces racines dans une étamine ou une passoire bien fine, et ajoutez à la purée qui en résultera, assez de bouillon pour que le potage ne soit pas trop épais.

Potages à la purée de pois, lentilles, haricots, etc.

Après avoir fait cuire des pois dans de bon bouillon avec quelques carottes et ognons, il faut les écraser dans un mortier, et les passer à l'étamine. On en fait alors une purée que l'on jette sur des croûtons, c'est-à-dire des morceaux de mie de pain taillés en dés et que l'on aura fait sauter dans le beurre pour les rendre jaunes. Il sera bien, afin de conserver à la purée de pois la couleur verte, d'y joindre le jus que l'on aura exprimé d'une poignée d'épinards blanchis et hachés.

Les purées de lentilles et de haricots se font absolument de la même manière, le jus d'épinards excepté.

Potage à la purée de marrons.

Après avoir débarrassé un quarteron de marrons de leur enveloppe noire, jetez-les dans l'eau chaude, et les y laissez tremper jusqu'à ce que la seconde enveloppe s'enlève facilement; épluchez-les alors, puis pilez-les dans un mortier avec un morceau de pain que vous aurez fait tremper dans du bouillon ; éclaircissez la purée avec du bouillon chaud, passez-la au tamis ou à l'étamine, puis faites-la cuire convenablement, et jetez-la sur des croûtons que vous aurez passés au beurre.

Potage à la purée de pois nouveaux.

Mettez, dans une quantité d'eau froide suffisante, un ou deux litres de gros pois ; mêlez les pois avec un morceau de beurre en les maniant, puis ôtez-les de l'eau et faites-les égoutter. Mettez-les ensuite dans une casserole, ajoutez-y un peu de persil et de ciboule, et faites cuire le tout sur un feu doux pendant une demi-heure environ, en ayant soin de le remuer de temps en temps ; pilez alors les pois, passez-les à l'étamine ; ajoutez-y une quantité de bouillon suffisante pour que la purée ne soit pas trop épaisse, et jetez-la sur les croûtes quelques instans avant le moment de servir.

Nota. On conçoit aisément que, dans tous les cas, le pain peut être remplacé par les pâtes d'Italie, telles que : vermicelle, lazagnes, semoule, etc.

Les potages dits *à la d'Artois*, *à la Viennet*, ne sont autre chose que des purées de pois ou de lentilles, etc., dans lesquelles on met des croûtons taillés en dés et frits dans le beurre.

Potage à la purée d'écrevisses.

Après avoir bien lavé un demi-cent d'écrevisses, enlevez à chacune d'elles les deux ongles du milieu de la queue afin d'en extraire un intestin qui se prolonge jusque-là, puis faites-les cuire à grand feu avec sel, gros poivre et vinaigre ; ouvrez-les ensuite pour en extraire l'intérieur du ventre, puis pilez-les dans un mortier en même temps qu'une certaine quantité de mie de pain que vous aurez fait frire dans le beurre. Mettez ensuite le tout dans du bouillon que vous aurez passé au tamis ; puis vous ferez chauffer cette purée sur un feu doux, en ayant soin qu'elle ne bouille pas, et vous la jetterez sur les croûtons passés au beurre, que vous aurez préparés à l'avance.

Potage à la purée d'huîtres.

Après avoir pilé dans un mortier deux douzaines d'huîtres, ou davantage, selon la quantité de potage dont vous avez besoin, jetez-les dans le bouillon, et mettez le tout sur un feu doux pendant trente à quarante minutes ; puis trempez avec ce bouillon des croûtons passés au beurre.

AU GRAS.

Potage aux œufs.

Après avoir battu, dans une quantité de bouillon suffisante, cinq ou six œufs et une cuillerée de farine, assaisonnez ce mélange d'un peu de macis, et jetez-le dans du bouillon bouillant. Faites bouillir le tout pendant vingt minutes, et jetez-le sur des croûtons que vous aurez fait revenir dans le beurre.

On fait ce potage d'une autre manière, en délayant trois jaunes d'œufs et un œuf entier dans un demi-litre de bouillon froid, et en mettant ce mélange au bain-marie jusqu'à ce qu'il soit assez coagulé pour qu'on puisse le prendre à la cuillère et le mettre dans une soupière remplie de bouillon bouillant. Ce potage se nomme aussi *à la Desclignac*.

Garbure aux marrons ou la à Polignac.

Après avoir ôté la première peau des marrons, vous les passez dans du beurre bien chaud jusqu'à ce que la pellicule intérieure s'enlève facilement; ôtez cette seconde peau, et mettez les marrons dans une casserole avec du lard, des parures de viande, des carottes, des ognons, des clous de girofle, du laurier, du céleri; mouillez le tout avec du bouillon, et faites-le cuire sur un feu doux pendant une heure. Retirez alors les marrons, écrasez-les à moitié, et dressez-les par lits dans un plat creux, en mettant successivement un lit de pain et un lit de marrons. Passez au tamis le bouillon dans lequel vous aurez fait cuire les marrons; arrosez le tout avec ce bouillon, et faites gratiner sur un feu doux. Servez ensuite ce plat tel que vous l'aurez tiré du feu, avec du bouillon dans un vase à part.

Garbure aux ognons.

Coupez en quatre et ensuite par tranches de gros ognons; faites-leur prendre couleur en les passant au beurre, puis dressez-les par lits en mettant successivement un lit d'ognons et un lit de tranches de pain; faites gratiner le tout après l'avoir mouillé avec un peu de bouillon, servez le plat tel que vous l'aurez ôté du feu, avec du bouillon dans un vase à part.

Garbure aux laitues.

Les laitues, pour cette garbure, se préparent de la même manière que pour le simple potage aux laitues. (Voyez *potage aux laitues*.) Lorsque vous aurez ôté les laitues du bouillon où elles auront mijoté pendant une heure et demie, vous les couperez par tranches dans leur longueur, et vous les dresserez par lits dans un plat creux, en mettant successivement un lit de laitues et un lit de tranches de pain bien minces; vous arroserez le tout avec le bouillon dans lequel les laitues auront cuit, et que vous ne dégraisserez pas, mais qu'il faudra passer au tamis; vous y ajouterez un peu de gros poivre, et ferez gratiner le tout sur un feu doux, jusqu'à ce que cela ait pris une belle couleur jaune. Vous servirez alors avec du bouillon dans un vase à part.

Garbure aux choux.

Cette garbure se fait absolument comme la précédente, seulement les choux étant moins aqueux que les laitues, et d'un goût plus prononcé, il faut y mettre un peu moins d'assaisonnement.

Garbure à la Villeroy.

Coupez, en forme de dés, une égale quantité de navets et de carottes, un peu moins d'ognons, de céleri, de poireaux; hachez grossièrement quelques laitues et un peu de cerfeuil. Cela fait, vous passerez d'abord vos carottes au beurre; lorsqu'elles seront à moitié frites, vous y joindrez vos navets, et après quelques instans vos ognons, poireaux et céleri; le tout étant bien revenu, et ayant pris belle couleur, vous y ajouterez vos herbes et les laisserez fondre après les avoir bien mêlées aux légumes. Mouillez de temps en temps avec du bouillon; ajoutez un peu de sucre, et laissez cuire à petit feu. Lorsque vos légumes seront bien cuits, vous les dresserez par lits, en mettant successivement un lit de tranches de légumes, un lit de tranches de pain bien minces, et un peu de gros poivre sur chaque lit; vous mouillerez avec le bouillon dans lequel vos légumes auront cuit, et le ferez gratiner. Servez ensuite avec du bouillon à part.

Garbure au fromage.

Après avoir fait blanchir, rafraîchir et égoutter des choux, mettez-les dans une marmite avec un morceau de bœuf plus ou moins fort, selon la proportion, du jambon, une perdrix ou deux pigeons, carottes, ognon, persil, sel, poivre, muscade et girofle; remplissez la marmite avec de bon bouillon, et faites bouillir le tout pendant deux heures au moins. Otez alors vos choux, et dressez-les par lits dans un plat creux, en mettant successivement un lit de fromage coupé par tranches, un lit de choux, un lit de pain aussi coupé par tranches; et ainsi de suite, jusqu'à ce que le plat soit plein; versez par-dessus un peu de bouillon, et faites mijoter cela sur un feu doux, jusqu'à ce que le gratin commence à se former. Servez alors avec du bouillon dans un vase à part.

Garbure à la béarnaise.

Après avoir fait blanchir une égale quantité de choux et de laitues, mettez-les dans une braisière avec du petit lard, du jambon, des cuisses d'oies marinées et un saucisson cru; assaisonnez cela d'un bouquet de persil, carottes, navets, ognons, girofle; mouillez le tout avec du bouillon peu salé, et le faites bouillir jusqu'à ce que les viandes soient cuites. Dressez alors en couronne vos choux, laitues et petit lard, entremêlés de mies de pain de seigle; versez au milieu une purée de pois que vous aurez préparée à l'avance; posez le jambon et les cuisses d'oies sur cette purée, et garnissez les bords du plat avec votre saucisson coupé par tranches; faites gratiner le tout sur un feu doux, et servez à part votre fond que vous aurez dégraissé et clarifié.

Garbure au hameau de Chantilly.

Mettez un morceau de tranche de bœuf dans de bon bouillon, dans la proportion d'une livre de bœuf par litre de bouillon; ajoutez-y un jarret de veau, une ou deux perdrix, selon la quantité de bouillon, et autant de pigeons de volière, le tout bien ficelé. Opérez ensuite comme pour faire de simple bouillon, c'est-à-dire, faites écumer, ajoutez les légumes, etc. Après quatre à cinq heures d'ébulition, dressez sur un plat creux les perdrix et les pigeons, et garnissez-les de carottes, navets, ognons et poireaux que vous aurez fait cuire à part dans du bouillon avec un peu de sucre. Ces légumes doivent être placés par catégories, c'est-à-dire, les navets ensemble, les carottes ensemble, etc.; les carottes et les navets doivent être tournés et taillés tous de la même grosseur et longueur, et les poireaux et ognons doivent être cuits de manière à rester entiers. Servez ensuite ces viandes ainsi garnies, à l'exception du bœuf qui ne se sert pas, et servez en même temps, à part, le bouillon dans lequel ces viandes auront cuit, et que vous aurez convenablement dégraissé et passé.

Chapon au riz.

Troussez un chapon, les pattes en dedans; flambez-le et bridez-le afin qu'il ne change pas de forme en cuisant; mettez ce chapon dans de bon bouillon, avec une demi-livre de riz bien lavé, quelques carottes, ognons et clous de girofle, et faites bouillir le tout pendant deux heures au moins. Débridez ensuite le chapon, mettez-le dans la soupière, et versez votre riz dessus après y avoir mis un peu de gros poivre. Les légumes qui ont servi à la cuisson ne se servent pas.

Chapon à la Grimod de la Reynière.

Troussez le chapon comme ci-dessus, et mettez-le dans de bon bouillon avec un morceau de tranche de bœuf de trois ou quatre livres et un ou deux pigeons, et opérez comme pour de simple bouillon. Servez ensuite votre chapon et vos pigeons, entourés de laitues que vous aurez fait cuire comme il est dit à la *garbure* aux laitues (voir ci-dessus *garbure aux laitues*), et de racines taillées et cuites comme pour la garbure au hameau de Chantilly. Les légumes doivent être arrangés sur le chapon de manière à former un buisson. Servez en même temps et à part le bouillon dans lequel vous aurez fait cuire le chapon et vos autres viandes.

Potage à la turque.

Après avoir bien lavé et fait blanchir une livre de riz, plus ou moins, selon la quantité de potage qu'il vous faut, faites-le crever à moitié dans de bon bouillon, en y joignant du safran et du piment en poudre; faites ensuite mijoter votre riz en le mouillant avec très peu de bouillon, et y ajoutant un peu de beurre frais, de moelle de bœuf fondue et de glace de volaille, et formez-en une espèce de gâteau que vous servez avec du consommé dans un vase à part.

Potage à la reine.

Pilez avec du riz à moitié cuit des blancs de volailles cuites à la broche, puis délayez le tout dans de bon bouillon; passez-le au tamis, faites-le mijoter en y ajoutant un peu de poivre, et versez-le sur le pain ou les croûtons que vous aurez préparés, en y ajoutant autant de bouillon qu'il sera nécessaire pour que le potage ne soit pas trop épais.

Potage à la Condé.

Mettez, dans une quantité suffisante de bouillon, des haricots rouges, quelques carottes et un ognon dans lequel vous aurez piqué des clous de girofle; faites cuire le tout, puis vous l'écraserez et le passerez en y ajoutant du bouillon de manière à ce que cette purée soit très claire, et vous la verserez bouillante sur des croûtons que vous aurez passés au beurre.

Nota. Les croûtons employés dans les purées sont des morceaux de mie de pain que l'on taille en dés, et que l'on fait frire dans le beurre jusqu'à ce qu'ils soient bien jaunes.

Potage aux quenelles de pommes de terre.

Épluchez et pilez une certaine quantité de pommes de terre violettes que vous aurez fait cuire à la vapeur; pilez ensuite du blanc de volailles cuites à la broche. Mettez ensemble les pommes de terre et le blanc de volailles, ajoutez-y un morceau de beurre, des jaunes d'œufs, un peu de poivre, de sel et de muscade, et faites du tout, en le pilant de nouveau, une pâte qui soit assez ferme pour que vous en puissiez faire des boulettes; jetez ensuite ces boulettes ou quenelles dans une quantité suffisante de bouillon bouillant, et laissez-les cuire pendant un quart d'heure.

Nota. Pour faire cuire les pommes de terre à la vapeur, ce qui est la meilleure méthode, il suffit de couvrir une casserole peu profonde, et dans laquelle on aura mis très peu d'eau, de la couvrir, disons-nous, d'un clayon d'osier de même grandeur, de mettre les pommes de terre sur le clayon, et de fermer hermétiquement la casserole au moyen d'un linge blanc plié en quatre et d'un couvercle, afin que la vapeur ne s'échappe pas.

Potage au macaroni.

Le macaroni est une pâte qui ne diffère du vermicelle que par la forme, et il se prépare en potage absolument comme ce dernier; la seule différence consiste à servir à part, et en même temps que ce potage, du fromage de Parmesan ou de Gruyère râpé, afin que chacun puisse en mettre dans son assiette la quantité qui lui convient.

Croûtes au pot.

Mettez, dans une écuelle d'argent, des croûtes de pain d'une belle couleur; mouillez-les avec du bouillon non dégraissé, et faites bouillir le tout à petit feu jusqu'à ce que le bouillon soit épuisé, et que les croûtes commencent à gratiner; jetez alors un peu de bouillon chaud et bien dégraissé sur vos croûtes, et servez.

Potage à la Crécy.

Ce potage n'est pour ainsi dire qu'une purée de racines.

Après avoir émincé une égale quantité de navets et de carottes, quelques ognons et autant de céleri et de poireaux, vous passerez le tout au beurre avec un peu de sucre, et vous mouillerez les racines avec du bouillon assez fréquemment pour qu'elles ne prennent pas de couleur. Laissez-les ainsi cuire à petit feu; passez-les ensuite à l'étamine; trempez votre pain avec du bouillon bouillant, et jetez dessus cette purée que vous aurez d'abord clarifiée.

Potage à la Kusel.

Faites blanchir une égale quantité d'ognons, poireaux, carottes et navets, quelques laitues et quelques pieds de céleri, le tout, quant au racines, d'un pouce de long, et de la même grosseur; faites cuire le tout dans du bouillon, à l'exception des laitues que vous ferez cuire à part, également dans du bouillon, et entre des bardes de lard; versez ensuite le tout dans du bouillon, et servez sans y mettre de pain.

Potage à la languedocienne.

Ce potage est une julienne, pour la préparation de laquelle on se sert d'huile au lieu de beurre; c'est-à-dire qu'après avoir coupé et préparé les légumes, comme il est dit à l'article de la julienne, on les fait revenir dans de l'huile d'olive, et que l'on ajoute au potage, au moment de le servir, des croûtons taillés en filets et également frits dans l'huile. (Voyez *potage à la julienne.*)

Potage aux concombres.

Après avoir coupé des concombres en ronds ou en ovales, et les avoir fait blanchir et égoutter, mettez-les dans une casserole entre des bandes de lard, et joignez-y carottes, ognons, clous de girofle et gros poivre. Préparez ensuite un potage au pain, mettez vos concombres dessus, et ajoutez-y le jus dans lequel ces concombres auront cuit et que vous aurez dégraissé.

Potage à la Geaufret.

Faites cuire des pommes de terre rouges sous la cendre, ôtez-en la partie farineuse et pilez-la dans un mortier avec des blancs de volailles et du beurre frais; ajoutez-y des jaunes d'œufs crus dans la proportion d'un jaune pour deux grosses pommes de terre, de la muscade et du gros poivre; faites de tout cela une pâte, et roulez cette pâte en boulettes ou quenelles. Agissez du reste comme pour le potage aux quenelles de pommes de terre, auquel le potage à la Geaufret ressemble presque de tous points. (Voyez *Potage aux quenelles de pommes de terre.*)

Potage à la polacre.

Coupez par tranches des pommes de terre cuites à la vapeur; mettez-les dans la soupière en assez grande quantité pour qu'elles puissent tenir lieu de pain, et jetez dessus du bouillon dans lequel vous aurez fait bouillir une poignée de fenouil haché. Faites ensuite bouillir ce potage pendant vingt minutes avant de le servir.

Potage à la raiette.

Après avoir coupé, en forme de dés, des navets, des carottes et des poireaux, faites sauter le tout au beurre pour lui faire prendre couleur; puis mouillez avec de bon bouillon. Faites cuire le tout pendant deux heures, et versez-le sur des croûtons, après y avoir ajouté un peu de purée d'oseille.

Potage à la purée de gibier.

Mettez dans six ou sept litres de bouillon, quatre livres de bœuf, un jarret de veau, trois perdrix et un faisan; faites écumer, et ajoutez carottes, ognons, céleri, girofle et persil; laissez bouillir le tout pendant quatre ou cinq heures. Pilez en même temps quelques perdreaux rôtis et refroidis, et un peu de mie de pain; passez ces perdreaux pilés à l'étamine, et mouillez cette purée avec le bouillon ci-dessus; faites-la chauffer ensuite sur un feu doux sans la laisser bouillir, et versez-la sur des croûtons sautés au beurre.

Potage à la tortue.

Coupez par morceaux de la grosseur d'une noix, une quantité suffisante de chair de tortue; mettez-les, après les avoir fait dégorger, dans de bon consommé, avec poivre, girofle, ognons, carottes, thym et laurier, et faites cuire le tout pendant trois ou quatre heures sur un feu doux. Préparez, pendant ce temps, des quenelles de volailles que vous assaisonnerez de persil, de civette et d'anchois; faites pocher ces quenelles dans du consommé, égouttez-les, et versez dessus votre potage à la tortue dans lequel vous aurez mis, quelques instans auparavant, trois ou quatre verres de vin de Madère sec.

Nota. On fait un potage à peu près semblable, en substituant la tête de veau à la tortue; seulement on y ajoute des champignons, du riz de veau, des rognons et des crêtes de coqs, deux ou trois œufs frits, et des truffes. Ce dernier accessoire n'est pas indispensable.

Jus à l'étouffade.

Piquez une noix de bœuf, de lard, de clous de girofle et d'ail; mettez-la dans une casserole avec quelques ognons, cinq ou six petits pimens enragés, un peu de muscade; mouillez le tout avec du vin de Madère sec et du consommé, et faites bouillir sur un feu très ardent, jusqu'à ce que votre viande soit sur glace. Mettez alors la casserole sur un feu modéré, et à mesure que votre glace brunira, mouillez-la avec du bouillon, et passez ce jus dans un linge blanc, lorsque le bœuf sera cuit; puis dégraissez-le, et ajoutez-y un peu de sauce espagnole. (Voyez *Sauce espagnole.*) Ce jus peut être employé avec succès dans un grand nombre de potages.

Potage à la Russe.

Coupez par petits morceaux carrés, et en égale quantité, du jambon de Bayonne, de la graisse de bœuf, du filet de bœuf et de la noix de veau; mettez le tout dans une marmite avec du vin de Madère, du beurre bien frais, muscade, sel et poivre, et le faites bouillir jusqu'à ce que le vin étant tari, la viande soit sur sa glace; il faut alors mouiller cette préparation avec du bouillon ou mieux avec du consommé, et laisser cuire pendant quatre heures au moins. Préparez, d'autre part, de petites carottes et de petits ognons en égale quantité, passez-les au beurre; achevez de les faire cuire dans du jus, et dressez-les sur votre potage quand il sera cuit, après avoir mis dans ce dernier un peu de fenouil haché.

Potage aux rabioles.

Faites, avec des œufs frais et de la farine, dans la proportion de six œufs pour deux livres de farine, une pâte bien ferme, étendez-la ensuite avec le rouleau aussi mince que possible, et mettez dessus, dans toute la longueur, une farce composée de blancs de volailles, de lait, de fromage de Parmesan râpé, de jaunes d'œufs et bourrache blanchie, et assaisonnée de gros poivre, canelle et muscade. Repliez ensuite votre pâte en deux, de manière à ce qu'elle soit bien jointe, et coupez-la par petits morceaux ronds ou carrés que vous ferez bouillir dans du bouillon pendant quelques minutes. Égouttez-les et dressez-les dans une soupière, en mettant successivement un lit de rabioles, un lit de Parmesan râpé et de beurre fondu; versez sur le tout du jus à l'étouffade, préparé comme ci-dessus et très chaud (Voyez *Jus à l'étouffade*), et servez.

Nota. La même pâte sert à faire un autre potage appelé *nouilles à l'italienne*; seulement on ne met point de farce sur la pâte, et on coupe cette dernière le plus fin possible.

Potage au macaroni à la Napolitaine.

Faites cuire du macaroni dans de l'eau et du sel seulement; dressez-le dans une soupière en faisant successivement un lit de macaroni et un lit de fromage de Parmesan; arrosez-le ensuite avec du jus à l'étouffade (Voyez ci-dessus *Jus à l'étouffade*), et versez sur le dernier lit du beurre fondu dans la proportion d'une demi-livre de beurre pour deux livres de macaroni.

Nota. Les timbales de lazagnes, de nouilles et de macaroni se préparent comme le macaroni à la Napolitaine, seulement on y ajoute une garniture composée de truffes, champignons, crêtes et rognons de coq, langues à l'écarlate, le tout manié avec du beurre très frais; on garnit de pâte le fond de la timbale, on la recouvre avec cette même pâte, qui doit être légère, et on met la timbale sous le four de campagne pour lui faire prendre couleur.

Potage aux quenelles de volaille.

Faites une panade avec un petit pain à café, du beurre bien frais, des jaunes d'œufs; laissez-la dessécher et refroidir, et pilez-la avec des blancs de volailles, du beurre frais, fromage de Parmesan, deux ou trois œufs entiers, sel, poivre et muscade. Faites ensuite bouillir de bon consommé, et jetez dedans vos quenelles, que vous aurez moulées dans une petite cuillère; servez ensuite avec du fromage de Parmesan râpé, à part.

Potage printanier.

Après avoir tourné et fait blanchir une égale quantité de petites carottes, navets, ognons et poireaux; faites-les cuire dans de bon consommé, avec des haricots blancs, haricots verts, petits pois, petites fèves, concombres, pointes d'asperges, laitues, romaines, oseille et cerfeuil; ajoutez-y un peu de sucre, laissez réduire le tout en glace, et jetez vos légumes dans une purée de pois nouveaux, éclaircie avec du consommé.

POTAGES

Potage à la purée de tomates.

Après avoir émincé du jambon bien maigre, dans la proportion d'une demi-livre de jambon pour une douzaine de tomates, mettez-le avec ces dernières, dont vous aurez exprimé le jus et les pepins, dans une casserole avec des ognons, un bouquet de persil, sel, poivre et beurre frais. Faites bouillir doucement, ajoutez-y des croûtes de pain, et passez ensuite cette préparation à l'étamine. Faites bouillir cette purée avec de bon consommé, un peu de sucre, dégraissez-la soigneusement, et servez-la avec du riz ou des pâtes cuites dans de bon consommé.

Nota. Le potage à la purée de coucoudrelles ou petites citrouilles se fait de la même manière; seulement il faut, avant de mettre les coucoudrelles dans la casserole, en ratisser le dessus.

Potage à la purée d'oseille.

Faites fondre des laitues et de l'oseille, dans la proportion d'une poignée d'oseille par laitue; faites cuire à part des pois nouveaux, puis mêlez le tout, et passez-le à l'étamine. Mettez cette purée dans du consommé, avec des petits pois, des pointes d'asperges, du cerfeuil, et faites bouillir jusqu'à ce que ces légumes soient cuits, en y ajoutant un peu de beurre. Servez avec des croûtons sautés au beurre.

Oille à l'Espagnole.

Mettez dans une braisière un beau morceau de tranche de bœuf, un tendon de veau, du jambon, de la poitrine de mouton, poulet, perdrix, cailles, pigeons, canard, lard, saucisses et saucisson cru, le tout dans une proportion telle que le morceau de bœuf soit la plus forte pièce; ajoutez un litre ou deux de pois espagnols qui auront trempé pendant vingt-quatre heures; assaisonnez avec quelques petits pimens enragés, girofle, muscade, sel et poivre, et faites cuire le tout dans du bouillon. Préparez, d'autre part, et faites blanchir des choux, des laitues, des carottes et des navets que vous aurez tournés, et faites-les cuire dans une casserole avec des bardes de lard et du bouillon. D'autre part encore, préparez un certain nombre d'ognons glacés; faites cuire dans un blanc, quelques culs d'artichauts; tournez en forme d'olives de petites carottes et de petits navets, et faites-les cuire dans du consommé avec du sucre; faites blanchir et cuire à part des petits pois, petites fèves, concombres, et haricots verts.

Le tout étant ainsi préparé, vous ôtez vos viandes, clarifiez le bouillon de votre braisière, et vous dressez ainsi les viandes au milieu du plat, sur les pois espagnols; autour et successivement, une laitue, une carotte, un morceau de chou et un navet; vous faites un second cercle en plaçant successivement un cul d'artichaut et un ognon glacé; puis vous mettez dans les culs d'artichauts les petits légumes que vous sautez préalablement au beurre avec un peu de glace de viande; vous glacez ensuite toutes les viandes, et vous servez avec le bouillon à part.

Potage au chasseur.

Mettez dans une marmite un lapin coupé par morceaux, un morceau de lard, un chou, quelques carottes, ognons, persil, laurier, thym, sel et poivre; faites bouillir jusqu'à ce que le tout soit cuit, et trempez des croûtes avec ce bouillon comme pour le potage au naturel.

Potage au mouton.

Mettez dans de bon bouillon un gigot ou une épaule de mouton, un assez grand nombre de navets, quelques ognons et pieds de céleri, sel, poivre, girofle et gingembre; le tout ayant écumé, laissez-le bouillir doucement pendant trois ou quatre heures, et servez la viande et les légumes dans le bouillon.

On fait peu usage en France de ce potage, dont la recette est empruntée à la cuisine anglaise.

Consommé.

Le consommé n'étant, à proprement parler, que du bouillon concentré, c'est-à-dire plus chargé de gélatine et d'osmazone, il semble qu'il suffirait de faire bouillir davantage le bouillon pour en faire du consommé; il n'en est pourtant pas ainsi, et l'on n'obtient de véritable consommé qu'en opérant de la manière suivante:

Dans une marmite de moyenne grandeur, mettez quatre livres de bœuf, deux vieilles poules, le morceau de veau appelé quasi, et un jarret de veau; remplissez la marmite de bon bouillon qui ne soit pas fait depuis plus de vingt-quatre heures, ajoutez-y des légumes, et agissez du reste comme si vous faisiez de simple bouillon, en observant cependant de ne point mettre de sel dans la marmite, attendu que le bouillon est déjà salé.

Potage au salep (1).

Le salep est une racine séchée et pulvérisée, que l'on jette en très petite quantité dans du bouillon bouillant; il ne faut pas, pour une personne, plus d'une cuillerée à café de cette poudre.

Potage au sagou.

On donne le nom de sagou à une espèce de gomme que l'on recueille en Asie. Après avoir lavé le sagou dans de l'eau bouillante, on le met sur le feu dans une petite quantité de bouillon, et l'on ajoute du bouillon peu à peu, jusqu'à ce que le sagou étant dissous ait l'apparence d'une gelée; on y ajoute alors quelques jaunes d'œufs, et l'on sert.

Potage à la fécule de pommes de terre.

Délayez dans du bouillon froid une quantité suffisante de fécule, c'est-à-dire, environ deux cuillerées pour une personne, versez-la ensuite dans du bouillon bouillant, en remuant avec une cuillère, et laissez cuire pendant cinq minutes.

Potage au gruau d'avoine.

Lorsque l'on emploie le gruau en farine, on opère de la même manière que pour la fécule de pommes de terre. Lorsque l'on emploie le gruau entier, il faut le faire tremper pendant vingt-quatre heures, ou le faire bouillir pendant trois ou quatre heures dans de l'eau, avant de le mettre dans le bouillon. Cette dernière manière est la meilleure, attendu que le gruau bouillant moins long-temps dans le bouillon, ce dernier ne se sale pas trop; il ne faut pas oublier de passer le gruau en le tirant de l'eau, et de le presser fortement avant de le mettre dans le bouillon, où on le laissera cuire jusqu'à ce qu'il forme une espèce de bouillie; si cette bouillie était trop épaisse, on pourrait ajouter du bouillon avant de servir

Potage à l'orge perlé.

Après avoir fait tremper l'orge pendant vingt-quatre heures, laissez-le bien égoutter, et faites-le crever dans une petite quantité de bouillon; ajoutez du bouillon quand l'orge est crevé, et laissez-le bouillir encore pendant une demi-heure.

Nota. On fait encore, pour les malades et convalescens, du bouillon de veau et du bouillon de poulet; mais ces bouillons ne peuvent être regardés que comme médicamens.

---

(1) Ce potage et les quatre suivans conviennent particulièrement aux malades et aux convalescens.

CHAPITRE II.

DES POTAGES AU MAIGRE.

Bouillon maigre. — Potage aux herbes. — Potage aux choux. — Potage à l'ognon. — Potage aux poireaux. — Potage à la chicorée. — Potage au riz faubonne. — Potage à la purée de pois. — Vermicelle à la jardinière. — Panade. — Potage au potiron. — Potage au lait. — Potage à la Monaco. — Potage à la Détiller. — Potage à la fécule de pommes de terre et aux ognons. — Riz au lait. — Riz au lait d'amandes. — Vermicelle au lait. — Vermicelle au lait d'amandes. — Semoule au lait. — Potage aux grenouilles. — Garbure de giromon. — Garbure au potiron. — Potage à la provençale. — Potage aux concombres. — Potage au laurier d'amandes. — Potage au céleri. — Lait de poule. — Potage aux choux-fleurs. — Potage au poisson. — Potage aux huitres, moules, etc.

Bouillon maigre.

On prépare de la manière suivante un bouillon qui sert à faire, au maigre, presque tous les potages au gras dont nous avons parlé dans le chapitre précédent.

Mettez dans une marmite une douzaine de carottes, autant d'ognons et autant de navets, le tout coupé en tranches bien minces; ajoutez-y un fort pied de céleri, un panais, un petit chou et un bouquet de persil, et ne mettez sur tout cela qu'une chopine d'eau et un quarteron de beurre. Vous laissez bouillir la marmite jusqu'à ce que l'eau soit entièrement évaporée; alors vous ajoutez à ce qui précède un demi-litre de pois, autant de haricots, du poivre, du sel, des clous de girofle, puis vous remplissez la marmite d'eau, vous faites bouillir de nouveau pendant quatre heures, et vous passez le bouillon.

Potage aux herbes.

Hachez grossièrement de l'oseille, des laitues et du cerfeuil; passez-les au beurre, et faites-les fondre en les mouillant avec de l'eau; mettez un peu de sel et de gros poivre, et faites bouillir pendant vingt minutes; liez ensuite avec des jaunes d'œufs et de la crème, et versez le tout sur des croûtes de pain de belle couleur.

Potage aux choux.

Après avoir émincé votre chou, et en avoir extrait les grosses côtes, passez-le au beurre jusqu'à ce qu'il devienne blond; mouillez avec de l'eau; ajoutez-y de gros poivre, un peu de sel, et faites bouillir le tout pendant une heure environ; versez ensuite le bouillon et les choux sur des croûtes de pain bien taillées et de belle couleur.

Potage à l'ognon.

Faites frire dans du beurre bien frais des ognons coupés en tranches bien minces, jusqu'à ce qu'ils soient d'un beau jaune; versez alors une quantité d'eau proportionnée à la quantité de beurre et d'ognons; ajoutez du poivre et du sel; faites bouillir le tout pendant vingt minutes, et versez-le ensuite sur le pain que vous aurez préparé. Il est convenable, afin de diminuer l'âcreté des ognons, d'en extraire soigneusement la tête et la queue.

Potage aux poireaux.

Coupez des poireaux en filets, comme pour la julienne, faites-les frire dans le beurre, mouillez avec de l'eau, ajoutez du poivre et du sel, faites bouillir le tout une demi-heure, et versez-le sur le pain que vous aurez préparé.

Potage à la chicorée.

Après avoir émincé des chicorées, et en avoir extrait les côtes, passez-les au beurre, et mouillez-les quand elles commencent à devenir blondes; ajoutez du sel et du poivre, faites bouillir pendant une heure, et servez comme ci-dessus.

Potage au riz faubonne.

Coupez en forme de petits dés une égale quantité de navets, carottes, ognons et poireaux, passez-les au beurre, mouillez avec de l'eau; mettez-y une quantité de riz proportionnée à la force du potage, du gros poivre et du sel, et laissez bouillir le tout jusqu'à ce que le riz soit cuit.

Potage à la purée de pois.

Ce potage, ainsi que tous les autres à la purée de lentilles, haricots, etc., se font absolument au maigre comme au gras; il ne s'agit que de substituer le bouillon maigre au bouillon gras.

Vermicelle à la jardinière.

Coupez des racines de la même manière et dans la même

proportion que pour la julienne; faites-les cuire dans du bouillon maigre après les avoir passées au beurre; jetez alors le vermicelle dans ce potage bouillant, avec un peu de sel et du gros poivre, et laissez bouillir le tout jusqu'à ce que le vermicelle soit cuit. Ce potage se fait également au pain.

Panade.

Mettez dans une casserole de la mie de pain mollet avec de l'eau, du poivre et du sel, un peu de beurre, et faites bouillir le tout sur un feu doux, jusqu'à ce que le pain soit bien fondu; faites alors une liaison de jaunes d'œufs et de crême, mettez-la dans votre panade dès qu'elle ne bouillira plus, et servez.

Potage au potiron.

Mettez dans une casserole, avec très peu d'eau, votre potiron coupé en forme de dés. La quantité de potiron doit être proportionnée à la force du potage que vous voulez faire. Laissez-le bouillir jusqu'à ce qu'il soit bien cuit, puis tirez-le de l'eau, faites-le égoutter et passez-le à l'étamine. Mouillez cette purée avec du lait; ajoutez-y du beurre bien frais, et salez convenablement. Faites alors bouillir ce potage, et versez-le sur des croûtons passés au beurre et coupés en carrés ou losanges.

Potage au lait.

Après avoir fait bouillir votre lait, sucrez-le ou salez-le, et le jetez sur le pain que vous aurez préparé.

On peut aussi mettre dans un potage au lait, une liaison de jaunes d'œufs. Dans ce cas, on remet le lait sur le feu; lorsqu'on y a ajouté la liaison, on le remue doucement, et on le retire lorsque le lait est devenu assez épais pour couvrir le dos de la cuillère.

Potage à la Monaco.

Coupez des mies de pain en petits carrés fort minces, jetez dessus du sucre en poudre, et faites-les griller, ou bien, ce qui est mieux, mettez-les sous le four de campagne jusqu'à ce qu'elles aient pris un peu de couleur. Faites bouillir du lait, liez-le avec des jaunes d'œufs comme il est dit ci-dessus, et versez-le sur votre pain.

Potage à la Détiller.

Ce potage est le même que le potage au lait lié; seulement, au lieu de croûtes de pain, on emploie des croûtons bien minces, carrés et sautés au beurre.

Potage aux ognons et à la fécule de pommes de terre.

Faites revenir dans du beurre bien frais des ognons coupés en forme de dés; jetez-les ensuite dans du lait bouillant, et laissez-les cuire pendant une demi-heure. Délayez ensuite de la fécule avec du lait froid, le tout dans la proportion d'une demi-livre de fécule pour trois gros ognons et deux pintes de lait, et versez cette fécule ainsi délayée dans votre lait bouillant, en tournant toujours avec une cuillère; mettez peu de sel, et sucrez convenablement.

Riz au lait.

Epluchez et lavez avec soin le riz, comme il est dit ci-dessus pour le riz au gras, mettez-le dans une petite quantité de lait, et mouillez de temps en temps avec du lait que vous ferez chauffer à part jusqu'à ce que le riz soit bien crevé. Mettez alors un peu de sel, et tenez toujours votre casserole découverte. On peut servir le riz au lait tout sucré, et alors on y met la quantité de sucre convenable en l'ôtant du feu; mais il est mieux de servir du sucre en poudre à part.

Riz au lait d'amandes.

Jetez de l'eau bouillante sur vos amandes afin de pouvoir les dérober facilement. La proportion est d'un quarteron d'amandes douces et deux ou trois amandes amères pour une pinte de lait. Pilez vos amandes dans un mortier quand elles seront dérobées, jetez dessus un peu de lait, et passez cette préparation dans un linge blanc. Agissez du reste comme pour le riz au lait simple, et au moment de le servir, mêlez-y le lait exprimé des amandes.

Vermicelle au lait.

Concassez du vermicelle, jetez-le dans du lait bouillant et remuez-le souvent; laissez-le cuire pendant trente à quarante minutes, et servez-le sucré ou avec du sucre en poudre à part comme pour le riz au lait.

Vermicelle au lait d'amandes.

Ce potage se fait comme le précédent; seulement on y met, au moment de le servir, le lait passé aux amandes comme pour le riz au lait d'amandes. (Voyez *Riz au lait d'amandes.*)

Semoule au lait.

Elle se prépare absolument comme la semoule au gras,

seulement le lait est substitué au bouillon, et le sucre remplace le sel.

Potage aux grenouilles.

Après avoir coupé la tête aux grenouilles, dépouillez-les, enlevez les intestins et ne conservez que le râble et les cuisses que vous ferez dégorger et laverez bien. Sautez les grenouilles au beurre avec sel et gros poivre, et laissez-les finir de cuire sur un feu doux. Pilez-les ensuite dans un mortier, en y ajoutant un peu de mie de pain trempée dans du lait. Délayez la pâte qui en résultera avec le jus que les grenouilles auront rendu en cuisant; passez cette purée à l'étamine; faites-la chauffer sans cependant la faire bouillir, et versez-la sur des croûtes de pain que vous aurez fait tremper quelques instans auparavant dans une petite quantité de bouillon maigre bouillant.

Garbure de giromon.

Enlevez la peau d'un giromon, épluchez-le soigneusement, et faites-le blanchir après l'avoir taillé par lames. Faites, d'autre part, une panade avec mie de pain, du beurre bien frais, de la muscade et un peu de sel. Coupez ensuite par tranches du pain de seigle; le tout étant prêt, et vos morceaux de giromon bien égouttés, versez dans un plat creux la moitié de votre panade; dressez vos tranches de giromon et vos tranches de pain de seigle en couronne, versez par-dessus le reste de la panade, et faites gratiner le tout sur un feu doux. Arrosez ensuite la garbure avec du beurre et du lait bouillant, et servez en même temps du lait bouillant dans un vase à part.

Garbure au potiron.

Elle se fait de la même manière que la précédente.

Potage à la provençale.

Coupez en tranches fort minces quelques ognons, une ou deux gousses d'ail; ajoutez-y du persil sans le hacher, un peu de laurier, et faites frire le tout dans un peu d'huile d'olive; mouillez ensuite avec de l'eau; ajoutez du poivre, du sel, de la muscade, et faites cuire dans cette espèce de court-bouillon une forte sole ou un turbot; retirez le poisson dès qu'il sera cuit, passez votre bouillon que vous ferez bouillir de nouveau après avoir mis dedans un peu de fenouil haché, et jetez-le sur des croûtons sautés à l'huile et d'une belle couleur.

POTAGES

Potage aux concombres.

Épluchez bien vos concombres, enlevez-en la peau, et taillez-les en petits morceaux ronds. Après leur avoir fait jeter leur eau dans une casserole avec un peu de sel, égouttez-les, sautez-les au beurre, et quand ils auront pris couleur, joignez-y un peu d'oseille et de cerfeuil hachés; mouillez avec du bouillon maigre, faites bouillir le tout pendant vingt minutes, et après avoir ôté votre potage du feu, liez le avec des jaunes d'œufs et de la crème; versez ensuite sur des croûtons taillés en petits ronds, et servez.

Potage au laurier d'amandes.

Faites glacer sous le four de campagne des petits morceaux de mie de pain taillés en ronds; mettez les dans une soupière avec des jaunes d'œufs, du sucre et de la fleur d'oranger; versez sur cette préparation du lait dans lequel vous aurez fait bouillir quelques feuilles de laurier d'amandes, et remuez en même temps avec une cuillère. Ce potage se sert ordinairement après les huîtres dont il facilite la digestion.

Potage au céleri.

Coupez en dés des pieds de céleri; après l'avoir fait blanchir, rafraîchir et égoutter, faites-le cuire dans du bouillon maigre avec du sucre, et jetez-le, en guise de croûtons, dans une purée de pois ou de lentilles. Ce potage peut, comme beaucoup d'autres, se faire également au gras et au maigre.

Lait de poule.

Délayez dans un peu d'eau des jaunes d'œufs; mêlez-y une quantité de sucre convenable et un peu de fleur d'oranger, et jetez sur cette préparation de l'eau bouillante, en remuant toujours jusqu'à ce que le tout ait l'apparence du lait.

Potage aux choux-fleurs.

Vos têtes de choux-fleurs étant bien cuites à l'eau, et égouttées, vous liez un peu de béchamel (Voyez *Béchamel*) avec des jaunes d'œufs; vous y ajoutez du beurre frais, sel, gros poivre, muscade, vous mêlez vos choux-fleurs dans le tout, et le laissez refroidir. Faites alors, avec cette préparation, de petites boules de la grosseur d'une noix, saupoudrez-les avec de la farine, faites-les frire dans le beurre, mettez-les dans du bouillon, et servez en même temps du fromage râpé.

AU MAIGRE.

Potage au poisson.

Prenez de carrelets, anguille de mer et merlans une égale quantité; lavez, égouttez et coupez par morceaux. Mettez dans une casserole de l'eau et de l'huile d'olive, dans la proportion d'une demi-livre d'huile pour un litre d'eau; ajoutez une gousse d'ail et du persil hachés, quelques ognons, laurier, fenouil et sel. Lorsque cette préparation commencera à bouillir, vous mettrez votre poisson dedans, et l'y laisserez jusqu'à ce qu'il soit cuit, ce qui n'excède pas un quart d'heure. Servez ensuite ce bouillon que vous aurez passé et dans lequel vous aurez mis des tranches de pain, et servez à part le poisson.

Potage aux huîtres, aux moules, etc.

Après avoir fait bouillir dans leur eau les huîtres ou les moules pendant deux ou trois minutes, faites cuire des ognons émincés dans du beurre bien frais; ajoutez ensuite un peu de farine et mouillez avec l'eau qu'auront rendu vos huîtres ou moules. Ce bouillon étant fait, mettez dedans vos huîtres ou moules, des croûtons sautés au beurre, et ajoutez une liaison de jaunes d'œufs.

NOTA. On opère de la même manière pour tous les potages aux coquillages.

CHAPITRE III.

DES SAUCES, RAGOUTS ET GARNITURES.

Sauce romaine. — Grande Espagnole. — Blond de veau. — Glace de racines. — Glace de cuisson. — Glace de veau. — Grande sauce. — Roux blond. — Roux blanc. — Velouté. — Sauce brune. — Velouté économique. — Empotage. — Essence de gibier. — Essence de légumes. — Jus. — Aspic. — Béchamel. — Petite béchamel. — Italienne. — Sauce espagnole travaillée. — Velouté travaillé. — Sauce hollandaise. — Autre hollandaise. — Sauce blanche. — Sauce portugaise. — Sauce allemande. — Sauce à la Grimod. — Sauce indienne. — Sauce au beurre d'anchois. — Sauce au beurre et à l'ail. — Sauce au beurre d'écrevisses. — Sauce hachée. — Sauce poivrade. — Sauce piquante. — Sauce au fumet de gibier. — Sauce suprême. — Sauce tomate. — Sauce tomate à l'Italienne. — Sauce à la d'Orléans. — Sauce aux truffes. — Sauce à la crême. — Sauce ravigote hachée. — Ravigote à l'huile. — Vert de ravigote. — Sauce à l'aurore. — Rémolade. — Rémolade verte. — Rémolade indienne. — Sauce pluche. — Maître-d'hôtel liée. — Maître-d'hôtel froide. — Sauce Kari. — Sauce brune maigre. — Velouté maigre. — Jus maigre. — Blond maigre. — Sauce pluche maigre. — Beurre d'écrevisses. — Beurre d'anchois. — Beurre à l'ail. — Vert d'épinards. — Purée d'oignons brune. — Sauce à la Soubise. — Sauce Robert. — Purée aux racines et aux légumes en général. — Purée de champignons. — Purée de cardons. — Purée de chicorée. — Garnitures de foies, crêtes et rognons de coqs. — Garniture au ragoût. — Poêlée. — Blanc. — Quenelles de volailles. — Farce cuite. — Marinade cuite. — Pâtes à frire. — Fines herbes pour papillotes. — Ognons glacés. — Ragoût de navets. — Petites racines. — Rocamboles. — Concombres. — Concombres à la crême. — Beurre noir. — Sauce Mirepois. — Consommé de volailles. — Sauce au beurre. — Beurre de Montpellier. — Sauce hollandaise au vinaigre. — Sauce à la matelotte. — Aspic clair. — Mayonnaise. — Sauce provençale chaude. — Sauce bigarade. — Sauce aux homards. — Sauce aux huîtres. — Béchamel maigre. — Sauce bretonne. — Sauce à l'huile. — Sauce nivernaise. — Sauce aux olives farcies. — Pâte à frire à l'Italienne. — Chicorée au jus. — Purée aux pommes de terre. — Sauce genevoise. — Sauce génoise. — Ragoût et sauce à la financière. — Ragoût à la Toulouse. — Ragoût de navets vierges. — Demi-glace de volaille. — Pommes de terre frites pour garnitures. — Ognons farcis. — Sauce escalope de lièvre au sang. — Ragoût à la providence. — Ragoût chipolata. — Culs d'artichauts pour garniture. — Sauce aux échalottes. — Was tréfiche. — Macédoine de légumes. — Garniture à la flamande. — Beurre de homard. — Purée de homard. — Sauce au vin de Madère. — Sauce aux moules. — Garniture de tomates. — Beurre de piment. — Garniture de raifort. — Garniture de foies gras. — Ragoût de laitances de carpes. — Persil haché, fines herbes, etc. — Poivre de Cayenne. — Poivre Kari. — Bouquet garni. — Brûle-sauce. — Manière de préparer la choucroute et de la faire cuire. — Des champignons. — Ket-Chop. — Sauce à la Durcelle. — Du verjus. — Salpicon. — Sauce à la diable. — Sauce au fenouil.

SAUCES, RAGOUTS

— Ragoût de morilles. — Ragoût de mousserons. — Truffes à la piémontaise. — Cronstade. — Casserole au riz. — Bords de plats. — Gratin. — Chair à pâté à la ciboulette. — Sauce aux groseilles à maquereaux.

Sauce romaine.

Coupez par petits morceaux en forme de dés du jambon, du veau et des cuisses de poule, dans la proportion d'une livre de veau et une demi-livre de jambon pour deux cuisses de poule; ajoutez des carottes, des ognons, laurier, girofle, basilic, sel et poivre, et autant de beurre que de jambon. Faites revenir le tout sur un feu doux; ajoutez-y alors des jaunes d'œufs durs pilés (une douzaine pour une livre de veau); remuez bien, afin que cela se mêle le plus possible; mouillez avec une pinte de lait, petit à petit, afin que les jaunes d'œufs se délaient bien; remettez ensuite la casserole sur le feu, faites bouillir pendant une heure en remuant toujours, et passez votre sauce à l'étamine.

Grande Espagnole.

Mettez dans une casserole deux noix de veau, un faisan ou quatre perdrix, la moitié d'une noix de jambon, quatre ou cinq grosses carottes, cinq ognons, dont un piqué de cinq clous de girofle; mouillez vos viandes avec une bouteille de vin de Madère sec, plein une cuillère à pot de gelée; vous mettez votre casserole sur un grand feu : quand votre mouillement est réduit, vous le mettez sur un feu doux; lorsque votre glace est plus que blonde, vous retirez votre casserole du feu, et la laissez dix minutes dehors, pour que la glace puisse bien se détacher: vous aurez fait suer des sous-noix, comme pour la grande sauce (Voyez *Grande Sauce*), et vous prendrez ce mouillement pour mouiller votre espagnole; quand elle sera bien écumée, vous aurez un roux que vous délaierez avec le mouillement, et vous le verserez sur votre viande. Vous y mettrez des champignons, un bouquet de persil et ciboule, quelques échalottes, du thym et du laurier; quand votre sauce bouillira, vous la mettrez sur le coin d'un fourneau, pour qu'elle bouille tout doucement jusqu'à ce que vos viandes soient cuites. Cette sauce doit être d'une belle couleur; c'est-à-dire ni trop pâle, ni trop brune; elle doit être bien liée, mais pas trop épaisse.

Blond de veau.

Mettez dans une casserole, et mouillez avec du bouillon

deux quasis et deux jarrets de veau, quatre carottes et quatre ognons; vous poserez votre casserole sur un bon fourneau; quand le bouillon qui est dans votre casserole sera réduit, vous le mettrez sur un feu doux, afin que votre veau ait le temps de suer, et que la glace qui est dans votre casserole ne s'attache pas trop vite; quand la glace du fond de votre casserole sera de belle couleur, vous la remplirez de grand bouillon. Il faut écumer cette sauce avec soin, et il est bon, pour qu'elle rende le plus d'écume possible, d'y verser de temps en temps un peu d'eau fraîche.

Glace de racines.

Mettez dans une casserole une égale quantité de carottes, navets, ognons, quatre ou cinq clous de girofle, selon la quantité, et mouillez le tout avec du bouillon ou de l'eau : vous faites cuire vos légumes à petit feu, et lorsque votre bouillon a acquis une certaine épaisseur, vous l'ôtez du feu et le mettez dans une autre casserole au bain-marie. Lorsque vous vous servirez de cette glace, il faudra y ajouter un peu de beurre fin.

Glace de cuisson.

Vous passerez le fond de vos cuissons, c'est-à-dire le mouillement qu'elles auront produit, à travers une serviette fine ou un tamis de soie; vous aurez soin qu'il soit bien clair; puis vous le ferez réduire dans une casserole, à grand feu : quand votre mouillement devient épais comme une sauce, c'est-à-dire que votre glace tient à la cuillère, vous la mettez dans une petite casserole, et l'exposez au bain-marie ou sur des cendres chaudes, pour pouvoir vous en servir au moment du service, et vous y ajoutez un petit morceau de beurre frais, pour en corriger le sel.

Glace de veau.

Mettez dans une casserole un cuissot de veau, deux ou trois vieilles poules, le tout coupé en plusieurs morceaux, ajoutez-y des légumes; remplissez la casserole de consommé; écumez soigneusement, et laissez bouillir à petit feu pendant quatre heures. Vous passerez alors votre glace dans un linge fin, et vous la ferez réduire à grand feu jusqu'à ce qu'elle soit aussi épaisse qu'une crème.

Grande sauce.

Mettez dans une petite quantité de consommé quelques

dessous de noix de veau; écumez avec beaucoup de soin, faites réduire, et piquez de temps en temps votre viande avec un couteau pour en faire sortir le jus. Lorsque la glace commencera à s'attacher, vous ôterez la casserole du feu sans la découvrir; au bout de quelques minutes vous la remplirez de bouillon, vous y ajouterez quelques carottes et ognons, et ferez bouillir le tout à petit feu pendant deux ou trois heures. Prenez alors les noix de veau dont vous aurez ôté les dessous, mettez-les dans une casserole avec cinq ou six carottes, autant d'ognons; écumez, faites bouillir, laissez vos noix tomber sur glace, et versez dessus tout le bouillon de vos sous-noix. Mettez vos noix sur un feu ardent pour les faire bouillir promptement; faites, d'autre part, un roux, délayez-le avec un peu de bouillon, et versez-le sur vos noix; ajoutez un bouquet de persil, de la ciboule, du laurier, des champignons, et faites bouillir le tout pendant deux heures; dégraissez ensuite votre sauce, et passez-la à l'étamine.

La confection de cette sauce demande beaucoup de soin; il est surtout important de l'écumer à plusieurs reprises.

Roux blond.

Faites fondre une demi-livre de beurre, et joignez y une assez grande quantité de farine pour que le tout forme une espèce de pâte; mettez la casserole sur le feu, et tournez le beurre et la farine jusqu'à ce que cela soit devenu blond. Ce roux sert à lier un grand nombre de sauces; mais il est important de ne pas employer, pour le faire, de la farine de seigle; celle de froment est seule convenable.

Roux blanc.

Ce roux se fait comme le précédent, seulement il faut le faire sur un feu très doux, et éviter de lui faire prendre couleur; il sert particulièrement à lier le velouté.

Velouté.

Mettez dans une grande casserole deux ou trois sous-noix de cuissot de veau, deux poules, quatre carottes, quatre ognons, dont un piqué de deux clous de girofle, un fort bouquet de persil et ciboule; mouillez avec un peu de consommé; vous placerez votre casserole sur un feu ardent; vous aurez bien soin d'écumer vos viandes, afin que votre sauce ne soit point trouble; lorsque vous verrez que votre mouillement sera diminué, et qu'il fera de grosses bulles en bouillant, vous mouillerez de nouveau avec du consommé bien clair et non coloré; vous écumerez de nouveau le consommé, et lorsqu'il bouillira, vous le mettrez sur le coin du fourneau; vous ferez un roux blanc dans lequel vous mettrez une vingtaine de champignons, que vous aurez sautés à froid dans de l'eau et du citron, que vous remuerez dans votre roux chaud; puis vous délaierez votre roux blanc avec le mouillement de votre velouté. Versez-le alors sur vos viandes, faites-le bouillir doucement; écumez de rechef et dégraissez. Lorsque votre viande sera cuite, vous passerez votre sauce à l'étamine.

Sauce brune.

Mettez, avec deux livres de bœuf, autant de veau et une vieille poule, quelques ognons et carottes, et mouillez le tout avec une chopine d'eau; faites réduire à grand feu jusqu'à ce que la glace commence à se former; mettez ensuite votre casserole sur un feu modéré, et quand votre glace commencera à brunir, mouillez-la avec un peu de bouillon; ajoutez-y des champignons, de la ciboule, un bouquet de persil, des clous de girofle, du laurier; écumez, salez, et laissez bouillir le tout pendant trois heures. Passez ensuite ce jus, ajoutez-y un roux que vous aurez fait à part, et faites-le de nouveau bouillir pendant une heure. Il ne vous reste plus alors qu'à dégraisser votre sauce et la passer à l'étamine.

Velouté économique.

On fait aussi une sorte de volouté avec des parures et des débris de viandes de toute espèce. On met des parures et débris dans une casserole avec des carottes, ognons, persil, ciboule, laurier, girofle; on mouille avec du bouillon, dans la proportion d'une chopine d'eau pour quatre livres de viande, et l'on fait réduire, en ayant soin d'écumer. Il faut ensuite remplir la casserole d'eau, la faire bouillir et écumer de nouveau, et la mettre après sur un feu doux pendant deux heures. On passe alors ce bouillon; puis on fait un roux blanc dans lequel on met des champignons, et sur lequel, quand il est à point, on verse tout le bouillon que l'on vient de passer. On fait de nouveau bouillir cette sauce, on l'écume, on la dégraisse et on la passe.

Empotage.

L'empotage n'est autre chose que du bouillon concentré; il se fait absolument comme le consommé. (Voyez *Consommé.*)

ET GARNITURES.

Essence de gibier.

Mettez dans une marmite une livre de bœuf, deux perdrix, deux lapins de garenne et un quasi de veau; mouillez avec une chopine de vin blanc, et faites bouillir le tout jusqu'à ce qu'il n'y ait plus de jus dans la marmite; remplissez alors cette dernière avec de bon bouillon, ajoutez-y des ognons, des carottes, thym, basilic, serpolet, clous de girofle; écumez soigneusement, et faites bouillir le tout à petit feu jusqu'à ce que les viandes soient cuites; passez alors votre essence de gibier.

Essence de légumes.

Dans une marmite de moyenne grandeur, mettez trois ou quatre livres de bœuf, une vieille poule et un jarret de veau; ajoutez deux ou trois douzaines de carottes, autant d'ognons et de navets, deux ou trois laitues, du cerfeuil, quelques pieds de céleri et des clous de girofle; emplissez votre marmite de bouillon, et agissez comme pour le consommé. Les viandes étant cuites, passez votre essence, et faites-la réduire si elle n'est pas assez forte.

Jus.

Mettez dans une casserole, avec deux livres de tranche, un jarret de veau, le rable et les cuisses d'un lapin, quelques carottes, autant d'ognons, persil, ciboule, laurier, girofle; mouillez le tout avec du bouillon, et mettez la casserole sur un feu ardent jusqu'à ce que le bouillon soit réduit; mettez alors la casserole sur un feu doux afin que la glace s'attache un peu au fond. Lorsque cette glace sera très brune, vous remplirez la casserole avec du bouillon, et vous ferez bouillir doucement pendant environ trois heures; écumez soigneusement, et passez au tamis.

Dans les grandes cuisines où il y a ordinairement beaucoup de débris de viandes, on se sert de ces débris pour faire le jus; on opère du reste comme il est dit ci-dessus.

Aspic.

Prenez un fort jarret de veau, un jarret de jambon, un fort morceau de tranche de bœuf. Mêlez le tout dans une marmite avec une pinte de bouillon; faites-le bouillir sur un feu très ardent. Lorsqu'il est réduit à glace, sans être attaché, vous mouillez avec du bouillon; faites-le bouillir et bien écumer. Mettez ensuite deux ognons, deux carottes, du sel, un bouquet de persil et de ciboule assaisonné de quatre clous de girofle, deux feuilles de laurier, une gousse d'ail. Faites cuire le tout à petit feu pendant sept heures ; ensuite passez le consommé. Lorsqu'il est refroidi, vous prenez quatre œufs que vous cassez dans une casserole; vous y mettez le consommé et le jus de deux citrons, avec une cuillerée de vinaigre d'estragon, et vous battez sur le feu, avec un fouet, jusqu'à ce que ce soit prêt à bouillir; lorsque cela bout, vous mettez votre casserole sur un petit feu, et vous mettez également du feu sur le couvercle pendant une demi-heure. Ensuite vous passez dans une serviette double et mouillée : si votre gelée n'est pas assez claire, vous la clarifiez une seconde fois.

Vous mettez quatre à cinq lignes de cette gelée dans un moule à aspic; vous la décorez avec des truffes, des blancs d'œufs, des branches de persil, etc., selon votre goût. Vous remettez une ligne de gelée dessus sans être prise, et avec précaution, pour qu'elle ne dérange pas votre décoration; ensuite vous mettez soit des cervelles de veau, soit des blancs de volailles, ou des ris de veau, ou des crêtes de coqs, des rognons, des foies gras ou de gibier : dans ce cas on met cuire, dans la gelée, du gibier, en place de poule. Il faut avoir soin de ranger ce que vous mettez dans l'aspic également et à plat : sans cela elle se fendrait en la renversant. Vous entourez votre moule de glace jusqu'à ce que l'aspic puisse se renverser sans s'affaisser. Pour le renverser, vous trempez votre moule un instant dans l'eau chaude, vous mettez votre plat dessus, vous retournez votre moule avec le plat, et levez le moule.

On peut aussi faire des œufs en aspic, pour entremets, dans de petits moules propres à contenir un œuf poché, avec de la gelée : on en met sept ou huit, renversés sur un plat.

Béchamel.

Mettez ensemble du velouté et du consommé dans la proportion d'une cuillerée de consommé pour trois de velouté; faites réduire le tout de moitié; faites réduire également à moitié de la crème; il faut que la quantité de crème soit double de celle du velouté et consommé. Mêlez le tout ensemble, et faites bouillir à grand feu pendant une heure, en tournant toujours pour que la sauce ne s'attache pas. Passez-la ensuite à l'étamine.

Petite béchamel.

Prenez une livre de veau et une demi-livre de jambon, que vous couperez en dés; ajoutez-y quelques carottes, quelques

ET GARNITURES.

petits ognons, trois clous de girofle, deux feuilles de laurier, un peu de basilic, une demi-livre de beurre; vous mettrez le tout dans une casserole, et le ferez revenir sans laisser prendre trop de couleur à la viande. Lorsqu'elle sera bien revenue, vous mettrez cinq cuillerées à bouche de farine de froment, que vous remuerez; lorsque votre farine sera bien mêlée avec le beurre et la viande, vous mouillerez avec deux pintes de lait; vous aurez soin de toujours tourner votre sauce, afin qu'elle ne s'attache pas; il faut que cette sauce bouille, sur un feu un peu ardent, une heure et demie; passez-la à l'étamine. Cette sauce doit être bien liée; mais si elle l'était trop, on y ajouterait un peu de crême.

Italienne.

Vous mettrez dans une casserole, plein une cuillère à bouche de persil haché, la moitié d'une cuillerée d'échalottes, autant de champignons hachés bien fin, une demi-bouteille de vin blanc, gros comme un œuf de beurre; vous ferez bouillir le tout jusqu'à ce que cela soit bien réduit; quand il n'y aura plus de mouillement dans votre casserole, vous y mettrez plein deux cuillères à pot de velouté, une de consommé, et vous ferez bouillir votre sauce sur un feu un peu ardent; vous aurez soin de l'écumer et de la dégraisser; lorsque vous voyez qu'elle est réduite à son point, c'est-à-dire qu'elle est épaisse comme du bouillon, vous la retirez du feu, et la déposez dans une autre casserole, en la tenant chaude au bain-marie.

Sauce espagnole travaillée.

Mettez dans une casserole une égale quantité de consommé et de sauce espagnole, faite comme nous l'avons dit plus haut; ajoutez-y des champignons (une douzaine par litre de sauce), et faites bouillir le tout; écumez et dégraissez avec soin, et laissez-la réduire jusqu'à ce qu'elle ait acquis assez d'épaisseur; passez-la alors à l'étamine, et lorsque vous en aurez besoin, faites-la chauffer au bain-marie.

On peut aussi ajouter à cette sauce du vin blanc; dans ce cas il faut y mettre autant de vin que de consommé.

Velouté travaillé.

Le velouté se travaille comme l'espagnole, seulement il faut avoir soin dans ce cas, de n'employer que du consommé peu coloré, la blancheur du velouté étant l'un de ses mérites.

Sauce hollandaise.

Maniez bien ensemble une demi-livre de beurre, deux cuillerées de farine et cinq ou six jaunes d'œufs ; mettez cette espèce de pâte dans une casserole avec sel, gros poivre, le jus de trois citrons et un demi-verre d'eau ; faites chauffer le tout en tournant sans cesse jusqu'à ce qu'elle ait acquis assez d'épaisseur pour masquer les légumes ou le poisson sur lesquels vous devez la verser.

Autre hollandaise.

On met dans du velouté réduit, un peu de vinaigre d'estragon, du gros poivre, et au moment de s'en servir, alors que cette sauce est bien chaude, on y ajoute un peu de beurre frais, et on la colore avec du vert d'épinards.

On peut, dans ce cas, remplacer le velouté par un roux blanc mouillé avec de bon consommé, ou quelque fond de cuisson de viandes.

Sauce blanche.

Maniez ensemble une cuillerée de farine, une demi-livre de beurre, du sel, du poivre; mettez cette pâte dans un peu d'eau, un filet de vinaigre, faites chauffer le tout en tournant avec une cuillère de bois jusqu'à ce que la sauce soit liée, mais sans la laisser bouillir.

Sauce portugaise.

Mettez ensemble une demi-livre de beurre, quatre ou cinq jaunes d'œufs, un jus de citron, du poivre et du sel; posez le tout sur un feu doux, et tournez sans cesse afin que les jaunes d'œufs ne caillent pas. Lorsque la sauce commence à se lier, il faut la remuer plus fort, en prendre à plusieurs reprises dans la cuillère, et la laisser retomber dans la casserole jusqu'à ce qu'elle soit bien liée. Cette sauce, de même que la précédente, et toutes celles du même genre, ne doit être préparée qu'au moment de s'en servir.

Sauce allemande.

Mettez, dans une petite quantité de velouté travaillé, trois ou quatre jaunes d'œufs, sel et gros poivre. Lorsque cette sauce sera liée, vous y ajouterez un peu de beurre, et vous la passerez à l'étamine.

On peut, pour cette sauce, remplacer le velouté, en faisant revenir dans un peu de beurre, du veau coupé en petits morceaux, des carottes, des ognons, lauriers, girofle; le tout étant revenu, on ajoute un peu de farine, on mouille avec de bon bouillon, et l'on tourne jusqu'à ce que cet préparation bouille. La viande étant cuite, on passe le jus à l'étamine, et l'on s'en sert comme de velouté.

Sauce à la Grimod.

Cette sauce n'est autre chose qu'une sauce à la portugaise (Voyez *Sauce à la portugaise*), à laquelle on ajoute du safran, de la muscade et du piment enragé réduit en poudre.

Sauce indienne.

Vous mettrez dans une casserole gros comme la moitié d'un œuf de beurre, trois gousses de petit piment enragé bien écrasé, plein un dé de poudre de safran de l'Inde; vous ferez chauffer votre beurre jusqu'à ce qu'il soit un peu frit; vous mettrez ensuite plein quatre cuillères à dégraisser de la sauce précédente veloutée, sans être liée, deux cuillerées de bouillon; vous ferez réduire, vous dégraisserez votre sauce; vous la mettrez dans une autre casserole, et la tiendrez chaude au bain-marie; au moment de servir, vous y jetterez gros comme un œuf de beurre, que vous remuerez bien avec votre sauce : vous pouvez la lier aussi.

Sauce au beurre d'anchois.

Faites réduire de la sauce espagnole, et ajoutez-y, au moment de servir, gros comme la moitié d'un œuf de beurre d'anchois (Voyez *Beurre d'anchois*), et du jus de citron, pour détruire le sel que pourrait produire le beurre; vous aurez soin, en mettant celui d'anchois dans votre sauce qui sera plus chaude, de la bien tourner avec une cuillère, afin que votre beurre se lie bien avec votre sauce.

Cette sauce peut se faire au maigre, et la sauce espagnole peut se remplacer par un roux ou par une sauce brune.

Sauce au beurre et à l'ail.

Mettez dans du velouté travaillé gros comme un œuf de pigeon de beurre à l'ail; remuez bien, et au moment de servir, faites fondre dans votre sauce un morceau de beurre frais.

On peut, pour cette sauce, remplacer le velouté par le jus fait comme nous l'avons dit pour la sauce à l'allemande. (Voyez *Sauce à l'allemande*.) On peut aussi faire cette sauce au maigre.

Sauce au beurre d'écrevisses.

Cette sauce se fait absolument comme la précédente; la seule différence consiste à mettre dans le velouté ou dans le jus qui le remplace, du beurre d'écrevisses au lieu de beurre à l'ail.

Sauce hachée.

Hachez menu une poignée de champignons, un peu de persil et quelques échalotes; mettez le tout dans une casserole, avec un poisson de vinaigre, du poivre et du sel, et faites réduire sur un feu vif jusqu'à ce que le vinaigre soit presque entièrement évaporé. Ajoutez alors quelques cuillerées de sauce espagnole et une égale quantité de bouillon; vous ferez réduire et dégraisser votre sauce; quand elle sera à son point, vous y mettrez une cuillerée de câpres hachées, deux ou trois cornichons aussi hachés; vous changerez votre sauce de casserole et vous la mettrez au bain-marie; au moment de servir, vous y mettrez un ou deux anchois pilés et maniés avec du beurre que vous aurez soin de vanner dans votre sauce.

L'espagnole, dans ce cas, peut se remplacer par un petit roux mouillé avec du bouillon et un peu de vinaigre.

Sauce poivrade.

Mettez dans une casserole une grosse pincée de persil en feuilles, quelques ciboules, deux feuilles de laurier, un peu de thym, une forte pincée de poivre fin, plein un verre de vinaigre, un peu de beurre : vous ferez réduire votre vinaigre et assaisonnement jusqu'à ce qu'il en reste peu dans la casserole; alors vous verserez plein deux cuillères à pot, de grande espagnole, et une seule de bouillon : vous ferez réduire cette sauce à son point, et vous la passerez à l'étamine sans la fouler.

L'espagnole peut encore ici être remplacée par un roux; dans ce cas, il faut couper par tranches des ognons et des carottes, les joindre à l'assaisonnement que nous venons d'indiquer, faire revenir le tout dans le roux, mouiller avec du bouillon et du vinaigre, et laisser bouillir le tout jusqu'à ce que les légumes soient cuits; on dégraisse ensuite et l'on passe à l'étamine.

Sauce piquante.

Mettez dans votre casserole un poisson de vinaigre, deux gousses de petit piment enragé, une pincée de poivre fin, une feuille de laurier, un peu de thym : faites réduire à moitié ce qui est dans votre casserole; alors vous y verserez plein trois cuillères à dégraisser d'espagnole et deux de bouillon; vous ferez réduire votre sauce assez pour qu'elle soit comme une bouillie claire. Cette sauce doit être bien relevée.

L'espagnole peut être remplacée par un roux comme dans les deux sauces précédentes.

Sauce au fumet de gibier.

Mettez, dans une bouteille de vin blanc, quatre ou cinq perdrix, ou bien des lapereaux, ou bien encore moitié l'un moitié l'autre; assaisonnez avec des carottes, ognons, thym, girofle, laurier; laissez réduire jusqu'à ce que le gibier tombe sur glace. Mouillez alors avec du consommé, ou mieux avec de l'essence de gibier; faites bouillir jusqu'à ce que le gibier soit cuit, dégraissez ensuite, et passez cette essence dans un linge blanc; joignez-y quelques cuillerées de sauce espagnole, ou remplacez cette dernière par un roux. Quelquefois aussi, on fait réduire cette sauce jusqu'à demi-glace, après y avoir mis un verre d'eau pour la faire écumer de nouveau, et l'on s'en sert pour les entrées de gibier panées, grillées, etc.

Sauce suprême.

Joignez un peu de velouté à une certaine quantité d'essence de volaille, dans la proportion de quatre cuillerées d'essence pour une cuillerée de velouté; mettez le tout sur un feu vif; lorsque cette sauce sera réduite de moitié, au moment de vous en servir, mettez-y plein une cuillère à café de persil haché bien fin, que vous aurez fait blanchir, et un peu de beurre bien frais, un peu de gros poivre, et la moitié d'un citron; vannez bien le tout dans votre sauce, sans la faire bouillir : versez-la sur l'objet que vous servirez.

Sauce tomate.

Faites cuire et réduire dans une casserole, des tomates avec un peu de bouillon, sel et gros poivre. Lorsque vos tomates sont épaisses, vous les passez comme une purée dans une étamine; après cela, si votre sauce était trop claire, vous la mettriez dans une casserole, et vous la feriez réduire; vous en verserez plein quatre ou cinq cuillères à bouche dans un peu de velouté : au moment de servir, vous y mettrez gros comme un œuf de beurre, que vous ferez fondre dans votre sauce.

Cette sauce se fait aussi d'une manière plus simple; il suffit de couper en morceaux quelques tomates, de les faire cuire dans un peu de beurre avec des ognons coupés par tranches, persil, girofle, thym, sel et poivre; le tout étant cuit, on le passe au tamis de crin.

Sauce tomate à l'italienne.

Coupez cinq ou six ognons que vous mettrez dans une casserole avec un peu de thym, un peu de laurier, douze ou quinze pommes d'amour ou tomates; prenez du bouillon non dégraissé, ou un bon morceau de beurre que vous mettrez dans vos tomates, du sel, cinq ou six gousses de petit piment enragé, un peu de poudre de safran d'Inde : vous mettrez vos tomates sur le feu ; vous aurez soin de remuer de temps en temps, pour que la sauce ne s'attache pas ; quand vous verrez que ce qui est dans votre casserole sera un peu épais, vous passerez cette sauce à l'étamine comme une purée.

Sauce à la d'Orléans.

Vous mettez dans une casserole trois ou quatre petites cuillerées de vinaigre, un peu de poivre fin, un peu d'échalotte, gros comme la moitié d'un œuf de beurre : vous ferez réduire le tout, et vous verserez plein quatre ou cinq cuillères à dégraisser de sauce brune travaillée. Au moment de servir, vous mettrez dans votre sauce quatre ou cinq cornichons, le tout coupé en dés, trois blancs d'œufs durs, quatre ou cinq anchois que vous partagerez en deux pour ôter l'arête ; puis vous couperez vos moitiés en petits morceaux carrés, et une cuillerée de câpres. Il faut alors faire chauffer la sauce ; mais ne pas la laisser bouillir.

La sauce brune peut être remplacée par un roux mouillé avec de bon bouillon.

Sauce aux truffes.

Faites revenir légèrement dans de bonne huile ou dans du beurre bien frais quelques truffes hachées très menu ; ajoutez ensuite un peu de consommé, et quatre fois autant de velouté (Voyez *Velouté*); faites bouillir ensuite sur un doux feu pendant vingt minutes et dégraissez. A défaut de velouté on mettrait une plus grande quantité de consommé ; on y joindrait un peu de farine, muscade et gros poivre, et l'on ferait mijoter la sauce.

Sauce à la crème.

Après avoir haché un peu de persil, haché et lavé ensuite une égale quantité de ciboule, mettez ces deux ingrédiens dans une casserole, avec deux cuillerées de farine, une demi-livre de beurre, sel, poivre et muscade ; mouillez le tout avec deux verres de lait, et faites bouillir pendant quinze à vingt minutes en tournant toujours. Cette sauce se sert sur certains poissons, tels que cabillaud, turbot, etc.

Sauce ravigote hachée.

Hachez une égale quantité de cerfeuil, pimprenelle, civette, et une quantité un peu plus forte d'estragon. Faites chauffer du velouté (Voyez *Velouté*), en y ajoutant un peu de vinaigre et de gros poivre, et au moment de servir, jetez vos ingrédiens hachés dans cette sauce avec un petit morceau de beurre frais, et remuez bien afin que le tout se mêle.

Ici, comme dans presque toutes les occasions, le velouté peut être remplacé par un roux blanc.

Ravigote à l'huile.

Vous mettez dans du velouté froid, vos herbes hachées comme dans l'article précédent, avec sel, gros poivre, quelques cuillerées de vinaigre, et autant de bonne huile; remuez long-temps cette sauce, afin de la lier.

Vert de ravigote.

Faites blanchir à grande eau, sur un feu très ardent, une égale quantité de cerfeuil, pimprenelle et d'estragon, un peu de ciboulette, de persil, de cresson alénois et de cresson de santé. Faites rafraîchir ces herbes à grande eau, pressez-les, et les pilez dans un mortier en y ajoutant un peu de sauce allemande froide. Lorsque le tout formera une espèce de pâte, passez-le dans un tamis en le pressant avec une cuillère de bois.

Sauce à l'aurore.

Mettez dans du velouté travaillé, deux jus de citron, muscade, sel et gros poivre, faites bouillir le tout. Passez ensuite quatre jaunes d'œufs durs à sec, à travers une passoire; cela forme une espèce de vermicelle. Au moment de servir, vous mettrez vos jaunes dans votre sauce qui est bien chaude; prenez garde de ne la pas laisser bouillir quand les jaunes y seront, et qu'elle soit d'un bon sel.

On fait une autre sauce aurore en faisant réduire dans une casserole, une égale quantité de sauce tomate et de sauce allemande; lorsque l'on retire cette composition du feu, on y ajoute un fort morceau de beurre bien frais, et l'on vanne la sauce jusqu'à ce qu'elle soit bien veloutée.

Nota. On appelle vanner une sauce en emplir une cuillère, la laisser retomber dans la casserole. Ce mouvement doit se répéter sans interruption pendant un espace de temps plus ou moins long.

Rémolade.

Mettez, dans une certaine quantité de moutarde, un peu d'échalotte ou de ravigote hachées, du sel et du poivre; délayez le tout avec de l'huile et du vinaigre que vous verserez au fur et à mesure; ajoutez ensuite quelques jaunes d'œufs crus, et remuez jusqu'à ce que le mélange soit parfait et la rémolade bien liée.

Rémolade verte.

Mettez ensemble une petite poignée de cerfeuil, la moitié de pimprenelle, d'estragon, de petite civette : vous ferez blanchir ces herbes que l'on appelle *ravigote;* quand elles seront bien pressées, vous les pilerez, ensuite vous y mettrez du sel, du gros poivre, plein un verre de moutarde : vous pilerez encore le tout ensemble, puis vous y mettrez la moitié d'un verre d'huile que vous amalgamerez avec votre ravigote et moutarde; le tout bien délayé, vous y mettrez deux ou trois jaunes d'œufs crus, et plein quatre ou cinq cuillères à bouche de vinaigre; vous mettrez le tout ensemble, et le passerez à l'étamine. Lorsque la couleur verte n'est pas assez prononcée, on peut la relever avec du vert d'épinards. (Voyez *Vert d'épinards.*)

Rémolade indienne.

Après avoir bien pilé une douzaine de jaunes d'œufs durs, mouillez-les avec de bonne huile, en mettant autant de cuillerées de cette dernière qu'il y a de jaunes d'œufs. Il faut mettre cette huile au fur et à mesure qu'elle se mêle aux œufs, et ne pas cesser de piler : ajoutez, en pilant toujours, une cuillerée de safran d'Inde, autant de gousses de petit piment que de cuillerées d'huile, un verre de vinaigre, du gros poivre et du sel. Le tout étant bien pilé et mêlé, passez cette sauce à l'étamine. Cela doit avoir l'apparence d'une purée, et être assez épais.

Sauce pluche.

Vous mettrez dans une casserole six ou sept cuillerées de velouté, un demi verre de vin blanc, du gros poivre, un peu de racine de persil coupée en petits filets; faites bouillir le tout, lorsque cette sauce sera réduite, vous aurez des feuilles de persil concassées, c'est-à-dire que l'on brise la feuille en quatre ou cinq morceaux, que vous ferez blanchir dans une eau de sel; quand votre pincée de persil sera blanchie, vous la rafraîchirez à l'eau froide, et, au moment de servir, vous mettrez votre persil blanchi dans votre sauce.

Maître-d'hôtel liée.

Mettez dans un verre d'eau, une cuillerée de farine, une demi-livre de beurre, persil et ciboule hachés, sel et gros poivre; faites chauffer le tout en tournant toujours, et ajoutez-y un jus de citron. Cette sauce doit avoir l'apparence d'une sauce blanche, et n'être ni plus ni moins épaisse.

Maître-d'hôtel froide.

Cette sauce se prépare comme la précédente; seulement on n'y met point d'eau: on pétrit tous les ingrédiens ensemble sans les faire chauffer, et au moment de servir, on met cette maître-d'hôtel dessus, dessous ou dans les viandes, poissons ou légumes.

Sauce de Kari.

Mettez, avec un quarteron de beurre, quelques gousses de piment haché, une cuillerée de safran de l'Inde. Faites chauffer le tout, puis ajoutez-y une certaine quantité de velouté, un peu de muscade, remuez bien le tout, et servez cette sauce bien chaude.

Sauce brune maigre.

Mettez, dans une casserole, avec un morceau de beurre convenable, une demi-douzaine d'ognons coupés en tranches, autant de carottes coupées en lames, persil, thym, girofle, laurier, sel et poivre; deux brochets et autant de carpes coupés par morceaux. Faites revenir le tout, et mouillez avec du vin blanc et un peu de bouillon maigre (Voyez *Bouillon maigre*). Laissez réduire jusqu'à ce que la glace s'attachant au fond de votre casserole, ait assez de couleur, c'est à-dire que le fond de votre casserole soit brun; si vous avez du bouillon maigre, vous la mouillerez avec; sans cela vous mettrez une demi-bouteille de vin blanc dans votre casserole pour détacher, et vous la remplirez d'eau; vous y ajouterez un gros bouquet de persil et de ciboule, et deux ou trois poignées de champignons; vous laisserez bouillir une heure et demie ce qui est dans votre casserole, puis vous passerez le mouillement au tamis de soie; après cela vous faites un roux blond; quand il est à son point, vous versez le jus de votre poisson dessus : ayez soin de bien délayer votre roux en le mouillant pour éviter les grumeaux; vous laisserez bouillir une heure votre sauce, que vous écumerez et dégraisserez; puis vous la passerez à l'étamine.

Nota. La sauce brune maigre s'emploie pour faire au maigre toutes les sauces grasses dans lesquelles la sauce brune grasse entre; il en est de même du velouté maigre, du jus maigre et du blond maigre dont nous allons parler.

Velouté maigre.

Vous préparerez le poisson et les légumes comme pour la sauce brune maigre, mais sans laisser prendre couleur. Lorsque le poisson aura bouilli pendant une heure et demie, vous ferez un roux blanc auquel vous ajouterez des champignons et dans lequel vous verserez la cuisson du poisson, que vous aurez au préalable passée au tamis; tournez toujours en versant le mouillement. Faites bouillir une heure, écumez, dégraissez, et passez à l'étamine.

Jus maigre.

Ce jus se fait comme dans la sauce précédente. Vous le ferez attacher jusqu'à ce qu'il soit presque noir; vous vous servirez des mêmes ingrédiens que pour les autres sauces, et du même mouillement. Quand votre jus aura bouilli une heure et demie, vous le passerez au tamis de soie.

Blond maigre.

Le blond maigre se fait comme le jus dont nous venons de donner la recette dans l'article précédent; seulement il ne faut pas lui laisser prendre autant de couleur.

Sauce pluche maigre.

Elle se fait comme la pluche grasse (Voyez *Sauce pluche grasse*), seulement on emploie du velouté maigre au lieu de gras. A défaut de velouté maigre, vous mouillerez un roux blanc avec le court bouillon dans lequel aura cuit le poisson sur lequel vous devez mettre votre sauce à la pluche. On peut aussi faire réduire ce roux ainsi mouillé, et en faire une sauce liée, verte, ravigote, etc.

Beurre d'écrevisses.

Après avoir fait cuire des écrevisses, séparez les chairs des coquilles; faites sécher ces dernières, et pilez-les jusqu'à ce qu'elles soient réduites en poudre bien fine. Mettez alors une livre et demie de beurre pour un cent d'écrevisses, pilez bien le tout, faites-le cuire sur un feu doux, et passez-le dans une étamine au-dessous de laquelle vous aurez placé un vase plein d'eau bien fraîche, afin que votre beurre d'écrevisses, se figeant à la surface de l'eau, vous puissiez en former un morceau compact, dont vous userez au besoin.

Beurre d'anchois.

Lavez et pilez une douzaine d'anchois; passez-les au tamis sans les mouiller, et mêlez cette purée à une égale quantité de beurre.

Beurre à l'ail.

Pilez et passez dans un tamis, en les pressant, une douzaine de gousses d'ail; remettez ce qui a passé dans le mortier avec un quarteron de beurre, et pilez de nouveau jusqu'à ce que le mélange soit parfait.

Vert d'épinards.

Après avoir fait blanchir, rafraîchir et égoutter des épinards auxquels vous aurez ajouté un peu de persil et de ciboule, pressez-les bien, pilez les et les passez à l'étamine, en les mouillant avec du bouillon froid ou même avec de l'eau. Ce jus vous servira à relever la couleur de tous les mets qui doivent être verts, tels que purée de pois, ravigote, etc.

On fait encore le vert d'épinards d'une autre manière. On pile les épinards crus, et on en extrait le jus en les tordant dans un torchon blanc; on fait ensuite bouillir ce jus, et lorsqu'il est caillé on le met égoutter dans un tamis. Le vert d'épinards obtenu de cette manière s'emploie particulièrement dans l'office pour les crèmes aux pistaches, etc.

Purée d'ognons brune.

Après avoir coupé en deux une quantité d'ognons plus ou moins grande, selon la quantité de purée dont on a besoin, et en avoir extrait la tête et la queue, coupez-les par tranches, et faites-les revenir dans le beurre jusqu'à ce qu'ils soient d'un beau blond. Ajoutez alors quelques cuillerées de sauce à l'espagnole, un peu de bouillon; faites réduire de moitié, et passez le tout à l'étamine. Lorsque vous voudrez faire usage de cette purée, il faudra la faire chauffer au bain-marie, attendu que si elle bouillait de nouveau elle acquerrait une âcreté insupportable.

Si l'on n'avait pas de sauce espagnole, ce qui arrive souvent dans une cuisine bourgeoise, on la remplacerait en mettant sur l'ognon, dès qu'il serait blond, une cuillerée de farine, et en mouillant avec du bouillon. Il sera bien dans ce cas d'y ajouter un peu de sucre.

Sauce à la Soubise.

Préparez et passez vos ognons au beurre comme à l'article précédent, mais sans leur faire prendre couleur; ajoutez, quand l'ognon sera bien fondu, quelques cuillerées de velouté, de la crême, dans la proportion d'une pinte de crême pour trente gros ognons, et un peu de sucre; faites réduire le tout sur un feu très ardent en tournant toujours, et passez-la à l'étamine dès qu'elle sera assez épaisse.

Le velouté peut être remplacé par un peu de farine, que l'on jette sur les ognons avant de mouiller avec de la crême; mais dans ce cas, il faut y ajouter du gros poivre et du sel.

Sauce Robert.

Coupez huit ou dix gros ognons en gros dés, mettez un quarteron de beurre dans une casserole, les ognons par-dessus; mettez-la sur un bon feu, afin que cela ne languisse pas; quand vos ognons seront blonds, vous mettrez plein trois cuillères à dégraisser de sauce espagnole, deux cuillerées de bouillon; vous ferez réduire et dégraisser votre sauce; lorsqu'elle sera un peu épaissie, vous la retirerez du feu; au moment de vous en servir, vous y ajouterez une cuillerée de moutarde, et ne la laisserez pas bouillir.

Ici, comme dans une foule d'autres cas que nous avons indiqués, la sauce espagnole peut être remplacée par un peu de farine que l'on jette sur l'ognon lorsqu'il est bien fondu, et que l'on mouille avec du bouillon, en y ajoutant du gros poivre et du sel.

Purée aux racines et aux légumes en général.

Les purées de racines et de légumes s'emploient également en potages et en sauces, soit au gras, soit au maigre; la préparation étant la même, soit que l'on en fasse l'un ou l'autre usage, nous ne parlerons ici que des purées dont nous n'avons rien dit aux chapitres des potages. (Voir, pour les purées dont nous ne parlons pas ici, les deux chapitres précédens.)

Purée de champignons.

Coupez l'extrémité de la queue d'un certain nombre de champignons; lavez-les, et faites-les sauter dans un peu d'eau avec un jus de citron; hachez-les ensuite, pressez-les dans un linge blanc, puis passez-les au beurre avec un jus de citron, jusqu'à ce que le beurre tourne en huile; ajoutez alors quelques cuillerées de velouté, autant de consommé, faites réduire et ajoutez un peu de gros poivre.

Le velouté peut encore se remplacer ici par un peu de farine que l'on mouille avec du consommé.

Purée de cardons.

Vous ferez cuire vos cardons dans un blanc (Voyez *Cardons*); vous les couperez en petits morceaux; vous aurez plein trois cuillères à dégraisser de velouté, six cuillerées de consommé; vous mettrez vos cardons avec cette sauce; faites-la réduire avec vos cardons; quand ils seront réduits en pâte, vous les passerez à l'étamine; vous tiendrez votre purée la plus épaisse possible; en cas qu'elle le soit trop, vous l'alongerez avec de la crême réduite; vous y ajouterez gros comme une noix de glace; ne faites pas bouillir votre purée; vous la tiendrez chaude au bain-marie.

Purée de chicorée.

Votre chicorée blanchie, hachée, comme il est dit à l'article *Chicorée*, vous la passerez au beurre, un peu de gros poivre; vous y ajouterez une petite cuillerée à pot de velouté, un peu de crême, une idée de sucre, pour en ôter l'âcreté. Vous la tournerez jusqu'à ce qu'elle soit bien liée, et la passerez à l'étamine; vous la déposerez dans une casserole pour vous en servir aux choses indiquées.

Garnitures de foies, crêtes et rognons de coqs.

Après avoir fait dégorger les crêtes de coqs dans de l'eau tiède, jetez-les dans de l'eau très chaude, et les y laissez, sans les faire bouillir, jusqu'à ce que la pellicule s'enlève facilement; ôtez alors cette pellicule, et mettez vos crêtes dans un linge blanc avec du sel, faites-les une seconde fois dégorger dans de l'eau fraîche, et une heure après faites-les cuire dans un blanc. Il suffit, pour les rognons, de les avoir fait dégorger une première fois, pour les faire ensuite pocher dans un blanc; il faut aussi les faire blanchir dans de l'eau qui n'atteigne pas tout-à-fait le degré d'ébullition. Ces trois choses étant ainsi préparées, on les emploie comme garnitures dans une foule de circonstances.

Garnitures au ragoût.

Après avoir mis de l'espagnole travaillée sur des foies gras, ris d'agneau, truffes, champignons, quenelles, rognons et crêtes de coqs, liez ce ragoût avec quelques jaunes d'œufs, et servez-vous en pour les choses indiquées.

Poêlée.

Coupez en forme de dés une égale quantité de veau et de lard, quelques carottes et autant d'ognons; mettez tout cela dans une casserole, du beurre, dans la proportion d'une demi-livre de beurre pour une livre de veau, ajoutez-y le jus de deux ou trois citrons, sel et poivre, thym, girofle, laurier, basilic; faites réduire, et mouillez avec de bon bouillon non dégraissé. Le tout étant cuit à moitié, vous l'ôterez du feu pour vous en servir au besoin.

Blanc.

Mettez, dans une casserole, une livre de graisse et autant de lard râpé, une demi-livre de beurre, deux citrons coupés en tranches, en ôtant le blanc, deux feuilles de laurier, deux clous de girofle, quatre carottes coupées en dés, quatre ognons, une petite cuillerée à pot d'eau; vous ferez bouillir le tout jusqu'à ce qu'il soit réduit : vous aurez soin de tourner votre blanc, et de ne pas le laisser attacher; quand il n'y aura plus de mouillement, et que votre graisse sera fondue, vous le mouillerez avec de l'eau; vous y mettrez du sel clarifié, vous le ferez bouillir, vous l'écumerez et vous en servirez pour les choses indiquées.

Quenelles de volaille.

Pilez dans un mortier quelques blancs de volaille après en avoir soigneusement extrait la peau et les nerfs; passez dans un tamis l'espèce de purée qui en résultera. Faites tremper dans du lait une égale quantité de mie de pain, pressez-la et mettez-la dans le mortier avec autant de beurre; pilez ces deux choses ensemble, puis ajoutez-y la chair de volaille, et pilez de nouveau. Lorsque le tout est bien mêlé, ajoutez encore quelques jaunes d'œufs, sel, poivre, muscade; pilez encore,

ET GARNITURES. 51

fouettez quelques blancs d'œufs, mêlez-les au reste, et continuez de piler. Retirez ensuite cette pâte pour vous en servir dans les mets où elle est nécessaire.

Farce cuite.

Coupez en forme de dés, et mettez dans une casserole des blancs de volaille crus, un peu de beurre, sel, gros poivre et muscade. Passez le tout à petit feu pendant dix minutes; vous égoutterez vos blancs et vous les laisserez refroidir, vous mettrez un morceau de mie de pain dans la même casserole avec du bouillon, un peu de persil haché bien fin; vous la remuerez avec une cuillère de bois, en la foulant et réduisant en panade : quand votre bouillon sera réduit, et que votre mie sera bien mitonnée, vous la mettrez refroidir; vous aurez une tétine de veau cuite et froide; au défaut, vous vous servirez de beurre; vous pilerez vos blancs de volaille; quand ils seront bien pilés, vous les passerez au tamis à quenelles, et les mettrez de côté; vous pilerez de même votre mie, vous la passerez au tamis, et la mettrez de côté; vous pilerez votre tétine, la passerez au tamis, et la mettrez de côté : vous ferez trois portions égales de blancs, de mie de pain et de tétine; vous pilerez le tout ensemble. Quand vous l'aurez pilé trois quarts d'heure, vous y mettrez cinq ou six jaunes d'œufs, selon la quantité de farce; vous pilerez vos jaunes avec votre farce, à mesure que vous en mettrez. Cette farce peut également s'employer pour les gratins et avec toutes sortes de viandes.

Marinade cuite.

Coupez par tranches trois ou quatre carottes et autant d'ognons; passez-les au beurre avec thym, laurier, girofle, persil et ciboule; ajoutez ensuite une cuillerée de farine, et mouillez avec du bouillon, un peu de vinaigre; salez et poivrez; faites bouillir doucement le tout pendant une heure, et passez votre marinade au tamis.

Pâte à frire.

Délayez un litre de farine avec six jaunes d'œufs, deux cuillerées d'huile, un peu de beurre fondu, du sel, du poivre et un grand verre de bière. Pour que cette pâte ne soit ni trop claire, ni trop épaisse, il faut qu'elle file en tombant de la cuillère. Fouettez alors deux ou trois blancs d'œufs en neige et mêlez-les avec votre pâte. Lorsque cette pâte est gardée pendant deux jours seulement, elle épaissit; alors, avant de s'en servir, on l'éclaircit avec du vin blanc.

Fines herbes pour papillotes.

Mettez dans une casserole un quarteron d'huile, autant de beurre, et une demi-livre de lard râpé; faites chauffer le tout, jetez-y quatre cuillerées de champignons hachés, et successivement deux cuillerées de persil, et autant d'échalotes hachées; faites sauter le tout, avec poivre et sel, et déposez-le dans une terrine pour vous en servir au besoin.

Ognons glacés.

Prenez un certain nombre d'ognons d'égale grosseur, épluchez-les avec soin sans trop couper la tête et la queue, afin qu'ils restent bien entiers. Après avoir beurré le fond d'une casserole, vous y placerez vos ognons, la tête en bas; mouillez avec du bouillon jusqu'à ce que les ognons soient couverts seulement, et faites réduire sur un feu ardent; modérez ensuite le feu jusqu'à ce que vos ognons soient tombés sur glace, et retirez-les.

Le même procédé s'emploie pour les gros ognons et les petits.

Ragoût de navets.

Vous tournerez vos navets avec soin, et vous les sauterez dans du beurre, sur un fourneau ardent; quand ils auront une égale couleur blonde, vous y mettrez du velouté et du blond de veau, et les ferez cuire : vous mettrez un petit morceau de sucre. Quand ils seront cuits, vous les dégraisserez et les poserez doucement dans une terrine pour vous en servir au besoin.

Petites racines.

Prenez une égale quantité de carottes et de navets, vous les tournerez en petits bâtons de manière qu'ils soient tous de la même grosseur et longueur, afin qu'elles cuisent toutes également; vous les mettrez dans l'eau fraîche; au bout d'un moment, vous les retirerez : vous les ferez cuire dans un velouté ou une espagnole.

A défaut de velouté et d'espagnole, vous ferez un roux et le mouillerez avec du bouillon; puis lorsque cela commencera à bouillir, vous y mettrez les racines avec un peu de sucre, et la cuisson terminée, vous dégraisserez votre sauce.

Rocamboles.

Épluchez plein un grand verre de rocamboles; vous les mettrez dans de l'eau bouillante; vous les retirerez quand elles commenceront à s'écraser sous les doigts, et les mettrez dans l'eau fraîche; quand elles seront froides, vous les égoutterez; vous ferez réduire du velouté, et les mettrez dedans. Vous pouvez lier votre velouté.

Concombres.

Coupez des concombres en petits morceaux ronds, d'un pouce d'épaisseur, et tordez-les fortement dans un linge blanc afin d'en exprimer l'eau. Mettez-les ensuite dans une casserole avec un morceau de beurre, et faites-leur prendre couleur sur un feu très vif; ajoutez-y quelques cuillerées de velouté, autant de blond de veau, et laissez cuire vos concombres dans le tout, puis ôtez les concombres et faites réduire la sauce.

Le velouté et le blond de veau peuvent être remplacés par un peu de farine que l'on jette sur le beurre lorsque les concombres ont pris couleur, et que l'on mouille avec du bouillon.

Concombres à la crême.

Vos concombres étant coupés comme dans l'article précédent, vous les ferez blanchir dans une eau salée sans les presser; rafraîchissez-les, et faites-les égoutter sur un linge blanc. Mettez alors dans une casserole deux ou trois cuillerées de farine, une demi-livre de beurre, gros poivre, sel et muscade, et mêlez bien le tout ensemble. Ce mélange étant fait, vous y ajouterez un verre de crême; vous mettrez le tout sur le feu et le tournerez jusqu'à ce qu'il commence à bouillir; ôtez alors la sauce du feu, mettez vos concombres dedans et tenez le tout chaud au bain-marie pour vous en servir au besoin.

Beurre noir.

Faites bouillir pendant deux ou trois minutes un poisson de vinaigre avec du sel et du poivre; faites chauffer en même temps, dans une autre casserole, du beurre jusqu'à ce qu'il soit noir, versez-le sur le vinaigre et tenez le tout bien chaud.

Sauce Mirepois.

La mirepois est une composition qui remplace parfaitement

le velouté et l'espagnole dans l'emploi que l'on fait ordinairement de ces deux dernières pour travailler toutes les petites sauces. Voici comment on la prépare :

Prenez deux livres de veau, une demi-livre de maigre de jambon, des débris de volaille; vous coupez le tout en gros dés; mettez un morceau de beurre dans une casserole avec votre veau et jambon, ainsi que des parures de champignons, une douzaine d'échalotes épluchées, un bouquet garni, une gousse d'ail, une feuille de laurier, deux clous de girofle; vous faites revenir le tout ensemble jusqu'à ce qu'il ne reste aucun mouillement. Vous retirez votre casserole de dessus le feu; vous prenez une autre casserole, dans laquelle vous en mettrez la moitié : l'une servira pour votre velouté, et l'autre pour votre espagnole; vous mettez dans chacune de ces casseroles six grandes cuillerées à pot d'espagnole; mouillez avec du blond de veau.

Quant au velouté vous le mouillerez avec du consommé non salé, et vous mettrez vos casseroles sur un feu bien ardent, en observant de les tourner jusqu'à ce qu'elles bouillent. Quand elles commenceront à bouillir, vous les placerez sur le coin de votre fourneau, en observant que vos casseroles soient bien pleines; vous les remplirez à mesure, jusqu'à ce que vos sauces soient bien dégraissées; alors faites-les réduire, et passez-les à l'étamine.

Consommé de volailles.

Rassemblez tout ce que vous aurez de parures de viandes, de débris de volailles, le tout cru ou cuit; mettez-le dans une marmite avec un bon morceau de veau cru, une carotte, un ognon, un bouquet garni, des clous de girofle, et mouillez avec du consommé ordinaire. Agissez du reste comme pour le consommé ordinaire. Lorsque vos viandes seront cuites, vous dégraisserez votre consommé; puis vous le clarifierez avec des blancs d'œufs fouettés dans de l'eau fraîche; vous le passerez alors dans un linge blanc et le ferez réduire de moitié.

Sauce au beurre.

Délayez une cuillerée de farine avec un peu d'eau; ajoutez-y de la muscade, sel, gros poivre, girofle, et un peu de beurre; mettez le tout sur le feu, et le faites bouillir sans cesser de tourner. Lorsque cette sauce aura bouilli pendant dix minutes, vous l'ôterez du feu et vous mettrez dedans une livre de beurre bien frais, peu-à-peu et en tournant toujours; ajoutez ensuite un filet de vinaigre. Cette sauce s'emploie ordinairement pour le poisson et les légumes.

Beurre de Montpellier.

Ce beurre, dont on se sert particulièrement pour les entrées froides, se prépare de la manière suivante : mettez dans un mortier une douzaine d'anchois, autant de cornichons, deux verres de ravigote, deux poignées de câpres, deux douzaines de jaunes d'œufs durs, du sel et du poivre, et pilez le tout jusqu'à ce que cela soit bien mélangé et forme une pâte. Ajoutez alors six jaunes d'œufs crus, continuez de piler; ajoutez encore un peu de vinaigre, et environ deux livres de bonne huile, mais en versant cette dernière peu-à-peu, et sans cesser de piler, jusqu'à ce que le tout ait pris la consistance du beurre; passez alors cette composition à l'étamine, et relevez-en la couleur avec un peu de vert d'épinards.

Sauce hollandaise au vinaigre.

Mettez dans une casserole, avec un verre de bon vinaigre, douze jaunes d'œufs crus, un quarteron de beurre, gros poivre, sel, piment, muscade; faites chauffer le tout au bain-marie en tournant toujours; lorsque cela commencera à prendre, c'est-à-dire à épaissir, ajoutez-y une livre et demie de beurre bien frais; tournez toujours jusqu'à ce que le beurre soit fondu et le tout bien lié, puis passez cette sauce à l'étamine.

Sauce à la matelotte.

Mettez dans une casserole de la cuisson de poisson, c'est-à-dire du court-bouillon dans lequel vous aurez fait cuire du poisson, ajoutez-y quelques cuillerées de blond de veau, autant de grande espagnole; faites écumer, et réduire sur un feu ardent; puis passez votre sauce à l'étamine ainsi que les ognons et champignons qui auront cuit dans le court-bouillon. Au moment de vous servir de cette sauce, ajoutez-y du beurre d'anchois, un fort morceau de beurre bien frais; tournez et vannez jusqu'à ce que le tout soit bien mêlé.

Aspic clair.

Mettez ensemble un verre de vinaigre, un peu de mirepois (Voyez ci-dessus *Sauce Mirepois*), une quantité assez forte d'estragon pour qu'il domine, un peu de poivre en grain, et faites bouillir jusqu'à ce que le tout tombe sur glace. Mouillez alors avec du consommé de volailles; faites bouillir de nouveau, clarifiez votre sauce avec un blanc d'œuf fouetté dans un peu d'eau fraîche, passez-la ensuite dans un linge blanc, et tenez-la chaude au bain-marie.

Mayonnaise.

Mettez dans une petite terrine vernie, un jaune d'œuf cru, un peu de sel, un jus de citron, remuez avec une cuillère de bois rapidement, et, de l'autre main, versez de l'huile par petits filets, sans cesser de remuer; à mesure que cela épaissit, ajoutez un peu de vinaigre, et continuez à remuer jusqu'à ce que le tout ressemble à une crême bien blanche et bien unie. On sert aussi la mayonnaise verte; pour cela il suffit d'y ajouter un peu de vert d'épinards.

Sauce provençale chaude.

Mettez, dans une casserole, avec cinq ou six jaunes d'œufs crus, deux cuillerées de sauce allemande (Voyez ci-dessus *Sauce allemande*), trois jus de citron, un peu d'ail et du piment broyé; mettez la casserole au bain-marie, et remuez sans cesse jusqu'à ce que la sauce prenne; dès qu'elle commencera à épaissir, ôtez-la de dessus le feu, et ajoutez-y de l'huile d'olive, en tournant toujours et en versant peu-à-peu.

On peut ajouter à cette sauce de la ravigote, ou du vert d'épinards, etc., ou la servir sans y rien ajouter.

Sauce bigarade.

Zestez deux ou trois citrons, c'est-à-dire, enlevez-en la superficie jaune sans enlever le blanc. Jetez ce zeste dans l'eau bouillante, ôtez-le ensuite, faites-le égoutter, et mêlez-le dans du fumet de gibier.

Sauce au homard.

Pilez des œufs de homard avec un peu de beurre, passez le tout au tamis. Coupez, d'autre part, de la chair de homard en petits morceaux, mettez-la dans une casserole avec de la sauce au beurre; (Voyez ci-dessus *Sauce au beurre*), ajoutez-y un peu de poivre de Cayenne, et le beurre de homards que vous aurez préparé; laissez cuire le tout en remuant, et vannez bien. Cette sauce ne sert ordinairement que pour le poisson.

Sauce aux huîtres.

Après avoir fait blanchir des huîtres, faites-les égoutter,

mettez-les ensuite dans une casserole avec de la sauce au beurre, comme à l'article ci-dessus, en y ajoutant un peu de persil haché et blanchi. On peut, au lieu de sauce au beurre, se servir de sauce espagnole; mais il faut alors y ajouter un morceau de beurre frais au moment de s'en servir.

Béchamel maigre.

Délayez avec une pinte de lait une cuillerée de farine dans laquelle vous aurez mis un peu de muscade et de sel; la farine étant délayée, ajoutez deux onces environ de beurre frais, mettez le tout sur le feu et faites bouillir pendant vingt minutes sans cesser de tourner; après avoir ôté cette sauce du feu, mettez-y une livre de beurre fin, sans cesser de tourner et vanner. Cette sauce s'emploie pour les légumes au gratin et le poisson.

Sauce bretonne.

Emincez quelques gros ognons après en avoir ôté la tête et la queue pour éviter l'âcreté; mettez-les dans une casserole avec un fort morceau de beurre, sel, poivre, ail, thym, laurier, et passez le tout à un feu un peu ardent jusqu'à ce que l'ognon ait pris belle couleur. Mettez alors votre casserole sur un feu doux, couvrez-la, et mettez également un peu de feu ou de cendres chaudes sur le couvercle. Lorsque l'ognon est cuit, on le remet sur un feu plus ardent en y ajoutant un peu de sucre et de vinaigre, et on laisse réduire le tout jusqu'à ce que l'ognon tombe sur glace, puis on ajoute un peu de sauce tomate, un demi-litre de haricots blancs bien cuits, et l'on passe le tout à l'étamine. On fait ensuite mijoter cette purée en y ajoutant un fort morceau de beurre bien frais. Cette sauce se sert ordinairement avec les haricots.

Sauce à l'huile.

Coupez par tranches des citrons dont vous aurez enlevé le blanc; mettez-les dans un vase avec de l'huile, du vinaigre, sel et poivre, ail, persil et estragon hachés, et un peu de piment en poudre. Mêlez bien le tout. On peut saucer avec cette composition, le poisson grillé.

Sauce nivernaise.

Tournez des carottes en forme d'olives; faites-les blanchir, rafraîchir et égoutter; mouillez-les ensuite avec du consommé, et faites-les bouillir, jusqu'à ce que ce consommé soit épais comme du sirop.

Sauce aux olives farcies.

Jetez dans l'eau bouillante une certaine quantité d'olives

farcies; faites-les égoutter ensuite, et les mettez dans une sauce espagnole que vous aurez fait réduire au bain-marie, et ajoutez-y un peu de bonne huile au moment de servir.

Pâte à frire à l'italienne.

Prenez deux bonnes cuillerées de farine, mettez-les dans une terrine avec un peu de sel et gros poivre; vous mettez quatre jaunes d'œufs; vous délayez votre pâte avec un peu de lait; quand elle est assez molle et bien battue, mettez-y une once d'huile d'olive que vous mêlez avec vivacité jusqu'à ce que votre pâte soit bien veloutée : vous vous en servirez aux choses indiquées.

Chicorée au jus.

Faites blanchir votre chicorée tout entière, comme il est expliqué à la chicorée d'entremets. Quand vos chicorées sont bien égouttées, fendez-les par le milieu, placez-les sur la table; assaisonnez-les de sel, poivre et muscade; les ficeler par deux ensemble, les mettre dans une casserole que vous aurez disposée, avec des bardes à l'entour; les couvrir de lard : y mettre un morceau de veau et côtelettes de mouton ou bœuf, deux ognons, deux clous de girofle, deux carottes, un bouquet garni; mouillez avec un dégraissis de consommé : faites cuire vos chicorées, et entretenez un feu ordinaire dessus et dessous pendant trois heures; puis faites-les égoutter, pressez-les dans un linge blanc; troussez-les de manière qu'elles soient toutes de la même grosseur, et posez-les sur un plat pour vous en servir au besoin comme garniture.

Purée aux pommes de terre.

Après avoir pelé et lavé un certain nombre de pommes de terre crues, émincez-les, et faites-les cuire dans une casserole avec un peu d'eau, de beurre, du sel et de la muscade râpée; couvrez la casserole, mettez du feu sur le couvercle et laissez ainsi bouillir le tout pendant trois quarts d'heure. Ecrasez-les ensuite avec une cuillère de bois, puis les remettez sur le feu, en les mouillant au fur et à mesure avec de la crême que vous aurez fait réduire de moitié; ajoutez-y un peu de sucre et un morceau de beurre bien frais.

Sauce genevoise.

Faites bouillir une bouteille de gros vin avec quelques ognons, des échalotes, une gousse d'ail, thym, laurier, rognures de champignons; le tout étant réduit au quart, ajoutez-y quelques cuillerées de sauce espagnole, et mouillez le tout avec le court-bouillon dans lequel aura cuit votre poisson; faites réduire, remuez souvent, vannez et passez cette sauce à l'étamine; mêlez-y ensuite un peu de beurre d'anchois, et un fort morceau de beurre frais. Cette sauce s'emploie particulièrement pour le poisson d'eau douce.

Sauce génoise.

Mettez, dans un demi-setier de vinaigre, du persil, des échalotes et des cornichons hachés, des câpres, du raisin de Corinthe, poivre, piment, muscade, et un peu de glace de viande; faites bouillir le tout jusqu'à ce qu'il soit réduit en glace; mouillez alors avec deux cuillerées de sauce au beurre, autant de consommé, et ajoutez un peu de beurre d'anchois.

On peut remplacer la sauce au beurre par la sauce espagnole; mais dans ce cas, on met un peu de sucre et point de beurre d'anchois. Cette sauce est très bonne avec la volaille rôtie.

Ragoût à la financière.

Mettez dans une casserole, avec du vin de Madère, une quantité égale de champignons et de truffes bien tournées, deux petits pimens enragés, un peu de tomate, une once de glace de veau; faites réduire le tout à glace; mouillez-les de suite avec quatre cuillerées à pot d'espagnole; travaillez deux cuillerées de blond de veau, faites bouillir votre sauce, faites-la dégraisser sur le bord d'un fourneau et réduire; passez votre sauce à l'étamine : mettez vos champignons et vos truffes dans une casserole, versez votre sauce dessus; vous ajouterez à votre ragoût des crêtes et rognons de coqs, autant de quenelles moulées à la cuillère, des ris d'agneau ou ris de veau.

Ragoût à la Toulouse.

Ce ragoût se compose avec les mêmes ingrédiens que le précédent que l'on fait bouillir dans une demi-glace de volaille, à l'exception des quenelles qui ne doivent pas bouillir, et qu'il faut faire chauffer à part; on y ajoute quelques cuillerées de sauce allemande, et lorsque l'on veut s'en servir, on le fait chauffer au bain-marie.

Ragoût de navets vierges.

Tournez un certain nombre de navets, en ayant soin de les

faire tous de la même longueur et de la même grosseur; après les avoir fait blanchir dans de l'eau salée, et lorsqu'ils sont bien égouttés, faites-les cuire dans du consommé avec un peu de sucre; ajoutez ensuite deux cuillerées de sauce allemande et un peu de beurre frais.

Demi-glace de volaille.

Mettez ensemble, dans une marmite, trois livres de bœuf, deux livres de veau, trois vieilles poules, et tous les débris des volailles dont vous vous serez servi pour vos entrées, soit crues, soit rôties; vous remplirez votre marmite avec de bon bouillon, la ferez bouillir et écumer, la garnirez de deux carottes, deux ognons, deux clous de girofle, un bouquet assaisonné, et un peu de pelure de champignons. Quand vos viandes sont cuites, vous passez votre consommé au tamis, le faites dégraisser et clarifier avec deux œufs; passez-le dans un linge blanc et faites-le réduire ensuite jusqu'à ce qu'il ait la consistance du sirop. Lorsque vous voudrez vous en servir, il faudra le faire chauffer au bain-marie jusqu'à ce qu'il soit comme du sirop, en observant de l'écumer : le mettre au bain-marie, pour vous en servir aux articles indiqués.

Pommes de terre sautées au beurre, pour garniture.

Après avoir bien épluché et lavé une certaine quantité de pommes de terre, vous pouvez les couper en ronds ou en long; mais il est mieux de les laisser entières. Mettez-les dans un sautoir, et versez dessus du beurre fin que vous aurez fait clarifier. La proportion est d'une livre de beurre pour trois douzaines de pommes de terre de moyenne grosseur. Mettez-les sur un feu très ardent; mettez aussi du feu sur le couvercle du sautoir. Après quelques minutes, il ne faut plus qu'un feu doux dessous et dessus. On laisse ainsi les pommes de terre jusqu'à ce qu'elles aient pris une belle couleur jaune, en ayant soin de les remuer de temps en temps. Lorsqu'elles sont bien rissolées, vous les faites égoutter, puis vous les sautez dans du beurre frais, en y ajoutant un peu de glace de veau.

Ognons farcis.

Epluchez avec soin, faites blanchir, rafraîchir et égoutter de gros ognons; enlevez-en ensuite l'intérieur au moyen d'un vide-pomme, remplissez-les de quenelles et dressez-les sur un même lit dans une casserole plate. Mouillez avec un peu d'eau; ajoutez un peu de sel, un morceau de sucre, et couvrez les ognons avec des bardes de lard; faites bouillir le tout sur un feu très ardent; mettez du feu dessus. Les ognons étant cuits, vous les ôtez, puis vous faites réduire le fond, et les arrosez avec. Ces ognons peuvent également se servir seuls ou comme garniture de grosses viandes.

Sauce scealope de lièvre au sang.

Mettez à part le sang d'un lièvre; coupez ce même lièvre par morceaux, et faites-le revenir dans le beurre avec une demi-livre de petit lard également coupé, un bouquet garni, une gousse d'ail, une carotte, un ognon, sel, poivre, muscade, girofle. Le tout étant bien revenu, vous le mouillez avec une chopine de vin; vous ajoutez un peu de consommé, autant de sauce espagnole; vous faites bouillir d'abord, puis mijoter pendant deux heures au moins, c'est-à-dire jusqu'à ce que la viande soit bien cuite. Passez alors votre sauce à l'étamine; ajoutez-y quelques cuillerées de blond de veau; mettez-la au feu de nouveau, écumez, dégraissez et faites réduire. Lorsque cette sauce a acquis une épaisseur convenable, vous y versez le sang du lièvre, vous y ajoutez un peu de beurre fin, et vous la passez à l'étamine. Faites chauffer au bain-marie lorsque vous voudrez vous en servir.

Ragoût à la providence.

Faites cuire, à l'eau, deux douzaines de petites saucisses à la chipolata, autant de morceaux de petit lard, et autant de champignons; tournez en boules, et faites cuire au vin de Madère une vingtaine de truffes, avec crêtes et rognons de coqs, et un peu de glace; tournez et moulez autant de marrons et de quenelles. Le tout étant cuit, vous versez dessus du jus d'étouffade clarifié (Voyez *Jus d'étouffade*) et réduit de moitié.

Ragoût chipolata.

Faites blanchir, puis cuire dans du consommé, avec un peu de sucre, deux douzaines de carottes et autant de navets tournés en forme d'olives; autant de marrons et d'ognons. Faites cuire, comme dans l'article précédent, douze petites saucisses, et autant de morceaux de lard. Mettez ensuite le tout dans une casserole avec deux douzaines de champignons et quelques cuillerées de sauce espagnole; mouillez avec du consommé ou des fonds de cuisson; faites réduire, écumez, clarifiez.

Culs d'artichauts pour garniture.

Après avoir enlevé de quelques artichauts le plus de feuilles vertes possible, faites blanchir ces artichauts dans de l'eau salée et vinaigrée jusqu'à ce que le foin puisse s'enlever. Rafraîchissez alors les artichauts, ôtez-en le foin et le reste des feuilles, arrondissez les bords avec un couteau; puis mettez-les dans une casserole avec des bardes de lard, du beurre frais, jus de citron, sel et bouquet garni; mouillez le tout avec moitié vin blanc, moitié eau. Mettez le tout sur un feu ardent, couvrez la casserole, mettez du feu dessus, et laissez bouillir pendant une heure et demie. Faites alors égoutter vos culs d'artichauts, et mettez-les de côté pour vous en servir au besoin.

Sauce aux échalotes.

Hachez très fin des échalotes, lavez-les dans un linge blanc, et faites-les cuire dans du vinaigre avec du sel et du poivre, jusqu'à ce que le vinaigre soit presque entièrement évaporé. Mouillez alors avec du jus de viande, et ajoutez-y un peu de glace de cuisson, afin que cela soit bien corcé.

Was tréfiche.

Prenez quelques racines de persil, des zestes de citrons, du rouge de carottes et des feuilles de persil concassées, faites blanchir le tout, puis faites-le cuire dans de la cuisson de poisson; mêlez ensuite ces ingrédiens dans de la sauce au beurre. Cette sauce se sert sur plusieurs sortes de poisson.

Macédoine de légumes.

Faites blanchir toutes sortes de légumes, tels que haricots verts, haricots blancs, petits pois, petites fèves, asperges, culs d'artichauts, concombres, champignons, ognons; tournez et faites blanchir d'autre part une égale quantité de navets et de carottes. Mettez ensuite tous ces légumes dans une sauce allemande réduite. Ajoutez-y de la glace de racines (Voyez *Glace de racines*), un morceau de beurre frais, un peu de sucre, et mêlez bien le tout ensemble. Cette garniture sert également pour les relevés de potages, les entrées et les entremets. La *Jardinière* n'est autre chose qu'une macédoine dans laquelle la sauce allemande est remplacée par la sauce espagnole.

Garniture à la flamande.

Tournez une quantité égale de navets et de carottes, faites-les blanchir et égoutter, puis cuire dans du consommé avec du sucre; ayez d'autre part un nombre égal de laitues braisées aux choux, bien pressées et troussées, et dressez vos viandes en mettant entre chacune une laitue, une carotte et un navet; entourez le tout d'ognons glacés (Voyez *Ognons glacés*), et versez sur le tout une sauce nivernaise réduite. (Voyez *Sauce nivernaise*.)

Beurre de homard.

Prenez les œufs qui se trouvent dans l'intérieur ou sous la queue d'un homard, pilez-les bien avec gros comme un œuf de beurre fin, passez-les à travers un tamis de soie; ramassez votre beurre, qui se trouvera d'un beau rouge, sur une assiette; servez-vous en aux articles indiqués.

Purée de homard.

Coupez en forme de dés les chairs qui se trouvent dans la queue et les pattes d'un homard; pilez d'autre part les chairs et les œufs qui se trouvent dans le corps, en y ajoutant un peu de beurre frais, et passez-les à l'étamine; faites chauffer cette purée au bain-marie, et mettez dedans les chairs coupées en dés. Cette garniture s'emploie ordinairement pour les vols-au-vent.

Sauce au vin de Madère.

On fait cette sauce, qui ne s'emploie que pour le plum pouding, en délayant une cuillerée de farine dans un verre de vin de Madère sec; on y ajoute quelques cuillerées de consommé, un peu de beurre, sel, muscade, et du citron vert confit coupé en petits morceaux; on fait bouillir le tout, sur un feu ardent, pendant vingt minutes, puis on y ajoute un fort morceau de beurre fin, en ayant soin de remuer toujours pour que ce beurre ne tourne pas en huile.

Sauce aux moules.

Vos moules étant bien grattées et lavées, vous les mettez dans une casserole avec une gousse d'ail, un peu de persil; vous posez le tout sur un feu ardent, et faites sauter les moules de temps en temps, jusqu'à ce qu'elles soient ouvertes. Otez alors les moules de leurs coquilles, et après avoir laissé déposer et avoir tiré à clair l'eau qu'elles ont rendue, faites-en une sauce au beurre, jetez ensuite vos moules dans cette sauce, et tenez-la bien chaude pour vous en servir au besoin.

Garniture de tomates.

Coupez des tomates par le milieu; exprimez-en le jus et les

pepins, en les pressant modérément. Faites cuire ensemble, jambon, échalotes, persil et champignons hachés : ajoutez-y deux jaunes d'œufs, un peu de mie de pain, beurre d'anchois, sel, muscade et piment. Pilez ensuite tout cela, en versant de temps en temps un peu d'huile dans le mortier; passez cette purée au tamis et garnissez-en vos tomates; panez-les, semez dessus un peu de fromage parmesan râpé, arrosez-les avec de l'huile, et faites-les cuire au four. On se sert de cette garniture pour le bœuf bouilli.

Beurre de piment.

Pétrissez un peu de beurre, en y joignant du piment en poudre. Cette préparation ne doit se faire que dans les grandes cuisines; et dans tous les cas, le beurre de piment peut être remplacé par le piment seul que l'on emploie avec modération.

Garniture de raifort.

Otez la première peau de la racine de raifort, lavez cette racine, râpez-la, et servez-la comme garniture de viandes bouillies.

Garniture de foies gras.

Parez des foies gras, faites-les dégorger et blanchir, mettez-les cuire entre deux bardes de lard, et mouillez-les avec une sauce mirepois.

Ragoût de laitances de carpes.

Faites bouillir un moment, dans de l'eau, des laitances de carpes et les mettez dans une casserole avec deux cuillerées de velouté, un demi-verre de vin blanc, autant de bouillon, un bouquet de persil, ciboule, une demi-gousse d'ail, faites bouillir un quart d'heure; assaisonnez de sel, gros poivre.

En maigre, mettez dans une casserole ognons en tranches, un panais coupé en zestes, un bouquet de persil, ciboule, une pointe d'ail, deux clous de girofle, une demi-feuille de laurier, thym, basilic, un morceau de beurre; passez sur le feu et y mettez une pincée de farine; mouillez avec un verre de vin blanc, autant de bouillon maigre, faites bouillir et réduire à moitié, passez la sauce au tamis, mettez-y les laitances pour les faire bouillir un quart d'heure, et avant que de servir, une liaison de trois jaunes d'œufs délayés avec de la crème ou du lait, sel, gros poivre; faites lier sur le feu sans bouillir.

ET GARNITURES. 65

On prépare de la même manière les langues de carpes; mais ce ragoût se fait bien rarement, attendu qu'il ne faudrait pas moins de trois ou quatre cents langues pour faire un ragoût de quelque importance.

Persil haché, fines herbes, etc.

La manière de hacher le persil n'est pas chose peu importante en cuisine. Il ne s'agit pas, en effet, comme on le croit communément, de hacher du persil plus ou moins menu; il faut, lorsque le persil est haché aux trois quarts, le poser sur un linge blanc, jeter de l'eau dessus et le presser fortement afin d'en diminuer l'âcreté; puis on le pose de nouveau sur la table, et l'on achève de le hacher; il faut en agir de même pour les échalotes, ognons et champignons. Quant aux truffes, il suffit de les hacher purement et simplement.

Poivre de Cayenne.

Ayez une demi-livre de gros piment ou poivres longs; choisissez-les d'un beau rouge, épais de peau; faites-les sécher à l'ombre; lorsqu'ils seront secs, déchiquetez-les, supprimez-en les queues, mettez-les avec leurs graines et une pincée de sel dans un mortier de fonte : vous vous servirez d'un pilon de fer pour piler, et ayez bien soin de couvrir votre mortier d'une peau fermée bien hermétiquement.

Poivre kari.

Ayez un quarteron de piment enragé, deux onces de safran en racine, deux onces de racine de rhubarbe; vous pilerez d'abord votre piment dans un mortier, comme ci-dessus; quand votre poivre sera réduit en poudre, vous le passerez au tambour dans le tamis de crin; pilez le safran et passez-le de même, ainsi que la rhubarbe, que vous aurez choisie nouvelle et lourde; le tout passé, mélangez-le, ajoutez-y une demi-once de poivre en poudre et un peu de sel fin : mélangez bien le tout, et servez-vous en aux articles indiqués.

Bouquet garni.

Vous éplucherez trois ou quatre ciboules avec leurs queues, et des queues de persil que vous placerez sur vos ciboules, un quart de feuille de laurier, une gousse d'ail, un peu de thym, deux clous de girofle; vous envelopperez le tout avec vos ciboules, en commençant par les têtes et finissant par les queues; liez votre bouquet assez solidement avec de la ficelle, afin qu'il ne se défasse pas.

Brûle-sauce.

Faites tremper une mie de pain dans du lait, puis faites-la cuire dans une casserole, en la mouillant avec du lait peu à peu, jusqu'à ce que le tout forme une bouillie; ajoutez-y du sel, du poivre noir en grains et un peu de beurre bien frais. Cette sauce s'emploie particulièrement pour les bécasses.

Manière de préparer la choucroute et de la faire cuire.

Prenez cinquante choux bien blancs et d'un bon naturel; épluchez-les bien, émincez-les avec un outil qui est disposé à ce sujet chez toutes les personnes qui ont l'habitude de la faire elles-mêmes; défoncez un quart à bière, ou à vinaigre, ou à vin; faites-le bien nettoyer; placez votre tonneau debout, sur un chantier; percez votre tonneau à trois ou quatre pouces du fond, pour laisser couler la saumure; vous arrangez vos choux par lits de sel et de choux, et une demi-livre de graine de genièvre, que vous semez dans l'intérieur : quand vos choux sont ainsi préparés, vous les couvrez d'une toile neuve et du fond de votre tonneau, que vous chargez avec des pierres ou autre chose de lourd. Laissez couler votre saumure jusqu'à ce qu'elle sorte claire : quinze jours suffisent. Au bout de ce temps, bouchez le trou du bas; remplissez votre tonneau de nouvelle saumure : deux livres de sel marin peuvent suffire pour cinquante livres de choux. Au bout de vingt jours vous pouvez vous servir de votre choucroute, comme il va vous être indiqué.

Après avoir lavé une quantité plus ou moins grande de choucroute à plusieurs eaux, faites-la cuire dans une casserole avec du lard de poitrine, des saucisses, un saucisson cru, le tout mouillé avec de bon bouillon ou du fond de cuisson de viandes. Lorsque le tout aura bouilli sur un feu doux pendant cinq ou six heures, vous ferez égoutter la choucroute dans une passoire et la servirez avec les viandes qui auront cuit en même temps.

Des champignons.

L'emploi des champignons n'est pas sans danger, quelques espèces vénéneuses étant presque entièrement semblables à celle dont on fait usage en cuisine. Les champignons de couches peuvent seuls être employés en toute sécurité; quant aux autres, il faudra les couper par tranches, et si, étant ainsi coupés, ils ne restent pas blancs pendant une heure, au moins, il sera prudent de ne pas s'en servir. On fera donc usage de ce procédé en province ; car à Paris, les champignons livrés au commerce étant tous cultivés sur couches, dans d'immenses carrières, on peut les employer sans examen.

Ket-Chop.

Après avoir épluché, lavé et émincé une certaine quantité de champignons, arrangez-les par lits dans une terrine, en ayant soin de saupoudrer chaque lit avec du sel fin, et mettez par-dessus le tout, du brou de noix que vous aurez recueilli pendant la saison, et salé dans un pot de terre ; couvrez votre terrine avec un linge blanc, et posez par-dessus ce linge un couvercle qui ferme le mieux possible. Au bout de cinq ou six jours, vous tirerez à clair le jus qu'auront rendu les champignons ; puis vous tordrez les champignons dans un linge blanc afin d'en exprimer tout le jus qu'ils pourraient contenir encore. Mettez alors ce jus dans une casserole ; ajoutez-y de la glace de viande dans la proportion d'une livre de glace pour cent champignons moyens, deux ou trois feuilles de laurier, six anchois pilés, un peu de poivre de Cayenne ; faites réduire le tout à demi-glace, et mettez-le ensuite en bouteille, après en avoir ôté les feuilles de laurier. Cette composition est très bonne avec le poisson en général.

Sauce à la Durcelle.

Hachez, lavez et pressez champignons, échalotes, persil et truffes, comme il est dit à l'article *Persil et fines herbes*. Mettez le tout sur le feu avec un fort morceau de beurre, autant de lard râpé, du vin blanc dans la proportion d'une chopine pour un quarteron de beurre ; ajoutez une pointe d'ail, une feuille de laurier, poivre, sel et muscade, et laissez réduire le tout à glace ; ajoutez alors quelques cuillerées de sauce allemande réduite. Cette sauce convient à toutes les papillotes.

Du verjus et des différentes sortes de vinaigre.

Prenez du verjus avant qu'il commence à mûrir ; séparez les grains de la grappe, ôtez en les queues, mettez les grains dans un mortier, avec un peu de sel ; pilez-les, exprimez-en le jus à travers un linge, à force de bras, ou sous une presse ; ayez une chausse de futaine, ou deux, si la quantité de verjus que vous voulez faire l'exige ; mouillez cette chausse, enduisez-la de farine du côté pelucheux de la futaine ; suspendez-la de manière qu'elle soit ouverte ; versez votre verjus en plusieurs fois, jusqu'à ce qu'il devienne limpide comme de l'eau de roche ; vous aurez auparavant rincé des bouteilles, ou vous en aurez des neuves, pour qu'elles n'aient aucun mauvais goût; vous les soufrerez en agissant ainsi : ayez un bouchon qui puisse aller à toutes les bouteilles, passez dedans un fil de fer, arrêtez-le sur le haut du bouchon, et faites-lui faire un crochet à l'autre extrémité; il faut que ce fil de fer ne passe pas la moitié de la bouteille; mettez au crochet un morceau de mèche soufrée comme celle qu'on emploie pour mécher les tonneaux; allumez-la, mettez-la, dans les bouteilles, l'une après l'autre; lorsque vous voyez que la bouteille est remplie de la vapeur, ôtez-en la mèche et mettez-la debout dans la cave; au bout d'un instant, videz-y votre verjus, et bouchez bien vos bouteilles; lorsque vous voudrez vous en servir, supprimez la pellicule qui doit s'être formée dans le goulot : vous pourrez employer ce verjus en place de citron; vous pourrez vous en servir aussi pour les liqueurs fraîches et le punch, en y ajoutant un peu d'esprit de citron ou du zeste de citron. Ce verjus est bon pour obvier aux inconvéniens de chutes : il suffit, à cet effet, d'en prendre un verre lorsque l'accident vient d'arriver.

Quant au vinaigre, vous vous servez d'un vaisseau plus ou moins grand, selon la quantité que vous en voulez faire. Pour en faire vingt pintes, prenez un baril de cette grandeur qui soit neuf; s'il est de vieux bois, il faut le faire doler en dedans; ensuite vous prenez une pinte du plus fort vinaigre que vous faites bouillir, et le mettez tout bouillant dans le baril que vous boucherez bien avec le bondon, et le roulez en l'agitant jusqu'à ce qu'il soit tout à fait froid; six heures après, vous ôtez ce vinaigre et mettez ce baril en place dans un endroit chaud, après l'avoir bondonné; faites un trou dans le haut du baril, au-dessus du jable, assez grand pour mettre un grand entonnoir; faites-y entrer par l'entonnoir deux pintes de bon vinaigre; huit jours après ajoutez-y une pinte de vin propre à faire du vinaigre; de huit jours en huit jours, vous y ajouterez une pinte de vin jusqu'à ce que le baril soit à moitié plein : alors vous en pouvez mettre davantage; il faut faire attention que le vinaigre soit toujours de la même force que le premier que vous y avez mis, parce que, s'il était plus faible, l'augmentation que vous feriez n'aurait pas la même force : votre baril étant plein et le vinaigre dans sa bonté, vous en retirez les deux tiers que vous mettez dans un autre vaisseau; ensuite vous remettez du vin peu à peu dans le baril, comme ci-dessus; par ce moyen, vous avez toujours du vinaigre. Le vin le plus propre à faire du vinaigre est celui que l'on tire auprès de la lie, celui qui est poussé et aigri sans avoir de fleurs; lorsque le vinaigre n'a point assez de couleur, vous y mettez du jus de mûres sauvages.

Le vinaigre blanc se fait avec le rouge; pour le faire, mettez dix pintes de vinaigre sur le feu et le faites bouillir jusqu'à ce qu'il soit réduit à huit; ensuite vous le faites distiller à l'alambic; vous en mettrez plus ou moins, suivant la quantité que vous en voulez.

Pour faire du vinaigre rosat, faites sécher deux jours au soleil une once de roses muscades que vous mettrez dans une pinte de vinaigre; mettez les roses et le vinaigre au soleil pendant quinze jours dans une bouteille bien bouchée. Celui d'estragon, de sureau, d'œillet, se fait de même; pour celui de fleur d'orange, on met la feuille sans être séchée; celui à l'ail, il faut quatre pintes de vinaigre blanc pour une once d'ail, douze clous de girofle et une muscade coupée par morceaux.

Pour faire l'espèce de vinaigre que l'on nomme printanier, prenez, vers le mois de juin, cresson, estragon, pimprenelle, cerfeuil que vous faites sécher au soleil; quand ils seront secs, vous les mettrez dans une cruche d'environ six pintes, avec dix gousses d'ail, autant d'échalotes, six ognons, une poignée de graine de moutarde, vingt clous de girofle, un demi-gros de macis, un gros de poivre long, un citron coupé en tranches avec son écorce. Emplissez la cruche avec du vinaigre; après l'avoir bien bouchée, vous l'exposerez pendant dix jours à l'ardeur du soleil. Vous le passerez après dans une chausse pour le tirer au clair; mettez-le dans des bouteilles bien bouchées.

Salpicon.

On nomme salpicon un ragoût composé de plusieurs espèces de viandes et de légumes. Prenez une égale quantité de jambon, ris de veau, foies gras; des truffes, champignons, culs d'artichauts; faites cuire les viandes et les légumes à part; coupez-les en petits dés, et jetez-les dans une sauce espagnole réduite de moitié. (Voyez *Sauce espagnole*.)

Sauce à la diable.

Mettez dans un verre de vinaigre un peu de glace de veau, une gousse d'ail, une feuille de laurier, et quelques échalotes que vous aurez hachées, lavées et pressées dans un linge blanc; laissez réduire le tout jusqu'à demi-glace; mouillez avec du jus, et ajoutez un peu d'huile et de beurre de piment.

SAUCES, RAGOUTS

Sauce au fenouil.

Hachez le plus menu possible des branches de fenouil vert; faites-le blanchir, rafraîchir et égoutter; faites chauffer quelques cuillerées de sauce au beurre, et autant de velouté mêlés ensemble; ajoutez un peu de sel, gros poivre et muscade, et jetez dans cette sauce votre fenouil que vous aurez pétri avec un morceau de beurre; mêlez bien le tout et servez.

Ragoût de morilles.

On fait, en cuisine, le même emploi des morilles que des champignons; seulement il faut avoir soin de les faire tremper pendant quelque temps dans de l'eau tiède, afin d'en extraire le sable qu'elles contiennent.

Ragoût de mousserons.

Les mousserons se préparent comme les morilles; il faut, comme ces dernières, les mettre tremper dans de l'eau tiède pour en extraire le sable.

Truffes à la piémontaise.

Étendez un peu d'huile sur un plat; mettez, sur ce plat, un lit de truffes bien émincées, du sel et du gros poivre; puis un lit de fromage parmesan râpé, et successivement un lit de l'un et un lit de l'autre. Mettez ensuite ce plat sur un feu doux et couvrez-le avec un four de campagne; servez au bout de vingt minutes.

Cronstade.

Prenez une mie de pain de pâte ferme de quatre ou cinq pouces de haut, et d'une largeur proportionnée à celle du plat que vous voulez servir; parez bien cette mie de pain en dehors, et évidez-la de manière à en faire une espèce de caisse; faites revenir cette caisse dans du beurre clarifié jusqu'à ce qu'elle ait pris une belle couleur jaune, faites-la égoutter, et garnissez-la de légumes ou de tout autre chose.

Casserole au riz.

Prenez deux livres de riz (plus ou moins, selon la grandeur du plat que vous voulez servir); épluchez-le, lavez le, faites-le blanchir, mettez-le dans une casserole, mouillez-le avec du derrière de la marmite; observez qu'on doit peu le mouiller, et qu'on doit le faire aller très doucement; faites en sorte qu'il soit bien nourri, c'est-à-dire, qu'il soit bien gras; salez-le convenablement; sa cuisson achevée, retirez-le du feu, jetez dessus un peu d'eau fraîche, remettez-le sur un feu très ardent; dégraissez alors ce riz, et maniez-le jusqu'à ce qu'il soit à moitié refroidi. Faites alors un bouchon de mie de pain de la grandeur du fond de votre plat; dressez autour votre riz comme vous feriez pour un pâté; soudez bien votre riz sur le plat, couvrez votre pain aussi; donnez à tout une forme agréable avec un morceau de carotte; formez votre couvercle pour pouvoir l'enlever facilement; faites-lui prendre couleur dans un four très chaud; lorsque vous serez près de servir, levez votre couvercle avec soin, mettez-le sur un couvercle de casserole, videz votre casserole au riz, remplissez-la d'un ragoût tel que vous jugerez à propos, remettez son couvercle et servez. On peut aussi décorer une casserole au riz avec des œufs, des truffes, filets de volailles, etc., que l'on découpe et arrange avec symétrie.

Bords de plats.

On nomme bords de plats, des mies de pain taillées en ronds, losanges, carrés, cœurs, etc., et frits dans l'huile ou dans le beurre; on leur donne une couleur plus ou moins foncée. Afin de faire tenir ces croûtons droits sur le bord d'un plat, on fait chauffer ce dernier; puis on trempe l'extrémité des croûtons dans un peu de blanc d'œuf mêlé avec une pincée de farine, et on les pose successivement.

Gratin.

Prenez une demi-livre de rouelle de veau; coupez-la en petits dés, mettez-la dans une casserole avec un morceau de beurre, un peu de fines herbes hachées, telles que champignons, persil, échalotes; mettez-y un peu de sel, poivre et épices; passez-le tout en remuant avec une cuillère de bois; faites cuire cette chair environ un quart d'heure, égouttez-en le beurre, hachez-la le plus fin possible, mettez-la dans le mortier; prenez quinze foies de volailles ou de gibier, desquels vous aurez ôté l'amer et la partie du foie où il porte; faites-les dégorger et blanchir à moitié, rafraîchissez-les, égouttez-les, mettez-les dans le mortier avec votre veau, pilez le tout, joignez-y autant de panade qu'il y a de chair (Voyez l'article *Panade*); quand vous aurez fait cuire des tétines de veau dans la marmite, et les aurez laissées refroidir, parez-les en supprimant toutes leurs peaux; mettez par tiers autant de tétine que de chair et de panade (si vous n'avez pas de tétine, employez du beurre); assaisonnez de sel et d'épices votre gratin; mettez-y, en le pilant, trois œufs entiers, l'un après l'autre, et trois jaunes; le tout bien pilé, ramassez-le dans une terrine, et servez-vous-en au besoin.

Chair de pâté à la ciboulette.

Hâchez ensemble une quantité égale de filet de bœuf et de rouelle de veau, et deux fois autant de graisse de rognon de bœuf; salez et poivrez, et ajoutez deux œufs crus sans cesser de hacher; le tout étant bien mêlé, mouillez-le avec un peu d'eau fraîche; ajoutez-y de la ciboulette et du persil hachés très fin; et mêlez et mouillez de nouveau jusqu'à ce que le tout forme une espèce de farce. Cette chair sert à garnir les petits pâtés.

Sauce aux groseilles à maquereaux.

Ouvrez en deux une certaine quantité de groseilles à maquereaux, et faites-les blanchir dans de l'eau légèrement salée, après en avoir extrait les pepins; faites égoutter les groseilles, et jetez-les dans une sauce au fenouil. (Voyez ci-dessus *Sauce au fenouil.*) Cette préparation ne convient que pour les maquereaux bouillis.

CHAPITRE IV.

DU BŒUF (1).

Bœuf bouilli. — Bœuf bouilli à la persillade. — Miroton de bœuf bouilli. — Bœuf bouilli frit. — Bœuf bouilli en matelotte. — Bœuf bouilli à la poulette. — Langue de bœuf, sauce hachée. — Langue de bœuf aux cornichons. — Langue de bœuf en matelotte. — Langue de bœuf aux épinards. — Langue de bœuf aux champignons. — Langue de bœuf en hochepot. — Langue de bœuf en papillotes. — Langue de bœuf en atelets. — Langue de bœuf à l'écarlate. — Langue de bœuf en cartouches. — Palais de bœuf. — Palais de bœuf à la lyonnaise. — Palais de bœuf à l'allemande. — Palais de bœuf à la Béchamel. — Palais de bœuf au beurre d'anchois. — Atreaux de palais de bœuf. — Croquettes de palais de bœuf. — Palais de bœuf au gratin. — Paupiettes de palais de bœuf. — Cervelles de bœuf à la sauce piquante. — Cervelles de bœuf au beurre noir. — Cervelles de bœuf en marinade. — Cervelles de bœuf en matelotte. — Queue de bœuf en hochepot. — Queue de bœuf aux navets. — Queue de bœuf aux choux. — Queue de bœuf à la sauce tomate. — Queue de bœuf aux champignons. — Queue de bœuf à la Sainte-Ménéhoud. — Queue de bœuf à la purée de racines ou de légumes. — Queue de bœuf aux ognons glacés. — Côte de bœuf braisée. — Côte de bœuf aux choux. — Côte de bœuf à la rocambole. — Côte de bœuf aux concombres. — Côte de bœuf aux ognons glacés. — Côte de bœuf aux petites racines. — Côte de bœuf, sauce tomate. — Côte de bœuf au vin de Malaga. — Côte de bœuf aux laitues. — Côte de bœuf à la bonne femme. — Côte de bœuf à la purée d'ognons. — Côte de bœuf à la provençale. — Entre-côte à la sauce piquante. — Entre-côte à la sauce aux cornichons. — Entre-côte au jus. — Entre-côte au beurre d'anchois. — Entre-côte à la sauce hachée. — Filet d'aloyau braisé. — Filet d'aloyau aux cornichons. — Filet d'aloyau aux laitues. — Filet d'aloyau aux ognons glacés. — Filet d'aloyau aux concombres. — Filet d'aloyau au vin de Malaga. — Filet d'aloyau à la Mauglat. — Filet de bœuf sauce tomate. — Filet de bœuf à la Conti. — Sauté de filet de bœuf. — Beef-steak de filet de bœuf. — Filet de bœuf rôti. — Pièce d'aloyau rôtie. — Aloyau à la Godard. — Filet d'aloyau à la Godard. — Filet de bœuf sauté aux truffes. — Filet de bœuf sauté aux champignons. — Filet de bœuf au vin de Madère. — Filet de bœuf à la provençale. — Noix de bœuf à l'étouffade. — Bœuf de Hambourg. — Roast-beef à l'anglaise. — Roll pince. — Aloyau à la bretonne. — Aloyau à la cuisinière. — Beef-steak sauté au vin de Madère. — Beef-steak sauté dans sa glace. — Beef-steak sauté aux olives. — Beef-steak grillé à l'anglaise. — Filet de bœuf en chevreuil. — Coquilles de palais de bœuf. — Filet de bœuf à la polonaise. — Côte de bœuf à la gelée. — Hachis de filet de bœuf. — Dolpettes à l'italienne. — Coquilles de cervelle de bœuf. — Crépinettes de palais de bœuf. — Cervelles de bœuf en crépinettes. — Cervelles à la sauce aurore. — Cer-

---

(1) Voir, pour le choix du bœuf, la théorie du bouillon, chapitre Ier.

velles au soleil. — Cervelles à la poulette. — Cervelles à la mayonnaise. — Emincé de palais de bœuf à l'ognon. — Emincé de palais de bœuf aux champignons. — Palais de bœuf à l'italienne. — Cromesquis de palais de bœuf. — Cromesquis de cervelles et d'amourettes de bœuf. — Côte de bœuf à la milanaise. — Côte de bœuf aux épinards. — Queue de bœuf à la flamande. — Plunk fink. — Amourettes de bœuf en marinade. — Palais de bœuf aux fines herbes. — Rognons de bœuf à la Chapsal. — Rognons de bœuf sautés. — Gras-double à la provençale. — Gras-double à la milanaise. — Gras-double en caisse. — Gras-double à la poulette. — Gras-double à la lyonnaise. — Atelets de gras-double. — Gras-double en crépinettes. — Langue de bœuf fourrée. — Langue de bœuf au parmesan. — Tétine de vache.

Bœuf bouilli.

Le bœuf bouilli, sortant de la marmite, se sert avec ou sans garniture; on peut l'entourer seulement de quelques branches de persil; on le garnit avec des légumes, des racines, du petit lard, des ognons glacés, etc. On peut mettre dessous plusieurs espèces de sauces; telles que sauce espagnole, sauce italienne, sauce aux tomates, etc.

Bœuf bouilli à la persillade.

Coupez votre bouilli froid par tranches minces, dressez-le sur un plat, semez par-dessus du sel, du poivre, du persil et de la ciboule hachés, de la chapelure; mouillez le tout avec un peu de bouillon et faites-le bouillir doucement pendant quinze ou vingt minutes.

Bœuf bouilli en miroton.

Epluchez et coupez par tranches, quelques beaux ognons, faites-les revenir dans le beurre jusqu'à ce qu'ils soient bien roux; mettez alors un peu de farine dans la casserole; remuez bien le tout ensemble, mouillez avec un peu de bouillon, ajoutez-y un peu de sel, poivre et vinaigre, et faites bouillir le tout pendant vingt minutes; versez alors votre miroton sur le bouilli coupé en tranches bien minces que vous aurez dressé sur un plat, puis mettez ce plat sur le feu, et faites de nouveau bouillir à petit feu pendant vingt minutes.

Bœuf bouilli frit.

Passez des fines herbes au beurre dans une casserole; ajoutez-y un peu de farine, un peu de bouillon, sel, poivre et muscade; laissez bouillir le tout jusqu'à ce que cela épaississe, et versez cette sauce sur le bouilli que vous aurez haché; remuez bien le tout ensemble, en y joignant un peu de mie de pain pour lui donner de la consistance. Faites ensuite des boulettes avec ce hachis, trempez-les dans la farine, et faites-les frire.

Bœuf bouilli en matelotte.

Faites roussir des petits ognons dans une poêle avec de bon beurre. Lorsqu'ils seront bien roux, mettez une cuillerée à bouche de farine; sautez-la avec vos ognons; mettez un verre de vin rouge, un demi-verre de bouillon, quelques champignons, du sel, du poivre, une feuille de laurier, un peu de thym; achevez de cuire votre ragoût; quand il le sera, vous le verserez sur les tranches de bouilli que vous aurez mises sur le plat; faites-le mijoter une demi-heure, pour que le bouilli se pénètre de la sauce.

Bœuf bouilli à la poulette.

Mettez un morceau de beurre dans une casserole, du persil et de la ciboule hachés; faites-les revenir sur le feu; mettez-y plein une cuillère à bouche de farine, remuez le tout ensemble; versez plein un verre de bouillon ou d'eau sur les fines herbes, tournez bien jusqu'à ce que cela bouille; mettez du sel, du poivre, et un peu de muscade; quand votre sauce aura bouilli cinq ou six minutes, vous y mettrez votre bouilli, que vous aurez coupé en petites tranches, sautez-le dans votre sauce : au moment de servir, vous y mettrez une liaison de trois jaunes d'œufs.

Langue de bœuf à la sauce hachée.

Faites dégorger et blanchir une langue de bœuf, puis faites-la rafraîchir et parez-le. Assaisonnez de gros lardons avec du persil et des ciboules hachés, sel, poivre, épices; piquez votre langue avec ces lardons, et faites-la cuire dans une casserole avec des bandes de lard, des parures et débris de viandes, ognons, carottes, girofle, thym, laurier; mouillez avec du bouillon, et faites bouillir le tout à petit feu, pendant quatre heures au moins. Parez ensuite votre langue; ôtez-en la peau; fendez-la en deux dans toute sa longueur, de manière cependant à ce que les morceaux ne se séparent pas, dressez-la sur un plat, et masquez-la avec une sauce hachée. Cette sauce peut se remplacer par un roux mouillé avec du bouillon, et dans lequel on met le persil, les ciboules et les échalotes hachées.

Langue de bœuf aux cornichons.

La langue étant cuite comme à l'article précédent, vous la

masquerez avec une sauce piquante dans laquelle vous mettrez des cornichons coupés en liards.

Langue de bœuf en matelotte.

Faites cuire la langue comme il est dit ci-dessus (Voyez *Langue de bœuf à la sauce hachée*), mais sans la piquer, et en ajoutant une bouteille de vin blanc à votre assaisonnement; passez ensuite votre mouillement au tamis de soie. D'autre part, vous ferez revenir de petits ognons dans le beurre, jusqu'à ce qu'ils soient roux; vous y joindrez un peu de farine, et les mouillerez avec votre fond de cuisson que vous aurez dégraissé; ajoutez-y du sel et du poivre, quelques champignons, et faites bouillir le tout jusqu'à ce que vos ognons soient cuits; ôtez alors les ognons, faites réduire la sauce, et versez-la sur votre langue coupée en morceaux, en y remettant les ognons et champignons que vous en aurez ôtés.

Langue de bœuf aux épinards.

Après avoir ôté la peau, et lorsqu'elle est refroidie, on la coupe en rouelles de l'épaisseur de deux pièces de cinq francs. On les arrondit en parant les deux extrémités; on les dresse en rond, en mettant les morceaux l'un sur l'autre, de manière que le milieu du plat ne soit pas occupé, et c'est dans cette espèce de puits que l'on met les épinards, chicorée, ou autre ragoût. Si on a un peu de glace, on s'en sert pour donner une couleur agréable.

Langue de bœuf aux champignons.

La langue étant préparée comme celle à la sauce hachée (Voyez ci-dessus *Langue de bœuf à la sauce hachée*), vous tournez des champignons, et les faites sauter dans le beurre avec un jus de citron; ajoutez cinq ou six cuillerées de sauce espagnole, autant de consommé; faites réduire cette sauce, dégraissez-la, et la versez sur la langue fendue en deux.

Langue de bœuf en hochepot.

La langue étant cuite, comme il est dit ci-dessus, à l'article *Langue à la sauce hachée*, vous la couperez en tranches et la dresserez autour du plat. Faites, d'autre part, blanchir, rafraîchir et égoutter de petites carottes bien tournées; faites-les revenir dans le beurre, ajoutez-y quelques cuillerées de sauce espagnole, autant de consommé, un peu de sucre, et lorsqu'elles seront cuites, versez-les au milieu de la couronne formée par vos morceaux de langue ; glacez ces derniers et servez. Il est bien aussi de faire autour du plat un cordon de petits ognons glacés.

A défaut de sauce et de consommé, on jette un peu de farine sur les carottes quand elles sont revenues, et l'on mouille avec la cuisson de la langue.

Langue de bœuf en papillotes.

Quand la langue est cuite comme les précédentes, vous la coupez par morceaux en forme de côtelettes ; vous arrangez vos morceaux sur un plat, et vous versez dessus une sauce à papillotes. (Voyez *Sauce à papillotes.*) Quand votre sauce est froide, vous en arrosez les morceaux de langue ; vous mettez une barde de lard bien mince desssus et dessous : vous avez un carré double de papier huilé ; vous enveloppez votre morceau de langue dans votre papier ; et vous le plissez tout autour des bords, le plus serré possible, afin que votre sauce ne s'en aille pas étant sur le gril. Il faut un feu doux pour griller ces papillotes : vous les dressez autour du plat, et mettez un jus clair dessous.

Langue de bœuf en atelet.

Faites cuire la langue, comme il est dit ci-dessus, à l'article *Langue à la sauce hachée*, laissez-la refroidir, et coupez-la en petits morceaux carrés. Faites réduire de la sauce italienne (Voyez *Sauce italienne*), liez-la avec des jaunes d'œufs, et versez-la sur les morceaux de langue que vous aurez dressés sur un plat. Laissez refroidir le tout ; puis prenez l'un après l'autre ces petits morceaux et embrochez avec un atelet, en ayant bien soin qu'ils soient tous également garnis de sauce. Les morceaux de langue doivent être coupés de manière qu'un atelet qui en est garni présente la forme d'un carré long avec ses quatre angles. Trempez alors l'atelet dans du beurre à peine fondu, puis dans de la mie de pain, et en troisième lieu dans des œufs battus et assaisonnés d'un peu de beurre, sel et gros poivre ; mettez ensuite l'atelet sur le gril, et mettez le four de campagne par dessus.

Langue de bœuf à l'écarlate.

Ayez une langue de bœuf ; pilez deux onces de salpêtre ; vous la frotterez bien partout avec votre salpêtre pilé : vous la mettrez dans une terrine avec du thym, du laurier, du basilic, du poivre en grains ; vous mettrez deux fortes poignées de sel dans l'eau bouillante : quand votre sel sera fondu, et que votre eau sera froide, vous la verserez sur votre langue, et vous la laisserez dans la saumure cinq ou six jours au plus. Si vous en avez le temps, avant de la faire cuire, vous la mettrez dégorger deux heures; vous la ferez blanchir; vous la poserez dans une braisière, avec un quart de la saumure, du thym, du laurier, du basilic, du poivre en grains, deux carottes, deux ognons, trois clous de girofle, deux pintes d'eau, du sel; vous la ferez mijoter pendant deux heures, et la retirerez du feu : laissez-la refroidir dans son assaisonnement.

Langue de bœuf en cartouches.

Vous préparez votre langue comme celle aux cornichons : quand elle est cuite et froide, vous la coupez en petits carrés longs de quatre pouces, sur huit ou dix lignes de carré; vous arrangez vos morceaux sur un plat, et vous mettez une sauce à papillotes dessus. (Voyez *Sauce à papillotes.*) Quand elle est refroidie, vous prenez un morceau de langue, vous l'entourez de sauce, et le couvrez d'une barde de lard très mince; vous avez un carré de papier huilé dans lequel vous enveloppez votre morceau de langue, de manière que cela ait la forme d'une cartouche; vous la faites griller sur un feu doux : vous la dressez sur le plat, en bûche ou en pile. Il ne faut pas de sauce. Vous aurez bien soin de fermer votre papier hermétiquement, afin que la sauce ne s'en aille pas.

Palais de bœuf.

Après avoir bien fait dégorger vos palais, il faut les faire blanchir à l'eau bouillante pendant au moins un quart d'heure, puis les rafraîchir, les égoutter, et les mettre sur le gril, du côté où l'on aperçoit une espèce de parchemin, saisir le moment où il se détache, et l'enlever avec la pointe d'un couteau. Cette opération faite, il faut parer les extrémités, et au côté opposé à celui que l'on vient d'enlever la peau, il se trouve un corps noir, qu'il faut supprimer, sans atteindre l'autre côté. Ceci terminé, on les fait blanchir, et on les met cuire dans un blanc, d'où on les retire pour les servir de la manière qu'il convient.

Palais de bœuf à la lyonnaise.

Les palais de bœuf étant cuits comme il est dit dans l'article précédent, vous les coupez en morceaux de la forme qui vous convient, et vous les mettez dans une purée d'ognons brune; puis vous faites chauffer le tout ensemble, mais sans le faire bouillir. (Voyez *Purée d'ognons.*)

BOEUF.

Palais de bœuf à l'allemande.

Quand vos palais sont cuits dans un blanc, vous les égouttez, et les coupez en carrés d'un pouce de diamètre. Ayez du velouté bien réduit (Voyez *Velouté*); vous le liez avec deux jaunes d'œufs; votre sauce liée, vous la passez à l'étamine, et la mettez sur vos palais qui sont dans une casserole, et un peu de persil haché bien fin, que vous avez fait blanchir; sautez vos palais dans votre sauce, et servez-les bien chauds.

Palais à la Béchamel.

Ayez des palais de bœuf cuits dans un blanc, et coupés en petits carrés, c'est-à-dire de la grandeur d'un petit écu; ayez une sauce béchamel (Voyez *Béchamel*); vous les faites sauter dans votre sauce; tâchez qu'elle ne soit ni trop claire, ni trop liée; un peu de gros poivre : servez-la bien chaude.

Palais de bœuf au beurre d'anchois.

Les palais étant cuits et coupés en morceaux comme à l'article précédent, faites réduire de la sauce espagnole; ajoutez-y un peu de beurre d'anchois (Voyez *Beurre d'anchois*); mettez ensuite vos palais dedans, et sautez-les après avoir ôté la sauce du feu; car il ne faut pas que la sauce bouille lorsque les palais sont dedans.

Atreaux de palais de bœuf.

(Voyez *Langue de bœuf en atelets*); les atreaux de palais se préparent absolument de la même manière, seulement on embroche successivement un morceau de palais et un morceau de tétine, le tout taillé en carré.

Croquettes de palais de bœuf.

Les palais étant cuits dans un blanc, comme il est dit ci-dessus, à l'article *Palais de bœuf*, coupez-les en petits dés, et jetez-les dans un velouté réduit (Voyez *Velouté*), que vous aurez lié avec des jaunes d'œufs et un peu de beurre fin. Le tout étant bien mêlé, faites-en un certain nombre de petits tas sur un plafond; laissez-les refroidir, donnez-leur la forme qui vous convient; puis panez-les, en les passant successivement et à plusieurs reprises dans la mie de pain et dans des œufs battus et assaisonnés avec un peu de beurre, sel et gros poivre; faites frire ensuite vos croquettes et servez-les avec du persil frit.

BŒUF.

Palais de bœuf au gratin.

Vos palais cuits dans un blanc, vous les coupez en bandes longues, de quinze lignes de large. Ayez une farce cuite (Voyez *Farce cuite*), que vous étendrez sur le dessous de vos palais, c'est-à-dire du côté où il n'y a pas de saillant; vous y mettrez une bande de téline bien cuite et bien mince, un peu de farce par dessus : vous roulez votre bande, que vous mettez autour de l'intérieur du plat où vous avez mis la farce. Dans le fond, vous en formez un cordon qui fait le turban; votre plat garni, vous couvrez vos palais de lard, de manière que la chaleur du four ou four de campagne ne rôtisse pas vos palais; quand ils ont été un quart d'heure ou une demi-heure au four, il faut en extraire la graisse; vous verserez une italienne dans le milieu.

Paupiettes de palais de bœuf.

Vous préparez des palais comme les précédens; vous couperez vos bandes plus larges, afin que votre rouleau soit un peu long, à-peu-près comme une croquette; vous mettez de la sauce à atelet à l'entour, c'est-à-dire pour barbouiller votre paupiette; vous la panerez à l'œuf, et vous la ferez frire comme des croquettes; vous mettrez du persil à l'entour et dessus, point de sauce dessous.

Cervelles de bœuf à la sauce piquante.

Débarrassez les cervelles du sang caillé qui s'y trouve, de la pellicule et des fibres; faites-les ensuite dégorger dans de l'eau tiède pendant une heure ou deux, puis faites-les cuire entre des bardes de lard avec des tranches d'ognons et de carottes, un bouquet garni et un verre de vin blanc. Égouttez-les ensuite, dressez-les sur un plat, et arrosez-les avec une sauce piquante.

Cervelles de bœuf au beurre noir.

Faites cuire les cervelles comme à l'article précédent, et au lieu de sauce piquante, mettez du beurre noir dessous. (Voyez *Beurre noir*.)

Cervelles de bœuf en marinade.

Après avoir préparé vos cervelles, c'est-à-dire les avoir épluchées, blanchies, vous les ferez cuire dans une marinade (Voyez *Marinade*); vous ferez une pâte à frire (Voyez *Pâte à frire*), et vous mettrez vos cervelles dedans. Au moment de servir, vous les ferez frire; tâchez que votre friture ne soit pas trop chaude. Vous mettrez du persil frit dessus.

Cervelles de bœuf en matelotte.

Vous marquerez vos cervelles comme les précédentes; en place d'eau et de vinaigre, vous les mouillerez avec du vin rouge ou blanc; quand elles seront cuites, vous passerez au tamis de soie le mouillement dans lequel elles auront cuit; vous aurez de petits ognons bien épluchés, que vous sauterez dans le beurre jusqu'à ce qu'ils soient blonds; vous les poudrez avec environ une cuillerée de farine, vous les mouillerez avec le vin dans lequel vos cervelles ont cuit, vous y mettrez quelques champignons; quand votre ragoût sera cuit, vous égoutterez vos cervelles, et vous les dresserez sur votre plat; vous verserez votre ragoût dessus: tâchez qu'il soit d'un bon sel.

Queue de bœuf en hochepot.

Pour faire un hochepot de queue de bœuf, vous la coupez par morceaux; faites-la blanchir et cuire avec du bon bouillon, un bouquet garni, du sel; il faut cinq heures de cuisson. À la moitié de la cuisson, vous y mettez ognons, carottes, panais, navets, un peu de chou, le tout blanchi et coupé proprement; quand le tout est cuit, retirez sur un linge et l'essuyez, pour qu'il ne reste point de graisse; arrangez ensuite les légumes avec la viande dans une terrine propre à servir sur table : dégraissez la sauce où a cuit la viande; mettez-y un peu de sauce espagnole, et faites réduire sur le feu si la sauce est trop longue; ayez garde qu'il n'y ait point trop de sel; passez-la au tamis, et mettez la viande et les légumes dessus. On peut aussi servir la queue sans légumes, et la mettre à bien des sauces lorsqu'elle a été braisée.

Queue de bœuf aux navets.

Tournez des navets de grosseur du petit doigt, et de deux pouces de long; faites-les cuire dans le fond de cuisson de la queue, et dressez cette dernière sur les navets ainsi cuits.

Queue de bœuf aux choux.

La queue étant cuite comme il est dit ci-dessus, vous l'entourez de choux, de carottes; vous y ajoutez le lard qui a cuit avec les carottes et les choux, et vous versez une sauce espagnole dessus.

BŒUF.

Queue de bœuf à la sauce tomate.

Mettez la queue sur un plat, et versez de la sauce tomate dessus de manière que la viande soit entièrement masquée.

Queue de bœuf aux champignons.

La queue de bœuf étant bien cuite, vous la masquez avec un ragoût de champignons. (Voyez, au chapitre III, *Ragoût de champignons.*) Si vous n'aviez point de ragoût préparé à l'avance, vous pourriez y suppléer en faisant cuire des champignons dans un peu de beurre; lorsque les champignons sont bien revenus, on ajoute un peu de farine, et l'on mouille avec la cuisson de la queue.

Queue de bœuf à la Sainte-Menehould.

Faites cuire la queue de la même manière que pour les articles précédens, trempez-la dans du beurre à moitié fondu, puis dans la mie de pain mêlée d'un peu de sel et poivre; panez ainsi à deux reprises, puis faites griller la queue; couvrez-la avec un four de campagne pour lui faire prendre couleur par-dessus.

Queue de bœuf à la purée de racines, légumes, etc.

La queue étant bien cuite, mettez-la sur un plat, et masquez-la avec une purée, soit de pois, lentilles, etc. (Voyez, *pour la préparation des purées*, le chapitre Ier.)

Queue de bœuf aux ognons glacés.

Entourez d'ognons glacés une queue braisée, et saucez avec une sauce espagnole, ou bien remplacez cette dernière par un roux, et mouillez avec la cuisson de la queue.

Côte de bœuf braisée.

Après avoir bien paré une côte de bœuf, piquez-la avec de gros lardons salés et poivrés; ficelez-la afin qu'elle reste bien entière, et mettez-la dans une braisière avec du lard, des parures de viandes, carottes, ognons, persil, ciboule, thym, laurier, girofle; mouillez le tout avec du bouillon, et faites bouillir d'abord sur un feu ardent; puis couvrez un peu le feu, et faites bouillir doucement pendant trois heures au moins. Déficelez votre côte et dressez-la. Passez ensuite une partie de votre cuisson, dégraissez-la, faites-la réduire, et mettez-la sous votre côte que vous glacerez.

Nota. La côte de bœuf cuite de cette manière peut se mettre aux mêmes sauces et se servir de la même manière que la queue de bœuf. (Voyez ci-dessus *Queue de bœuf.*) Ainsi on sert la côte de bœuf *aux choux, à la rocambole, aux concombres, aux ognons glacés, aux petites racines, à la sauce tomate, au vin de Malaga.* (Il suffit d'ajouter du vin de Malaga dans la cuisson), *aux laitues, à la purée,* etc.

Côte de bœuf à la bonne femme.

Parez une côte, piquez-la de gros lardons épicés; mettez un morceau de beurre dans votre casserole, gros comme deux œufs; vous le faites fondre, puis vous mettez votre côte assaisonnée de sel et de gros poivre; vous posez votre casserole sur un feu un peu ardent, vous retournez votre côte deux ou trois fois; quand elle est bien chaude, vous la mettez sur un feu doux, et vous mettez aussi du feu sur le couvercle de votre casserole; quand elle y aura été une heure et demie, elle sera cuite : vous vous servirez du fond pour sauce.

Côte de bœuf à la provençale.

Faites cuire une côte comme il est dit à l'article précédent : en place de beurre, mettez de l'huile pour la faire cuire; quand elle est cuite, vous la mettez sur votre plat; vous avez vingt gros ognons que vous coupez par le milieu de la tête jusqu'à la queue, puis vous coupez en tranches vos moitiés d'ognons de manière à en former des demi-cercles; faites frire les ognons dans un quarteron de bonne huile; lorsqu'ils auront pris belle couleur, vous ajouterez du vinaigre, du bouillon, du sel et du poivre, et vous verserez le tout sur votre côte.

Entre-côte à la sauce piquante.

Désossez une côte de bœuf, de manière qu'il ne reste que le bout de l'os de la côte; parez-la, battez-la, et la faites tremper dans de l'huile avec des tranches d'ognon, des tranches de citron, du persil, sel et poivre; faites la ensuite griller sur un feu peu ardent, et quand elle est cuite, versez dessus une sauce piquante. (Voyez *Sauce piquante.*)

Entre-côte au jus.

Elle se fait cuire comme celle à la sauce piquante, seulement on met dessous un peu de jus clair au lieu de sauce.

Entre-côte à la sauce au beurre d'anchois.

Votre côte étant cuite comme il est dit aux deux articles précédens, vous préparerez une sauce espagnole travaillée qui soit un peu claire : au moment de saucer, vous mettrez dans votre sauce, qui sera bien chaude, gros comme un œuf de beurre d'anchois, que vous remuerez bien dans votre sauce jusqu'à ce qu'il soit bien fondu, sans la mettre sur le feu, ou du moins sans la faire bouillir; versez-la sur la côte.

Entre-côte à la sauce hachée.

Elle se prépare comme celle à la sauce piquante; la sauce seule fait la différence. (Voyez *Sauce hachée*.)

Filet d'aloyau braisé.

Levez d'abord le filet mignon qui tient à l'aloyau; ôtez-en la graisse, et débarrassez-le de la peau qui l'enveloppe; piquez-le ensuite avec de gros lardons assaisonnés de sel, poivre, thym et laurier hachés bien menu. Ficelez alors votre filet, et le mettez dans une casserole avec des bardes de lard, des parures de viande, quelques ognons et carottes, un bouquet garni. Mouillez le tout avec du bouillon, et faites bouillir doucement pendant trois heures. Passez ensuite et dégraissez votre cuisson; faites-la réduire et dressez dessus votre filet que vous aurez déficelé et glacé.

Filet d'aloyau aux cornichons.

Le filet étant paré comme il est dit à l'article précédent, vous le piquez de lard fin, et le mettez à la broche; ayez d'autre part une sauce espagnole, autant de consommé, mêlez ensemble ces deux choses, ajoutez-y du sel et du poivre, du vinaigre, et faites réduire le tout de moitié en ayant soin d'écumer; dégraissez votre sauce, passez-la à l'étamine, et mettez-y des cornichons que vous aurez taillés de manière qu'ils soient tous de même grosseur. Le filet étant cuit, vous le dresserez sur cette sauce.

Filet d'aloyau aux laitues.

Parez un filet d'aloyau comme celui dit à la braise; vous l'égouttez et le glacez; vous y mettrez une sauce espagnole (Voyez *Sauce espagnole*); vous l'entourerez d'un cordon de laitues cuites comme il est dit au chapitre des sauces et garnitures.

Filet d'aloyau aux ognons glacés.

Parez un filet d'aloyau; faites-le cuire comme celui dit à la braise; vous l'égouttez, vous le glacez: mettez-le sur votre plat avec des ognons glacés à l'entour, et une sauce espagnole travaillée. (Voyez *Espagnole* et *ognons glacés.*)

Filet d'aloyau aux concombres.

Parez votre filet d'aloyau; faites-le cuire comme celui dit à la braise; vous l'égouttez et le glacez; vous mettez dessous des concombres cuits comme il est dit au chapitre des sauces et garnitures; si vous n'avez pas de concombres préparés de cette manière, vous ferez un petit roux que vous mouillerez avec le jus dans lequel aura cuit votre filet; vous le passerez au tamis de soie; vous aurez soin de faire votre sauce un peu longue, pour pouvoir la faire réduire; vous la dégraisserez et la passerez à l'étamine, et vous la verserez sur votre filet, ou bien vous mettrez vos concombres cuire dedans.

Filet d'aloyau au vin de Malaga.

Il se prépare comme le filet d'aloyau braisé, avec cette seule différence que l'on ajoute à la cuisson une bouteille ou une demi-bouteille de Malaga, selon la force du filet. (Voyez ci-dessus *Filet d'aloyau braisé.*)

Filet d'aloyau à la Mauglat.

Votre filet étant paré et cuit comme le filet braisé, vous le laisserez refroidir, puis vous ferez un trou ovale dedans; vous couperez en dés la viande que vous avez ôtée de votre filet, c'est-à-dire ni petit ni gros; vous ferez réduire une sauce espagnole avec un peu de mouillement de votre filet; quand votre sauce sera bien réduite, vous mettrez vos petits morceaux de viande dedans, et vous la tiendrez chaude au bain-marie: au moment de servir, vous ferez réchauffer votre filet; vous l'égoutterez et le glacerez; vous le poserez sur le plat; vous mettrez votre petit ragoût dedans; vous aurez une espagnole claire que vous mettrez dessus.

Ici, comme dans une foule d'autres circonstances, la sauce espagnole peut être remplacée par un roux que l'on mouille avec la cuisson de la viande.

Filet de bœuf, sauce tomate.

Votre filet étant paré et piqué comme celui dit *aux corni-*

chons (Voyez *Filet d'aloyau aux cornichons*), vous le briderez de manière qu'il forme le colimaçon; vous beurrerez le fond de votre casserole, vous y mettrez votre filet, quatre carottes, cinq ognons, deux feuilles de laurier, un bouquet de persil et de ciboule, trois clous de girofle; vous mettrez avec votre filet plein une cuillère à pot de gelée ou de bouillon, une feuille de papier beurré coupée en rond; vous ferez bouillir votre filet; quand il aura jeté quelques bouillons, vous le mettrez sur un feu doux, vous en mettrez aussi sur le couvercle de votre casserole; vous y regarderez de temps en temps, en veillant à ce que votre filet prenne une belle couleur: il faut deux heures pour le cuire. Dressez-le ensuite, et versez dessus une sauce tomate indienne. (Voyez *au chapitre des sauces*.)

Filet de bœuf à la Conti.

Il se fait comme le précédent; seulement, il faut que le mouillement tombe à la glace, afin que votre filet soit glacé en le retirant; vous ôterez vos racines de votre casserole, ainsi que la graisse; vous mettrez dans votre casserole quatre cuillerées d'espagnole et une de consommé (Voyez *Espagnole* et *consommé*), et vous détacherez la glace de votre filet; vous passerez votre sauce à l'étamine, et vous la verserez sous votre filet.

Sauté de filet de bœuf.

Après avoir coupé un filet de bœuf en quatre dans sa longueur, vous coupez vos morceaux en viande courte, de l'épaisseur de trois lignes; vous les aplatissez, vous les faites ronds, et de la grandeur d'un écu de six francs, ou un peu plus; vous avez soin, en les arrondissant, de ne pas laisser de peau dure: il faut que vos morceaux soient à-peu-près tous de la même grandeur; vous les arrangez à plat dans un sautoir, ou quelque chose qui puisse le remplacer; quand tous vos morceaux seront aplatis, parés et arrangés dans votre sautoir, jetez dessus un peu de poivre et de sel, et arrosez-les avec du beurre que vous aurez fait fondre. Mettez alors le sautoir sur un feu ardent; lorsque les morceaux seront cuits d'un côté, vous les retournerez, et les laisserez cuire jusqu'à ce qu'ils soient fermes. Dressez-les alors sur un plat, et arrosez-les avec une sauce, soit tomate, soit espagnole, beurre d'anchois, etc. Dans tous les cas il faut que la sauce soit bien corsée.

Beef-steak de filet de bœuf.

Coupez votre filet sur son plein, épais de six lignes et de

forme ronde ; parez-le, coupez les tours et ôtez les peaux ; assaisonnez de sel et de gros poivre ; trempez le dans du beurre tiède, et faites cuire sur le gril à grand feu, et servez de suite ; ne laissez pas trop cuire.

On peut mettre dessous une sauce piquante ou un jus clair ; on joint aussi avec ces sauces des pommes de terre que l'on coupe en long, on les saute dans du beurre jusqu'à ce qu'elles soient d'un beau blond ; saupoudrez-les de sel, et placez-les autour de votre beef-steak.

Filet de bœuf à la broche.

Laissez-le entier et le piquez de lard fin ; faites-le cuire à la broche et le servez avec un jus clair ou une sauce piquante. Il ne doit pas rester au feu plus de cinq quarts d'heure.

Pièce d'aloyau.

Pour que l'aloyau soit bon, il faut l'avoir quelques jours d'avance, afin qu'il se mortifie. Il faut en retrancher l'extrémité des os et les chairs qui ne sont pas bonnes à la broche, et qui peuvent servir à tirer du jus, ou à mettre dans le pot au feu. Étant ainsi préparé, pour qu'il ait plus de goût, il faut le mettre dans un plat de terre, y jeter du sel fin, de l'huile, quelques tranches d'ognons, des branches de persil, une gousse d'ail et une couple de feuilles de laurier ; on le retourne dans cette marinade, et on le laisse pendant vingt-quatre heures et plus. Au moment de le mettre à la broche, on ôte de dessus toute la marinade. Il faut avoir soin que la partie du filet soit couverte d'un peu de graisse, ce qui contribue encore à sa bonté. Ainsi préparé, on le ficèle pour que la graisse ne s'échappe pas. Étant fixé sur la broche, on l'entoure de papier beurré, et on le met cuire : il est nécessaire de veiller à ce qu'il soit cuit à son point. On ôte le papier qui l'enveloppe un peu avant, afin qu'il ait une bonne couleur. Cette pièce peut se garnir de pommes de terre frites, et l'on sert avec une sauce hachée dans une saucière.

Aloyau à la Godard.

Parez et désossez une pièce d'aloyau ; piquez-en les parties maigres avec du lard, du jambon, de la langue à l'écarlate, et troussez-le de manière que le filet soit en dessus et couvert de sa graisse. Après l'avoir ficelé, mettez-le dans une braisière avec quelques carottes, autant d'ognons, du laurier, une gousse d'ail et trois ou quatre clous de girofle ; ajoutez-y du lard, des parures de viande, et mouillez le tout avec du bouillon non dégraissé, et une égale quantité de vin de Madère. Après six heures de cuisson, retirez la pièce d'aloyau; passez et dégraissez votre cuisson; clarifiez-la avec des blancs d'œufs, et faites-la réduire à demi-glace; remettez alors votre aloyau dans une braisière avec la moitié de la cuisson réduite, un peu de consommé, et le laissez bouillir avec feu dessus et dessous, jusqu'à ce qu'il ait pris une belle couleur. Dressez-le ensuite, garnissez-le de ris de veau, de quenelles de volailles, d'écrevisses, et versez sur le tout le reste de votre demi-glace, et un ragoût à la financière. (Voyez *Sauces et garnitures*.)

Filet mignon à la Godard.

Il se prépare comme l'aloyau à la Godard (Voyez l'article précédent), seulement il faut beaucoup moins de temps pour le faire cuire.

Filet de bœuf sauté aux truffes.

On le prépare comme celui aux pommes de terre : on met un morceau de beurre dans un plat à sauter; on le met sur un fourneau un peu ardent : on le retourne de l'autre côté. Étant cuit, on le dresse sur le plat; on jette la sauce aux truffes dans le plat à sauter; la glace produite par le beefs-teak se détachera, et s'incorporera dans la sauce, ainsi que le beurre : on la verse sur le beef-steak. Il ne faut faire cette cuisson qu'au moment de servir : elle se fait en peu de temps.

Filet de bœuf sauté aux champignons.

Il se prépare comme le précédent; il suffit seulement de substituer les champignons aux truffes.

Filet de bœuf au vin de Madère.

Après avoir piqué un filet de bœuf comme pour le mettre à la broche (Voyez ci dessus *Filet de bœuf à la broche*), mettez-le dans une casserole avec quelques carottes, autant d'ognons, un bouquet garni, un demi-setier de vin de Madère, sel et poivre, et faites-le cuire. Passez et dégraissez ensuite votre cuisson, ajoutez-y un peu de sauce espagnole; faites réduire à demi-glace. Votre filet étant dressé vous le garnissez avec un ragoût à la flamande, et vous arrosez le tout avec demi-glace.

Filet de bœuf sauté à la provençale.

On le prépare comme le filet sauté aux truffes (Voyez ci-dessus); seulement on se sert d'huile au lieu de beurre, et l'on y met un peu d'ail.

Noix de bœuf à l'étouffade.

Parez une noix de bœuf; piquez-la avec du lard et du jambon, et mettez-la dans une casserole avec trois ou quatre carottes, autant d'ognons, un bouquet garni, un verre de vin blanc, et opérez du reste comme il est dit ci-dessus, à l'article *Filet de bœuf au vin de Madère*. On peut préparer une côte de bœuf de la même manière.

Bœuf de Hambourg.

Parez et désossez une culotte de bœuf qui ne soit pas trop grasse; frottez toutes les chairs maigres avec une livre de salpêtre; ensuite vous placez dans un vase votre pièce de bœuf, avec laurier, thym, ail, clous de girofle, coriandre; vous couvrez de sel votre pièce, et bouchez votre vase de manière que l'air n'y pénètre pas. Au bout de huit ou neuf jours, vous retirez votre bœuf du vase, le lavez à plusieurs eaux, vous le mettez, enveloppé d'un linge blanc, dans une marmite, avec de l'eau et quelques racines, et le faites bouillir pendant sept ou huit heures. Faites-le égoutter ensuite. Ce bœuf se mange froid.

Roast-beef à l'anglaise.

Le roast-beef n'est autre chose qu'une pièce d'aloyau à la broche que l'on doit servir un peu saignant, avec des pommes de terre cuites à l'eau.

Roll pince.

Hachez un morceau de bœuf cru, bien entrelardé, jusqu'à ce que ce hachis soit réduit en une espèce de farce; ajoutez-y du poivre, du sel, de la muscade. Puis vous couperez en morceaux plus ou moins grands de la panse de bœuf bien nettoyée; vous coudrez ces morceaux ensemble, de manière à en faire de petits sacs que vous remplirez de votre hachis, et que vous fermerez ensuite en cousant l'ouverture. Faites bouillir ce hachis, ainsi renfermé, dans de l'eau et du vinaigre en égale quantité, avec une quantité de sel suffisante. Au bout d'une heure, vous ôterez ces morceaux de l'eau, les ferez égoutter, et les mettrez dans un pot de grès; puis vous verserez dessus de bon vinaigre, de manière que tous les morceaux baignent.

Ces morceaux ainsi confits, lorsque vous voulez vous en servir, vous en prenez la quantité qui vous convient, vous les coupez par tranches, et les faites sauter au beurre sur un feu très ardent. Vous faites également sauter des pommes de reinette coupées par tranches, et dressez le tout en mettant successivement une tranche de viande et une tranche de pomme.

Aloyau à la bretonne.

Il se prépare comme l'aloyau à la broche; au moment de le servir, on met dessous une sauce à la bretonne. (Voyez au chapitre précédent.)

Aloyau à la cuisinière.

Il se prépare comme l'aloyau braisé, avec cette différence que l'on mouille avec du vin blanc et de l'eau en quantité égale, et que l'on y met autant de navets que de carottes tournés en gros bâtons. La viande étant cuite, on tourne des pommes de terre d'une grosseur égale aux carottes, on les fait cuire dans le fond de cuisson de la viande, puis on dresse le bœuf, on l'entoure de ces légumes, et l'on verse dessus le fond de cuisson après l'avoir dégraissé et fait réduire de moitié.

Beef-steak sauté au vin de Madère.

Coupez des morceaux de filet de bœuf, parez-les et les aplatissez; mettez-les ensuite sur un plat à sauter avec du beurre, sel et poivre; faites cuire sur un feu ardent jusqu'à ce qu'ils soient un peu fermes des deux côtés; vous les dressez en couronne sur un plat; égouttez votre beurre du sautoir, et conservez le fond; mettez dans votre sautoir un bon verre de vin de Madère; faites-le réduire dans un peu de glace de veau et un peu d'espagnole. Mettez un peu de beurre de piment.

Beef-steak sauté dans la glace.

Il se prépare et se fait cuire comme le précédent; seulement on n'y met point de vin; on détache la glace du beef-steak et le beurre avec très peu de bouillon et un peu de glace; on verse le tout sur le beef-steak.

Beef-steak sauté aux olives.

Il se prépare comme les deux précédents; au moment de servir, on jette dans la glace des olives tournées, c'est-à-dire dont on a ôté le noyau, et l'on verse le tout sur le beef-steak.

Coquilles de palais de bœuf.

Faites sauter dans du beurre et du fromage de Parme des palais de bœuf bien émincés; versez-les ensuite dans des coquilles, saupoudrez ces coquilles avec du fromage râpé, et mettez-les sous le four de campagne jusqu'à ce que le dessus soit d'une belle couleur.

Beef-steak à l'anglaise.

Le filet de bœuf étant coupé comme pour tous les autres beef-steaks dont nous avons parlé ci-dessus, on les poudre de sel et de poivre, puis on les pane en les trempant successivement dans du beurre fondu et de la mie de pain; on les fait griller, et on les dresse sur une maître d'hôtel froide. (Voyez, au chapitre précédent, *Sauce à la maître d'hôtel*.)

Filet de bœuf en façon de chevreuil.

Après avoir taillé des morceaux de filet de bœuf en forme de filets de chevreuil, piquez-les avec du lard fin, et faites-les mariner dans du vinaigre. Faites-les ensuite sauter dans leur glace (Voyez *Beef-steak sauté dans sa glace*), et servez-les sur une sauce poivrade. (Voyez cette sauce au chapitre précédent.)

Filet de bœuf à la polonaise.

Emincez du filet de bœuf et ensuite de l'ognon de manière que le volume d'ognon soit égal au volume de viande. Garnissez de beurre le fond d'une casserole, puis mettez successivement un lit d'ognon, un lit de viande, et entre chaque lit, du sel, du poivre, muscade, et canelle, et des zestes de citron bien minces; mettez cette casserole au four pendant trois heures; puis mêlez le tout ensemble, dressez-le en lui donnant la forme qui vous conviendra, et masquez avec de la sauce espagnole réduite à moitié.

Côtes de bœuf à la gelée.

Après avoir paré et piqué vos côtes avec du lard et du jambon, entourez-les de bandes de lard, et enveloppez chaque côte dans un linge blanc: les contenant toujours dans leur forme, vous les mettrez dans une braisière, avec deux pieds de veau, pattes de volaille, parures de viande. Vous assaisonnerez votre braisière de sel, poivre, quatre clous de girofle, ognons, carottes, laurier, ail, thym, persil; vous la mouillerez avec une bouteille de vin blanc, un verre d'eau-de-vie, et du bouillon; vous ferez bouillir votre braisière pendant cinq heures, bien doucement et bien étouffée. Quand vos côtes seront cuites, vous les égoutterez, et les ferez refroidir; vous passerez votre fond au tamis, le dégraisserez et le clarifierez avec des blancs d'œufs : votre gelée ainsi clarifiée, faites-la réduire jusqu'à ce qu'elle soit à son point; alors vous la passez à la serviette double, et la faites prendre à la glace dans un moule ou casserole. Vous déballez vos côtes, les parez en leur laissant une belle forme; vous les glacerez et les placerez sur un grand plat ovale, les deux os des côtes dans le milieu du plat; vous décorerez vos côtes avec de la gelée.

Hachis de filet de bœuf.

Ce hachis se fait ordinairement avec le reste d'un filet de bœuf rôti la veille. On en ôte le lard et la graisse, on hache la viande bien menue, on la jette dans de la sauce espagnole bouillante, et on laisse réduire la sauce. Cela forme une espèce de purée que l'on sert après avoir garni les bords du plat de croûtons.

Dolpettes à l'italienne.

La viande de filet de bœuf étant hachée comme il est dit à l'article précédent, vous la mettrez dans la sauce espagnole; vous y ajouterez du fromage de Parme râpé, de la mie de pain, des œufs, du sel et du poivre. Lorsque le tout aura suffisamment bouilli, vous le laisserez refroidir, vous le moulerez en boules, les panerez en les trempant successivement dans des jaunes d'œufs et de la mie de pain mêlée de fromage de Parme râpé, et vous les ferez frire. Faites-les ensuite égoutter; dressez-les dans un plat sur de la sauce tomate, et faites-les bouillir fort doucement pendant cinq minutes.

Coquilles de cervelle de bœuf.

La cervelle de bœuf se prépare en coquilles de la même manière que les palais de bœuf. (Voyez ci-dessus, ce dernier article.)

Crépinettes de palais de bœuf.

Vos palais étant cuits (Voyez plus haut *Palais de bœuf*), parez-les et coupez-les en petits morceaux de trois pouces de long. Taillez, d'autre part, des ognons en dés; faites-les blanchir, puis cuire dans le beurre avec sel, poivre, ail, laurier, muscade; mettez sur cet ognon quelques cuillerées de velouté; faites réduire le tout, liez-le avec des jaunes d'œufs, et le laissez refroidir. Cette sauce formant alors une espèce de pâte, vous en envelopperez vos morceaux de palais l'un après l'autre;

vous couvrirez chaque morceau d'un morceau de crépinette de cochon, et vous leur ferez prendre couleur sous le four de campagne. Dressez-les ensuite sur une sauce tomate indienne.

Cervelles de bœuf en crépinette.

Les cervelles se préparent en crépinettes de la même manière que les palais. (Voyez l'article précédent.)

Cervelles à la sauce aurore.

Épluchez vos cervelles, c'est-à-dire ôtez-en le sang caillé, la petite peau et les fibres qui renferment la cervelle; vous les mettrez dégorger dans de l'eau tiède pendant deux heures; après, vous les ferez cuire entre des bardes de lard, deux feuilles de laurier, des tranches d'ognons, des carottes, un bouquet de persil et ciboules, un verre de vin blanc et du bouillon. Coupez ensuite vos cervelles en quatre, et servez-les avec une sauce aurore. (Voyez cette sauce au chapitre précédent.)

Cervelles de bœuf au soleil.

Vos cervelles étant cuites comme il est dit à l'article précédent, coupez-les, et enveloppez chaque morceau dans une sauce allemande (Voir cette sauce au chapitre précédent), que vous aurez fait réduire après y avoir ajouté des fines herbes. Laissez refroidir les cervelles; panez-les en les trempant successivement et à deux reprises dans des jaunes d'œufs et dans la mie de pain. Servez-les avec une sauce aspic.

Cervelles à la poulette.

Elles se préparent comme les cervelles à la sauce aurore; seulement on remplace cette dernière par une sauce allemande, à laquelle on ajoute des champignons, du beurre frais et un jus de citron.

Cervelles de bœuf à la mayonnaise.

Faites cuire vos cervelles comme il est dit ci-dessus. Vos cervelles cuites, vous les égouttez et les laissez refroidir; coupez-les par la moitié; parez-les d'une forme égale; dressez-les en couronne sur un plat; saucez-les avec une sauce mayonnaise, verte ou blanche (Voyez *Mayonnaise*): décorez les bords du plat avec de la gelée.

Émincé de palais de bœuf à l'ognon.

Émincez des ognons en ayant soin d'en ôter la tête et la

queue, et faites-les revenir jusqu'à ce qu'ils soient bien jaunes. Faites ensuite mijoter cet ognon en le mouillant avec un peu de consommé et y ajoutant un peu de beurre et de sucre; puis vous verserez dessus quelques cuillerées de sauce espagnole, et vous mettrez dans cette préparation vos palais de bœuf coupés et en petits morceaux très minces; garnissez le bord du plat de croûtons.

Emincé de palais de bœuf aux champignons.

Emincez des champignons, et faites-les cuire dans du beurre avec un peu de sel et de citron, jusqu'à ce qu'ils tombent sur glace; ajoutez alors quelques cuillerées de sauce allemande; faites réduire, et jetez dans cette préparation vos palais coupés en petits morceaux bien minces. Dressez, et décorez le bord du plat avec des croûtons.

Palais de bœuf à l'italienne.

Vos palais étant coupés comme il est dit ci-dessus, faites-les cuire dans du vin blanc avec des champignons, du persil et des échalotes hachées. Faites réduire à glace, ajoutez un peu de sauce espagnole, un peu de glace de viande, et dressez comme ci-dessus.

Cromesquis de palais de bœuf.

Coupez des champignons et des truffes en forme de petits dés, et jetez-les dans une sauce allemande réduite et que vous ferez réduire de nouveau jusqu'à ce qu'elle forme une espèce de pâte. Mettez alors dans cette sauce des palais de bœuf et des ris de veau coupés comme vos truffes; ajoutez-y de la muscade, un peu de beurre frais; pétrissez le tout ensemble, et le laissez refroidir, puis moulez-le en petits bâtons de deux pouces de long. Coupez alors de la tétine de vache cuite et froide en petites tranches bien minces et enveloppez-en les cromesquis; puis trempez-les dans une pâte à frire, et faites-les frire. Dressez les avec du persil frit.

Cromesquis de cervelles et d'amourettes de bœuf.

Voyez l'article précédent. Les cromesquis de cervelles et d'amourettes se préparent comme les cromesquis de palais.

Côte de bœuf à la milanaise.

Préparez une côte comme pour cuire à la braise; vous épicerez un peu plus vos lardons; vous mettrez une demi-bouteille de vin de Madère et la valeur d'une demi-bouteille de bouillon; vous ferez cuire votre côte; après cela, vous passerez le mouillement au tamis de soie; ayez soin qu'il n'y ait point de graisse; vous ferez réduire tout votre mouillement de manière à ce qu'il n'en reste qu'un verre pour mettre sous votre côte. Faites cuire d'autre part du macaroni; quand il est cuit, vous l'égouttez et le sautez dans un peu de fond de cuisson avec du beurre, du fromage parmesan râpé et un peu de gros poivre. Dressez ensuite votre macaroni, posez la côte dessus et glacez-la.

Côtes de bœuf aux épinards.

Faites cuire vos côtes de bœuf comme le roast-beef à l'anglaise (Voyez *Roast-beef*), et dressez-les sur des épinards accommodés au jus. Il en est de même pour les côtes de bœuf à la chicorée.

Queue de bœuf à la flamande.

Faites cuire une queue de bœuf de la même manière que l'aloyau au vin de Madère (Voyez *Aloyau au vin de Madère*), dégraissez et passez votre fond de cuisson; faites-le réduire à demi-glace; remettez-la alors dans le fond réduit; laissez-la bouillir doucement pendant une heure; puis dressez-la et l'entourez d'une garniture de laitues. (Voyez, au chapitre III, *Sauces et Garnitures*.)

Plunk fink.

Coupez en forme de petits dés une quantité de bœuf de Hambourg (Voyez ci-dessus *Bœuf de Hambourg*), de carottes et d'ognons. Faites cuire les racines dans un peu de bouillon; puis ajoutez-y votre bœuf avec du vinaigre et du sucre. Faites réduire, et dressez le tout sur un plat creux.

Amourettes de bœuf en marinade.

(Voyez *Cervelles de bœuf en marinade*); les amourettes se préparent, en général, de la même manière que les cervelles.

Palais de bœuf aux fines herbes.

Vos palais étant préparés comme pour les mettre à l'italienne (Voyez *Palais de bœuf à l'italienne*), vous préparez et coupez de la même manière une égale quantité de tétine de veau; vous aurez des fines herbes à papillotes, que vous mêlerez avec un peu de farce; vous maniez le tout ensemble avec deux jaunes d'œufs; vous mettez un peu de cette farce sur un plat, et rangez un morceau de palais et un de tétine, un lit de farce en forme de pyramide; vous poudrez de chapelure votre gratin, et mettez un peu de beurre fondu. Mouillez avec un verre de vin blanc; faites-lui prendre couleur et gratin, au four de campagne, et servez avec une sauce italienne réduite.

Rognon de bœuf à la Chapsal.

Étendez du beurre bien frais dans le fond d'un plat à sauter; puis émincez votre rognon, mettez-le sur le beurre avec poivre, sel et muscade; mettez le tout sur le feu, et ajoutez-y un peu de beurre pétri avec une égale quantité de farine, et que vous aurez divisé en plusieurs morceaux, de manière à les disséminer sur le rognon. Mouillez ensuite avec du vin blanc, ajoutez du persil haché et dressez.

Rognon de bœuf sauté.

Après avoir émincé un rognon de bœuf; mettez-le dans une poêle avec un morceau de beurre, persil, échalotes, champignons hachés, sel, poivre et muscade. Vous ferez sauter vos rognons à grand feu, afin qu'il, ne jettent pas leur jus; vous les liez avec une pincée de farine, et les mouillez avec un demi-verre de vin blanc, deux cuillerées d'espagnole. Avant de servir, ajoutez-y un peu de beurre frais et un jus de citron.

Gras-double à la provençale.

Après avoir bien nettoyé, gratté, lavé à plusieurs eaux, et fait blanchir les parties les plus épaisses du gras-double, faites-les cuire avec du lard râpé, des carottes, des ognons, laurier, thym, persil, ail, girofle, piment, sel et gros poivre, le tout mouillé avec quelques cuillerées de consommé non dégraissé et une bouteille de vin blanc. Tout cela doit bouillir doucement pendant sept à huit heures. Laissez ensuite refroidir la cuisson sans en ôter le gras-double; coupez alors en filet une certaine quantité d'ognons, et faites-les frire dans l'huile avec de l'ail et du persil hachés, puis mettez votre gras double avec et dressez-le ensuite en y joignant des croûtes de pain trempées dans l'huile, salées, poivrées et grillées.

Gras-double à la milanaise.

Le gras-double étant cuit comme il est dit à l'article précédent; coupez-le par filets, et dressez-le par lits dans un plat creux, en mettant successivement un lit de croûtons, un de gras-double, un de fromage parmesan râpé; faites ensuite gratiner le tout sur un feu doux.

Gras-double en caisse.

Faites frire dans l'huile une caisse en mie de pain; garnissez-en le fond avec de la farce et des fines herbes cuites, et emplissez-la en mettant successivement un lit de gras-double et un lit de fines herbes. Couvrez le dernier lit de fines herbes avec de la mie de pain; versez dessus un peu de beurre fondu. Mettez ensuite cette caisse sur un plat d'argent; posez ce plat sur un feu doux, et couvrez-le avec un four de campagne. Lorsque le gratin commence à se faire, et que la caisse a pris une belle couleur, versez dessus un peu de sauce espagnole et servez.

Gras-double à la poulette.

Votre gras-double étant cuit comme il est dit ci-dessus pour le gras-double à la provençale, vous le coupez en petits ronds, et le mettez dans une casserole avec du beurre, des champignons, persil haché, sel, poivre et muscade; faites bouillir le tout, puis liez-le avec des jaunes d'œufs; ajoutez-y un jus de citron; dressez, et arrangez des croûtons sur le bord du plat.

Gras-double à la lyonnaise.

Faites cuire votre gras-double comme il est dit plus haut, coupez des ognons en filets, et faites-les frire. Mettez ensuite des ognons dans une casserole avec du gras-double coupé par petits morceaux; faites mijoter le tout pendant quelques instans et servez.

Atelets de gras-double.

Coupez en petits morceaux carrés du gras-double bien cuit, autant de morceaux de poitrine de petit salé, autant de champignons; enfilez vos morceaux de gras-double, lard et champignons, dans un atelet; posez votre atelet sur un grand plat, faites alors réduire de la sauce italienne. (Voyez *Sauce italienne*.) Quand elle est bien réduite, vous y mettez une liaison courte de deux ou trois jaunes d'œufs; vous avez bien soin de remuer votre sauce, afin qu'elle ne tourne pas. Quand votre sauce est liée, vous la versez sur vos petits morceaux de gras-double, et vous la laissez refroidir; faites en sorte que votre gras-double soit bien couvert de sauce. Après cela, vous prenez chacun de ces petits morceaux que vous embrochez avec un atelet; ayez bien soin que vos petits morceaux soient barbouillés de sauce, qu'ils soient tous de la même mesure, afin que votre atelet présente un carré long avec ses quatre angles. En cas qu'il y ait quelques vides, vous les remplirez de votre sauce, en unissant bien votre atelet; vous le trempez dans le beurre tiède, vous le mettez dans la mie de pain; après, vous le jetez dans des œufs battus, dans lesquels vous avez mis un peu de beurre, du sel et du gros poivre. Vous le panez, en lui conservant toujours sa forme carrée; puis vous le faites frire et le servez sur une sauce tomate.

Gras-double en crépinettes.

Coupez du gras-double, du petit lard et des champignons en petits dés; prenez de chacune de ces trois choses une égale quantité; mêlez-les avec de la mie de pain et des jaunes d'œufs, sel, poivre et muscade, et enveloppez cette préparation dans une crépinette de cochon, en lui donnant la forme des saucisses plates. Faites-les griller, et dressez-les sur une sauce tomate indienne.

Langue de bœuf fourrée.

Votre langue étant bien lavée et dégorgée, mettez-la dans un gros boyau de bœuf bien nettoyé; liez ensuite ce boyau aux deux bouts, et mettez la langue ainsi préparée dans de la saumure avec un peu de sel de nitre, thym, laurier, coriandre, genièvre, gingembre, girofle, macis. Laissez tremper la langue pendant douze ou quinze jours, puis faites-la sécher dans une cheminée où vous brûlerez des herbes aromatiques. Pour faire cuire cette langue ainsi préparée, vous la ferez bouillir dans de l'eau mélangée d'un peu de saumure.

Langue de bœuf au parmesan.

Ayez une langue de bœuf, que vous ferez dégorger, puis vous la ferez blanchir pendant une demi-heure; vous la mettrez rafraîchir : après qu'elle sera froide, vous la parerez; vous aurez de gros lardons, que vous assaisonnerez avec du sel, du gros poivre, quatre épices, du persil et des ciboules blanches hachés bien fin; piquez votre langue avec les lardons assaisonnés; faites-la cuire dans une casserole dans laquelle vous mettez quelques bardes de lard, quelques tranches de veau et de bœuf, des carottes, des ognons, du thym, du laurier, trois clous de girofle; vous mouillez votre cuisson avec du bouillon; laissez réduire votre langue à petit feu pendant quatre ou cinq heures (plus ou moins, selon que la langue sera dure). Vous la laisserez refroidir ensuite, et la couperez par lames très minces. Dressez alors sur un plat en mettant successivement un lit de fromage de Parme, un lit de langue, et entre chaque lit un peu de sauce espagnole. Le premier et le dernier lit doivent être de fromage; versez sur le dernier un peu de beurre fondu, et mettez le plat sous le four de campagne.

De la tétine de vache.

Lavez et faites dégorger une tétine de vache; faites-la blanchir, puis faites-la cuire dans une braisière avec de bon bouillon, quelques carottes, ognons, thym, laurier, girofle, gros poivre. La tétine ainsi cuite se prépare comme le gras-double.

CHAPITRE V.

DU VEAU.

Tête de veau au naturel. — Tête de veau à la tortue. — Tête de veau à la Détiller. — Tête de veau à la poulette. — Tête de veau frite. — Tête de veau farcie. — Pieds de veau. — Fraise de veau. — Oreilles de veau à l'italienne. — Oreilles de veau farcies. — Oreilles de veau en marinade. — Oreilles de veau aux champignons. — Langues de veau à la sauce piquante. — Cervelles de veau à la maître-d'hôtel. — Cervelles de veau poêlées. — Cervelles de veau à la sauce hollandaise. — Cervelle de veau au beurre noir. — Cervelles de veau frites. — Cervelles de veau à la sauce tomate. — Cervelles de veau en matelotte. — Queues de veau en terrine. — Queues de veau au blanc. — Ris de veau en garniture. — Ris de veau glacés. — Sauté de ris de veau. — Atreaux de ris de veau. — Ris de veau en caisse. — Epaule de veau rôtie. — Epaule de veau en galantine. — Epaule de veau aux petites racines. — Poitrine de veau glacée. — Poitrine de veau aux laitues. — Poitrine de veau à la purée de champignons. — Poitrine de veau aux ognons glacés. — Poitrine farcie. — Tendrons de veau poêlés. — Tendrons de veau à la jardinière. — Tendrons de veau aux tomates. — Tendrons de veau en chartreuse. — Tendrons de veau au blanc. — Tendrons de veau au soleil. — Tendrons de veau en terrine. — Kari de tendrons de veau à l'indienne. — Tendrons de veau en marinade. — Ragoût de veau à la bourgeoise. — Côtelettes de veau sautées. — Côtelettes de veau à la Drue. — Côtelettes de veau piquées et glacées. — Wil côtelettes. — Côtelettes de veau en papillotes. — Côtelettes de veau panées et grillées. — Côtelettes de veau en lorgnette. Côtelettes de veau à la Saint-Garat. — Carré de veau aux concombres. — Carré de veau à la crème. — Cuisse de veau marinée. — Longe de veau rôtie. — Longe de veau étouffée. — Quasi de veau. — Cuisse de veau à la hollandaise. — Fricandeau. — Noix de veau à la bourgeoise. — Noix de veau à la Conti. — Noix de veau piquée, glacée. — Noix de veau en ballotine. — Noix de veau en surprise. — Sauté de noix de veau. — Noix de veau en aspic. — Godiveau. — Blanquette de veau. — Foie de veau étouffé. — Foie de veau rôti. — Sauté de foie de veau. — Mou de veau à la poulette. — Mou de veau au roux. — Tête de veau au Puits Certain. — Tête de veau en matelotte. — Cervelles de veau à la provençale. — Cervelles de veau en coquilles. — Cervelles de veau en crépinettes. — Cromesquis de cervelles de veau. — Queues de veau en macédoine. — Cassolettes de ris de veau. — Carré de veau rôti. — Ris de veau en coquilles. — Tendrons de veau à la milanaise. — Tendrons de veau en mayonnaise. — Tendrons de veau à la provençale. — Côtelettes de veau à la Bellevue. — Aspic de tendrons de veau. — Côtelettes de veau à la milanaise. — Côtelettes de veau en crépinettes. — Poitrine de veau à l'anglaise. — Carré de veau à la gelée. — Noix de veau à la Bellevue. — Longe de veau à la flamande. — Filet de veau piqué. — Quenelles de noix de veau. — Blanquette de veau à la Périgueux. — Coquilles de veau aux champignons. — Jarrets de veau glacés. — Foie de veau à l'italienne. — Gâteau de foie de veau. — Foie de veau frit à l'italienne. — Atelets de foie de veau à l'italienne. — Saucisses de foie de

VEAU.

veau. — Amourettes de veau. — Rognons de veau sautés. — Rognons de veau à la broche. — Musette d'épaule de veau. — Filets mignons de veau bigarrés. — Escalopes de filets mignons de veau. — Carré de veau en papillotes. — Tendrons de veau au riz. — Ris de veau à l'allemande. — Ris de veau à l'espagnole. — Ris de veau à l'anglaise. — Ris de veau à la Saint-Cloud. — Ris de veau à la Marengo. — Atelets de ris de veau à la gelée. — Ris de veau au gratin. — Ris de veau en papillotes. — Côtelettes de veau à l'écarlate. — Noix d'épaule de veau rôtie. — Noix de veau à la gendarme. — Pieds de veau farcis, frits. — Ris de veau en crépinettes.

Du veau.

Le veau de Pontoise passe, à Paris, pour le meilleur; c'est une réputation usurpée: d'abord on n'élève que fort peu de veaux à Pontoise et dans ses environs; ceux qui passent dans cette petite ville pour aller à Paris viennent de la Normandie, et comme ils font un long trajet sur des charrettes, les pieds liés, et entassés, les uns sur les autres, sans que leurs conducteurs songent le moins du monde à leur donner quelque nourriture, il en résulte qu'ils sont livrés aux bouchers de Paris, meurtris, souffrans; leur viande est échauffée par la fièvre, et presque toujours malsaine. Nous avons vu un conducteur de l'une de ces charrettes obligé d'égorger en route la moitié de ses veaux pour éviter qu'ils mourussent de la maladie qui les dévorait. Les veaux élevés dans les environs de Paris sont donc préférables pour cette ville, et il en est de même pour toutes les localités, c'est-à-dire que, partout, le veau que l'on fait venir d'une contrée éloignée perd beaucoup de sa qualité.

La chair de veau doit être blanche et fine; cependant il ne faut pas trop s'arrêter à la couleur. La viande de certains veaux qui est un peu brune étant crue, blanchit en cuisant et est délicieuse.

Tête de veau au naturel.

Ayez sur le feu un chaudron rempli d'eau et d'une grandeur telle, que l'on puisse y retourner la tête avec facilité. L'eau étant chaude, remuez la tête en différens sens, essayez d'en ôter le poil, et s'il se détache, ôtez le vase du feu, retirez la tête du chaudron, frottez-la avec la main. Vous verrez la tête se dépouiller de son poil, et vous la tremperez dans l'eau jusqu'à ce qu'il n'en reste plus.

Il faut avoir soin de ne pas trop chauffer l'eau pour ne pas durcir la peau.

Cette opération terminée, mettez la tête à dégorger dans l'eau fraîche pendant vingt-quatre heures, puis vous la désosserez et la ferez cuire comme il suit.

La tête étant bien échaudée et les mâchoires enlevées, délayez dans une marmite une poignée de farine, faites bouillir cette eau, assaisonnez-la de sel, poivre, bouquet garni, deux ognons, carottes, panais, puis mettez-y la tête, et laissez-la cuire pendant trois heures au moins. Faites alors égoutter la tête, découvrez la cervelle, et la servez avec une sauce piquante ou seulement avec de l'huile et du vinaigre.

Tête de veau à la tortue.

La tête de veau étant cuite comme à l'article précédent, coupez-la par morceaux; garnissez ces morceaux de bardes de lard; enveloppez tous ces morceaux ainsi garnis dans un linge blanc, et mettez la tête dans une braisière, avec une poêlée (Voyez *Poêlée*, au chapitre III) et une bouteille de vin de Madère; mettez du feu dessus et dessous, et laissez bouillir pendant trois heures.

Prenez, d'autre part, environ un litre de sauce espagnole, et la mêlez avec une bouteille de vin de Madère sec, un peu de consommé, du piment en poudre, et vous ferez réduire le tout de moitié. Mettez alors dans cette sauce des quenelles de veau, la langue coupée en morceaux, des crêtes et rognons de coqs, de petites noix de veau, des ris de veau en morceaux, et d'autres garnitures cuites : vous pourrez joindre à cela huit ou dix jaunes d'œufs, douze extrémités d'œufs, c'est-à-dire le blanc dont vous couperez le bout formant une petite cuvette, des cornichons tournés en bâtons, des champignons tournés, des écrevisses, des graines de capucines confites au vinaigre : vous aurez soin que ce ragoût soit bien chaud, mais qu'il ne bouille pas; vous la verserez sur la tête bien dressée en pyramide. Il faut que ce ragoût soit d'un bon sel. Si vous n'avez pas de sauce, vous ferez un roux un peu fort, afin que votre sauce soit un peu longue; vous le mouillerez avec un peu de mouillement de quelque cuisson et du vin de Madère; vous pourriez aussi prendre le mouillement dans lequel aura cuit votre tête : à défaut d'autre chose, vous mettrez dans votre ragoût les garnitures que vous aurez, mais toujours des cornichons, des œufs durs, des quenelles et du piment. Si vous n'avez pas de poêle pour faire frire votre tête, vous mettrez un morceau de beurre dans une casserole, du lard râpé, des tranches de citron sans écorce, sans blanc ni pepins, trois carottes, quatre ognons, trois clous de girofle, trois feuilles de laurier et du thym; vous passerez tout cela avec votre beurre; quand le tout sera un peu frit, vous mettrez votre bouteille de Madère sec, avec un peu de bouillon; vous ferez bouillir, vous écumerez, vous jetterez du sel, du gros poivre. Otez alors les morceaux de tête de la braisière, faites-les égoutter, dressez-les, et versez dessus votre ragoût.

Tête de veau à la Détiller.

Ayez une tête de veau bien blanche; vous la désossez tout entière, vous la mettez dégorger comme la précédente, vous la faites blanchir de même, vous retirez la cervelle, vous la faites dégorger, vous enlevez les fibres et la première peau qui la couvre, vous la faites blanchir dans de l'eau bouillante et un filet de vinaigre; après, vous avez un petit blanc dans lequel vous la faites cuire. Trois quarts d'heure de cuisson suffisent. Votre tête de veau étant bien refroidie, vous la sortez de l'eau, vous l'essuyez bien, vous la flambez comme la précédente, vous la coupez par morceaux, vous laissez les yeux entiers, et les oreilles de même; vous ficelez ces morceaux et les faites cuire comme précédemment. Quand votre tête est cuite, au moment de la servir, vous la sortez du blanc, vous l'égouttez et la déficelez, vous dressez vos morceaux sur le plat, vous séparez la cervelle, et vous la mettez aux deux extrémités; vous détachez la langue, vous la coupez en petits carrés gros comme des dés à jouer, et vous la mettez dans la sauce. Vous prendrez presque plein une cuillère à pot d'espagnole, dans laquelle vous mettrez une demi-bouteille de vin de Chablis, six gousses de petit piment enragé bien écrasé, six cuillerées à dégraisser de consommé: vous ferez réduire votre sauce à moitié; quand elle sera réduite, vous y mettrez des cornichons tournés en petits bâtons, votre langue en dés et des champignons; vous verserez ce composé sur la tête.

Tête de veau à la poulette.

Vous passerez des fines herbes dans du beurre; vous y mettrez un peu de farine; vous mouillerez avec du bouillon, un peu de sel et un peu de gros poivre; vous ferez bouillir votre sauce un quart d'heure; vous mettrez vos morceaux de tête dedans; vous la ferez mijoter un instant, afin qu'elle soit chaude: au moment de servir, vous mêlerez une liaison de deux ou trois œufs, selon que votre ragoût sera grand; vous tournerez votre ragoût jusqu'à ce qu'il soit lié; ne le laissez pas bouillir avec votre liaison, parce qu'il tournerait : au moment de servir, vous y verserez un jus de citron ou un filet de vinaigre.

Tête de veau frite.

Quand une tête de veau est cuite au naturel, ou autrement, vous la coupez par morceaux moyens; vous la mettez dans un vase, vous versez une marinade dessus. Ayez soin que tous vos morceaux soient trempés dans l'assaisonnement. Vous faites une pâte à frire; vous égouttez vos morceaux de tête, et les mettez dans votre pâte : il ne faut pas que votre friture soit très chaude pour recevoir vos morceaux de tête.

Tête de veau farcie.

Enlevez la peau de dessus une tête de veau bien blanche et bien échaudée, et prenez garde de la couper : vous désossez ensuite la tête pour en prendre la cervelle, la langue, les yeux et les bajoues, faites une farce avec la cervelle, de la rouelle de veau, de la graisse de bœuf, le tout haché très fin, assaisonnez avec du sel, gros poivre, persil, ciboule hachée, une demi-feuille de laurier, thym et basilic hachés comme en poudre; mettez-y deux cuillerées à bouche d'eau-de-vie, liez cette farce avec trois jaunes d'œufs, et les trois blancs fouettés; prenez la langue, les yeux, dont vous ôtez tout le noir, les bajoues; épluchez le tout proprement après l'avoir fait blanchir à l'eau bouillante; coupez-le en filets ou en gros dés, et le mêlez dans votre farce : mettez la peau de la tête de veau sans être blanchie, dans une casserole, les oreilles en-dessus, et la remplissez avec votre farce; ensuite vous la cousez en la plissant comme une bourse; ficelez-la tout autour en lui redonnant sa forme naturelle; mettez-la cuire dans un vaisseau juste à sa grandeur, avec un demi-setier de vin blanc, deux fois autant de bouillon, un bouquet de persil, ciboule, une gousse d'ail, trois clous de girofle, deux racines, ognons, sel, poivre; faites-la cuire à petit feu pendant trois heures; lorsqu'elle est cuite, mettez-la égoutter de sa graisse et l'essuyez bien avec un linge; après avoir ôté la ficelle, passez une partie de sa cuisson au travers d'un tamis, ajoutez-y un peu de sauce espagnole et y mettez un filet de vinaigre; faites-la réduire sur le feu au point d'une sauce, servez sur la tête de veau.

Si vous vouliez vous servir de cette tête de veau pour entremet froid, il faudrait mettre dans la cuisson un peu plus de

VEAU.

vin blanc, sel, poivre, et moins de bouillon; laissez-la refroidir dans sa cuisson, et servez sur une serviette.

Pieds de veau.

Les pieds de veau s'échaudent et se préparent absolument comme la tête, soit au naturel, en ragoût, frits, etc.

Fraise de veau.

Il est nécessaire qu'elle soit bien dégorgée à l'eau tiède; puis la faire blanchir à l'eau bouillante pendant un quart-d'heure, la rafraîchir, ôter tout ce qui paraît défectueux, et la faire cuire, étant ficelée, dans un blanc pareil à celui de la tête de veau. On y ajoute un peu de vinaigre et un peu plus de garniture dans le bouquet. Il serait aussi à propos de mettre cuire le blanc une heure d'avance, et de le passer au tamis, afin que les morceaux de graisse ne s'introduisissent pas dans les plis de la fraise. Etant cuite, il faut l'égoutter, et la servir sur un plat garni de persil : elle se mange à la vinaigrette ou à la sauce piquante.

Oreilles de veau à l'italienne.

Après avoir nettoyé des oreilles de veau, faites-les blanchir, et les retirez à l'eau fraîche; faites-les cuire en court-bouillon ou dans un blanc; mettez des bardes de lard dans une casserole, et les oreilles par-dessus, avec un bouquet garni, quelques tranches de citron; mouillez avec du bouillon et un demi-verre de vin blanc; couvrez le tout de bardes de lard et un rond de papier beurré par-dessus. Quand elles auront cuit une heure et demie dans cet assaisonnement, il faut les égoutter et essuyer, dressez-les et ciselez les bouts : servez avec une sauce à l'italienne.

Oreilles de veau farcies.

On les fait chauffer, et on a soin de les bien égoutter, pour qu'il ne reste pas de mouillement; on pare l'extrémité des oreilles, puis l'on met dedans une farce cuite. On ne les remplit pas trop; puis on les pane aux œufs et à la mie de pain. Il faut avoir soin de ne pas les mettre à la friture trop chaude, pour donner le temps à la farce cuite de pouvoir chauffer. Étant de belle couleur, on les sert avec du persil frit par dessus. On peut aussi mettre un jus clair dessous ou une sauce tomate indienne.

Oreilles de veau en marinade.

Vous préparerez des oreilles comme celles dites à l'italienne, et vous les ferez cuire dans un blanc ; quand elles seront cuites, vous les égoutterez ; vous les couperez en long, en deux, trois ou quatre morceaux, comme vous jugerez à propos ; un quart d'heure avant de servir, vous verserez dessus une marinade ; vous les égoutterez ; vous les mettrez dans une pâte à frire, ensuite dans une friture qui ne soit pas trop chaude ; quand elles auront une belle couleur, vous le retirerez ; vous les égoutterez sur un linge blanc ; vous les dresserez sur votre plat : ensuite vous ferez frire une poignée de persil, que vous mettrez dessus en pyramide.

Oreilles de veau aux champignons.

Les oreilles étant cuites comme nous l'avons indiqué plus haut, tournez des champignons et faites-les sauter au beurre, ajoutez-y quelques cuillerées de velouté, un peu de consommé ; faites réduire, et liez avec des jaunes d'œufs ; puis versez ce ragoût sur vos oreilles que vous aurez dressées sur un plat après les avoir fait égoutter.

Langues de veau à la sauce piquante.

Faites dégorger et blanchir la langue de veau ; faites-la rafraîchir, parez-la et la piquez de moyens lardons bien assaisonnés. La langue ainsi préparée, faites-la cuire dans une braisière, avec du bouillon, quelques carottes, des ognons, des clous de girofle, du thym, du laurier, de tout cela modérément, et plein une cuillère à pot de bouillon. Trois heures sont suffisantes pour cuire la langue. Vous en ôtez la peau de dessus, vous la glacez, vous la dressez et versez une sauce piquante dessus.

Cervelles de veau à la maître-d'hôtel.

Pour éplucher facilement la cervelle de veau, il faut la séparer dans ses deux parties, en ôter la troisième que l'on appelle *nœud*. On les met dans de l'eau tiède ; on enlève la peau sans écraser la cervelle, ce qui se fait simplement avec deux doigts. Etant bien épluchées, on les met dégorger, et lorsqu'il n'y a plus de sang, on les met à l'eau bouillante pendant cinq minutes ; on les rafraîchit, on les met cuire dans un blanc. Il faut à peu près trois quarts d'heure de cuisson. Lorsqu'elles sont cuites, vous les égouttez, vous les dressez sur votre plat; vous aurez un quarteron de beurre fin dans une casserole; vous y mettrez les trois quarts d'une cuillerée à bouche de farine, une ravigote hachée; vous pétrirez le tout ensemble avec une cuillère de bois; vous y mettrez du sel, du gros poivre, un filet de vinaigre d'estragon, et un peu d'eau; vous poserez votre casserole sur le feu, et vous tournerez votre sauce : il faut qu'elle soit assez liée pour masquer vos cervelles.

Cervelles de veau poêlées.

Vos cervelles étant cuites comme il est dit à l'article précédent, vous mettrez dessus une poêlée (Voyez *Poêlée*), vous les ferez mijoter pendant dix minutes, et dresserez.

Cervelles de veau à la hollandaise.

Les cervelles étant cuites comme ci-dessus, dressez-les, et mettez une écrevisse entre chaque cervelle. Mettez alors un peu de velouté dans une ravigote (Voyez chapitre III, *Sauce ravigote*), et relevez la couleur avec du vert d'épinards; saucez vos cervelles avec cette sauce. Le velouté peut se remplacer par un roux blanc.

Cervelles de veau au beurre noir.

Epluchez deux cervelles et les faites dégorger dans l'eau; vous ferez bouillir dans une casserole de l'eau et du vinaigre et du sel; jetez-y les cervelles et leur laissez faire quelques bouillons; laissez-les refroidir dans cette eau pour qu'elles soient bien fermes; faites-les cuire au court-bouillon, et servez avec un beurre noir et du persil. Vous pouvez mettre autour quelques pommes de terre cuites à l'eau.

Cervelles de veau frites.

Préparez et faites cuire vos cervelles comme celles dites poêlées; après qu'elles sont cuites, vous les coupez en six morceaux, vous les mettez dans un vase avec du sel fin, un peu de poivre, du vinaigre assez pour que les morceaux prennent le goût; au moment de les servir, vous les égouttez, et vous les mettez dans une pâte à frire, qui ne soit pas trop chaude; après qu'ils sont frits, vous les égouttez sur un linge blanc, et vous dressez vos morceaux sur le plat; vous mettez en pyramide un bouquet de persil frit.

VEAU.

Cervelles de veau à la sauce tomate.

Préparez et faites cuire des cervelles comme celles dites poêlées; au moment du service, vous les égoutterez, vous les dresserez sur le plat, vous y mettrez une sauce tomate.

Cervelles de veau en matelotte.

Prenez deux cervelles de veau, faites-les dégorger dans de l'eau, et les faites cuire avec vin blanc, bouillon, sel, poivre, un bouquet garni; vous faites un ragoût de petits ognons et racines, que vous faites cuire avec du bouillon, un bouquet garni, assaisonné de bon goût et lié avec un peu de sauce espagnole, servez-le autour des cervelles. Vous pouvez aussi les servir de la même façon avec différens ragoûts pour entrées; elles se servent encore pour entremets, quand elles sont marinées; faites-les frire, et servez avec du persil frit.

NOTA. Les cervelles, ainsi que beaucoup d'autres parties du veau peuvent se préparer de plusieurs autres manières, les combinaisons, sur ce point, dépendant de l'habileté du cuisinier; mais il faut avoir pratiqué pendant long-temps pour se hasarder à sortir des règles tracées; c'est pourquoi nous donnerons, plus loin, différentes recettes dont l'expérience a été faite récemment.

Queues de veau en terrine.

Coupez vos queues de veau dans les nœuds, et faites-les sauter au beurre sans leur laisser prendre couleur. Ajoutez ensuite quelques cuillerées de farine, un peu de consommé, et faites bouillir le tout en tournant toujours et en écumant soigneusement; ajoutez alors des champignons, un bouquet garni: faites cuire et dégraissez ce ragoût; puis vous retirez les morceaux de queue et les champignons, vous les faites égoutter et les mettez dans une autre casserole. Ajoutez alors à la sauce cinq ou six cuillerées de velouté (Voyez au chapitre III, *Velouté*), faites réduire le tout, passez-le à l'étamine, et versez-le sur les queues et champignons; ajoutez encore des ris de veau, des quenelles de veau que vous ferez pocher au moment de servir; liez avec des jaunes d'œufs sans laisser bouillir, et servez le plus chaud possible.

Queues de veau au blanc.

Vos queues étant préparées et coupées dans les nœuds comme il est dit ci-dessus, vous les passerez au beurre sans les laisser roussir; puis vous ajouterez un peu de farine, et mouillerez avec de l'eau; assaisonnez alors votre ragoût avec des champignons, sel, poivre, thym, laurier, persil, ciboule; écumez et dégraissez avec soin, et lorsque le tout sera à moitié cuit, vous ajouterez de petits ognons. Liez avec des jaunes d'œufs après avoir retiré le ragoût du feu.

Les queues au roux se font de la même manière, seulement on laisse roussir le beurre.

Ris de veau en garniture.

Faites dégorger des ris dans de l'eau tiède; faites-les ensuite blanchir, rafraîchir et égoutter, mettez-les ensuite dans une casserole entre des bardes de lard. D'autre part, faites clarifier du beurre, et le versez sur les ris de veau; ajoutez des ognons, des carottes, du sel et du poivre, un bouquet garni, et mouillez avec du bouillon. Les ris cuits de cette manière s'emploient comme garnitures dans une foule de ragoûts.

Ris de veau glacés.

Les ris de veau étant blanchis et rafraîchis comme il est dit à l'article ci-dessus, vous les piquerez avec du lard fin; ensuite vous foncez une casserole de bardes de lard, quelques tranches de veau, un peu de carottes, deux ognons, deux clous de girofle, deux feuilles de laurier; mettez les ris de veau sur votre assaisonnement, une demi-cuillerée de bouillon; qu'il n'y ait que la moitié du ris de veau de mouillé; un rond de papier beurré par-dessus, feu dessus, feu dessous; trois quarts d'heure suffisent pour les cuire; prenez garde à la couleur; servez sur une purée de chicorée, cardons, tomates, etc., ce que vous jugerez à propos.

Sauté de ris de veau.

Les ris étant préparés comme les précédens, mais un peu plus blanchis, coupez-les en tranches de quatre ou cinq lignes d'épaisseur; mettez-les ensuite sur un plat à sauter, avec du beurre clarifié, du sel et du poivre. Mettez votre plat sur un fourneau ardent; quand vous voyez que le morceau est un peu ferme, vous le retournez : il faut très peu de temps pour les cuire; vous les égouttez, les dressez sur le plat, puis les saucez d'une italienne ou d'un ragoût de concombres, ou d'une sauce espagnole. (Voyez au chapitre III, *Sauces et Garnitures*.)

Atreaux de ris de veau.

Faites dégorger et blanchir vos ris comme il est dit aux articles précédens, puis coupez-les en carrés longs, et les mettez dans une sauce à atreaux. (Voyez chapitre III.) Vous avez une tétine de veau cuite dans la marmite; vous enfilez d'abord un morceau de ris, puis une frange bien mince de tétine, jusqu'à ce que votre atelet soit garni; vous remplissez les vides avec de la sauce, puis vous les panez au jaune d'œuf, et les faites griller; servez-les avec une sauce tomate dessous.

Ris de veau en caisse.

Les ris de veau étant blanchis comme il est dit aux articles précédens, vous les ferez cuire dans une sauce à papillotes, puis vous les laisserez refroidir, et les mettrez dans les caisses, et vous verserez dessus un peu de sauce espagnole mélangée de sauce à atelet; semez alors de la mie de pain par-dessus, arrosez-la avec du beurre fondu, et mettez les caisses sous le four de campagne. (Voir, pour les sauces mentionnées en cet article, le chapitre III.)

Epaule de veau.

L'épaule de veau se sert ordinairement rôtie, dans son jus ou avec une poivrade liée. (Voyez *Poivrade.*)

Epaule de veau en galantine.

Après avoir entièrement désossé une épaule de veau, vous faites une farce avec une partie de la chair en mettant, par livre de chair, une livre de lard que vous hachez; quand votre farce est bien hachée, vous en étendez l'épaisseur d'un pouce sur l'épaule; vous couchez des lardons et des morceaux de langue à l'écarlate, des truffes. Mettez, si vous voulez, des carottes aussi coupées en lardons. Pour marbrer votre galantine, vous recouvrez tous vos ingrédiens de farce, et vous mettez encore des lardons, des truffes, etc., encore un lit de farce. Quand vous l'avez tout employée, vous roulez votre épaule en long, vous réunissez bien vos chairs, vous la ficelez et la couvrez de lard, vous l'enveloppez bien serrée dans un canevas ou un linge bien blanc; vous la ficelez encore une fois, afin qu'en cuisant elle conserve une belle forme; vous la mettez dans une braisière où vous couchez quelques bardes de lard, quelques tranches de veau, deux pieds de veau blanchis, les os de l'épaule, six carottes, huit ou dix ognons, dont un piqué de quatre clous de girofle, quatre feuilles de laurier, un peu de thym, un fort bouquet de persil et ciboule; vous mouillez avec du bouillon; si vous n'en avez pas, vous employez de l'eau et du sel, vous faites bouillir votre cuisson pendant trois heures: vous sondez si votre épaule est cuite; vous la retirez; vous en faites bien sortir tout le liquide en la pressant, et vous la laissez refroidir; vous passez votre gelée à travers une serviette fine, et vous mettez deux œufs entiers dans une casserole; vous les battez bien, vous versez dessus votre gelée, en mêlant bien vos œufs avec votre gelée; vous y mettez un peu de gros poivre, un peu de quatre épices, une feuille de laurier, un peu de thym, une petite poignée de feuilles de persil: vous mêlez le tout ensemble et le faites bouillir. Quand cela commencera, vous placerez votre casserole sur le bord du fourneau; vous mettrez du feu sur un couvercle, et la couvrirez; vous la laisserez une demi-heure: il faut que cela bouille tout doucement; vous aurez une serviette fine, et vous passerez votre gelée à travers; il ne faudra pas presser votre serviette; faites seulement promener votre gelée dedans; vous la laisserez refroidir; quand elle sera congelée, vous parerez votre galantine, et vous mettrez de la gelée à l'entour. Vous aurez eu soin de mettre dans votre farce du sel, du gros poivre, un peu de quatre épices, et du persil haché bien fin: quand vous serez prêt à l'employer, vous mettrez des jaunes d'œufs, que vous amalgamerez avec votre farce.

Épaule de veau aux petites racines.

L'épaule de veau étant désossée comme il est dit à l'article précédent, vous la piquez intérieurement avec du lard coupé en lardons, assaisonnés avec du sel fin, du gros poivre, du persil haché bien fin, deux feuilles de laurier, un peu de thym bien haché, un peu de quatre épices: quand votre épaule est bien piquée, vous la roulez en long, vous la ficelez de même que la galantine, et vous mettez dans le fond d'une braisière des bardes de lard, quelques tranches de veau et les os de l'épaule, puis l'épaule elle-même bien ficelée; après avoir couvert de lard cette épaule, vous ajoutez quelques ognons, autant de carottes, un peu de gros poivre, un bouquet garni; vous couvrez le tout d'un papier beurré; puis vous mettez le tout sur un feu doux, et vous mettez du feu sur le couvercle de la braisière. Laissez bouillir ainsi votre épaule pendant trois heures; déficelez-la ensuite, dressez-la sur un plat ovale et glacez-la. Mettez autour de l'épaule ainsi préparée de petites racines cuites dans de la sauce espagnole.

Poitrine de veau glacée.

Désossez et ficelez la poitrine; mettez-la ensuite dans une casserole avec deux ognons, deux carottes, un bouquet garni; mouillez avec de l'eau ou du bouillon; ajoutez-y les débris que vous pouvez avoir à votre disposition, os et parures, et faites cuire. Ayez soin de retirer les légumes à mesure qu'ils sont cuits. La poitrine étant presque cuite, retirez-la de la casserole, passez le fond au tamis et dégraissez, puis faites réduire jusqu'à fond de glace et remettez la poitrine dedans, en ayant soin de la poser du côté qu'elle doit être servie. Déficelez, et avec un pinceau étendez la glace sur les parties qui n'en ont pas, et saucez avec une sauce espagnole réduite.

Poitrine de veau aux laitues.

Parez une poitrine comme la précédente: vous la briderez de même, vous mettrez des bardes de lard dans le fond de votre casserole, des carottes coupées en tranches, des ognons, deux feuilles de laurier, un bouquet de persil et de ciboule, la parure de votre poitrine; vous la couvrirez de lard, vous la mouillerez avec du bouillon et un peu de sel; faites-la cuire à petit feu pendant deux heures et demie: au moment de servir, vous l'égoutterez, la débriderez, la glacerez, et la dégraisserez sur votre plat: mettez aussi à l'entour un cordon de laitues que vous glacerez. (Voyez chapitre III.) Vous aurez une sauce espagnole travaillée que vous mettrez dessous.

On peut remplacer la sauce espagnole par un roux mouillé avec la cuisson de la poitrine.

Poitrine de veau à la purée de champignons.

Après avoir préparé et fait cuire une poitrine de veau comme il est dit ci-dessus, dressez-la sur une purée de champignons que vous aurez liée avec des jaunes d'œufs.

Poitrine de veau aux ognons glacés.

Parez et bridez une poitrine comme celle dite à la glace; vous mettez dans le fond de votre casserole des bardes de lard; vous coupez en tranches des ognons que vous mettez dans le fond de votre casserole; vous y placez votre poitrine, vous la couvrez de lard; vous remettez par-dessus des ognons coupés, deux feuilles de laurier, un peu de thym, la moitié d'une cuillerée à pot de consommé, une pincée de gros poivre; vous faites cuire votre poitrine avec du feu dessous et dessus pendant deux heures et demie; quand elle est cuite, vous l'égouttez, vous la glacez avec la glace de vos ognons, et vous la mettez sur le plat avec des ognons glacés à l'entour (Voyez chapitre III); vous versez dans votre glace plein deux cuillères à dégraisser d'espagnole travaillée, une cuillerée de consommé; vous détachez votre glace avec votre sauce, et vous servez le plus chaud possible.

Poitrine de veau farcie.

Il faut ôter le bout des os et l'os saillant, faire une incision pour séparer la chair d'avec les os, puis introduire une farce en dedans; coudre l'ouverture, pour que la farce ne puisse pas s'échapper. On la ficèle et on la met cuire avec le même assaisonnement que la poitrine de veau glacée; on la finit de même : on sert dessous telle sauce qui convient.

Quant à la farce que l'on met dedans, ce sera un godiveau, ou farce à quenelles, ou une autre farce faite de cette manière. On prend environ une livre ou une demi-livre de rouelle de veau, autant de lard; hachez bien le tout ensemble le plus fin possible, et même pilez-le : on assaisonne de sel et d'un peu d'épices. On peut, dans l'une ou l'autre de ces farces, ajouter du persil et des champignons hachés, ainsi que des truffes. Il faut avoir soin de les passer dans un peu de beurre; étant bien mêlées dans la farce, on la met dans la poitrine; elle se fait cuire comme la précédente.

Tendrons de veau poêlés.

Enlevez les chairs qui couvrent les tendrons d'une poitrine de veau. Les tendrons étant découverts, vous les coupez très près des os des côtes; puis vous coupez les os tendres qui tiennent à vos tendrons; vous coupez alors vos tendrons en morceaux carrés; vous les ferez dégorger et blanchir; puis vous les parerez pour qu'ils aient une forme propre et égale; vous mettez dans une casserole des bardes de lard; vous placerez dessus vos tendrons, et vous les recouvrirez de bardes; vous verserez une poêlée par-dessus. (Voyez chapitre III.) Il faut que vos tendrons cuisent quatre heures avant de les retirer de votre cuisson; faites attention si la lardoire entre facilement dans vos tendrons.

VEAU.

Tendrons de veau à la jardinière.

Vos tendrons étant préparés et cuits comme il est dit à l'article précédent, vous les dressez en couronnes, vous les glacez, et vous mettez un cordon de laitues à l'entour (Voyez chapitre III); et dans le milieu de vos tendrons, vous mettez des racines tournées en petits bâtons ou en olives, que vous dresserez en pyramide.

Tendrons de veau aux tomates.

Ils se préparent comme à l'article précédent, avec cette différence qu'après les avoir dressés en couronne, il faut verser une sauce tomate au milieu. Il en est de même pour les tendrons de veau à la pointe d'asperges, à la purée, etc.; la différence ne gît que dans les sauces, pour lesquelles il faut consulter le chapitre III.

Tendrons de veau en chartreuse.

Les tendrons étant préparés et cuits comme il est dit à l'article *Tendrons poélés* (Voyez ci-dessus), faites cuire à part, dans du consommé, une égale quantité de carottes et de navets que vous aurez tournés en petits bâtons; faites cuire, également à part, autant d'ognons et de laitues que de carottes, le tout comme il est dit au chapitre *Sauces et Garnitures*; faites aussi blanchir des petits pois et des haricots verts. Les carottes et navets étant cuits vous en couperez une partie en liards, et vous décorerez le fond de votre moule ou casserole, que vous aurez beurré convenablement, en mettant successivement un cordon de navets entre mêlés de petits pois, un second cordon de carottes entre mêlées de haricots verts, coupées en carrés ou losanges, un autre cordon de petits ognons, etc. Le fond du moule étant bien décoré, vous mettrez vos carottes et navets en bâtons à l'entour; ayez attention que cela soit régulier, afin que votre chartreuse ait un joli coup-d'œil dans le fond; par-dessus votre décoration vous égoutterez vos laitues, vous les couperez en deux, et vous les mettrez dans votre moule, de manière que votre décoration ait un corps solide qui la tienne. Quand vous aurez mis des laitues dans l'intérieur de votre moule, vous égoutterez vos tendrons, et vous les mettrez par-dessus vos laitues : vous tâcherez de les placer de manière à ce qu'il n'y ait pas de vide dans votre moule; dix à douze tendrons suffisent, ou moins, si votre moule est petit; vous le remplirez avec des laitues et le reste de vos légumes. Il faut que votre moule soit rempli à comble, afin que, le renversant sur le plat, vos racines soient bien soutenues par l'intérieur. Vous prendrez le mouillement dans lequel auront cuit vos racines, vous le clarifierez, vous le passerez dans un linge fin, et vous le ferez réduire; vous y mettrez plein la moitié d'une cuillère à dégraisser d'espagnole réduite, et gros comme une noix de belle glace. Au moment de servir, vous verserez votre chartreuse sur votre plat; et, en cas qu'il y ait un peu d'eau, vous l'aspirerez avec un chalumeau de paille; vous verserez ensuite votre réduction sur votre sauce.

On comprend que la décoration d'une chartreuse peut se varier à l'infini. Cela dépend absolument du goût du cuisinier.

Tendrons de veau au blanc.

Faites blanchir et rafraîchir des tendrons de veau coupés en petits morceaux ronds ou carrés. Quand ils sont froids, vous les parez; vous mettez un quarteron de beurre dans une casserole; vous sautez vos tendrons dedans; quand ils sont bien revenus dans votre beurre, vous versez dessus plein une cuillère et demie à bouche de farine; vous sautez le tout dans votre casserole, pour que votre farine se mêle avec votre beurre; vous mouillez beaucoup vos tendrons avec du bouillon; vous y mettez un peu de gros poivre, des champignons, un bouquet garni; quand vos tendrons auront bouilli pendant deux heures, vous y mettrez de petits ognons bien épluchés, et tous de la même grosseur: lorsque vos ognons seront cuits, si la sauce est trop longue, vous la ferez réduire; vous la passerez à l'étamine par-dessus vos tendrons; vous la tiendrez chaude au bain-marie. Au moment de servir, liez le tout avec des jaunes d'œufs; puis dressez vos tendrons sur le plat, vos ognons et champignons par-dessus.

Tendrons de veau au soleil.

Vos tendrons étant cuits comme il est dit à l'article précédent, vous les laisserez refroidir dans la sauce, puis vous les panez, en les passant successivement, et à deux reprises, dans des jaunes d'œufs et dans la mie de pain; puis vous les ferez frire en ayant soin que votre friture ne soit pas trop chaude; servez vos tendrons avec du persil frit.

Tendrons de veau en terrine.

Les tendrons étant préparés comme il est dit ci-dessus à

l'article *Tendrons de veau au blanc* vous les mouillerez avec un peu de consommé, et vous ajouterez quelques cuillerées de velouté (Voyez, au chapitre III, *Velouté*) ; ajoutez ensuite des champignons, sel et poivre, un bouquet garni, et faites bouillir le tout pendant trois heures. Préparez d'autre part, comme il est dit au chapitre III, des crêtes et rognons de coqs, des quenelles de volaille, des ris de veau ; dressez le tout dans une terrine avec vos tendrons et champignons ; liez la sauce dans laquelle auront cuit les tendrons, avec des jaunes d'œufs, passez-la à l'étamine et la versez sur la terrine.

Kari de tendrons de veau à l'indienne.

Les tendrons étant parés et blanchis comme pour les mettre au blanc (Voyez ci-dessus), vous les mettrez dans une casserole avec un fort morceau de beurre, un peu de safran d'Inde, du laurier, plusieurs gousses de piment enragé, et un fort morceau de petit lard coupé en petits morceaux carrés et plats ; le tout étant bien revenu dans le beurre, mettez-y quelques cuillerées de farine, mouillez avec du bouillon, et ajoutez des champignons, des culs d'artichauts coupés et tournés, et des petits ognons. Il faut que ces ingrédiens soient mis successivement afin qu'ils soient cuits à point tous en même temps. D'autre part, faites blanchir une livre de riz, plus ou moins, selon la force de votre kari ; beurrez bien le fond et les parois d'une casserole ; mettez, dans cette casserole, votre riz que vous aurez fait égoutter ; mettez du feu dessous, dessus et à l'entour, afin que le riz prenne une belle couleur partout. Dégraissez votre ragoût et dressez-le sur un plat creux ; dressez sur une assiette votre pain de riz, et servez ces deux choses en même temps. A défaut de bouillon, on pourrait mouiller le kari avec de l'eau ; mais il faudrait alors ajouter du sel, du gros poivre et de la muscade, pour le relever.

Ce que l'on appelle *kari à la française*, ne diffère de celui-ci que par la liaison que l'on y ajoute. Pour cela, au moment de servir, on retire la viande et les champignons de la sauce ; on lie cette dernière avec des jaunes d'œufs sans la laisser bouillir ; on la passe à l'étamine et on la verse sur le ragoût.

Tendrons de veau en marinade.

Vous couperez les tendrons de veau en huîtres ; vous mettrez des bardes de lard dans le fond de votre casserole, vos tendrons par-dessus ; vous les couvrirez de lard, puis vous les

VEAU. 117

mouillerez avec une marinade claire. (Voyez *Marinade claire.*) Vous les ferez cuire pendant deux heures et demie : au moment de servir, vous égoutterez vos tendrons, et vous les mettrez dans une pâte à frire. (Voyez *Pâte à frire.*) Ayez soin que votre friture ne soit pas trop chaude. Vous mettrez sur vos tendrons frits une petite poignée de persil frit.

Tendrons de veau aux petits pois.

Vous coupez les tendrons que vous faites blanchir, et mettez, dans une casserole avec les petits pois, un morceau de beurre, un bouquet garni : passez-les sur le feu et mouillez de bon bouillon ; ajoutez-y un peu de velouté. (Voyez, au chapitre III, *Velouté.*)

Quand vous êtes prêt à servir, mettez-y un peu de sel et gros comme une noisette de sucre ; servez à courte sauce.

Ragoût de veau à la bourgeoise.

Mettez un morceau de beurre dans une casserole ; faites-le fondre ; mettez deux cuillerées de farine que vous faites roussir ; puis vous y mettrez votre morceau de veau, que vous remuerez avec le roux jusqu'à ce qu'il soit ferme : ayez de l'eau chaude que vous verserez sur le ragoût ; remuez-le jusqu'à ce qu'il bouille : alors vous y mettrez du sel, du poivre, une feuille de laurier, un peu de thym ; laissez-le bouillir une heure ; puis vous y mettrez soit pois, ognons, champignons, carottes, ou morilles, ce qu'il vous plaira. Si le ragoût est blanc, vous y mettrez une liaison de jaunes d'œufs.

Côtelettes de veau sautées.

Vos côtelettes étant bien parées, c'est-à-dire, arrondies par le gros bout de la chair et effilées à l'extrémité de l'os, mettez-les sur un plat à sauter avec du sel et du poivre, persil et échalotes hachés bien menu ; vous arrosez le tout avec du beurre fondu, et mettez votre plat sur un feu très ardent ; quand les côtelettes seront cuites d'un côté, vous les retournerez de l'autre, et lorsqu'elles seront entièrement cuites, ce que vous reconnaîtrez en les pressant un peu avec le doigt, vous les dresserez. Otez alors le beurre qui a servi à les faire cuire ; remplacez-le par quelques cuillerées de sauce espagnole (Voyez chapitre III) et un peu de glace ; faites chauffer cette sauce, et la versez sur vos côtelettes. Si l'on n'avait pas de sauce espagnole, il faudrait laisser le beurre, y ajouter un peu de farine, mouiller avec du bouillon, faire bouillir le tout, et le verser sur les côtelettes.

Côtelettes de veau à la Drue.

Vos côtelettes étant parées comme il est dit à l'article précédent, vous les piquerez avec du lard fin bien assaisonné de poivre, sel, épices, et avec du jambon; mettez-les ensuite sur le feu, dans un plat à sauter avec du beurre. Quand elles seront un peu raides, vous les mettrez dans une casserole dont vous aurez garni le fond avec des bardes de lard, quelques tranches de veau, des racines coupées en lames, deux clous de girofle, une feuille de laurier, un bouquet de persil et ciboule, et les couvrirez de lard et d'un rond de papier beurré, plein une cuillère à pot de consommé; vous les faites mijoter pendant une heure et demie. Au moment de servir, vous les égoutterez, et les glacerez avec une belle glace; vous les dresserez sur votre plat. Vous pouvez servir dessous une sauce espagnole, des concombres, une purée d'ognons blancs, une sauce tomate, etc. (Voyez chapitre III.) On peut aussi faire cuire ces côtelettes en y mettant deux ou trois carottes, trois ou quatre ognons, une feuille de laurier; vous beurrerez le fond de votre casserole; vous y mettrez vos côtelettes avec cet assaisonnement; vous verserez plein une cuillère à pot de gelée, de consommé ou de bouillon; vous ferez aller votre cuisson à petit feu. Un quart d'heure avant que vos côtelettes soient cuites, vous les ferez aller à grand feu, pour qu'elles tombent à la glace, c'est-à-dire, pour que le mouillement réduise, et qu'elles se glacent d'elles-mêmes; vous les mettrez sur la cendre chaude : au moment de servir, vous les retirez, pour les dresser sur le plat.

A défaut de sauce, on jette un peu de farine sur la glace, on mouille avec du bouillon, et l'on fait bouillir le tout pendant dix minutes.

Côtelettes de veau piquées, glacées.

Elles se préparent comme les précédentes; seulement on ne les fait pas sauter avant de les mettre dans la casserole.

Wit côtelettes.

Coupez une sous-noix de veau en filets de six lignes d'épaisseur, et autant de jambon cru; faites d'abord sauter le veau dans du beurre, sur un plat à sauter; ôtez le veau et remplacez-le par le jambon que vous faites sauter de la même manière. Vos viandes étant cuites, dressez-les en mettant alternativement un morceau de jambon et un morceau de veau; ôtez le beurre de dessus le plat à sauter, et remplacez-le par un peu de consommé pour détacher la glace. Vos viandes étant dressées en couronne, vous verserez au milieu une purée de navets (Voyez *les Purées* au chapitre Ier), et votre fond de casserole.

Côtelettes de veau en lorgnette.

Piquez vos côtelettes avec des lardons de moyenne grosseur bien épicés, et faites-les revenir dans le beurre. Coupez en rond des morceaux de langue à l'écarlate (Voyez *Langue de bœuf à l'écarlate*); coupez de la même manière des ronds d'ognons; ôtez l'intérieur de ces derniers, et remplacez-le par les morceaux de langue. Couvrez alors vos côtelettes avec ces ronds de langue enchâssés dans des ronds d'ognons, et faites-les cuire comme les côtelettes à la Drue (Voyez ci-dessus); ensuite vous égouttez, vous glacez le tour de la côtelette et le morceau de langue sans toucher à l'ognon; vous les dressez sur votre plat, vous prenez le fond de vos côtelettes, que vous faites réduire avec un peu d'espagnole, ou, faute de sauce, faites un petit roux que vous mouillerez avec votre fond et que vous ferez réduire.

Côtelettes de veau en papillotes.

Les côtelettes étant bien aplaties, panées et saupoudrées de sel, on les met avec un morceau de beurre dans un plat à sauter, et on les fait cuire en mijotant doucement. Etant à-peu-près cuites, on les met dans des feuilles de papier blanc bardées de lard très mince et avec la sauce que l'on aura liée et épaissie. On y ajoute des fines herbes, de la farce et des champignons; on les met griller ensuite sur un feu très doux pour que le papier ne brûle pas et ne prenne pas trop de couleur.

Côtelettes de veau panées et grillées.

Coupez un carré de veau en côtelettes, et les parez proprement sans être trop longues; mettez-les mariner une heure avec sel, gros poivre, champignons, persil, ciboule, une petite pointe d'ail, du beurre un peu chaud; ensuite vous faites tenir la marinade après les côtelettes, en les panant avec de la mie de pain; mettez-les griller à petit feu en les arrosant avec le restant de la marinade; quand elles seront cuites, de belle couleur, servez dessous une sauce composée d'un jus clair, avec deux cuillerées de verjus, sel, gros poivre; vous pouvez aussi les servir sans sauce.

Côtelettes de veau à la Saint-Garat.

Vous coupez et parez les côtelettes comme les précédentes; vous avez de la langue à l'écarlate que vous coupez en moyens lardons; vous râpez un peu de lard que vous faites tiédir, et vous sautez vos lardons dedans; vous y mettez un peu de muscade râpée, un peu de poivre fin : vous laissez refroidir vos lardons, et vous piquez vos côtelettes d'outre en outre; vous mettez un morceau de beurre dans une grande casserole, et vous faites raidir vos côtelettes, pour les parer plus correctement; vous mettez dans votre casserole des bardes de lard, les parures de votre langue, un peu de basilic, quelques tranches de jambon; vous mettez vos côtelettes sur cet assaisonnement; vous les couvrirez de lard; vous mettrez par-dessus deux ou trois carottes coupées en lames, ou quatre ognons coupés en tranches, plein deux verres de consommé ou de bouillon; vous ferez aller vos côtelettes à petit feu pendant deux heures; vous mettrez du feu sur le couvercle. Au moment de servir, vous les égouttez et les glacez; vous passez au tamis de soie le mouillement dans lequel ont cuit vos côtelettes; vous aurez plein trois cuillères à dégraisser de grande espagnole, que vous mettrez dans une casserole; vous y ajouterez quatre cuillerées à dégraisser du mouillement de vos côtelettes; vous ferez ensuite réduire votre sauce à moitié : vous dresserez vos côtelettes sur le plat, et vous y mettrez la sauce réduite.

Carré de veau rôti.

Votre carré de veau étant bien paré, embrochez-le avec un gros atelet, et couchez-le sur la broche, afin de ne pas percer le filet.

Carré de veau piqué et glacé.

Le carré étant convenablement paré, et le filet débarrassé des peaux et nerfs qui le couvrent, piquez-le avec du lard fin, puis le bridez afin qu'il ne se déforme pas, mettez-le alors dans une braisière avec des morceaux de lard, des parures de viande, carottes, ognons, bouquet garni, et mouillez avec du consommé; faites-le bouillir pendant trois heures, avec feu dessous et dessus. Egouttez alors, et débridez votre carré; glacez-le, et dressez-le sur une sauce tomate ou espagnole, ou sur des concombres, chicorée, épinards, etc.

Carré de veau à la crème.

Vous avez un carré de veau comme le précédent; vous ôtez les os et les nerfs qui sont sous le filet; vous le mettez dégorger dans du lait pendant vingt-quatre heures : au moment de l'embrocher, vous le sortez du lait, vous l'essuyez, vous le poudrez de sel fin, dans lequel vous avez mis un peu de muscade râpée; vous l'embrochez avec un gros atelet que vous couchez sur la broche. Deux heures et demie avant de servir, vous le mettez au feu : au lieu de l'arroser avec de la graisse de la lèchefrite, vous avez une sauce béchamel, et vous l'arrosez avec. (Voyez chapitre III.) Au moment de servir, vous le sortez de la broche; vous avez réservé de la sauce béchamel, dans laquelle vous mettez gros comme une noix de glace, un peu de gros poivre, un peu de muscade; vous versez cette sauce dessous : il ne faut pas qu'elle soit trop épaisse.

Cuisse de veau marinée.

Mettez un cuissot de veau dans une grande terrine, et versez dessus trois ou quatre litres de bon vinaigre; ajoutez du sel, du poivre, thym, laurier, échalotes, et laissez ainsi mariner votre cuisse pendant trois ou quatre jours en la retournant chaque jour. Piquez ensuite toute la surface opposée à la noix; mettez la cuisse ainsi préparée sur broche et laissez-la cuire pendant quatre heures, après l'avoir enveloppée de papier. Dressez cette cuisse ainsi rôtie sur une sauce espagnole. (Voyez les sauces au chapitre III.)

Longe de veau à la broche.

Coupez la longe depuis la deuxième côtelette jusqu'au jarret; levez la noix et le quasi afin que votre pièce ait à-peu-près partout la même cuisson; vous l'assujettissez avec de petits atelets qui prennent depuis le flanc jusqu'aux filets, et vous passez la broche de la côte au gros bout, près du jarret.

Longe de veau étouffée.

Désossez une longe de veau; mettez dans l'intérieur du poivre et du sel; ficelez-la de manière à ce qu'elle conserve une belle forme, et mettez-la dans une braisière avec du beurre seulement; laissez-la cuire ainsi pendant trois heures en la retournant de temps en temps, puis glacez-la et servez-la sur de la glace de viande. Cette pièce se sert également froide, avec de la gelée.

Quasi de veau.

C'est le morceau qui termine le cuissot, et qui est le même que celui de la culotte de bœuf. A un des deux quasis se trouve la queue du veau. Il est d'un très bon manger: on peut le mettre à la broche, et il est très bon à employer en blanquette.

On peut aussi le piquer de gros lard, et le faire cuire avec le même assaisonnement que la noix de veau à la bourgeoise. On peut le servir avec les ognons et carottes avec lesquels il aura cuit, et le fond, bien dégraissé, peut lui servir de sauce.

Rond de cuisse de veau à la hollandaise.

Ce morceau, qui doit avoir au moins six pouces d'épaisseur, doit être pris dans la plus grosse partie de la cuisse. Otez l'os du milieu, et piquez cette pièce avec de la langue à l'écarlate coupée en gros lardons. Passez des atelets dans cette pièce afin qu'elle conserve sa forme; ficelez-la, et la mettez cuire pendant quatre heures dans une braisière avec quelques carottes, ognons, bouquet garni, muscade, sel et poivre, le tout mouillé avec du consommé. Dégraissez votre fond de cuisson, ajoutez-y quelques cuillerées de sauce espagnole, faites-le réduire, passez-le à l'étamine, ajoutez-y un jus de citron, et saucez votre rond de cuisse que vous aurez glacé.

Fricandeau.

Prenez une tranche de rouelle de veau épaisse de deux doigts que vous piquez par-dessus avec du petit lard; faites-la blanchir un moment dans de l'eau bouillante, et la mettez ensuite cuire avec du bouillon et un bouquet garni.

Quand elle est cuite, retirez-la de la casserole pour bien dégraisser la sauce; passez cette sauce dans une autre casserole avec un tamis; vous la ferez ensuite réduire sur le feu jusqu'à ce qu'il n'y en ait presque plus; vous y mettrez votre fricandeau pour le glacer; quand il sera bien glacé du côté du lard, dressez-le sur le plat que vous devez servir; détachez sur le feu ce qui est dans la casserole, en y mettant un peu de coulis et très peu de bouillon; goûtez si cette sauce est de bon goût, et servez sous le fricandeau.

Le fricandeau se sert également sur de la chicorée, de l'oseille, des épinards, etc., etc.

Noix de veau à la bourgeoise.

Après avoir levé votre noix de veau, mettez-la dans un linge blanc et battez-la, puis vous la piquerez avec de gros lardons bien assaisonnés d'épices, persil, ciboule, thym, laurier, le tout haché bien menu. Ficelez votre noix et la mettez dans une casserole avec quelques carottes, autant d'ognons, deux feuilles de laurier, plein deux verres de bouillon; vous couvrirez votre noix d'un rond de papier beurré; quand votre noix bouillira, vous la mettrez sur un feu doux pendant deux heures : vous mettrez un peu de feu sur le couvercle de votre casserole. Au moment de servir, vous égoutterez votre noix; vous la débriderez; vous mettrez dessous le fond, que vous ferez réduire à moitié, et les légumes qui ont cuit avec votre noix : vous la glacerez.

On peut aussi servir cette noix sur une sauce espagnole ou sur une purée, sauce tomate, oseille, etc.

Noix de veau à la Conti.

La noix étant préparée comme à l'article précédent, piquez-la de lard fin par-dessus et de gros lard par-dessous. Mettez-la ensuite dans une casserole avec les mêmes ingrédiens qu'à l'article précédent; lorsque votre viande sera cuite aux trois quarts, vous ôterez vos légumes, et vous ferez bouillir le fond de cuisson et la noix sur un feu très ardent, jusqu'à ce que la viande tombe sur glace. Otez alors la viande; détachez votre glace avec quelques cuillerées de sauce espagnole; vous dégraisserez cette sauce, et la mettrez sous votre noix que vous aurez glacée, et vous mettrez vos légumes autour.

Noix de veau piquée, glacée.

Elle se prépare comme la noix de veau à la Conti. Il faut la glacer avec soin; on peut la servir sur toutes sortes de sauces ou de garnitures.

Noix de veau en ballotine.

La noix de veau étant préparée et piquée comme celle dite *à la bourgeoise* (Voyez plus haut), vous la ferez revenir dans le beurre jusqu'à ce qu'elle ait pris une belle couleur; dressez-la ensuite sur un plat, et jetez dessus du sel et du poivre.

Ajoutez alors au beurre qui est dans votre casserole, un quarteron d'huile, autant de lard râpé, quelques échalotes hachées bien fin, du persil et des champignons hachés également, du gros poivre et de la muscade. Tous ces accessoires étant bien revenus, vous les verserez sur votre noix de veau. Quand elle sera froide, vous huilerez six feuilles de papier : vous envelopperez votre dessus et dessous d'une mince barde de lard, et vous l'envelopperez d'une feuille de papier, de manière que votre assaisonnement ne s'en aille pas; puis vous la recouvrirez d'une autre, ainsi de suite, jusqu'à ce que vos six feuilles soient employées. Ayez soin que votre noix soit hermétiquement renfermée, que votre ballot ait une belle forme, et que vos plis soient bien faits : vous ficellerez votre ballot comme on ficelle une pièce de bœuf, afin qu'étant sur le gril le papier ne se déploie pas. Une heure avant de servir, vous mettrez votre noix sur le gril, à un feu très doux; prenez garde que votre papier ne brûle, et que votre assaisonnement ne sorte de votre papier; quand votre noix sera grillée, vous ôterez seulement la ficelle, et vous servirez votre noix dans le papier.

Noix de veau en surprise.

Préparez et piquez une noix de veau comme celle dite *à la Conti.* (Voyez ci-dessus.) Placez des bardes de lard dans le fond de votre casserole ou braisière; vous mettez des tranches de veau, deux carottes, quatre ognons, dont un piqué de deux clous de girofle, une feuille de laurier, un bouquet de persil et ciboule, un peu de sel; vous mettez votre noix de veau dans votre casserole, et vous la couvrez seulement de bardes de lard; vous beurrez un rond double de papier, et vous faites cuire votre noix avec du feu dessus et dessous; quand elle est cuite, vous la laisserez refroidir; après cela, vous faites un trou ovale, vous enlevez les chairs; laissez le fond assez épais pour que le ragoût ne filtre pas trop vite au travers. Coupez alors en petits dés la viande que vous avez extraite de votre noix, à l'exception du dessus qui doit être enlevé avec assez de soin pour qu'en le replaçant on ne puisse soupçonner que la noix est creuse; coupez également en dés des champignons, et mettez-les, ainsi que la viande, dans une sauce béchamel. (Voir au chap. III.) Mettez ce ragoût dans votre noix; recouvrez-la avec le dessus enlevé comme nous venons de le dire; glacez votre noix et mettez dessous une sauce espagnole travaillée.

VEAU.

Sauté de noix de veau.

La noix de veau étant préparée, coupez-la en petits morceaux longs de quatre pouces, larges de deux pouces et de deux lignes d'épaisseur. Après avoir aplati chaque petit morceau, arrangez-les tous en rond sur un plat à sauter; assaisonnez-les de sel et de poivre, persil et ciboule hachés; arrosez le tout avec du beurre fondu, et faites cuire sur un feu ardent. La viande étant cuite, mettez le beurre et le jus que la viande aura rendu, dans une casserole avec quelques cuillerées de velouté réduit (Voyez cette sauce au chapitre III); liez votre sauce avec des jaunes d'œufs, passez-la à l'étamine, et la versez sur votre sauté.

Noix de veau en aspic.

Faites une noix de veau piquée et glacée (Voyez plus haut cet article), et laissez-la refroidir pendant vingt-quatre heures. Mettez dans un moule l'épaisseur d'un pouce d'aspic fondu (Voyez *Aspic*, au chapitre III), et posez le moule sur de la glace afin de faire congeler l'aspic. Coupez alors par tranches votre noix piquée et glacée; dressez ces tranches en couronne, de manière à laisser six lignes au moins d'intervalle entre la viande et les parois du moule. Versez au milieu de cette couronne de viande un ragoût froid composé de crêtes et rognons de coqs à la béchamel (Voyez, chapitre III, cette sauce); remplissez le moule d'aspic fondu et renouvelez la glace autour, afin que le tout se congèle promptement. Lorsque vous voudrez servir, il faudra tremper votre moule dans de l'eau tiède, l'essuyer avec un linge chaud, le renverser sur un plat et l'enlever avec précaution. On peut dresser l'aspic quelque temps avant de servir; mais, dans ce cas, il faut poser le plat sur de la glace.

Godiveau.

Ayez une livre de noix de veau dont vous retirerez les nerfs et les peaux; vous hacherez bien fin la viande, et vous la pilerez; vous aurez deux livres de graisse de veau dont vous ôterez la peau; vous la hacherez bien; puis vous mettrez le veau pilé dedans; vous hacherez de nouveau le tout ensemble jusqu'à ce que cela soit bien mêlé, du sel, du gros poivre, trois œufs en trois fois différentes : vous mettrez le tout dans un mortier; vous pilerez fort votre godiveau, vous y remettrez deux œufs, toujours en pilant; quand vous verrez que l'on ne distinguera plus la viande d'avec la graisse, vous y verserez un peu d'eau, toujours en pilant, jusqu'à ce qu'il soit à moitié mou; alors vous en prendrez de quoi faire une boulette que vous ferez cuire dans de l'eau, pour vous assurer s'il est d'un bon sel. Lorsque vous l'emploierez, vous pouvez y ajouter un peu de fines herbes, comme persil et ciboule; la graisse la plus sèche et la plus farineuse est la meilleure; et si, dans l'été, vous pouviez y mettre un peu de glace (eau congelée) en place d'eau, le godiveau n'en serait que plus beau.

Blanquette de veau.

On prend du veau rôti froid, on le coupe en morceaux d'environ un pouce d'épaisseur; on en ôte la peau et les parties colorées, puis on les émince, et on aplatit les morceaux; on les arrondit le mieux possible; on les dépose dans une assiette ou terrine; on les couvre d'un rond de papier, en attendant que l'on s'en serve. On prend du velouté (Voir chapitre III), que l'on met clarifier et réduire : on ajoute dans cette sauce des champignons. Etant réduite à son point, un quart d'heure avant de servir, on lie la sauce avec trois jaunes d'œufs, et l'on y met la blanquette : on la tient au bain-marie ou sur de la cendre chaude, ayant soin de la remuer avec précaution. Etant bien chaude, on y met un jus de citron, et on la sert dans une bordure de plat, ou garnie de croûtons glacés.

A défaut de velouté, il faudrait jeter un peu de farine dans le beurre où l'on aurait fait revenir les champignons, mouiller avec du bouillon, faire réduire la sauce, y ajouter un peu de muscade et de gros poivre, lier avec des jaunes d'œufs, et y mettre un jus de citron au moment de servir.

Foie de veau étouffé.

Choisissez un foie de veau bien blond, et piquez-le avec de gros lardons que vous aurez assaisonnés de sel, poivre, épices, persil et ciboule bien hachés; mettez ensuite votre foie dans une braisière avec des bardes de lard, un verre de bouillon, deux verres de vin blanc, trois ou quatre carottes, autant d'ognons, du sel et un bouquet garni : donnez trois heures de cuisson. Dressez votre foie quand il est cuit; arrangez autour les légumes qui ont cuit en même temps, puis dégraissez, passez et faites réduire votre fond de cuisson et le versez sur le foie. Vous pourrez aussi ajouter à votre fond de cuisson quelques cuillerées de sauce poivrade, et faire réduire le tout de moitié. (Voyez, au chapitre III, *Sauce poivrade*).

VEAU.

Foie de veau piqué à la broche.

On peut le piquer intérieurement de gros lard, et le dessus avec du petit lard : puis on le met mariner avec de l'huile, du sel, une ou deux feuilles de laurier, des tranches d'ognons et du persil. Il peut rester six heures ou davantage dans cette marinade. Au moment de le mettre à la broche, on fait attention qu'il ne reste rien au foie de veau des différentes choses dans lesquelles il a mariné, on passe un atelet de fer ou une moyenne brochette de bois dans sa longueur et au milieu, puis on introduit deux ou trois autres brochettes pour l'assujettir à la plus grosse brochette avec de la ficelle. Etant assuré qu'il ne vacillera pas, on le couvre d'un papier beurré, que l'on ôte avant qu'il ne soit cuit pour lui faire prendre couleur : il faut près de deux heures, mais lorsqu'il ne rend plus de sang, on est assuré qu'il est cuit à son point : on le débroche, et on le sert avec une sauce italienne ou sauce poivrade. (Voyez ces sauces au chapitre III).

Foie de veau sauté.

Coupez un foie de veau en morceaux longs de deux pouces, larges d'un pouce, et épais de trois lignes, taillez ces morceaux en forme de poires, losanges ou autres, assaisonnez-les de sel, poivre, fines herbes, et les mettez sur un plat à sauter avec du beurre fondu. Mettez votre sautoir sur un feu très vif, et retournez les morceaux du foie quand ils seront cuits d'un côté. Lorsque le foie sera entièrement cuit, ce que vous reconnaîtrez au jus qui en sortira, vous l'ôterez; ôtez aussi le beurre, et remplacez-le par un verre de vin de Champagne, ou simplement de vin blanc, et quelques cuillerées de sauce espagnole. Faites réduire ce mélange de moitié, passez-le à l'étamine, et versez-le sur votre foie que vous aurez dressé en couronne.

La sauce espagnole peut se remplacer par un peu de farine; dans ce cas, on mettra deux verres de vin blanc au lieu d'un.

Mou de veau à la poulette.

Il faut le couper en moyens morceaux carrés, le faire dégorger à l'eau tiède et le faire blanchir à l'eau bouillante pendant quelque temps, puis on le rafraîchit, on l'égoutte; on met dans une casserole un morceau de beurre; lorsqu'il est fondu, on y met le mou de veau et on le remue avec une cuillère de bois pour qu'il ne s'attache pas. Etant revenu, on y met de la farine ; lorsqu'elle est bien mêlée, on le mouille avec du bouillon, un bouquet garni, des champignons et un peu de sel. Etant presque cuit, on peut y mettre des petits ognons bien épluchés. On a soin de bien dégraisser, et on finit avec une liaison de trois jaunes d'œufs et un filet de vinaigre.

Mou de veau au roux.

Il faut le faire blanchir de même que pour le mettre au blanc ; on le fait revenir dans un roux, on le mouille avec du bouillon et de l'eau. On y met des champignons, du sel et des petits ognons. Lorsqu'il est presque cuit, on a soin de le dégraisser. Etant réduit et de bon sel, on le sert. Si le ragoût n'a pas assez de couleur, on y met un peu de sucre brûlé.

Tête de veau au Puits-Certain.

Désossez une tête de veau bien échaudée, et laissez les yeux et la cervelle après la carcasse ; faites bien dégorger le tout ; puis mettez cette tête désossée dans de l'eau froide, faites lui faire un bouillon seulement et mettez-la rafraîchir. Coupez alors toute la chair en morceaux ronds de la grandeur d'une pièce de cinq francs, à l'exception des oreilles et de la langue qui doivent rester entières. Frottez tous ces morceaux avec du citron, et les faites cuire dans un blanc (Voir cette sauce au chapitre III), ainsi que la carcasse que vous aurez enveloppée dans un linge. La carcasse et la langue étant bien égouttées, vous ouvrirez la tête, nettoyerez la cervelle et farcierez l'intérieur avec des ris de veau, des champignons et des truffes coupés en petits dés, et des quenelles de veau. Arrangez cette farce de manière à ce que le tout ait la forme d'une tête de veau entière ; enveloppez-la d'une crépinette de cochon pour qu'elle ne se déforme pas, et faites-la cuire au four. Dressez cette tête sur un plat ovale ; placez les oreilles de chaque côté, les morceaux coupés en ronds tout autour. Versez sur le tout une sauce à la financière (Voir chapitre III), et placez quelques écrevisses sur le haut de la tête.

Tête de veau en matelotte.

La tête étant préparée et coupée en morceaux ronds, comme il est dit à l'article précédent, vous la ferez cuire dans une marinade (Voyez cette sauce au chapitre III), à laquelle vous ajouterez ensuite deux bouteilles de vin rouge. Egouttez ensuite vos morceaux de tête ; dressez-les en couronne ; mettez du ris de veau piqué au milieu, et versez par-dessus un ragoût à matelote (Voir chapitre III); ajoutez de belles écrevisses et des croûtons.

Cervelles de veau à la provençale.

(Voyez, au chapitre précédent, *Cervelles de bœuf en mayonnaise*). Les cervelles de veau à la provençale se préparent de la même manière; on y ajoute seulement des olives dont on a ôté le noyau, et un peu d'ail.

Coquilles de cervelles de veau.

Coupez des cervelles de veau en dix ou douze morceaux chacune. Mettez dans une casserole des champignons, des truffes, un peu de vin blanc, et faites tomber le tout sur glace; c'est-à-dire, faites bouillir jusqu'à ce que le vin étant tari, il se soit formé un peu de glace dans le fond de votre casserole. Ajoutez alors quelques cuillerées de sauce allemande, un peu de velouté (Voir ces sauces au chapitre III), un peu de beurre, de persil et un jus de citron, et lorsque cette sauce sera bouillante, jetez vos morceaux de cervelle dedans. Le tout étant bien mêlé, vous en remplissez des coquilles; vous saupoudrez les coquilles avec de la mie de pain mêlée de fromage parmesan râpé, puis vous les arrosez légèrement avec du beurre fondu, et vous les mettez sous le four de campagne où vous les laisserez jusqu'à ce qu'elles aient pris une belle couleur.

Crépinettes de cervelles de veau.

Vos cervelles étant bien épluchées et cuites au court bouillon, vous couperez en petits dés deux fois autant de gros ognons que vous aurez de cervelles, c'est-à-dire, six ognons pour trois cervelles; vous ferez blanchir ces ognons, puis vous les ferez cuire dans du beurre avec un peu d'ail, sel, poivre, muscade et laurier, sans leur faire prendre couleur. Versez sur ces ognons ainsi cuits une certaine quantité de velouté (Voir, au chapitre III, *Velouté*), et faites réduire le tout jusqu'à ce que cela forme une espèce de pâte; liez avec des jaunes d'œufs; coupez vos cervelles en deux, enveloppez chaque morceau avec cette sauce, recouvrez-les avec une crépine de cochon; faites-les griller, et servez-les avec une sauce aspic claire dessous.

Cromesquis de cervelles de veau.

(Voyez *Cromesquis de cervelles de bœuf*). Les cromesquis de cervelles de veau se préparent de la même manière.

VEAU.

Queues de veau en macédoine.

Échaudez des queues de veau sans en ôter la peau, faites-les dégorger et blanchir, puis coupez-les dans les nœuds, et faites-les cuire dans une marinade (Voyez au chapitre III), à laquelle vous ajouterez du vin blanc et un peu de vin de Madère sec. Faites ensuite égoutter ces queues, dressez-les sur un plat; entourez-les d'ognons glacés, de ris de veau à la flamande, et versez une macédoine par dessus. (Voir, pour ces derniers articles, le chapitre III, *Sauces* et *Garnitures*.)

Cassolettes au beurre, garnies de ris de veau.

Modelez du beurre dans un coupe-pâte rond ou en forme de cœur; faites-en plusieurs morceaux de la même forme. Panez ces morceaux de beurre en les trempant successivement et à plusieurs reprises dans des œufs battus et dans de la mie de pain mêlée de fromage parmesan râpé. Faites ensuite une petite ouverture, avec la pointe d'un couteau, à l'une des extrémités de chaque morceau, et mettez tous ces morceaux dans de la friture bien chaude. Lorsqu'ils seront d'une belle couleur, vous les ôterez de la friture, les ferez égoutter, et tout le beurre de l'intérieur étant fondu, cela formera des cassolettes que vous dresserez sur un plat et que vous remplirez avec des ris de veau à l'allemande. On fait des cassolettes semblables avec du riz que l'on fait crever dans de l'eau avec du sel et du beurre, et que l'on pétrit; on les moule ensuite; on leur fait prendre couleur sous le four de campagne, et on les garnit de ris de veau à l'espagnol. (Voir le chapitre III, pour cette sauce.)

Carré de veau piqué et rôti.

Lardez tout le filet d'un carré de veau après l'avoir paré proprement; mettez-le dans une terrine pour le faire mariner trois heures avec persil, ciboule, un peu de fenouil, champignons, une feuille de laurier, thym, basilic, deux échalotes, le tout haché très fin, sel, gros poivre, muscade râpée, et un peu d'huile; quand il aura pris goût, embrochez le carré et l'enveloppez de deux feuilles de papier blanc bien beurrées, de façon que les petites herbes ne puissent point sortir; ficelez-le; faites-le cuire à petit feu; la cuisson aux trois quarts faite, ôtez le papier, et glacez le carré de veau, afin qu'il prenne une belle couleur en achevant de cuire; dressez-le ensuite, et mettez dessous une sauce tomate ou une italienne. (Voir, pour ces sauces, le chapitre III.)

Coquilles de ris de veau.

Coupez en petits ronds minces des champignons et des gorges de ris de veau; faites bouillir de la sauce allemande avec un peu de glace de viande; jetez dans cette sauce vos ris de veau et vos champignons; ajoutez un peu de beurre frais, un jus de citron, et versez le tout dans des coquilles. Semez sur ces coquilles de la mie de pain mêlée d'un peu de fromage parmesan; arrosez-les avec du beurre fondu, et mettez-les sous le four de campagne.

Tendrons de veau à la milanaise.

Vos tendrons étant coupés en petits morceaux carrés ou ronds et cuits dans un blanc, vous les ferez égoutter et les mettrez dans un plat à sauter avec de la glace de viande, et vous ferez chauffer le tout de manière que les tendrons soient enveloppés de glace. Préparez, d'autre part, du macaroni à la napolitaine (Voyez, au chapitre Ier, *Macaroni à la napolitaine*), et dressez vos tendrons sur ce macaroni.

Tendrons de veau en mayonnaise.

Les tendrons étant préparés comme il est dit à l'article précédent, on les laisse refroidir dans leur glace, puis on les dresse en couronne, et on les couvre d'une mayonnaise que l'on décore avec des cornichons taillés de différentes manières, des anchois, des câpres dont on fait des espèces de cordons de perles, de la betterave, de la gelée de viande, etc.

Tendrons de veau à la provençale.

Les tendrons étant préparés comme ceux dits *à la milanaise*, faites cuire dans de l'huile des ognons coupés en filets avec un peu d'ail; puis faites-les égoutter et les faites bouillir à petit feu dans un verre de vinaigre avec un peu de sauce espagnole et de piment; dressez ensuite vos tendrons en couronne, et couvrez-les avec l'ognon.

Côtelettes de veau à la Bellevue.

Piquez des côtelettes de veau avec de la tétine de veau, de la langue à l'écarlate et des truffes, le tout taillé en lardons fins. Mettez ensuite des bardes de lard dans le fond d'une casserole, placez vos côtelettes dessus, recouvrez-les avec d'autres bardes, ajoutez du sel et du poivre, quelques carottes, autant d'ognons, du girofle et un bouquet garni; mouillez le tout avec du vin de Madère sec et du consommé par parties égales, et mettez votre casserole sur un feu ardent. Une heure de cuisson suffit; ôtez alors vos côtelettes, laissez-les refroidir, glacez-les, dressez-les en couronne, mettez dans le milieu de cette couronne une mayonnaise blanche ou verte, et décorez les côtelettes comme il est dit à l'article des *Tendrons de veau à la mayonnaise.* (Voir ci-dessus cet article.)

Aspic de tendrons de veau.

Faites prendre un peu de gelée dans un moule de manière que la gelée garnisse le fond; mettez sur cette gelée vos tendrons cuits dans un blanc et refroidis; puis remplissez le moule de gelée, et faites prendre votre aspic en mettant le moule dans de la glace. Si vous aviez un moule à cylindre, évidé au milieu, il faudrait vous en servir de préférence, attendu que lorsque votre aspic serait dressé vous pourriez remplir le puits avec une mayonnaise verte, ce qui est d'un très bel effet. (Voir *Aspic et mayonnaise* au chapitre III.)

Côtelettes de veau à la milanaise.

Vos côtelettes étant bien parées, faites-les sauter, avec un peu de beurre, une gousse d'ail et quelques échalotes, jusqu'à ce qu'elles soient bien saisies des deux côtés; modérez le feu, couvrez le sautoir, mettez du feu dessus et faites bouillir doucement pendant un quart d'heure. Otez alors les côtelettes, mettez dans le sautoir un peu de glace de viande et de sauce tomate; faites réduire; puis placez vos côtelettes dans cette glace, faites-les bouillir doucement pendant quelques minutes, et dressez-les sur du macaroni à la napolitaine. (Voyez, pour ce macaroni, au chapitre Ier.)

Côtelettes de veau en crépinettes.

Piquez avec du lard fin et des truffes des entre-côtes de veau; faites-les sauter et refroidir, et opérez du reste comme pour les *Palais de bœuf en crépinettes.* (Voir cet article au chapitre IV.)

Poitrine de veau à l'anglaise.

Après avoir paré une poitrine de veau, faites une incision entre chaque côte; hachez alors une livre de graisse de rognon de veau, autant de mie de pain, une poignée de persil et quelques feuilles de petite sauge; ajoutez à cette farce, en hachant toujours, des jaunes d'œufs, du sel, du poivre et de la muscade; mettez cette farce dans les incisions que vous aurez faites; recousez la poitrine, et mettez-la à la broche. Lorsqu'elle est cuite, dressez-la sur du jus de viande, et servez à part de la marmelade de pomme.

VEAU.

Carré de veau à la gelée.

Parez un carré de veau en enlevant le gros bout des os des côtes; puis piquez votre carré avec de la langue à l'écarlate, de la tétine de veau et des truffes; enveloppez-le ensuite de bardes de lard et le ficelez bien pour qu'il ne se déforme pas; faites-le cuire dans une casserole avec des parures de viande, quelques ognons, autant de carottes, un bouquet garni, le tout mouillé avec un verre de vin de Madère sec, autant d'eau-de-vie, et deux fois autant de gelée de viande; vous ferez bouillir votre braisière, vous l'écumerez, la couvrirez d'un papier beurré et d'un couvercle fermant votre casserole; vous la placerez dessous votre fourneau, à feu égal et modéré, pendant deux heures et demie; vous ôterez votre carré de veau, le mettrez sous presse : quand il sera froid, vous le parerez à fond, et le glacerez avec de la glace un peu épaisse et bien blonde; vous le placerez sur le plat dont vous devez vous servir; vous le décorerez avec de la gelée et un joli croûton de gelée autour du plat.

On prépare de la même manière la *Langue de veau* à la gelée, et la *Noix de veau à la Belle vue*.

Longe de veau à la flamande.

Après avoir désossé et piqué de gros lard une langue de veau, faites-la cuire comme le carré de veau à la gelée. (Voir l'article précédent.) Passez et dégraissez votre fond de cuisson, et faites-le réduire de moitié. Remettez ensuite votre langue dans ce fond ainsi réduit, arrosez-la de temps en temps avec ce même fond et mettez du feu sur le couvercle de la casserole pour faire glacer le dessus. Dressez ensuite votre langue et mettez autour une garniture à la flamande. (Voir cette garniture au chapitre III.)

Filet de veau piqué.

(Voyez *Noix de veau piquée*); le filet se prépare et se fait cuire de la même manière.

Quenelles de noix de veau.

Hachez et pilez un morceau de veau bien maigre et débarrassé de ses peaux et nerfs; pilez ensuite une égale quantité de tétine de veau. Faites tremper une mie de pain mollet dans un peu de lait, puis mettez cette mie sur le feu avec une égale quantité de beurre; cette panade formant une espèce de pâte, vous la mettez dans le mortier avec le veau et la tétine pilés, et vous pilerez de nouveau en ajoutant du sel, du poivre, de la muscade, et des œufs entiers, dans la proportion de trois œufs pour une demi-livre de veau. Le tout étant bien pilé et mêlé, moulez vos quenelles en leur donnant la forme qui vous conviendra, et faites-les blanchir dans de l'eau salée.

Blanquette de veau à la Périgueux.

Coupez en petits morceaux ronds et minces du veau rôti bien maigre, et dont vous aurez enlevé les peaux, les nerfs et les parties qui seraient rissolées ; coupez de la même manière une égale quantité de truffes et de champignons, et sautez-les dans du beurre, en y ajoutant de la glace de volaille, un peu de vin blanc et quelques cuillerées de sauce allemande. (Voir cette sauce au chapitre III.) Mettez ensuite vos morceaux de veau dans cette sauce ; puis dressez votre blanquette, et entourez-la de quenelles de veau que vous aurez fait frire après les avoir préparées comme il est dit à l'article précédent.

Coquilles de blanquette de veau aux champignons.

Préparez une blanquette de veau à la Périgueux comme il est dit à l'article précédent, mais sans y mettre de truffes ; versez la blanquette dans des coquilles ; semez à la surface de la mie de pain mêlée d'un peu de fromage de Parme ; arrosez-les de beurre fondu, et mettez-les sous le four de campagne.

Jarrets de veau glacés.

Après avoir cerné les chairs autour de l'os de vos jarrets de veau, et les avoir ficelés, mettez-les dans une casserole avec quelques ognons, autant de navets, autant de carottes, sel, poivre, girofle, un bouquet garni ; mouillez le tout avec du consommé. Les jarrets étant cuits, dressez-les et entourez-les avec les racines qui ont cuit en même temps ; puis passez et faites réduire à demi glace votre fond de cuisson et versez-le sur les jarrets que vous glacerez ensuite.

Foie de veau à l'italienne.

Il se prépare et se fait cuire de la même manière que le foie de veau sauté (Voyez plus haut) ; quand il est cuit, on le dresse en couronne, et l'on verse dessus une sauce italienne. (Voir cette sauce au chapitre III.)

Gâteau de foie de veau.

Pilez et passez au tamis un foie de veau ; pilez et passez

de la même manière une égale quantité de lard et un peu de jambon : mêlez bien le tout avec de la tétine de veau, des truffes, des champignons, de la langue à l'écarlate, sel, poivre, muscade et quelques œufs. Garnissez une casserole avec des bardes de lard bien minces, puis mettez votre préparation dans cette casserole, et par-dessus des bardes de lard et un rond de papier beurré. Mettez cette casserole au four pendant trois heures; laissez-la refroidir ensuite. Lorsque vous voudrez dresser votre gâteau, vous ferez un peu chauffer la casserole, la renverserez sur un plat, et ôterez les bardes de lard qui entourent le gâteau; puis vous le glacerez, et vous l'entourerez de morceaux de gelée.

On peut aussi servir ce gâteau chaud; dans ce cas, on le fait cuire au bain-marie, et l'on met du feu sur le couvercle du moule ou casserole. Au moment de servir, glacez le gâteau, et le saucez avec une sauce poivrade réduite. (Voir cette sauce au chapitre III.)

Foie de veau frit à l'italienne.

Salez et poivrez des tranches de foie de veau bien minces; trempez-les dans des œufs que vous aurez battus avec un peu d'huile; trempez-les ensuite dans de la farine, et faites-les frire dans l'huile. Dressez en couronne, et versez une sauce tomate au milieu.

Atelets de veau à l'italienne.

Coupez en petits morceaux carrés du foie de veau et du lard; embrochez ces morceaux avec des atelets, en mettant successivement un morceau de lard et un morceau de foie; salez et poivrez; panez ces morceaux en les trempant successivement dans l'huile et dans la mie de pain, et faites-les griller. Il faut qu'ils soient d'une belle couleur.

Saucisses de foie de veau.

Hachez ensemble une quantité de foie de veau et de lard, moitié moins de mie de pain; mettez du poivre, du sel, de la muscade, des quatre épices, et mêlez bien le tout ensemble. Faites avec ce hachis des saucisses plates, et enveloppez-les dans de la crépinette de cochon. Ces saucisses se servent grillées avec une sauce piquante.

Amourettes de veau.

Les amourettes se préparent et se servent de la même manière que les cervelles.

Rognons de veau sautés.

Émincez des rognons de veau dont vous aurez ôté les peaux et la graisse, et mettez-les sur un plat à sauter avec du beurre, sel, poivre, muscade, échalotes et persil hachés, et des champignons cuits; faites sauter vos rognons sur un feu très ardent; ajoutez-y un peu de farine, du vin blanc, quelques cuillerées de sauce espagnole réduite. Au moment de servir, mettez dans les rognons un peu de beurre bien frais et un jus de citron.

Les rognons de veau se font aussi cuire à la broche et au four; il faut alors laisser la graisse. Ainsi cuits, les rognons de veau ne s'emploient ordinairement que comme garniture dans les tourtes, omelettes, etc.

Langue de veau.

(Voyez *Langues de bœuf*, au chapitre IV); les langues de veau se préparent de la même manière.

Musette d'épaule de veau.

Désossez une épaule de veau, et piquez-la avec du petit lard et de la langue à l'écarlate; salez et poivrez l'intérieur, puis troussez l'épaule en forme de ballon et ficelez-la. L'épaule ainsi préparée, mettez-la dans une braisière avec des bardes de lard, carottes, ognons, bouquet garni; mouillez avec du consommé. L'épaule étant cuite, faites-la égoutter; passez et dégraissez votre fond de cuisson; faites-le réduire à demi-glace, puis remettez l'épaule dedans, arrosez-la, et faites bouillir doucement avec feu dessous et dessus. Cette épaule se sert avec une garniture à la flamande. (Voir au chapitre III.)

Filets mignons de veau bigarrés.

Piquez quelques filets de veau avec du lard fin, piquez-en d'autres avec de la langue à l'écarlate et des truffes. Mettez les filets piqués de lard sur une tourtière avec de la glace de viande, et les faites revenir sur un feu très ardent; posez ensuite votre tourtière sur un feu doux, et couvrez-la avec un four de campagne. D'autre part, faites sauter dans du beurre les filets piqués avec des truffes, puis mettez-les dans la tourtière avec les premiers; dressez le tout, ensuite, sur un ragoût à la financière. (Voir au chapitre III.)

Escalopes de filets mignons de veau.

Coupez des filets mignons de veau en petits morceaux ronds,

et aplatissez-les de manière à leur donner la forme d'une pièce de cinq francs; faites-les sauter dans du beurre clarifié, ôtez ensuite le beurre et le remplacez par de la glace de viande et un peu de consommé; mettez vos filets dans cette glace, et lorsqu'ils en seront bien enveloppés, vous les dresserez sur un ragoût à la financière. (Voir, pour ce ragoût, le chapitre III.)

Carré de veau en papillote.

Après avoir paré un carré de veau comme pour le mettre à la broche, piquez-le avec du lard moyen et de la langue à l'écarlate, puis mettez-le dans une casserole avec un fort morceau de beurre, du persil, des échalotes, des champignons et des truffes hachés, ail, thym, laurier, sel, poivre et muscade, et faites-le cuire pendant une heure. Otez alors le carré; versez un peu d'eau-de-vie et une bouteille de vin blanc sur vos fines herbes, et faites réduire ce mélange à glace; mêlez avec cette glace deux cuillerées de sauce allemande, un peu de beurre bien frais; versez le tout sur le carré de veau, et le laissez refroidir. Le carré étant bien garni de fines herbes et de bardes de lard fort minces, vous l'enveloppez dans des feuilles de papier huilé que vous maintiendrez avec de la ficelle, et vous le ferez griller sur un feu peu ardent. Quand le papier sera de belle couleur, ôtez la ficelle, et servez le carré en papillotes. On peut servir en même temps et à part une sauce espagnole réduite.

Tendrons de veau en casserole, au riz.

Faites crever du riz aux trois quarts dans de l'eau, du sel, du beurre et un peu de bouillon non dégraissé, pétrissez-le avec une cuillère de bois en le laissant refroidir à moitié; mettez alors la moitié de ce riz sur un plat, dressez dessus des tendrons braisés, recouvrez-les avec l'autre moitié du riz; modelez-le tout en forme de pâté, et faites-lui prendre couleur au four. Levez ensuite le dessus de cette espèce de pâté, et versez dedans un ragoût à la Toulouse. (Voir ce ragoût au chapitre III.)

Ris de veau à l'allemande.

Vos ris de veau étant dégorgés, blanchis et rafraîchis, coupez-les en petits morceaux ronds et minces, et faites-les cuire dans une demi-glace de viande et un peu de beurre. Lorsque les ris seront cuits, vous les mettrez dans une sauce allemande bien chaude, avec des truffes et des champignons coupés et sautés de la même manière. Au moment de servir, vous ajouterez un peu de beurre frais et un jus de citron.

Ris de veau à l'espagnole.

Ils se préparent comme il est dit à l'article précédent; on remplace seulement la sauce allemande par une sauce espagnole. (Voir ces sauces au chapitre III.) Les ris ainsi préparés s'emploient ordinairement pour garnitures.

Ris de veau à l'anglaise.

Les ris de veau étant dégorgés et blanchis, faites-les cuire dans une demi-glace; laissez-les refroidir et les faites égoutter. Battez des jaunes d'œufs avec du beurre fondu, et trempez successivement et à deux reprises les ris de veau dans ces œufs et dans de la mie de pain, faites-les griller ensuite, et dressez-les sur une demi-glace.

Ris de veau en bigarrure.

Préparez des ris de veau comme il est dit plus haut à l'article *Ris de veau glacés*, préparez-en une égale quantité à l'anglaise (Voir l'article précédent); dressez-les sur une sauce tomate en les entremêlant.

Ris de veau à la Saint-Cloud.

Piquez plusieurs clous de girofle dans chaque ris de veau, puis mettez ces ris dans une casserole avec un peu de glace de viande, du beurre et du consommé, et mettez la casserole sur un feu très vif. Les ris étant cuits, dressez-les en couronne sur une sauce tomate ou un ragoût à la financière. (Voir ces sauces au chapitre III.)

Ris de veau à la Marengo.

Coupez des ris de veau en petits morceaux ronds de six lignes d'épaisseur; faites-les sauter dans de l'huile d'olive avec du sel, du poivre et un peu de muscade. Égouttez l'huile et la remplacez par quelques cuillerées de sauce espagnole dans laquelle vous mettrez des truffes et des champignons coupés en liards, du persil et de l'ail hachés, un peu de glace de viande et de sauce tomate. (Voir, pour les sauces, le chapitre III.) Faites bouillir le tout, et versez-le sur les ris de veau.

Atelets de ris de veau à la gelée.

Vos ris de veau étant préparés et blanchis, faites-les cuire dans du consommé, avec du beurre et un peu de citron, puis laissez-les refroidir, et coupez-les en petits morceaux comme à l'article précédent. Coupez de la même manière une égale quantité de truffes et de langue à l'écarlate. Mettez ensuite de la gelée dans le fond de petits moules cannelés; faites prendre cette gelée en mettant les moules sur la glace; mettez au milieu des moules des morceaux de ris de veau, de truffes et de langue mêlés; puis remplissez ces moules avec de la gelée, et faites-les prendre en les entourant de glace à l'extérieur. Lorsque vous voudrez servir, vous tremperez vos moules dans de l'eau modérément chaude, vous les essuierez et les renverserez sur un plat avec précaution.

Ris de veau au gratin.

Vos ris étant coupés et cuits comme il est dit à l'article précédent, vous foncerez un plat à gratin avec un peu de farce à quenelles et le double de sauce à la Durcelle. (Voir cette sauce au chapitre III.) Dressez vos ris de veau en couronne sur cette farce, en mettant aussi un peu de farce entre chaque morceau de ris; semez ensuite de la chapelure sur le tout, et l'arrosez avec un peu de vin blanc et du beurre fondu. Après avoir fait bouillir cette préparation sur un feu modéré pendant trois ou quatre minutes seulement, vous mettrez le plat sur de la cendre chaude, et le couvrirez avec un four de campagne pour faire prendre couleur. Au moment de servir versez un peu de sauce espagnole réduite sur vos ris.

Ris de veau en papillotes.

Vos ris étant cuits comme pour être mis à la gelée (Voir ci-dessus), vous verserez dessus une sauce Durcelle (Voir cette sauce au chapitre III), vous les laisserez refroidir, et vous mettrez des tranches de jambon cuit, bien minces par dessus les fines herbes qui couvriront vos ris; enveloppez vos ris ainsi préparés dans du papier huilé, et mettez-les sur le gril pour leur faire prendre couleur.

Côtelettes de veau à l'écarlate.

Faites sauter des côtelettes de veau comme il est dit à l'article *Côtelettes de veau sautées*, et dressez-les en mettant entre chaque côtelette un morceau de langue à l'écarlate (Voyez, au chapitre IV, *Langue de bœuf à l'écarlate*), coupé en forme de côtelette ou de toute autre manière. Servez avec une sauce tomate indienne dessous. (Voir, au chapitre III, *Sauce tomate indienne*.)

VEAU.

Petites noix d'épaule de veau.

Parez bien quelques petites noix d'épaule de veau, et ôtez-en les nerfs et les peaux; embrochez-les avec des atelets, et les faites mariner dans l'huile avec un ognon coupé en tranches, du persil, du sel et du poivre; couchez-les ensuite sur la broche, et faites-les rôtir pendant une demi-heure à grand feu; glacez-les et les dressez sur une purée quelconque.

Noix de veau à la gendarme.

Piquez une noix de veau avec du gros lard et de la langue à l'écarlate, et mettez-la pendant douze heures dans une marinade préparée comme à l'article précédent. Enveloppez ensuite cette noix avec du papier beurré que vous ôterez un peu avant que la noix soit cuite, afin qu'elle puisse prendre couleur; glacez ensuite votre noix, et servez-la avec une sauce poivrade dessous.

Pieds de veau farcis frits.

Désossez et faites dégorger des pieds de veau; faites-les blanchir et cuire dans un blanc. Faites égoutter les pieds de veau, et mettez à la place des os que vous aurez enlevés une farce cuite. (Voir au chapitre III.) Panez ces pieds, en les posant à deux reprises dans des jaunes d'œufs et de la mie de pain; faites-les frire, et servez avec une sauce tomate dessous.

Ris de veau en crépinettes.

(Voyez *Cervelles de veau en crépinettes*.) Les ris de veau se préparent de la même manière.

CHAPITRE VI.

DU MOUTON.

Langues de mouton braisées. — Langues de mouton aux navets. — Langues de mouton aux petites racines. — Langues de mouton au gratin. — Langues de mouton en atelets. — Langues de mouton en papillotes. — Langues de mouton en cartouches. — Langues de mouton à la sauce tomate. — Langues de mouton à la nivernaise. — Langues de mouton en crépinettes. — Langues de mouton aux fines herbes. — Langues de mouton à la gasconne. — Emincés de langues de mouton. — Cou de mouton à la Sainte-Ménéhould. — Cou de mouton aux petites racines. — Cou de mouton aux choux. — Cou de mouton à la purée de lentilles. — Epaule de mouton aux ognons glacés. — Haricot de mouton. — Poitrine de mouton en carbonnade. — Poitrine de mouton à la Sainte-Ménéhould. — Poitrine de mouton aux petites racines. — Selle de mouton braisée. — Cervelles de mouton. — Selle de mouton panée à l'anglaise. — Selle de mouton pour relevée. — Gigot de mouton braisé. — Gigot de mouton à l'eau. — Emincé de gigot à la chicorée. — Emincé de gigot aux ognons. — Emincé de gigot aux concombres. — Emincé de gigot à l'anglaise. — Emincé de gigot aux cornichons. — Hachis de mouton. — Hachis de mouton aux fines herbes. — Hachis de mouton aux champignons. — Queues de mouton braisées. — Queues de mouton à la purée d'oseille. — Queues de mouton à la chicorée. — Queues de mouton à la purée. — Queues de mouton panées à l'anglaise. — Ragoût de queues de mouton. — Queues de mouton frites. — Queues de mouton en hochepot. — Terrine de queues de mouton à la Chipolata. — Côtelettes de mouton sautées. — Côtelettes de mouton grillées. — Côtelettes de mouton aux concombres. — Côtelettes de mouton à la Soubise. — Côtelettes de mouton aux navets. — Côtelettes de mouton aux petites racines. — Côtelettes de mouton aux laitues. — Côtelettes de mouton à l'écarlate. — Côtelettes de mouton à la financière. — Côtelettes de mouton en crépinettes. — Côtelettes de mouton à la Maintenon. — Carbonnades aux concombres. — Carbonnades à la jardinière. — Carbonnades à la purée de champignons. — Carbonnades panées à l'anglaise. — Pieds de mouton au blanc. — Pieds de mouton à la purée d'ognons. — Pieds de mouton à la provençale. — Pieds de mouton à la sauce tomate. — Pieds de mouton farcis. — Pieds de mouton en marinade. — Pieds de mouton à la poulette. — Roast-beef de mouton rôti. — Roast-beef de mouton à la flamande. — Filets de moutons sautés. — Filets de mouton en chevreuil. — Filets de mouton à la maître d'hôtel. — Escalope de filets de mouton. — Rognons de mouton à la brochette. — Rognons de mouton au vin de Champagne. — Rognons de mouton sautés. — Animelles de mouton. — Amourettes de mouton. — Noix de mouton en papillotes. — Oreilles de mouton. — Carré de mouton piqué de persil. — Carré de mouton en fricandeau. — Quartier de mouton en chevreuil. — Rouchis de mouton.

MOUTON.

Langues de mouton braisées.

Après avoir bien lavé des langues de mouton, et les avoir fait dégorger, faites-les blanchir, rafraîchir et égoutter. Parez-les, et en ôtez le cornet; puis vous les piquerez avec des lardons de moyenne grosseur, et vous les ferez cuire avec des bardes de lard, carottes, ognons, bouquet garni, le tout mouillé avec du bouillon. Cela doit cuire à petit feu pendant quatre ou cinq heures.

Langues de mouton aux navets.

Les langues étant cuites comme à l'article précédent, vous les dresserez, et verserez dessus un ragoût de navets.

Langues de mouton aux petites racines.

Dressez en couronne les langues braisées, et arrangez au milieu les petites racines préparées comme il est dit au chapitre III.

Langues de mouton au gratin.

Faites-les cuire avec un peu de bouillon, un demi-verre de vin blanc, un bouquet de persil, ciboule, une demi-feuille de laurier, un peu de thym, basilic, une demi-gousse d'ail, deux clous de girofle, sel, gros poivre; faites-les bouillir pendant une demi-heure à très petit feu, ajoutez-y un peu de sauce espagnole : pour le gratin, prenez un plat qui aille au feu, mettez-y dans le fond une farce de l'épaisseur d'un écu, faite avec de la mie de pain, un morceau de beurre ou de lard râpé, deux jaunes d'œufs crus, persil, ciboule hachés, un peu de coulis ou une cuillerée à bouche de bouillon, sel, gros poivre; mêlez le tout, et mettez le plat sur la cendre chaude jusqu'à ce que la farce se soit attachée, ensuite vous en égoutterez le beurre; servez dessus les langues avec leur sauce.

Langues de mouton en atelets.

Vous préparez et faites cuire vos langues comme celles dites braisées; vous les couperez en morceaux carrés épais de deux lignes; vous ferez réduire une sauce hachée : pour qu'elle soit épaisse, étant réduite, vous mettrez un jaune d'œuf cru, que vous mêlerez avec votre sauce qui sera presque bouillante ; vous mettrez vos morceaux de langues avec votre sauce; vous remuerez bien le tout, afin que vos morceaux prennent de la sauce; vous les poserez sur un plat pour refroidir. Vous aurez une tétine de veau cuite, ou du petit lard que vous couperez en carrés, de la même grandeur que ceux de vos langues; vous mettrez un morceau de langue, un morceau de tétine, ainsi de suite jusqu'au bout de l'atelet. Quand il sera plein, vous verserez la sauce dessus : avec le couteau vous l'unirez sur les quatre carrés ; vous tremperez votre atelet dans du beurre, vous le mettrez dans la mie de pain ; après, vous le tremperez dans l'œuf battu, vous le panerez encore une fois. Vous aurez soin que vos quatre carrés soient bien unis, et vos quatre angles bien formés. Vos atelets finis, un quart d'heure avant de servir, vous les mettrez sur le gril, à feu doux ; vous les tournerez de trois côtés ; et au quatrième, vous lui ferez prendre couleur au four de campagne, ou avec une pelle rouge à glacer : au moment de servir, vous les mettrez sur le plat ; vous verserez dessous une sauce italienne.

Langue de mouton à la gasconne.

Coupez par filets des langues de mouton braisées, ayez un plat qui aille au feu ; mettez dans le fond un peu de sauce espagnole avec persil, ciboule, une demi-gousse d'ail, des champignons, le tout haché très fin, sel, gros poivre ; arrangez dessus les filets des langues, et les assaisonnez dessous, couvrez tout le dessus avec de la mie de pain, et sur la mie de pain vous mettez partout de petits morceaux de beurre, gros comme des pois, ce qui nourrira votre ragoût et empêchera la mie de pain de noircir à la chaleur du feu ; mettez le plat sur un petit feu, couvrez-le avec un couvercle de tourtière et du feu dessus ; quand il sera de belle couleur, servez à courte sauce.

Langues de mouton en papillotes.

Préparez et faites cuire les langues comme celles dites braisées ; quand elles seront cuites, vous les couperez en deux dans leur longueur ; vous les mettrez sur un plat ; vous verserez par-dessus des fines herbes pour papillotes, préparées comme il est dit au chapitre III. Lorsque le tout est refroidi, vous enveloppez les moitiés de langue avec leur assaisonnement dans des feuilles de papier huilé, en ayant soin de mettre dessous et de chaque côté de la moitié de langue une petite barde de lard. Les papillotes étant pliées de manière à ce que l'assaisonnement ne puisse en sortir, vous les mettez sur le feu pour leur faire prendre couleur ; dressez-les en couronne.

Langues de mouton en cartouches.

Les *langues en cartouches* ne diffèrent des *langues en pa-*

pillotes que par la forme; c'est-à-dire, qu'avant de les envelopper dans le papier huilé, on les roule en cartouche; puis on les enveloppe en les serrant fortement pour qu'elles gardent cette forme.

Langues de mouton sauce tomate.

Les langues étant braisées (Voyez ci-dessus *Langues de mouton braisées*), dressez-les en couronne, et versez une sauce tomate dessus.

Langues de mouton à la nivernaise.

Les langues étant cuites à la braise, pressez-les pour les aplatir le plus possible, et laissez-les refroidir. Parez-les et dressez-les sur un plat à sauter avec un peu de demi-glace. Faites chauffer le tout jusqu'à ce que la glace enveloppe les langues; dressez-les en couronne; entourez-les de laitues et de carottes tournées, et versez au milieu un ragoût de petites racines. (Voir, au chapitre III, *Petites racines*.)

Langues de mouton en crépinettes.

Les langues étant cuites comme il est dit ci-dessus, opérez comme pour les palais de bœuf en crépinettes. (Voir ce dernier article au chapitre IV.)

Langues de mouton aux fines herbes.

Dressez des langues braisées sur un plat où vous aurez étendu une sauce Durcelle réduite. (Voir cette sauce au chapitre III.) Poudrez-les de chapelure; arrosez cette dernière avec du beurre fondu, mouillez le tout avec un peu de vin blanc; placez votre plat sur un feu modéré, et couvrez-le avec un four de campagne, jusqu'à ce que le tout soit réduit en glace; versez dessus une sauce espagnole réduite.

Emincé de langues de mouton.

(Voyez *Emincé de mouton à la chicorée*). Les langues de mouton braisées s'émincent comme le gigot rôti, et se servent de même.

Cou de mouton aux choux.

Faites blanchir un chou partagé en deux ou quatre morceaux. Mettez le cou, dont vous aurez ôté le bout saigneux, et que vous aurez ficelé, dans une casserole avec une livre de petit lard bien lavé et approprié, ognons, carottes, sel, épices; mouillez avec du bouillon du pot. Posez vos légumes sur le plat et servez le collet au milieu.

MOUTON.

Cous de mouton à la Sainte-Ménéhould.

Les cous étant cuits comme il est dit à l'article précédent, panez-les en les trempant successivement dans du beurre tiède et de la mie de pain mêlée de sel et poivre. Faites-les griller ensuite, et dressez-les sur du jus.

Cous de mouton aux petites racines.

Faites cuire les cous comme ceux dits *aux choux*, et au moment de servir, versez dessus des petites racines. (Voir, au chapitre III, *Petites racines*.)

Cous de mouton à la purée de lentilles.

Faites cuire les cous comme il est dit ci-dessus, et au moment de les servir, versez dessus une purée de lentilles. (Voir les purées au chapitre Ier.)

Epaule de mouton braisée.

Désossez l'épaule jusqu'au manche; piquez-la de gros lardons assaisonnés, ajoutez du sel et du poivre; roulez-la et la ficelez; mettez-la ensuite dans une braisière avec des bardes de lard, quelques carottes, ognons, dont un piqué de deux clous de girofle, deux feuilles de laurier, un peu de thym, les os de votre épaule, avec quelques morceaux, si vous en avez; vous mouillerez avec du bouillon ou de l'eau: alors vous mettrez du sel; vous ferez mijoter votre épaule pendant trois heures et demie. Au moment de servir, vous égoutterez votre épaule, vous la débriderez et la déficellerez; vous la glacerez et la dresserez sur le plat.

Epaule de mouton aux ognons glacés.

Elle se fait cuire comme il est dit à l'article précédent; on la sert avec des ognons glacés autour (Voir, au chapitre III, *Ognons glacés*), et l'on met une sauce espagnole dessous.

Haricot de mouton.

Coupez de la poitrine de mouton par morceaux de la largeur de deux doigts et un peu plus longs; faites un roux avec peu de beurre et plein une cuillère à bouche de farine, faites le roussir sur un petit feu en le tournant toujours avec une cuillère jusqu'à ce qu'il soit d'une couleur de cannelle bien foncée, ensuite vous y mettez la viande et la passez cinq ou six tours sur le feu en la tournant de temps en temps; après vous y mettrez du bouillon; mettez-en peu à la fois, pour que le roux se puisse bien délayer, en remuant toujours avec la cuillère jusqu'à ce que vous ayez mis le tout; assaisonnez votre viande avec du sel et du poivre, un bouquet de persil, ciboule, une feuille de laurier, thym, basilic, trois clous de girofle, une gousse d'ail; faites cuire à petit feu; à moitié de la cuisson, penchez votre casserole pour que la graisse vienne dessus; ôtez-la avec une cuillère et n'en laissez que le moins que vous pourrez. Ayez des navets tournés en petits bâtons, faites-les cuire dans une poêle avec du sain-doux, jusqu'à ce qu'ils soient bien colorés; mettez-les dans la viande; faites-les cuire ensemble; les navets et la viande étant cuits, ôtez le bouquet; penchez encore la casserole pour ôter la graisse qui reste; si la sauce était trop longue, il faudrait la faire réduire sur un bon feu, jusqu'à ce qu'elle ne soit ni trop claire ni trop liée, c'est-à-dire qu'elle soit de l'épaisseur d'une crême double; dressez vos morceaux de viande dans le fond du plat, les navets par-dessus; arrosez le tout avec la sauce.

Poitrine de mouton en carbonnades.

Enlevez l'os de la poitrine qui tient aux tendrons, et coupez-la en morceaux de la forme qui vous conviendra. Mettez ensuite, dans une casserole, des bardes de lard; vous y ajouterez quelques tranches de jambon, vos carbonnades par-dessus; vous les couvrirez de lard; vous mettrez deux carottes coupées en tranches, quatre ognons aussi coupés, deux feuilles de laurier, un peu de thym; vous y verserez plein une cuillère à pot de bouillon; ajoutez un rond de papier beurré; vous ferez mijoter le tout feu dessus, feu dessous, pendant trois heures. Au moment de servir, vous les égoutterez, vous les glacerez, et vous mettrez dessous de la chicorée ou des épinards, etc.

Poitrine de mouton à la Sainte-Ménéhould.

La poitrine de mouton étant cuite comme il est dit à l'article précédent, enlevez-en la peau et la graisse superflue, trempez-la dans du beurre fondu exprès, roulez-la dans de la mie de pain, et la saupoudrez auparavant d'un peu de sel fin et poivre; faites griller et servez avec une sauce poivrade, un jus clair, à l'échalote ou même à l'ail.

On peut bourgeoisement faire cuire la poitrine dans le pot au feu, et la paner et griller ensuite. Pour lui faire prendre une belle couleur, il est bon de la mettre sous le four de campagne.

MOUTON.

Poitrine de mouton aux petites racines.

Après avoir fait cuire votre poitrine comme il est dit ci-dessus, vous la ferez égoutter, la glacerez, et la dresserez en couronne, puis vous verserez au milieu un ragoût de petites racines. (Voir, au chapitre III, ce ragoût.)

Selle de mouton braisée.

On appelle selle la partie du mouton qui prend depuis la première côte jusqu'au gigot. Désossez une moitié de selle, et l'assaisonnez de sel, de poivre dans l'intérieur; vous la roulez de manière qu'elle présente un carré long; vous la ficelez, vous mettez dans une casserole des bardes de lard, puis votre selle, trois carottes, quatre ognons, deux clous de girofle, une feuille de laurier, un peu de thym, un bouquet de persil et ciboule; vous couvrez votre selle de bardes de lard; vous mettez les parures de votre selle : ajoutez une cuillerée à pot de bouillon, un rond de papier beurré : vous mettez votre selle au feu deux heures et demie, feu dessus et dessous. Au moment de servir, vous l'égouttez et la déficelez; puis vous la glacez, après en avoir enlevé la peau. Ainsi préparée, vous pouvez la servir avec un jus clair dessous, ou une sauce tomate, ou sur des épinards, chicorée, une purée, etc.; vous pourrez aussi, au lieu de la glacer, la paner, en la trempant successivement dans un mélange de beurre fondu et de jaunes d'œufs, et dans de la mie de pain mêlée de sel et poivre; vous la mettrez ensuite sur le gril et la couvrirez avec un four de campagne, et vous la servirez avec un jus clair dessous. Cette dernière manière s'appelle *Panée à l'anglaise*.

Selle de mouton pour relevée.

Désossez une selle de mouton en lui laissant sa graisse et sa peau; assaisonnez l'intérieur de sel, poivre, thym, girofle, laurier pilés, et remplissez-la avec les chairs d'un gigot dont vous aurez soigneusement extrait les nerfs et les peaux. Ficelez ensuite la selle de manière à lui rendre sa première forme, et faites-la cuire dans une braisière, entre des bardes de lard, avec des carottes et ognons, sel et poivre, un bouquet garni, le tout mouillé avec du bouillon; remettez des bardes de lard par-dessus; couvrez le tout avec un papier beurré, fermez la braisière, et faites cuire doucement avec feu dessous et dessus, pendant cinq heures. Égouttez votre selle, déficelez-la, ôtez-en la peau, glacez-la, et la servez avec un jus clair dessous. On peut aussi l'entourer de racines.

La selle étant garnie et cuite, vous pourrez encore la paner comme il est dit à l'article précédent, et la servir de même.

Gigot de mouton braisé.

Vous avez un gigot de mouton que vous désossez jusqu'à la moitié du manche ; vous l'assaisonnez de lardons, de sel, de gros poivre, de thym et de laurier pilés, et vous piquez le dedans de votre gigot : ne faites pas sortir vos lardons par-dessous. Quand il est bien piqué, vous lui faites prendre sa forme première ; vous le ficelez de manière qu'on ne s'aperçoive pas qu'on l'ait désossé : vous mettez ensuite des bardes de lard dans le fond de votre braisière, quelques tranches de jambon, les os concassés, quelques tranches de mouton, quatre carottes, six oignons, trois feuilles de laurier, un peu de thym, trois clous de girofle, un bouquet de persil et de ciboule, plein une cuillère à pot de bouillon : vous mettez tout cela dessus votre gigot, que vous couvrez de lard, et un papier beurré pour le recouvrir. Vous mettez cuire votre gigot pendant sept heures, avec feu dessous et dessus. Au moment de servir, vous l'égoutterez, vous le déficellerez, vous le glacerez, et vous le servirez avec le mouillement réduit dans lequel il aura cuit.

Gigot à l'anglaise.

Mettez le gigot dans un linge bien serré, faites-le cuire à l'eau pendant deux heures avec une poignée de gros sel. Mettez cuire dans cette eau des carottes et des navets longs ; déballez le gigot et dressez-le sur le plat avec les légumes autour, une sauce de beurre fondu, et un huilier sur la table : on choisira.

Gigot de mouton.

Les meilleurs gigots sont ceux qui ont la chair couleur brun foncé, le manche très court et la forme bien arrondie ; il faut les laisser mortifier pendant quatre à cinq jours et les battre avec un rouleau. Tout le monde sait la manière de cuire un gigot à la broche ; mettez-le à fort feu et arrosez-le souvent pendant une heure. Il ne faut pas qu'il soit trop cuit. Le jus servira à assaisonner des haricots qui se mangent avec le gigot, ou bien on le servira dans une saucière.

Gigot de mouton à l'eau.

Appropriez le manche d'un gigot en coupant un peu le bout pour qu'il ne soit pas si long ; lardez la chair, si vous voulez, avec du lard et quelques filets d'anchois ; si vous le

MOUTON.

laissez sans le larder, vous mettrez un peu de sel dans la cuisson; ficelez-le et le mettez dans une marmite juste à sa grandeur, avec une chopine d'eau et autant de bouillon; faites bouillir et écumer; ensuite vous y mettrez un bouquet de persil, ciboule, une demi-gousse d'ail, trois échalotes, deux clous de girofle, deux ognons, une carrotte et un panais; quand le gigot sera cuit, passez-en le bouillon dans un tamis et le dégraissez, mettez-le sur le feu pour le réduire jusqu'à ce qu'il soit en glace comme un fricandeau; mettez cette glace par-dessus le gigot; après, vous mettrez quelques cuillerées de bouillon dans la casserole pour détacher ce qui reste; si vous avez un peu de sauce espagnole, vous en mettrez à la place du bouillon; vous la servirez sous le gigot, après l'avoir passée au tamis.

On peut aussi le servir avec une sauce aux cornichons: faites-les blanchir pour ôter la force du vinaigre, coupez-les par morceaux, et mettez-les dans une sauce liée; servez sous le gigot.

Émincé de gigot à la chicorée.

L'émincé se fait ordinairement avec les restes d'un gigot rôti la veille. On émince les chairs, et on les met dans une casserole. D'autre part, on hache de la chicorée après l'avoir fait blanchir, on la passe au beurre, et on la fait cuire dans une égale quantité de consommé et de sauce espagnole; lorsque la chicorée est bien cuite et assez épaisse, on la verse sur le mouton émincé, on mêle le tout ensemble, et on le dresse en buisson avec des croûtons sautés au beurre dont on entoure le plat.

Émincé de mouton aux ognons.

Il se prépare comme le précédent. Les ognons coupés par tranches, se font cuire comme la chicorée, et le tout se mêle et se sert de la même manière.

Émincé de mouton aux concombres.

(Voir les deux articles précédens); les concombres, dans ce cas, se font cuire comme la chicorée et les ognons.

Émincé de mouton à l'anglaise.

La viande étant coupée comme ci-dessus, on la saupoudre de farine, on mouille avec du bouillon, et l'on fait chauffer le tout sans le faire bouillir.

MOUTON.

Émincé de mouton aux cornichons.

La chair étant émincée comme il est dit ci-dessus, vous la mettez dans une sauce espagnole réduite, à laquelle vous avez ajouté un peu de beurre d'anchois et des cornichons coupés en liards. Servez avec des croûtons sautés au beurre autour.

Hachis de mouton.

Hachez très fin les débris d'un gigot après en avoir ôté les nerfs et les peaux. Mettez dans une casserole, beurre, échalotes et persil hachés, quelques champignons hachés. Après un moment de feu ajoutez deux cuillerées à bouche de farine. Ensuite vous mouillerez le jus restant du gigot avec du bouillon, vous ferez réduire cette sauce et y ajouterez le hachis, puis vous servirez sur un plat garni de croûtons frits. On peut mettre sur le hachis des œufs pochés.

Hachis de mouton aux fines herbes.

Vous préparez votre hachis comme il est dit précédemment; vous mettrez un morceau de beurre deux fois gros comme un œuf, plein une cuillère à bouche d'échalotes bien hachées; vous les passerez dans votre beurre, sans les laisser roussir; vous y ajouterez quatre cuillerées à bouche de champignons hachés bien fin; vous les passerez avec vos échalotes: après cela vous y mettrez une cuillerée à bouche de persil aussi bien haché; vous remuerez encore le tout sur le feu: si vous n'avez pas de sauce, prenez plein une cuillère à bouche de farine; vous la mêlez bien avec vos fines herbes, vous versez ensuite plein deux verres de bouillon: en cas que votre sauce soit trop claire, vous la ferez réduire jusqu'à ce qu'elle soit un peu épaisse, vous la verserez sur votre hachis, vous y mettrez un peu de gros poivre, un peu de muscade râpée, vous mêlerez bien votre sauce avec votre viande hachée: au moment de servir, voyez si elle est d'un bon sel, et disposez des croûtons à l'entour.

Hachis de mouton aux champignons.

La viande étant hachée comme il est dit ci-dessus, hachez des champignons et faites-les sauter dans le beurre jusqu'à ce que le beurre tourne en huile; ajoutez alors quelques cuillerées de consommé, autant de sauce espagnole, et faites réduire le tout de moitié. Versez cette sauce sur votre viande, mêlez le tout, et dressez-le avec des croûtons à l'entour. A défaut de sauce espagnole, jetez un peu de farine sur vos champignons, mouillez avec du bouillon; ajoutez sel, poivre, laurier, et faites réduire.

Queues de mouton braisées.

Mettez des queues de mouton dans une casserole ou braisière avec des bardes de lard, des parures de viande, carottes, ognons, bouquet garni; mouillez avec du bouillon, et faites cuire à petit feu pendant quatre heures. Faites égoutter les queues, glacez-les, et les dressez sur une sauce espagnole réduite.

Queues de mouton à la purée d'oseille.

Les queues étant cuites comme il est dit à l'article précédent, glacez-les et dressez-les sur une purée d'oseille. (Voir cette purée au chapitre III.)

Queues de mouton à la chicorée.

Elles se préparent comme les précédentes, et se dressent sur de la chicorée.

Queues de mouton aux purées.

Les queues étant cuites comme il est dit ci-dessus, dressez-les, et versez dessus une purée de racines ou de légumes.

Queues de mouton panées à l'anglaise.

Vous préparez et faites cuire vos queues de mouton comme celles à la graisse : quand elles sont cuites, vous les égouttez, les assaisonnez de sel, de gros poivre; vous faites tiédir un morceau de beurre, vous trempez vos queues dedans, vous les mettez dans de la mie de pain, vous cassez quatre œufs avec votre beurre, vous battez le tout ensemble; vous trempez vos queues dans vos œufs : tâchez qu'elles en prennent partout; vous les mettez dans la mie de pain, de manière qu'elles soient exactement panées, bien unies, et qu'elles aient bien leur forme : une demi-heure avant de servir, vous les mettez sur le gril à un feu très doux; vous les couvrez d'un four de campagne très chaud, pour leur faire prendre couleur : au moment de servir, vous les dressez sur le plat, avec un jus clair dessous.

Ragoût de queues de mouton.

Quand vos queues seront cuites comme celles dites à la braise, vous aurez soin de les conserver un peu fermes, pour qu'elles ne se cassent pas dans votre ragoût ; vous les couperez en deux, vous les mettrez dans une casserole, avec des ris de veau sautés, deux culs d'artichauts coupés en quatre, ou bien des marrons, quelques quenelles de veau ; vous tournerez un maniveau de champignons, que vous sauterez dans le beurre; vous les égoutterez, vous mettrez avec vos champignons, plein une cuillère à pot d'espagnole, la moitié d'une de consommé : vous ferez réduire votre sauce d'un tiers, et la verserez sur votre ragoût.

La sauce espagnole peut se remplacer par un peu de farine que l'on jette sur les champignons, et que l'on mouille avec du bouillon.

Queues de mouton frites.

Les queues de mouton étant braisées, laissez-les refroidir, panez-les simplement en les trempant successivement dans des œufs battus et dans de la mie de pain ; faites-les frire, et les servez avec persil frit dessus.

Queues de mouton en hochepot.

Faites blanchir séparément, et cuire dans du consommé, avec un peu de sucre, des carottes et navets bien tournés, des racines de céleri et des petits ognons. D'autre part, faites cuire des queues de mouton à la braise, avec du petit lard coupé en dés ; égouttez les queues, jetez le petit lard et les légumes dans une sauce espagnole réduite ; dressez les légumes, posez les queues dessus et glacez-les.

Côtelettes de mouton sautées.

Vous coupez les côtelettes depuis la troisième côte, près du collet, jusqu'à la dernière, de l'épaisseur d'un pouce ; vous les parez, c'est-à-dire, vous en ôtez les peaux et les os, excepté l'os de la côte ; vous lui donnez une forme ronde du côté du filet ; vous appropriez le bout de l'os du côté de la poitrine, afin qu'on puisse prendre la côtelette avec les doigts sans toucher à la viande ; vous battez le filet de votre côtelette avec un couperet ; vous la parez encore une fois, pour ôter les chairs qui excèdent des autres.

Faites fondre du beurre et mettez-y vos côtelettes. Un quart d'heure avant de servir mettez les sur un feu très vif, et ayez soin de les retourner lorsqu'elles auront pris couleur. Disposez-les en couronne et mettez un croûton entre chaque côtelette. Égouttez la graisse et conservez le coulis du fond, ajoutez-y une sauce à l'espagnole et très peu de bouillon, remuez le tout ensemble et arrosez vos côtelettes. On peut varier la manière de servir ces côtelettes en les mettant sur un plat de chicorée, à la sauce tomate, aux racines petites, et aux truffes.

Côtelettes de mouton panées et grillées.

Vos côtelettes étant parées comme il est dit ci-dessus, il faut les saler et poivrer, puis les passer successivement dans du beurre tiède et dans de la mie de pain, et les faire griller de manière à ce qu'elles prennent une belle couleur sans que la mie de pain brûle. On les dresse en couronne, et on les sert sans sauce ou avec un jus clair dessous ; on peut aussi les dresser de cette manière en mettant moitié côtelettes panées, et moitié au naturel.

Côtelettes de mouton aux concombres.

Parez des côtelettes et ne les battez pas trop afin qu'elles conservent une certaine épaisseur ; piquez-les avec des lardons de moyenne grosseur bien assaisonnés, et faites-les revenir dans le beurre, de manière à ce qu'elles soient un peu fermes de chaque côté ; mettez-les ensuite dans une casserole avec des bardes de lard, des morceaux de veau, des parures de viande, carottes, ognons, bouquet garni; mouillez le tout avec du bouillon, et le faites cuire à petit feu pendant deux heures. Les côtelettes étant cuites, vous les dresserez en couronne, et mettrez au milieu des concombres préparées comme il est dit au chapitre III.

Côtelettes à la Soubise.

Les côtelettes étant préparées et cuites comme les précédentes, arrangées en forme de couronne avec un croûton entre chaque côtelette, on a une purée d'ognons blancs que l'on met dans le milieu du plat.

Côtelettes de mouton aux navets.

Elles se préparent et se font cuire comme les précédentes, avec cette différence que l'on met des navets coupés en tranches dans la cuisson afin que les côtelettes en prennent le goût, et que, après avoir dressé les côtelettes en couronne, on verse au milieu un ragoût de navets. (Voir ce ragoût au chapitre III.)

On prépare et on dresse de la même manière les côtelettes

aux petites racines; dans ce cas, le ragoût de navets est remplacé par le ragoût aux petites racines. (Voir, chapitre III, *Petites racines*.)

Côtelettes de mouton aux laitues.

Parez et faites cuire vos côtelettes de la même manière que celles dites *aux concombres*. Lorsqu'elles sont cuites, vous les égouttez, les glacez et les dressez en couronne, en mettant successivement une côtelette et une laitue. (Voir, pour les garnitures de laitues, le chapitre III.) Glacez les laitues comme les côtelettes, et saucez avec une sauce espagnole réduite.

Côtelettes de mouton à l'écarlate.

Vos côtelettes étant parées comme il est dit aux articles précédens, piquez-les avec des lardons fins et de la langue à l'écarlate, en employant successivement un lardon de langue et un de lard bien assaisonné; lorsque les côtelettes sont piquées, vous mettez des bardes de lard dans une casserole, quelques tranches de veau; vous les placez dessus avec deux carottes, deux ognons, deux clous de girofle, une feuille de laurier, un peu de thym; vous couvrez vos côtelettes de bardes de lard et d'un rond de papier beurré, plein une cuillère à pot de bouillon: vous les faites mijoter pendant deux heures, feu dessus et dessous: au moment de les servir, égouttez-les, glacez-les, et dressez-les en couronne, en mettant un morceau de langue à l'écarlate glacée entre chaque côtelette; il faut que votre morceau de langue soit chaud, et qu'il couvre la chair de votre côtelette; mettez dessous une sauce espagnole réduite de moitié.

Côtelettes de mouton à la financière.

Vos côtelettes étant préparées et cuites comme celles dites *sautées* (Voir plus haut), dressez-les en couronne et versez au milieu un ragoût à la financière. (Voir ce ragoût au chapitre III.)

Côtelettes de mouton en crépinettes.

Les côtelettes étant parées, piquées et braisées comme celles dites *aux concombres* (Voir plus haut), préparez-les et les servez comme les palais de bœuf en crépinettes. (Voir ce dernier article au chapitre IV.)

Côtelettes de mouton à la Maintenon.

Les côtelettes étant cuites comme il est dit à l'article précédent, mettez-les refroidir dans une sauce Durcelle (Voir cette sauce au chapitre III), et mettez-les ensuite en papillotes comme les côtelettes de veau. (Voir, au chapitre V, *Côtelettes de veau en papillotes.*)

Carbonnades aux concombres.

Prenez une selle de mouton, c'est-à-dire, la partie qui se trouve entre la dernière côtelette et le gigot; ôtez les os qui se trouvent sous le filet, et coupez la selle en morceaux carrés grands comme la main. Poivrez, salez et ficelez ces carbonnades, et mettez-les dans une casserole avec des bardes de lard, des parures de viande, ognons, carottes, bouquet garni; recouvrez les carbonnades de bardes de lard; mouillez avec du bouillon, et faites cuire le tout à petit feu pendant trois heures. Lorsque les carbonnades sont cuites, faites-les égoutter, enlevez la peau de dessus, glacez-les et les dressez sur des concombres à la crême. (Voir, au chapitre III, *Concombres.*)

Carbonnades à la jardinière.

Les carbonnades étant cuites et glacées comme il est dit à l'article précédent, dressez-les en couronne avec des laitues (Voir, au chapitre III, *Laitues pour garniture*), en mettant successivement une laitue et une carbonnade; glacez les laitues, et versez au milieu de la couronne un ragoût de petites racines. (Voir ce ragoût au chapitre III.)

Carbonnades à la purée de champignons.

Faites cuire et glacez vos carbonnades comme il est dit ci-dessus, et dressez-les sur une purée de champignons. (Voir cette purée au chapitre III.)

Carbonnades panées à l'anglaise.

Les carbonnades étant cuites comme il est dit ci-dessus, il faut les saler et poivrer, et les paner en les trempant d'abord dans du beurre tiède et de la mie de pain, ensuite dans un mélange de beurre tiède et d'œufs battus, et une seconde fois dans de la mie de pain. Faites-les griller; mettez-les sous le four de campagne pour leur faire prendre couleur, et dressez-les sur un jus clair.

Pieds de mouton au blanc.

Les pieds de mouton étant bien échaudés, désossez-les jusqu'à la jointure, faites-les blanchir, rafraîchir, et enlevez avec soin un petit amas de poils qui se trouve dans le fourchu. Cela fait, vous les mettez cuire dans un blanc (Voir au chap. III), et les laissez mijoter sur le feu pendant quatre heures; tâtez-les pour voir s'ils sont cuits; si la chair fléchit sous les doigts, vous les retirez pour les égoutter; parez les extrémités, de sorte que vos pieds soient bien entiers et bien propres; vous les mettez dans une casserole; vous versez plein six cuillères à dégraisser de velouté, quatre de consommé, que vous faites réduire presque à moitié; un instant avant de servir, vous mettez une liaison de deux jaunes d'œufs dans votre sauce, avec un peu de muscade; quand elle est liée, vous la passez à l'étamine par-dessus vos pieds; vous les tenez chaudement sans les faire bouillir; vous y mettez un peu de gros poivre.

A défaut de velouté, vous mettrez des échalotes et du persil hachés bien menu dans un peu de beurre, et les ferez revenir; vous ajouterez une cuillerée de farine, sel, gros poivre et muscade, et vous mouillerez avec du bouillon. Faites bouillir le tout; liez cette sauce avec des jaunes d'œufs, et ajoutez-y un jus de citron au moment de servir.

Pieds de mouton à la purée d'ognons.

Préparez et faites cuire les pieds de mouton comme il est dit à l'article précédent; mettez-les dans une casserole; vous avez une purée d'ognons chaude et un peu claire, que vous versez sur vos pieds; vous les tenez chauds, sans les faire bouillir: au moment du service, vous les dressez sur le plat, et vous les masquez de votre purée. (Voir, pour les purées, les chapitres I et III.)

Pieds de mouton à la provençale.

Préparez et faites cuire les pieds de mouton comme ceux dits au blanc; égouttez-les, parez-les, et posez-les dans une casserole; vous partagez des ognons par moitié, vous les coupez de l'épaisseur d'une ligne, de manière que votre ognon forme un demi-cercle; vous en ôterez la tête, la queue et le cœur, de sorte qu'il ne reste que des demi-cercles; vous mettrez une demi-livre d'huile dans une casserole, vous la poserez sur un feu ardent; quand votre huile sera bien chaude, vous y jetterez vos ognons, que vous remuerez avec un manche de cuillère de bois: quand vos ognons seront blonds, vous les retirerez de dessus le feu; vous ôterez un peu d'huile, vous mettrez du sel, du poivre, de la muscade râpée, le jus de trois ou quatre citrons, plein deux cuillères à bouche de bouillon; vous ferez seulement jeter un bouillon; vous verserez cette sauce sur vos pieds de mouton, vous les tiendrez chauds sans les faire bouillir. Dressez ensuite les pieds, versez les ognons par-dessus, et ajoutez-y un jus de citron.

Pieds de mouton farcis.

Ayez une douzaine de pieds de mouton cuits à l'eau, mettez-les dans un peu de bouillon avec du sel, poivre, une feuille de laurier, thym, basilic, une gousse d'ail, faites-les mijoter pendant une demi-heure, retirez-les et les désossez, et à la place des os, mettez une farce faite de cette façon : hachez un petit morceau de viande cuite, avec autant de graisse de bœuf, un peu de mie de pain desséchée avec du lait; assaisonnez de sel, poivre, persil, ciboule hachée; liez de trois jaunes d'œufs; après qu'ils seront farcis, si vous voulez les frire, trempez-les dans de l'œuf battu et les panez de mie de pain; faites-les frire de belle couleur; servez sortant de la poêle : si vous voulez les servir sans être frits, vous les trempez dans du beurre chaud, panez-les de mie de pain; vous pouvez les faire griller ou leur faire prendre couleur en les mettant sous le four de campagne. On peut aussi, quand les pieds sont farcis, les faire cuire dans une casserole, avec du lard, autant de graisse de bœuf, de la rouelle de veau coupée en dés, ognons et carottes coupés de la même manière, un bouquet garni, sel et poivre, des tranches de citron, le tout mouillé avec de l'eau. Après deux heures de cuisson, faites égoutter les pieds, dressez-les, et versez dessus du velouté réduit de moitié (Voir au chapitre III), dans lequel vous aurez mis, au moment de servir, un peu de muscade et un jus de citron.

Pieds de mouton en marinade.

Les pieds de mouton étant préparés et cuits comme ceux dits *au blanc* (Voir ci-dessus), faites-les mariner dans de bon vinaigre, avec du poivre et du sel; faites-les égoutter ensuite, trempez-les dans une pâte à frire (Voir cette pâte au chapitre III), et mettez-les dans une friture bien chaude afin qu'ils soient de belle couleur. Servez avec du persil frit dessus.

Pieds de mouton à la poulette.

Faites cuire les pieds de mouton comme à l'article précédent; coupez chaque pied en trois parties, séparez le pied en deux et n'ôtez que les os détachés; faites frire dans du beurre, un peu de farine, des fines herbes, des champignons; mouillez avec du bouillon, faites une liaison de jaunes d'œufs avant de servir, et ajoutez un jus de citron.

Musette d'épaule de mouton.

Après avoir désossé une épaule de mouton jusqu'à la troisième jointure, vous la piquerez avec de la langue à l'écarlate; cassez l'os du manche au tiers; emplissez l'épaule avec de la chair à saucisse, et bridez-la avec de la ficelle de manière à lui donner la forme d'un ballon. Faites-la cuire ensuite comme l'épaule de mouton braisée (Voir plus haut), glacez-la, et la mettez sur un ragoût de petites racines. (Voir ce ragoût au chapitre III.)

Roast-beef de mouton.

Préparez le derrière d'un mouton en cassant les os des cuisses et les côtes, et battant les gigots de manière à pouvoir lui faire prendre une forme convenable; roulez les flancs; maintenez-les avec un atelet, et couchez le roast-beef sur la broche en l'attachant et le maintenant avec d'autres atelets; enveloppez-le avec un papier beurré, et faites cuire pendant deux heures et demie. Ôtez le papier quelques instans avant que la cuisson ne soit achevée, afin que le roast-beef prenne une belle couleur, et servez-le avec un jus clair.

Roast-beef de mouton à la flamande.

Le roast-beef étant paré comme il est dit à l'article précédent, piquez-le de lard et de langue à l'écarlate, ficelez-le, et faites-le cuire dans une braisière avec des bardes de lard, des parures de viande, carottes, ognons, bouquet garni, le tout mouillé avec du bouillon. Le roast-beef étant cuit, servez-le avec une garniture à la flamande. (Voir au chapitre III, pour cette garniture.)

Dolpettes de mouton.

Hachez les débris d'un gigot rôti, en ayant soin d'en extraire les peaux et les nerfs; hachez en même temps un peu de tétine de veau, et autant de lard, ajoutez des champignons, du persil, sel, poivre, muscade, et quelques œufs. Le tout étant bien mêlé, vous en ferez des boulettes que vous panerez en les passant successivement et à deux reprises dans des œufs battus et de la mie de pain; faites-les ensuite frire dans du beurre, et les dressez sur une sauce tomate.

Terrine de queues de mouton.

Faites cuire dans un bon fond, des queues de mouton, au-

MOUTON.

tant d'ailerons de dindon désossés et parés, des marrons, des carottes, navets, ognons, champignons, et deux fois autant de petites saucisses que de queues et ailerons. Dressez ensuite le tout dans une terrine propre à être servie sur table; faites réduire et dégraissez votre fond de cuisson, versez-le bien chaud dans la terrine, et servez.

Rognons de mouton à la brochette.

Si les rognons sont un peu hâlés, mettez-les un instant dans l'eau, afin de faciliter l'enlèvement de la peau mince qui les enveloppe. Après avoir enlevé cette peau, fendez le rognon en deux sans le séparer, aplatissez-le légèrement avec le dos du couteau et passez-le dans de petites brochettes de bois pour le faire tenir aplati. Saupoudrez de sel fin, un jus de citron et un peu d'huile d'olive. Mettez-les sur le gril, la face extérieure en-dessus, retournez-les au bout de quelques instans, afin que, formant la coquille, le jus ne se perde pas, et dressez-les sur une maître-d'hôtel froide. (Voir, au chapitre III, *Maître-d'hôtel froide.*)

Rognons de mouton au vin de Champagne.

L'essentiel est d'avoir du bon vin, de préférence, blanc. Les rognons étant débarrassés de leur peau, il faut les couper en deux et les émincer en plusieurs morceaux. Mettez-les dans une casserole, poêle ou plat à sauter avec beurre, sel, poivre, ognons, persil, champignons; faites frire, ajoutez un peu de farine, ensuite un peu d'eau bouillante, et après, ajoutez un verre de bon vin, un peu de sauce espagnole, laissez cuire doucement, et ajoutez un jus de citron au moment de servir.

Rognons de mouton sautés.

Les rognons étant parés comme il est dit ci-dessus, fendez-les en deux, posez vos moitiés sur un sautoir, avec du beurre fondu, sel et poivre; faites-les aller à grand feu: quand ils seront assez raidis d'un côté, retournez-les et faites-les cuire de même; dressez vos rognons sur un plat, avec autant de croûtons de pain passés au beurre; mettez dans votre sautoir un morceau de graisse, deux cuillerées d'espagnole réduite; faites bouillir votre sauce; ajoutez-y un peu de beurre frais, un jus de citron, et versez-la sur les rognons.

Animelles de mouton.

Les *rognons* extérieurs, appelés animelles, se servent pour

MOUTON.

hors-d'œuvre; ôtez la peau, coupez-les en tranches, et les faites mariner avec sel, poivre, jus de citron; essuyez-les après, et les farinez; faites-les frire, et servez garnis de persil frit.

Amourettes de mouton.

(Voyez *Amourettes de bœuf.*) Les amourettes de mouton se préparent et se servent de la même manière.

Noix de mouton en papillotes.

Parez la noix d'un gigot rôti; mettez-la dans une Durcelle, comme il est dit à l'article *Côtelettes à la Maintenon*, et opérez du reste comme pour ces côtelettes.

Carré de mouton piqué de persil.

Coupez proprement un carré de mouton, en levant les peaux qui se trouvent sur les filets; piquez tout le carré avec du persil en branche et bien vert; faites-le cuire à la broche; lorsque le persil est bien sec, vous avez du sain-doux chaud et l'arrosez avec; vous continuez de l'arroser de temps en temps jusqu'à ce que le carré soit cuit; mettez un peu de jus dans une casserole avec quelques échalotes hachées, sel, gros poivre. Faites chauffer et servez dessous le carré.

Carré de mouton piqué.

Le carré de mouton étant paré comme il est dit à l'article précédent, piquez-le avec du lard fin; faites-le mariner et le mettez à la broche. Glacez-le et le dressez sur une sauce poivrade. (Voir cette sauce au chapitre III.)

Carré de mouton en fricandeau.

Supprimez l'échine d'un carré de mouton, parez-le en filets, piquez-le et le faites cuire comme le fricandeau. (Voir, au chapitre V, *Fricandeau*.)

Oreilles de mouton à la ravigote.

Faites cuire des oreilles de mouton dans un blanc, dressez-les de manière à ce qu'elles se tiennent droites sur le plat, et saucez-les avec une ravigote. (Voyez *Blanc* et *Ravigote* au chapitre III.)

Oreilles de mouton farcies.

Étant cuites comme les précédentes et égouttées, découpez en manière de fleurs les bouts supérieurs, mettez dedans une farce cuite, panez les en les trempant dans le beurre et la mie de pain; panez une seconde fois à l'œuf et les mettez dans de la friture bien chaude; servez-les avec du persil frit.

Quartier de mouton en chevreuil.

Prenez un quartier de mouton mortifié, dégraissez-le bien, battez-le, et levez-en la première peau, piquez-le comme la noix de veau, mettez-le dans un plat de terre, assaisonné de sel, poivre, une poignée de graines de genièvre et une pincée de mélilot; versez dessus une forte marinade, dans laquelle vous aurez mis du vinaigre rouge en plus grande quantité que dans celle indiquée à l'article *Marinade*. Laissez mariner votre quartier six jours; égouttez-le, mettez-le à la broche, et servez-le avec une bonne sauce poivrade.

Rouchis de mouton.

Désossez un carré de mouton, supprimez-en l'échine, et ne laissez que les os de l'épaule; embrochez ensuite votre carré en le maintenant avec des atelets, et lorsqu'il est cuit et de belle couleur, servez-le avec un jus clair dessous, ou des épinards, etc.

CHAPITRE VII.

DE L'AGNEAU.

Tête d'agneau. — Oreilles d'agneau. — Pieds d'agneau à la poulette. — Pieds d'agneau en cartouches — Epaule d'agneau à la polonaise. — Epaule d'agneau aux concombres. — Côtelettes d'agneau sautées. — Côtelettes d'agneau à la Constance. — Côtelettes d'agneau en lorgnette. — Côtelettes d'agneau à la sauce à atelets. — Côtelettes d'agneau à la Toulouse. — Côtelettes d'agneau à la maréchale. — Côtelettes d'agneau en aspic. — Côtelettes d'agneau à la provençale. — Côtelettes d'agneau à la milanaise. — Ris d'agneau. — Epigramme d'agneau. — Poitrines d'agneau à la Sainte-Ménéhould. — Poitrines d'agneau en crépinettes. — Blanquette d'agneau. — Blanquette d'agneau aux petits pois. — Blanquette d'agneau à la Périgueux. — Croquettes d'agneau. — Roast-beef d'agneau. — Cervelles d'agneau. — Langues d'agneau. — Langues d'agneau au parmesan. — Rissoles d'agneau. — Tendrons d'agneau à la Villeroi. — Tendrons d'agneau aux pointes d'asperges. — Fressure d'agneau. — Fressure d'agneau à la provençale. — Agneau rôti. — Pascaline d'agneau. — Quartier d'agneau rôti. — Agneau en galantine. — Coquilles de gorges d'agneau. — Cromesquis d'agneau.

Tête d'agneau.

Otez les mâchoires et le museau d'une tête d'agneau; faites-la dégorger, blanchir et rafraîchir, et mettez-la dans une marmite avec du bouillon, un gros bouquet garni, sel, poivre, racines, ognons, du verjus en grain ou la moitié d'un citron coupé en tranches. La peau ôtée, faites-la cuire à petit feu; quand elle est cuite, découvrez les cervelles, dressez dans le plat que vous devez servir, et servez dessus telle sauce que vous jugerez à propos, comme sauce à l'espagnole, sauce à la ravigote, sauce à la poivrade liée, sauce à la pluche verte; ou, pour le plus simple, vous prenez du bouillon de cuisson : prenez garde qu'il ne soit trop salé; délayez-le avec trois jaunes d'œufs, une pincée de persil haché, faites-les lier sur le feu et servez sur la tête. Vous pouvez encore, à la place de sauce, y mettre un ragoût de côtes, ou un salpicon, ou un ragoût de truffes.

Oreilles d'agneau.

(Voyez, au chapitre précédent, *Oreilles de mouton*). Les oreilles d'agneau se préparent et se servent de la même manière.

AGNEAU.

Pieds d'agneau à la poulette.

Les pieds d'agneau à la poulette se préparent comme les pieds de mouton (Voir au chapitre précédent); il en est de même des *Pieds d'agneau farcis, à la sauce Robert, en marinade*, etc.

Pieds d'agneau en cartouches.

Les pieds d'agneau étant cuits dans un blanc (Voir, au chapitre précédent, *Pieds de mouton au blanc*), mettez-les dans des fines herbes à papillotes (Voir ces fines herbes au chapitre III) avec un jus de citron, et les laissez refroidir; vous enveloppez ensuite chaque pied garni de fines herbes dans une barde de lard, vous le roulez en forme de cartouche, l'enveloppez de nouveau dans du papier huilé, de manière à ce qu'il conserve cette forme. Ces pieds ainsi préparés, mettez-les sur le gril et faites leur prendre couleur sous le four de campagne. Servez-les avec un jus clair dessous.

Épaule d'agneau à la polonaise.

Désossez entièrement une épaule d'agneau, et assaisonnez-en l'intérieur de sel et gros poivre, d'un peu d'aromates pilés; vous ramassez les chairs avec une aiguille à brider et de la ficelle; donnez à votre épaule la forme d'un petit ballon; vous en piquez le dessus de lard fin. Mettez des bardes de lard dans une casserole, quelques tranches de veau; placez dessus votre épaule; vous y joignez quatre carottes, quatre ognons, deux feuilles de laurier, un peu de thym, plein une cuillère à pot de bouillon, et un rond de papier dessus; vous faites mijoter pendant deux heures, feu dessus et dessous, de manière que votre épaule prenne une belle couleur : au moment de servir, vous l'égouttez, vous la débridez et la glacez; vous avez des truffes que vous coupez en petits lardons; avec une brochette, vous faites des trous au pied de la piqûre, et vous disposez des lardons de truffes à l'entour; vous hachez des truffes que vous passez dans un petit morceau de beurre; vous mettez plein quatre cuillères à dégraisser de velouté travaillé : vous dressez l'épaule sur votre plat, et vous versez votre sauce dessous.

Épaule d'agneau aux concombres.

Vous désossez une épaule d'agneau jusqu'au manche; vous la piquez dans l'intérieur de moyens lardons assaisonnés de quatre épices, de sel et de gros poivre; arrangez-la de manière qu'elle ait une forme longue; vous la ficelez, vous la couvrez de bardes de lard; vous la faite cuire comme il est dit à l'article précédent: au moment de servir, vous l'égouttez, déficelez, glacez; préperez des concombres à la crême sur votre plat; vous mettez dessus votre épaule glacée: vous pouvez la servir à la chicorée, à la sauce tomate, à la purée de champignons, etc.

Côtelettes d'agneau sautées.

Les côtelettes étant coupées et parées comme celles de mouton (Voir au chapitre précédent), vous les salez et poivrez, et les mettez sur un plat à sauter, et vous versez dessus du beurre fondu. Mettez-les sur un feu très vif, et laissez-les cuire en les retournant jusqu'à ce qu'elles soient fermes des deux côtés; ôtez alors le beurre et remplacez-le par un morceau de glace de viande; passez les côtelettes dans cette glace et dressez-les en couronne; ajoutez à la glace restée dans le sautoir quelques cuillerées de sauce espagnole travaillée, moitié autant de consommé; mêlez bien le tout ensemble, passez-le à l'étamine et le versez sur les côtelettes que vous avez dressées.

Côtelettes d'agneau à la Constance.

Vos côtelettes étant parées, jetez dessus un peu de gros poivre, et faites-les sauter sur un feu vif, avec un peu de glace de viande, un peu de sauce espagnole et autant de consommé. Vos côtelettes étant cuites, dressez-les en couronne; versez au milieu une béchamel dans laquelle vous aurez mis des champignons, des foies gras, des rognons et crêtes de coqs, le tout cuit au préalable dans un blanc. (Voir pour les sauces et garnitures le chapitre III.)

Côtelettes d'agneau en lorgnette.

Parez et faites cuire vos côtelettes comme celles dites *sautées*; lorsqu'elles sont cuites, ôtez le beurre du plat à sauter, et remplacez-le par quelques cuillerées de béchamel. Agissez du reste comme pour les côtelettes de veau en lorgnette. (Voir au chapitre V.)

Côtelettes d'agneau à la sauce à atelets.

Faites sauter vos côtelettes au beurre comme les précédentes; laissez-les refroidir et trempez-les dans une sauce à atelets de manière qu'elles en soient bien couvertes de tous côtés (Voir cette sauce au chapitre III); panez les côtelettes ainsi préparées en les trempant d'abord dans de la mie de pain, puis dans du beurre tiède et une seconde fois dans la mie de pain; faites-les griller sur un feu peu ardent, et servez-les avec une sauce *italienne.*

Côtelettes d'agneau à la Toulouse.

Faites sauter les côtelettes au beurre, glacez-les, dressez-les en couronne, et versez au milieu un ragoût à la Toulouse. (Voir ce ragoût au chapitre III.)

Côtelettes d'agneau à la maréchale.

Vos côtelettes étant bien parées, trempez-les dans une sauce allemande (Voir cette sauce au chapitre III), et panez-les; passez-les ensuite successivement et à plusieurs reprises dans des jaunes d'œufs et de la mie de pain; faites-les griller, et les servez avec une demi-glace dessous.

Côtelettes d'agneau en aspic.

Piquez des côtelettes d'agneau avec de la langue à l'écarlate, de la tétine de veau et des truffes; faites-les cuire dans une casserole dont le fond sera garni de bardes de lard, avec quelques carottes et ognons, un bouquet garni, le tout mouillé avec du consommé non dégraissé. Lorsque les côtelettes sont cuites, laissez-les refroidir; faites prendre de la gelée dans le fond d'un moule à aspic, puis dressez vos côtelettes en couronne dans ce moule, en mettant successivement une côtelette et un morceau de langue à l'écarlate de même grandeur; remplissez ensuite le moule de gelée, et mettez-le dans la glace pour la faire prendre. Démoulez ensuite votre aspic en trempant le moule dans de l'eau tiède, mettant un plat dessus et le renversant. Votre moule doit avoir la forme d'un cylindre creux, en sorte que vous puissiez verser au milieu de l'aspic, et au moment de servir, une blanquette d'agneau et des truffes coupées par tranches.

Côtelettes d'agneau à la provençale.

Mettez des côtelettes d'agneau sur un plat à sauter, avec de l'huile, de l'ail, du sel et du poivre; faites-les cuire avec feu dessous et dessus. Faites frire dans l'huile de gros ognons coupés en anneaux; dressez vos côtelettes en couronne, et mettez vos ognons frits au milieu; il faut que le tout soit de belle couleur.

Les poitrines d'agneau se préparent de la même manière.

Côtelettes d'agneau à la milanaise.

Panez des côtelettes d'agneau, en les trempant d'abord dans une sauce allemande et dans de la mie de pain mélangée de fromage de Parme; panez-les une seconde fois, en les trempant dans des œufs battus et dans de la mie de pain et le fromage; faites-les frire ensuite dans un peu de beurre, et dressez les sur une sauce tomate indienne. (Voir cette sauce au chap. III.)

Ris d'agneau.

(Voyez *Ris de veau*, au chapitre V). Les ris d'agneau se préparent et se servent de la même manière.

Épigramme d'agneau.

Prenez un quartier de devant d'agneau; mettez-en l'épaule à la broche; coupez la poitrine en morceaux à-peu-près aussi gros que les côtelettes; trempez les dans une sauce à atelets (Voir cette sauce au chapitre III), panez-les et faites-les griller; d'autre part, parez les côtelettes et faites-les sauter. (Voir ci-dessus, *Côtelettes d'agneau sautées*). L'épaule étant rôtie et refroidie, vous émincez la chair, en ôtant avec soin les peaux et les nerfs, et vous en faites une blanquette. (Voir ci-après *Blanquette d'agneau*.) Le tout étant ainsi préparé, dressez vos côtelettes et vos poitrines en couronne en les entremêlant, et versez votre blanquette au milieu.

Poitrines d'agneau à la Sainte-Ménéhould.

(Voyez, au chapitre précédent, *Poitrines de mouton à la Sainte-Ménéhould*); celles d'agneau se préparent de la même manière.

Poitrines d'agneau en crépinettes.

Faites cuire des poitrines d'agneau dans une casserole avec du lard, des parures de viande, ognons, carottes, bouquet garni, le tout mouillé avec du consommé; les côtelettes étant cuites, parez-les et les laissez refroidir. Faites cuire dans du beurre, des ognons coupés en rouelles; versez-les sur vos poitrines, et enveloppez chaque morceau de poitrine ainsi garni dans de la crépinette de cochon; faites ensuite griller les poitrines, et dressez-les en couronne, avec une sauce tomate dessous.

Blanquette d'agneau.

Faites rôtir et refroidir un gigot d'agneau; émincez-en les chairs, en ayant soin d'en extraire les peaux, les nerfs et la graisse. Chaque petit morceau de chair étant taillé de la même manière, émincez et faites sauter des champignons; puis, mettez le tout dans une casserole avec quelques cuillerées de velouté travaillé (Voir *Velouté*, au chapitre III.) Mettez la casserole sur le feu; liez la sauce avec des jaunes d'œufs et servez.

Blanquette d'agneau aux petits pois.

La chair de l'agneau étant préparée et taillée comme il est dit à l'article précédent, vous la mettez dans une sauce allemande réduite. (Voir, pour cette sauce, au chapitre III); vous mettez également dans cette sauce des petits pois blanchis; au moment de servir, vous ajoutez à la sauce un peu de beurre frais, et lorsque la blanquette est dressée, vous l'entourez de croquettes d'agneau. (Voyez, ci-après, *Croquettes d'agneau.*)

Blanquette d'agneau à la Périgueux.

Elle se prépare comme la précédente; seulement, au lieu de petits pois, on y met des truffes cuites au vin et coupées en lames, et des champignons cuits et tournés.

Croquettes d'agneau.

Coupez en petits dés, de la chair d'agneau rôti et froide, en ayant soin d'en extraire les peaux et les nerfs; coupez également en petits dés, de la tétine de veau et des champignons; faites réduire une égale quantité de velouté et de gelée mélangés; ajoutez-y un peu de muscade et de gros poivre; liez cette sauce avec des jaunes d'œufs, versez-la sur la viande et les champignons, et laissez refroidir le tout. Il est bien entendu que vos champignons seront cuits avant que vous les coupiez, et que votre sauce réduite et liée doit être très épaisse. Lorsque cette préparation sera refroidie, vous la prendrez par cuillerées, et vous moulerez chaque cuillerée, en la saupoudrant de mie de pain, pour lui donner de la consistance. Vos croquettes étant moulées, vous les tremperez dans des œufs battus, puis dans la mie de pain, et vous les ferez frire dans de la friture bien chaude. Servez-les, lorsqu'elles auront une belle couleur, avec du persil frit dessus.

Ici, comme partout ailleurs, le velouté n'est pas absolument indispensable; on peut le remplacer par un roux blanc, que l'on fait en jetant un peu de farine dans le beurre où l'on a fait revenir les champignons, et en mouillant avec du bouillon; on laisse réduire cette préparation jusqu'à ce qu'elle soit d'une épaisseur convenable; on la lie avec des jaunes d'œufs, et l'on opère, pour le reste, comme nous venons de le dire.

Roast-beef d'agneau.

Coupez un agneau en deux; prenez la partie de derrière, et piquez-en la selle et les cuisses avec du lard fin; bridez votre roast-beef et mettez-le à la broche en le maintenant avec des atelets. Servez-le de belle couleur.

Cervelles d'agneau.

Les cervelles d'agneau se préparent et se servent en général comme les cervelles de veau. (Voir au chapitre V.) On peut en outre servir les cervelles d'agneau froides, en mayonnaise; pour cela, il faut les faire cuire comme les cervelles de veau, les laisser refroidir, et les dresser en mettant entre chaque cervelle un morceau de langue à l'écarlate, verser au milieu une mayonnaise que l'on décore avec des cornichons, des câpres, etc., et entourer le tout avec de la gelée de viande, taillée en morceaux d'une forme agréable.

Langues d'agneau.

Les langues d'agneau se préparent comme celles de mouton. (Voir au chapitre précédent.) On peut les mettre en matelote, en versant sur les langues braisées et parées une sauce à matelote; on fait aussi des langues d'agneau au parmesan comme il est dit à l'article suivant.

Langues d'agneau au parmesan.

Laissez refroidir des langues d'agneau cuites à la braise (Voir, au chapitre précédent, *Langues de mouton*); coupez-les en deux, et placez-les sur un plat que vous aurez garni d'un mélange de sauce espagnole, de fromage de Parme râpé, de beurre, sel et poivre; arrosez-les d'abord avec la même préparation, puis étendez dessus un blanc d'œuf fouetté, et les saupoudrez de mie de pain et de fromage râpé. Versez sur le tout un peu de beurre fondu, et mettez le plat sous un four de campagne.

AGNEAU.

Rissoles d'agneau.

Coupez en petits dés de la chair d'agneau rôtie dont vous aurez extrait avec soin les peaux et les nerfs; coupez de la même manière des truffes et des champignons, et jetez le tout dans une sauce tomate réduite. Cette préparation étant refroidie, vous la divisez en petites parties de la grosseur d'une noix; vous enveloppez chaque partie dans de la pâte à feuilleter; vous piquez un peu cette pâte avec la pointe d'un couteau, et vous faites frire vos rissoles que vous servez avec du persil frit.

Tendrons d'agneau à la Villeroi.

Les tendrons étant braisés, refroidis, parés et taillés selon la forme que vous voulez leur donner, panez-les en les trempant d'abord dans une sauce allemande (Voir cette sauce au chapitre III), puis dans de la mie de pain, ensuite dans des œufs battus que vous aurez assaisonnés de sel et poivre, et une seconde fois dans de la mie de pain; faites frire les tendrons ainsi préparés, et servez-les avec une sauce aspic.

Tendrons d'agneau aux pointes d'asperges.

Les tendrons étant cuits et parés comme il est dit à l'article précédent, faites-les sauter avec un peu de consommé et de glace de viande; faites blanchir dans de l'eau salée des têtes d'asperges; puis sautez-les au beurre, avec un peu de sauce allemande (Voir cette sauce au chapitre III), et un peu de sucre. Dressez ensuite vos tendrons bien glacés en couronne, et versez les asperges au milieu.

Fressure d'agneau.

Coupez le mou en petits dés, et le foie en petites tranches minces; faites frire le mou, puis faites sauter le foie dans du beurre; ajoutez-y le mou, des champignons, du persil haché, sel, poivre et jus de citron, et dressez le tout mélangé.

Fressure d'agneau à la provençale.

Elle se prépare comme il est dit à l'article précédent, avec cette différence que l'on se sert d'huile au lieu de beurre, et que l'on ajoute un peu d'ail et de l'ognon passé.

Agneau rôti.

Ayez un agneau entier, désossez le collet jusqu'au renfoncement des deux épaules, cassez vos poitrines par le milieu, et bridez vos épaules assujetties à une grosse brochette de bois; quant à vos deux gigots, vous casserez les os au milieu des noix, et croiserez les deux manches des gigots; couchez votre agneau sur broche, en traversant la broche dans le milieu du corps de l'agneau, avec un fort atelet bien assujetti avec de la ficelle, sur le ventre de votre agneau; vous attacherez votre agneau avec une aiguille à brider et double ficelle, tant à la broche qu'à l'atelet, au défaut des deux épaules et au bout des filets; couvrez-le de bardes de lard et de papier beurré; faites-le tourner pendant deux heures, retirez-en le papier, faites-lui prendre une belle couleur; servez-le avec du jus dessous.

Pascaline d'agneau.

Ayez quatre têtes d'agneau échaudées, bien dégorgées et blanchies; désossez les mâchoires et coupez les bouts de nez; ayez aussi les pieds échaudés, blanchis et flambés; faites cuire le tout dans un blanc. (Voyez *Blanc.*) Vos têtes et vos pieds cuits, égouttez-les, dressez les quatre têtes sur votre plat, sautez vos pieds avec du beurre fin, quatre jaunes d'œufs, persil haché et des champignons tournés, poivre et sel; liez bien le tout ensemble, ajoutez-y un jus de citron, et saucez vos têtes; vous aurez préparé vos fressures, et fait frire comme la fressure d'agneau (Voyez *Fressure d'agneau*) : vous en faites une bordure autour de votre plat, et servez.

Quartier d'agneau rôti.

Couvrez de bardes de lard un quartier d'agneau, depuis le défaut de l'épaule jusqu'à l'extrémité de la poitrine; couchez-le sur la broche et l'y maintenez à l'aide d'un atelet. Lorsque le quartier d'agneau sera rôti, vous mettrez une maître d'hôtel froide (Voir au chapitre III) entre l'épaule et les côtes, et vous servirez le quartier d'agneau avec une sauce aspic.

Agneau en galantine.

Dépouillez et désossez un agneau entier; étendez la peau et garnissez-la d'une farce cuite de l'épaisseur d'un doigt (Voir *Farce cuite* au chapitre III); garnissez cette farce de lardons, de langue à l'écarlate, tétine, truffes, pistaches, amandes douces, etc.; recouvrez tout cela de farce, puis remettez une nouvelle couche de ces ingrédiens, et ainsi de suite jusqu'à ce que l'agneau étant plein, vous puissiez lui coudre le cou et le ventre, et lui donner à peu près sa première forme. Cousez l'agneau ainsi préparé dans un linge blanc très fort, et faites-le cuire dans une braisière avec les os que vous aurez extraits, des débris et parures de viandes, du lard, du jambon, des pieds de veau, sel, poivre, ail, ognons, carottes, bouquet garni, le tout mouillé avec du consommé non dégraissé et une bouteille de vin blanc. Faites-le cuire à petit feu pendant trois heures, puis laissez-le refroidir; déballez-le, faites-le réduire s'il en est besoin, et faites-le prendre en gelée en l'entourant de glace. Dressez ensuite votre agneau, et décorez le tour du plat avec cette gelée.

Coquilles de gorges d'agneau.

Après avoir fait dégorger et blanchir des gorges d'agneau, faites-les cuire dans du beurre avec un jus de citron. Coupez et préparez ensuite ces gorges en blanquette (Voir, ci-dessus, *Blanquette d'agneau*); mettez cette blanquette dans des coquilles; semez dessus de la mie de pain mêlée d'un peu de fromage parmesan, arrosez-la avec du beurre fondu, et faites prendre couleur à vos coquilles sous le four de campagne.

Cromesquis d'agneau.

Opérez comme pour les croquettes (Voir, ci-dessus, *Croquettes d'agneau*); moulez ensuite votre préparation; enveloppez chaque partie dans une barde de tétine de veau; trempez-la dans une pâte à frire; mettez-la doucement dans la friture, et dressez le tout en pyramide, avec du persil frit au sommet.

CHAPITRE VIII.

DU COCHON.

Manière de tailler le lard. — Manière de piquer. — Boudin. — Boudin blanc. — Boudin d'écrevisses. — Boudin de lapereau. — Boudin de faisan. — Boudin de foies gras. — Saucisses. — Andouilles. — Andouilles à la béchamel. — Andouilles de bœuf. — Andouilles de fraise de veau aux truffes. — Hure de cochon. — Hure de cochon à la manière de Troyes. — Oreilles de cochon braisées. — Oreilles de cochon à la purée de lentilles. — Oreilles de cochon à la Choisi. — Pieds de cochon à la Sainte-Ménéhould. — Pieds de cochon aux truffes. — Foie de cochon en fromage. — Foie de cochon sauté. — Carré de porc frais en couronne. — Côtelettes de cochon. — Côtelettes de cochon en crépinettes. — Côtelettes de cochon à la milanaise. Echine de cochon. — Grosse pièce. — Filets mignons de cochon. — Filets mignons à la broche. — Escalope de filets mignons. — Queues de cochon à la Villeroi. — Queues de cochon à la purée. — Rognons de cochon au vin de Champagne. — Cochon de lait rôti. — Cochon de lait farci. — Cochon de lait à l'anglaise. — Cochon de lait en forme de marcassin. — Jambon au naturel. — Jambon glacé. — Jambon aux épinards. — Jambon à la Porte-Maillot. — Jambon au vin de Madère. — Jambon mariné. — Petit salé. — Sain-doux. — Langues de cochon fourrées. — Emincé de cochon à l'ognon. — Emincé de cochon, sauce poivrade. — Saucissons de Bologne. — Saucissons à l'ail. — Epaule de cochon de lait à la tartare. — Cervelas fumé. — Cervelles de cochon en crépinettes.

Du cochon.

Le cochon est d'une grande ressource dans la cuisine. Tout en est bon ; les pieds, la tête, les boyaux, le sang, rien n'est perdu. La chair est appétissante et nourrissante ; mais il est prudent de n'en pas trop manger, surtout quand elle est froide, elle pèse sur l'estomac ou lâche le ventre. Le cochon ladre est le plus malsain ; mais il est facile à reconnaître, le lard et la chair étant parsemés de petites glandes blanches et roses.

Du lard.

Prenez le lard sur le porc, ne laissez de chair que le moins que vous pouvez, arrangez-le sur des planches dans la cave, et y mettez une livre de sel pilé sur dix livres de lard ; après l'avoir frotté de sel partout, vous le mettez l'un sur l'autre, chair contre chair ; mettez des planches sur le lard et des pierres sur les planches pour le charger, afin que le lard en soit plus ferme. Vous le laissez au moins quinze jours dans le sel, et le suspendez ensuite dans un endroit sec pour le faire sécher.

Manière de tailler le lard pour piquer.

Vous couperez en travers, c'est-à-dire dans le large, du lard en tranches de douze, quinze ou seize lignes, selon l'emploi que vous en voulez faire ; tâchez que la bande soit toujours de la même largeur : vous y voyez deux sortes de lard : celui qui est très gras et sans consistance ; l'autre, qui est celui près de la couenne, et séparé par une petite veine ; il est plus ferme et moins sujet à fondre à la cuisson, il se casse moins aussi : lorsque la superficie du lard est levée, et qu'il ne reste plus que le plus ferme, vous coupez les petits lardons avec un couteau très mince ou tranche-lard : il faut que votre couteau entre jusque près de la couenne, perpendiculairement et toujours à la même distance. Dès que le morceau sera tout coupé comme il est dit, vous rendrez vos petites bandes uniformes, et vous mettrez le tranchant en biais sur l'angle de votre petite bande, et avec le talon du tranche-lard, vous foulez en le retirant toujours à vous également, en sorte qu'en tranchant votre lardon, il soit bien carré et bien égal partout ; vous mettrez votre première bande sur un couvercle, et en coupant les autres, faites en sorte qu'ils soient de la même épaisseur et de la même largeur, et en un mot, qu'ils soient parfaitement uniformes.

Manière de piquer.

La viande doit être bien parée, sans peau ni nerfs. Si ce sont des viandes parées et entières, comme volaille, gibier, il faut les dépouiller ou les plumer, et les faire revenir légèrement, afin que la chair ne se casse pas. Supposez une noix de veau : si vous la laissez couverte de sa tétine, vous parez le côté de la chair, afin qu'elle soit bien unie ; faites entrer votre lardoire de manière que l'on voie les deux extrémités des lardons : qu'ils soient bien couverts, afin qu'ils marquent dessus votre viande. Dès que le premier lardon est posé, il faut que tous les autres soient de même ; observez entre eux la même distance ; faites absolument de même en piquant le second rang, afin que vos lardons ne se trouvent pas raccourcis ; mettez-les entre deux, de manière qu'ils croisent le premier rang ; afin de ne pas s'en écarter, vous formez avec la lardoire, en l'appuyant sur la chair, une raie droite, et vous la suivez : votre second rang posé, vos lardons doivent être correctement croisés; vous continuerez de suite les autres rangs jusqu'à la fin.

Boudin.

Maniez le sang aussitôt qu'il est sorti, et ajoutez-y un filet de vinaigre pour l'empêcher de cailler. Coupez des ognons en petits dés, faites-les cuire dans du bouillon avec un bouquet garni, passez-les ensuite au beurre ou au sain-doux sans leur faire prendre couleur.

Pour une pinte de sang, découpez en petits morceaux une livre et demie de panne que vous mêlerez avec les ognons cuits et le sang; ajoutez ensuite une chopine de crême ou de lait; assaisonnez de sel fin et d'épices; mêlez le tout ensemble, de manière que votre panne ne reste pas en pelotte; lavez et nettoyez bien les boyaux, et vous entonnerez ce mélange dans les boyaux; quand le boyau est plein, vous le ficelez par le bout, de la grandeur que vous voulez; vous aurez un chaudron plein d'eau, dont la chaleur sera à ne pas y tenir le doigt; vous y mettrez votre boudin; ne laissez pas bouillir l'eau, pour éviter qu'il ne crève; vous le tâtez, vous le retirez quand il commence à être ferme, et lorsqu'en le piquant il ne sort plus de sang; ensuite vous ciselez votre boudin, et le faites griller.

Boudin blanc.

Vous coupez des ognons en très petits dés; vous les faites cuire comme les précédens, vous y mettez de la panne pilée que vous mêlez avec vos ognons; joignez-y de la mie de pain, que vous avez fait dessécher dans du lait; prenez les chairs d'une volaille cuite à la broche que vous hachez et que vous pilez avec votre mie de pain, autant de mie de pain que de volaille et de panne; mettez-y une chopine de bonne crême; vous délayez votre volaille, vous y mettez six jaunes d'œufs, du sel, vos épices; vous mêlez le tout ensemble, vous le versez dans vos boyaux; faites-les cuire dans du lait coupé; vous ne les laissez pas bouillir pour éviter que votre boudin ne crève : quand il sera froid, vous le piquerez, vous le ferez griller sur une feuille de papier huilé, que vous mettrez sur le gril à un feu doux; vous servez ce boudin pour hors-d'œuvre.

Boudin d'écrevisses.

Faites cuire des écrevisses ; laissez-les refroidir, faites un beurre d'écrevisses avec les coquilles (Voir, au chapitre III, *Beurre d'écrevisses*); supprimez l'intérieur du corps, et coupez en dés la chair des queues; mettez cette dernière partie dans une casserole, avec les œufs que vous aurez recueillis, des foies gras, des blancs de volaille coupés en dés, des ognons cuits sous la cendre, une panade à la crême. Mêlez avec tout cela un peu de velouté (Voir *Velouté*, au chapitre III), des jaunes d'œufs, sel, poivre, épices; entonnez cette préparation dans les boyaux et agissez du reste comme pour le boudin blanc.

Boudin de lapereau.

Hachez les chairs d'un lapereau rôti, en ayant soin d'en extraire les peaux et les nerfs; ajoutez-y le foie; et faites bouillir dans du consommé les os que vous aurez concassés; faites, avec ce consommé, une panade, et pilez ensemble les chairs et la panade en y ajoutant un peu de beurre, des ognons cuits dans du consommé, des jaunes d'œufs, de la panne hachée, de la crême réduite, sel, poivre, muscade, et opérez du reste comme pour le boudin blanc.

Boudin de faisan.

Il se fait absolument comme le boudin de lapereau. (Voyez l'article précédent.)

Boudin de foies gras.

Hachez ensemble des foies gras et des ognons cuits dans du consommé; ajoutez à ce mélange de la panne blanchie coupée en petits dés, de la crême réduite, du sang de veau bien manié comme il est dit à l'article du boudin noir; assaisonnez de sel, poivre, épices; faites tiédir le tout sur un feu peu ardent, et entonnez-le dans les boyaux comme il est dit aux articles précédens.

Saucisses.

Prenez de la chair de porc où il y a plus de gras que de maigre, hachez-la et y mettez persil, ciboule hachés, assaisonnez de sel et fines épices, entonnez le tout dans des boyaux de veau ou de cochon, ficelez les saucisses de la longueur que vous voulez, faites-les griller, vous leur donnez le goût que vous jugerez à propos, comme truffes, échalotes. Si c'est aux truffes, vous en hachez avec la chair, suivant la quantité que vous voulez; à l'échalote, vous en mettrez très peu, de crainte que le goût ne domine. Les saucisses plates se font de la même façon, à cette différence que vous mettez la viande dans une crépine de porc, et les grillez de la même façon.

Andouilles.

Les boyaux du cochon étant bien nettoyés et coupés de longueur, mettez-les tremper pendant vingt-quatre heures dans de l'eau et du vinaigre auquel vous ajouterez quelques herbes aromatiques. Faites-les égoutter et assaisonnez le tout de sel et d'épices et faites les andouilles, en ayant soin de ne pas trop remplir la robe; on peut conserver ces andouilles, pendant quelque temps, en les faisant mariner avec du sel et des aromates. On les fait cuire à l'eau ou dans du bouillon, et lorsqu'elles sont refroidies on les fait griller. On peut aussi, en les sortant de leur fond de cuisson, les glacer avec du saindoux, ce qui leur donne une belle apparence.

Andouilles à la béchamel.

Mettez dans une casserole, et sur un feu peu ardent, du jambon avec des échalotes, de l'ail, du persil, thym, laurier; mouillez le tout avec de la crème, ajoutez de la mie de pain, et faites bouillir jusqu'à ce qu'il ne reste plus de crème. D'autre part, coupez en filets de la panne, de la poitrine de porc frais, du petit lard, de la fraise de veau; mêlez tout cela avec la mie de pain, des jaunes d'œufs, poivre, sel, muscade, et entonnez cette préparation dans des boyaux; fermez ces boyaux en les liant fortement aux extrémités, et faites cuire ces andouilles dans un mélange, par parties égales de lait et de consommé, avec un bouquet garni; ces andouilles se font griller comme les précédentes.

Andouilles de bœuf.

Faites cuire aux trois quarts, dans de l'eau, du gras-double et des palais de bœuf; coupez-les en filets; coupez de la même manière des ognons cuits dans du beurre; mêlez le tout ensemble en y ajoutant des jaunes d'œufs, du sel, du poivre, de la muscade. Entonnez cette composition dans des boyaux bien lavés et nettoyés, et faites cuire ces andouilles dans un mélange de consommé et de vin blanc avec des ognons, carottes, bouquet garni, sel, poivre, muscade; faites griller ces andouilles comme les précédentes.

Andouilles de fraise de veau aux truffes.

Faites blanchir, cuire et refroidir une fraise de veau; préparez de la même manière une tétine de veau; coupez le tout par filets, et le mettez dans une terrine avec des truffes, champignons, échalotes et persil hachés. Faites d'abord revenir ces derniers ingrédiens dans du beurre, puis mouillez-les avec du vin de Madère; faites réduire, et ajoutez-y quelques cuillerées de velouté. (Voir *Velouté*, au chapitre III.) Faites de nouveau réduire le tout; puis mettez-y la fraise de veau et la tétine, des jaunes d'œufs crus, des truffes coupées par tranches, sel, poivre, muscades, et emplissez les boyaux avec cette composition. Vous ferez cuire ensuite ces andouilles dans une casserole, avec des bardes de lard, du jambon, ognons, carottes, sel, poivre, bouquet garni, le tout mouillé avec du vin blanc, du consommé, et un peu de vin de Madère. Ces andouilles se font griller comme les précédentes.

Hure de cochon.

Le cochon étant bien nettoyé, il faut lui couper la tête le plus près possible des épaules, la désosser avec soin pour ne pas la déchirer; prendre quelques morceaux de chair de porc frais gras et maigre, et la langue, dont on aura ôté la peau. On met le tout mariner dans une terrine avec ognons, basilic, ail, thym, laurier, salpêtre, sel et épices. On la laisse dans cet assaisonnement pendant huit ou dix jours, ayant soin de la retourner de temps en temps; puis on la fait égoutter; on ôte avec soin les aromates; on la met sur un linge blanc; on dispose la langue et les autres parties de chair, toutes les parures, ainsi que celles que l'on ôte de la hure, dont on fait une farce, en y ajoutant le sel nécessaire. Cette farce bien assaisonnée, on en place une légère couche dans le fond de la hure, on y met des parties de la langue, des gros lardons et des morceaux de chair marinée, et le reste de la farce que l'on entremêle le mieux possible. On peut y ajouter des morceaux de truffes. La hure étant bien remplie, on lui fait prendre sa première forme, on la ficelle avec soin pour qu'elle ne s'écarte pas; puis on l'enveloppe d'un linge bien ficelé, et on la fait cuire dans une braisière avec ognons, carottes, deux bouquets garnis, du bouillon, une bouteille de vin, des débris de viande, une couple de pieds de veau. Au bout de cinq à six heures, on la sonde avec le bout d'une aiguille à brider ou lardoire, et si elle est cuite, on la retire : cela dépend de l'âge de l'animal. Lorsqu'elle est froide on l'ôte de son assaisonnement, et on ne la retire de son enveloppe que vingt-quatre heures après. On passe le fond au tamis, puis on le clarifie avec des blancs d'œufs, et on le laisse prendre en gelée. Quant à la hure, lorsqu'elle est déballée, on la pare et on la dresse sur un plat recouvert d'une serviette pliée en quatre.

Hure de cochon à la manière de Troyes.

La tête du cochon étant coupée à la hauteur des épaules, flambée, lavée et épluchée, on la désosse en ayant soin de ne pas entamer la couenne, et l'on répartit également les chairs, de manière que les parties d'où l'on a ôté les os soient aussi garnies que les autres; on sale ces chairs avec du sel marin mêlé d'un peu de sel de nitre, puis on dépose la hure dans une terrine avec du thym, du laurier, sauge, ail, girofle, gros poivre, genièvre et coriandre. Cette terrine étant couverte avec un linge par-dessus lequel on place un couvercle qui ferme hermétiquement, on la laisse en cet état pendant huit jours; ce temps écoulé, on en retire la hure que l'on fait égoutter, et que l'on garnit avec du jambon, des truffes, des cornichons, le tout coupé en filets et mariné au préalable dans la salaison de la hure; puis on bride la hure, et on la fait cuire comme il est dit à l'article précédent.

Oreilles de cochon braisées.

Étant proprement préparées, on les marque dans une petite marmite ou casserole avec de l'eau ou du bouillon, sel, ognons, carottes, bouquet garni. Étant cuites on les sert à la purée de pois, d'ognons, de haricots, de navets, sauce tomate.

Oreilles de cochon à la purée de lentilles.

Après avoir flambé et nettoyé les oreilles, faites-les cuire avec des lentilles que vous mouillez avec de l'eau ou du bouillon; ajoutez ognons, carottes, bouquet. Retirez les oreilles cuites, faites la purée, et servez les oreilles chaudes sur la purée. Si les oreilles avaient été salées il faudrait les bien dessaler avant de les cuire.

Oreilles de cochon à la Choisi.

Les oreilles de cochon étant cuites comme celles dites braisées (Voir ci-dessus), laissez-les égoutter; coupez par filets de gros ognons, et faites-les cuire dans du beurre; l'ognon étant cuit vous ajouterez un peu de sauce espagnole, un peu de moutarde, et vous mettrez dans cette préparation les oreilles que vous aurez également coupées par filets.

Pieds de cochon à la Sainte-Ménéhould.

Fendez les pieds de cochon en deux, puis réunissez-les et

COCHON.

les enveloppez avec des bandes de linge blanc pour conserver leur forme. Marquez-les dans une casserole avec beaucoup d'herbes aromatiques, ognons, carottes, ail, bouquet garni, sel et épices, de l'eau ou du bouillon et du vin blanc. Il faut qu'ils restent long-temps au feu. Etant cuits et presque froids on les retire de leur cuisson, et on les sépare en deux avec soin. Lorsqu'on est pour s'en servir il faut tremper chaque moitié dans du beurre fondu exprès, les rouler dans la mie de pain et faire griller; servir sec, avec moutarde.

Pieds de cochon aux truffes.

Les pieds étant préparés et cuits comme il est dit à l'article précédent, on les désosse, et l'on remplace les os par une farce faite avec des blancs de volaille, de la tétine de veau, de la mie de pain desséchée dans du bouillon, des truffes hachées et des jaunes d'œufs. Le tout étant bien pilé, on mêle à cette farce des truffes coupées par tranches, et l'on en garnit l'intérieur des pieds, en ayant soin de leur conserver autant que possible leur forme première; on les panne ensuite en les trempant successivement dans du beurre fondu et dans de la mie de pain, et on leur fait prendre couleur sur le gril.

Foie de cochon en fromage.

Hachez ensemble, le plus menu possible, du foie de cochon, de la panne, du lard, persil, ciboule, poivre, sel, épices; le lard et la panne doivent former à eux deux, un volume égal à celui du foie. Le tout formant une espèce de farce, garnissez-en le fond d'une casserole jusqu'à l'épaisseur de trois doigts, puis étendez des lardons bien assaisonnés sur cette farce; faites-en un second lit, etc., jusqu'à ce que la casserole soit pleine. Couvrez alors le tout avec des bardes de lard; mettez cette casserole au four et laissez-la ensuite refroidir. Pour dresser le fromage, il faudra chauffer un peu le moule et le renverser sur un plat.

Foie de cochon sauté.

Coupez du foie de cochon en tranches minces; faites-les sauter au beurre, avec du sel, poivre, ail et laurier; lorsque le foie est cuit, dressez-le; ôtez le beurre et le remplacez par quelques cuillerées de sauce poivrade (Voir cette sauce au chapitre III), dans laquelle vous mettrez un peu de persil et d'échalotes hachés. Faites réduire cette sauce, ajoutez-y un peu de beurre frais, et versez-la sur le foie.

Carrés de porc frais en couronne.

Parez deux carrés de porc frais en enlevant les os de l'échine, et faites-leur prendre la forme d'une couronne en les liant avec de la ficelle, de manière que les côtes soient en dehors et les filets en dedans. Garnissez l'intérieur de cette couronne avec de la chair à saucisse mélangée d'un peu de mie de pain et de quelques jaunes d'œufs. Le tout étant ainsi arrangé sur une plaque d'office, vous le mettrez au four pendant deux heures; pendant ce temps, vous ferez revenir de petits ognons dans du beurre; quand ils seront d'une belle couleur, vous les ferez cuire dans du vin blanc, et les laisserez tomber sur glace. Dressez alors votre couronne sur un plat, en l'enlevant de dessus la plaque avec une large spatule ou un couvercle de casserole; placez vos ognons au milieu; arrosez-les avec une sauce Robert (Voir cette sauce au chapitre III), et glacez les carrés.

Côtelettes de cochon.

Étant aplaties, saupoudrez de sel, faites-les bien griller, et servez à la sauce Robert, aux cornichons, et aux tomates.

Côtelettes de cochon en crépinettes.

Elles se préparent et se font cuire comme les côtelettes de veau en crépinettes (Voir cette article au chapitre V); on les sauce avec une sauce poivrade (Voir cette sauce au chapitre III).

Côtelettes de cochon à la milanaise.

(Voyez, au chapitre V, *Côtelettes de veau à la milanaise*). Les côtelettes de porc frais se préparent et se dressent de la même manière.

Echine de cochon.

Vous coupez votre morceau bien carrément; vous laissez partout l'épaisseur d'un doigt de graisse; votre carré doit être bien couvert; vous ciselez le dessus, c'est-à-dire le gras qui le couvre; vous l'embrochez: deux heures avant de servir, vous le mettez au feu; servez-le pour rôt ou pour entrée, avec une sauce Robert, une sauce tomate ou une sauce piquante.

Grosse pièce.

Coupez un quartier de cochon bien carrément; laissez-y

la couenne, que vous ciselez en losanges ; vous passez de petits atelets dans les flancs; faites-les joindre jusqu'au filet pour lui conserver sa forme; vous le mettez à la broche quatre heures avant de servir, parce que votre cuisson est fort épaisse, et que le cochon demande à être bien cuit.

Filets mignons de cochon.

Vous levez les filets mignons dans toute leur longueur; parez-les, piquez-les de lard fin; vous les laissez en long, ou vous les mettez en gimblettes, c'est-à-dire vous leur donnez une forme ronde, et les piquez par-dessus; mettez des bardes de lard dans une casserole, quelques tranches de veau, deux carottes, trois ognons, deux clous de girofle, un bouquet de persil et de ciboule, deux feuilles de laurier, et vos filets sur l'assaisonnement; vous les couvrirez ensuite d'un double rond de papier beurré; vous ajoutez plein une petite cuillère à pot de bouillon; vous la posez sur le feu une heure avant de servir, et vous mettez du feu sur le couvercle pour les faire glacer. On peut servir les filets mignons cuits de cette manière sur des concombres ou de la chicorée, ou avec une sauce piquante. (Voir, pour ces différens objets, le chapitre III.)

Filets mignons à la broche.

Parez et piquez des filets mignons; faites-les mariner dans de bon vinaigre pendant douze heures au moins; embrochez-les ensuite avec un fort atelet; et couchez-les sur broche. Lorsqu'ils seront cuits et de belle couleur, glacez-les et les servez avec une sauce poivrade. (Voir cette sauce au chapitre III.)

Escalopes de filets mignons.

(Voyez, au chapitre VI, *Escalopes de filets mignons de mouton*). Ceux de cochon se préparent de la même manière.

Queues de cochon à la Villeroi.

Les queues de cochon étant préparées comme il est dit plus haut, faites-les cuire dans une poêlée (Voir au chapitre III), puis laissez-les refroidir; panez-les en les passant successivement dans des œufs battus et dans de la mie de pain; faites-les frire, et dressez avec un bouquet de persil frit.

Queues de cochon à la purée.

Les queues de cochon étant bien flambées et nettoyées, faites-les cuire dans du bouillon avec quelques carottes, ognons, bouquet garni; faites-les égoutter, dressez-les, et versez dessus une purée de pois, de lentilles ou de racines. (Voir, pour les purées, les chapitres I et III.)

Rognons de cochon au vin de Champagne.

(Voyez, au chap. VI, *Rognons de mouton au vin de Champagne*); ceux de cochon se préparent de la même manière.

Cochon de lait rôti.

Le cochon de lait étant bien flambé et échaudé, coupez-lui un peu la peau à la tête, aux épaules et aux cuisses, afin qu'elle ne se déchire point en cuisant; lorsqu'il est au feu, arrosez-le souvent avec de l'huile afin que la peau soit croquante. Il faut le servir bien chaud, pour que la peau ne se ramollisse pas. Le cochon de lait rôti et refroidi peut se servir en blanquette comme le veau. (Voir au chapitre V.)

Cochon de lait farci.

Quand il est bien échaudé, il faut le désosser et l'étendre sur un linge blanc, et mettre dessus une bonne farce de viande assaisonnée de bon goût, que vous étendez de l'épaisseur d'un écu de six francs; mettez sur cette farce une rangée de lardons de jambon, une de lard, une de truffes, une de jaunes d'œufs durs; couvrez tous ces lardons avec un peu de farce; ensuite vous roulez le cochon de lait, en prenant garde de déranger les lardons; enveloppez-le de bardes de lard et d'une étamine, serrez-le fort avec de la ficelle et le faites cuire pendant trois heures, avec moitié bouillon et moitié vin blanc, sel, gros poivre, racines, ognons, un gros bouquet de persil, ciboule, échalotes, ail, girofle, thym, laurier, basilic; quand il est cuit, laissez-le refroidir dans sa cuisson, et le servez froid.

Cochon de lait à l'anglaise.

Préparez le cochon de lait comme il est dit à l'article précédent, et garnissez-le avec une farce composée du foie du cochon et d'une égale quantité de mie de pain que vous aurez fait dessécher dans du bouillon, de fines herbes, jaunes d'œufs, épices, le tout bien pilé et mêlé; mettez-le à la broche, et servez-le avec une sauce poivrade. (Voir cette sauce au chapitre III.)

Cochon de lait en forme de marcassin.

Dépouillez un cochon de lait jusqu'aux épaules, troussez

les pattes, piquez les sous-noix, et faites mariner le cochon de lait ainsi préparé dans du vinaigre avec thym, laurier, basilic, sauge, ail, coriandre, sel, genièvre, poivre, girofle, ognon, persil, absinthe et mélilot. Lorsque le cochon de lait a passé cinq ou six jours dans cette marinade, mettez-le à la broche et servez-le avec une sauce poivrade. (Voir cette sauce au chapitre III.)

Jambon au naturel.

La cuisse et l'épaule se mettent en jambons; il faut les saler et fumer. Pour cet effet, vous faites une saumure avec du sel et du salpêtre, et toute sorte d'herbes odoriférantes, comme thym, laurier, basilic, baume, marjolaine, sarriette, genièvre, que vous mouillez avec moitié d'eau et moitié lie de vin; laissez infuser toutes ces herbes dans la saumure pendant au moins vingt-quatre heures; vous la passez au clair et mettez tremper les jambons dedans pendant quinze jours; ensuite vous les retirez de la saumure pour les faire égoutter; après les avoir bien essuyés, vous les mettez fumer à la cheminée. Quand ils seront secs, pour les conserver, vous les frotterez avec de la lie de vin et du vinaigre, et mettrez par-dessus de la cendre. Quand vous les voulez faire cuire, vous en ôtez le mauvais sans rien ôter de la couenne; faites-les dessaler dans de l'eau deux ou trois jours, suivant qu'ils sont nouveaux, et que vous les jugerez assez dessalés; enveloppez-les d'un torchon blanc et les mettez dans une marmite pas plus large que le jambon; mettez-y deux pintes d'eau et autant de vin, racines, ognons, un gros bouquet garni de toute sorte de fines herbes; faites cuire votre jambon pendant cinq ou six heures à très petit feu. Quand il est cuit, laissez-le refroidir dans sa cuisson; vous le retirez ensuite et en levez doucement la couenne sans ôter de la graisse; mettez par-dessus la graisse du persil haché avec un peu de poivre, et après de la chapelure de pain; passez par-dessus la pelle rouge, pour que la chapelure s'imbibe un peu dans la graisse et prenne belle couleur. Servez à froid, sur une serviette.

Quand les jambons sont nouveaux et petits, vous pouvez les faire cuire à la broche et les servir chauds ou froids; faites attention qu'ils soient beaucoup plus dessalés pour la broche que pour la braise.

Jambon glacé.

Le jambon étant préparé et cuit comme il est dit à l'article précédent, on le met au four pendant quelques instants, et on le glace à plusieurs reprises.

Jambon aux épinards.

Le jambon étant cuit au naturel (Voir ci-dessus), émincez et faites revenir dans le beurre des carottes, ognons, persil, ail, thym, laurier; mouillez le tout avec du vin blanc et du consommé, et lorsque les racines seront presque cuites, passez votre fond de cuisson au tamis; mettez votre jambon dedans et faites-le cuire à petit feu pendant deux heures, avec feu dessus et dessous. Préparez, d'autre part, des épinards; faites-les blanchir, passez-les au beurre, et mouillez-les avec un peu du fond de votre cuisson, un peu de sauce espagnole; ajoutez-y un peu de muscade, sel et gros poivre; dressez ensuite vos épinards, placez votre jambon dessus et glacez-le.

Jambon à la Porte-Maillot.

Le jambon étant cuit comme il est dit à l'article précédent, dressez-le sur une garniture à la flamande. (Voir cette garniture au chapitre III.)

Jambon au vin de Madère.

Parez un jambon de Bayonne; enlevez-en la couenne et l'os du quasi; faites-le dessaler, puis faites-le mariner pendant vingt-quatre heures dans une terrine avec une bouteille de vin de Madère sec, carottes et ognons coupés par tranches, thym, laurier, coriandre, le tout recouvert d'un linge blanc et d'un couvercle fermant hermétiquement. Le jambon ainsi préparé, enveloppez-le avec plusieurs feuilles de papier l'une sur l'autre, et enduites d'une colle faite avec de la farine et de l'eau, afin que le jambon ne puisse perdre son jus; faites-le cuire à la broche pendant trois heures; puis faites un petit trou au papier, et à l'aide d'un entonnoir, faites passer votre vin de Madère dans l'intérieur; rebouchez ensuite ce trou avec de la farine et du papier. Le jambon étant cuit, servez-le avec une sauce espagnole dans laquelle vous mettrez le jus qui sera sorti du jambon en l'ôtant de la broche. (Voir les sauces au chapitre III.)

Jambon mariné et demi-sel.

Le jambon étant paré comme il est dit à l'article précédent, mettez-le dans une terrine avec deux bouteilles de vin blanc,

COCHON.

deux livres de sel, un peu de salpêtre, thym, laurier, girofle, et laissez-le mariner pendant huit jours, en ayant soin de le retourner de temps en temps. Otez ensuite la couenne, enveloppez le jambon dans du papier huilé, et faites-le cuire à la broche. Servez-le avec une sauce Robert. (Voir cette sauce au chapitre III.)

Petit salé.

Prenez des poitrines de cochon, coupez-les par morceaux, frottez-les de sel fin, comme les pièces de lard; vous y ajouterez un peu de salpêtre; vous les arrangerez les unes sur les autres dans un pot. Ayez soin de les bien fouler, pour éviter qu'elles ne prennent le goût d'évent; pour prévenir cet inconvénient, bouchez les vides de sel, recouvrez le vase d'un linge blanc, et fermez-le le plus hermétiquement possible. Au bout de huit ou dix jours, vous pouvez vous en servir, soit pour mettre aux choux ou à la purée, soit pour tout ce dont vous aurez besoin.

Sain-doux.

Le sain-doux se fait après avoir épluché la panne, c'est-à-dire ôté les peaux qui s'y trouvent; coupez la panne par petits morceaux, mettez-la dans un chaudron, avec un demi-setier d'eau, un ognon piqué de clous de girofle, faites-la fondre à très petit feu jusqu'à ce que les grignons qui ne fondent point commencent à se colorer; pour lors vous le retirerez du feu, le laisserez refroidir à moitié; et le passerez ensuite dans un vaisseau de terre pour le mettre au frais.

Langues de cochon fourrées.

Prenez des langues de porcs, ôtez-en une partie du cornet, échaudez-les, pour leur ôter la première peau; mettez-les dans un vase; serrez-les bien l'une contre l'autre, en les salant avec du sel et un peu de salpêtre : joignez-y du basilic, du laurier, du thym et du genièvre; posez dessus quelque chose de lourd, pour les presser l'une contre l'autre; couvrez le pot comme il est indiqué au petit lard; mettez-le de même dans un endroit frais, pendant huit jours. Au bout de ce temps, retirez les langues de la saumure, faites-les égoutter; emballez-les dans des boyaux de cochon, de bœuf ou de veau, nouez-en les deux bouts, faites-les fumer, et lorsque vous voudrez vous en servir, vous les mettrez cuire dans de l'eau avec un peu de vin, un bouquet de persil, des ciboules, quelques ognons, du thym, du laurier et basilic : laissez-les refroidir, et servez-les.

Emincé de cochon à l'ognon.

Coupez en petits filets de l'échine de cochon rôtie et refroidie; coupez de gros ognons en demi-cercles. Faites-les revenir dans du beurre, et cuire dans du consommé; ajoutez ensuite à cette cuisson quelques cuillerées de sauce espagnole; faites réduire, mettez vos petits filets de viande dans cette sauce, et ajoutez un peu de beurre frais au moment de servir.

Emincé, sauce poivrade.

L'émincé étant préparé comme il est dit à l'article précédent, vous le mettez dans une sauce poivrade bien réduite, et vous y ajoutez un peu de beurre frais au moment de servir.

Saucissons de Bologne.

Hachez bien menu la chair de plusieurs jambons après en avoir ôté les peaux et nerfs, et assaisonnez ce hachis de sel, poivre en grains, coriandre, laurier, muscade, cannelle, girofle; coupez du lard en gros dés; mêlez le tout ensemble, et introduisez cette préparation dans des boyaux de bœuf, dont vous lierez ensuite les extrémités, et que vous mettrez dans une terrine avec du salpêtre pendant huit jours. Ficelez-les ensuite en les serrant fortement comme une carotte de tabac et mettez-les fumer. Mettez-les ensuite dans un endroit sec, et frottez-les avec un peu d'huile.

Saucissons à l'ail.

Hachez ensemble, et bien menu, de la chair de porc frais et du gros lard; assaisonnez ce hachis de sel, poivre, ail, muscade; mettez le tout dans des boyaux, que vous ficelez fortement et faites fumer pendant quelques jours; faites cuire ces saucissons dans de l'eau avec des carottes, ognons, basilic, coriandre, bouquet garni.

Epaule de cochon de lait à la tartare.

On ne met ordinairement à la tartare que les débris d'un cochon de lait rôti la veille; par exemple, s'il reste une épaule, on la pare, on la fait mariner dans de l'huile, avec un jus de citron, sel et poivre; puis on la fait griller sur un feu très ardent et on la sert avec une rémolade dessus. (Voir *Rémolade*, au chapitre III.)

Cervelas fumés.

On prend une livre de chair de porc frais, une demi-livre de lard. Le tout bien haché, on assaisonne de sel et d'épices; on met cet appareil dans des boyaux bien préparés, on les ficelle de la longueur que l'on désire : on les met fumer pendant cinq à six jours, puis on les fait cuire dans une casserole avec ognons, carottes, un bouquet garni, un peu de thym et de basilic, du sel, et on mouille avec du bouillon. Au bout de deux ou trois heures, ils se trouvent cuits : on les égoutte et on les sert.

Cervelles de cochon en crépinettes.

(Voyez *Foie de cochon en crépinettes*); les cervelles se préparent de la même manière.

CHAPITRE IX.

DU GIBIER.

Hure de sanglier.—Côtelettes de sanglier sautées. — Filet de sanglier piqué. — Cuisses de sanglier. — Boudin de sanglier. — Jambons de sanglier. — Du Marcassin. — Manière de donner au cochon le goût du sanglier. — Du Chevreuil. — Filets de chevreuil. — Filets de chevreuil sautés à la minute. —Côtelettes de chevreuil braisées. — Côtelettes de chevreuil sautées.— Quartier de chevreuil—Épaule de chevreuil.—Civet de chevreuil.— Cervelles de chevreuil. — Carré de chevreuil rôti. — Emincé de chevreuil. —Emincé de chevreuil à l'ognon. — Crépinettes de chevreuil. — Hachis de chevreuil. — Saucisses de chevreuil. — Du Lièvre. — Civet de lièvre. — Civet de lièvre à l'allemande. — Sautés de filets de lièvre. — Filets de lièvre piqués. — Filets de lièvre marinés.—Lièvre à la Saint-Denis. — Lièvre en daube. — Boudin de lièvre. — Pain de lièvre. — Lièvre rôti.— Lièvre rôti à l'allemande. — Lièvre à l'anglaise. — Levraut à la minute. — Levraut en caisse.— Cuisses de levraut en papillotes. —Escalopes de levraut au sang. — Filets de levraut bigarrés. — Filets de levraut en serpent. — Filets de levraut à la provençale. — Filets de levraut farcis frits. — Côtelettes de levraut. — Levraut à la tartare. — Quenelles de levraut. — Du Lapin. — Gibelotte de lapin. — Cuisses de lapin à la purée.— Quenelles de lapin. — Croquettes de quenelles de lapin. — Boudin de lapin à la Sainte-Ménéhould. — Pain de lapin à la Sainte-Ursin. — Terrine de quenelles de lapin.— Lapin en galantine.— Lapereau au blanc.— Lapereau à la minute. —Lapereau sauté au vin de Champagne.—Cuisses de lapereau en chipolata. —Cuisses de lapereaux au soleil. — Cuisses de lapereaux en papillotes. — Cuisses de lapereaux à la chicorée.—Cuisses de lapereau panées et grillées. — Filets de lapereaux en couronne. — Filets de lapereaux aux concombres. — Filets de lapereaux à la Polignac. — Sautés de filets de lapereaux aux truffes.—Sauté de filets de lapereaux aux champignons.—Sauté de filets de lapereaux à la Périgueux. — Sauté de filets de lapereaux à la reine. — Filets de lapereaux en cartouches. — Croquettes de lapereau. — Hachis de lapereau. — Kari de lapereau. — Lapereau rôti. — Lapereau en caisse. — Lapereau à la bourguignone. — Lapereau à l'anglaise. — Atelets de lapereau. — Cromesquis de lapereau. — Escalopes de lapereau. — Lapereau à la tartare. — Coquilles de lapereau. — Friteau de lapereau. — Lapereau à la Marengo. — Marinade de lapereau. — Mayonnaise de lapereau. — Salade de lapereau. — Lapereau en caisse. — Turban de filets de lapereau. — Côtelettes de lapereau. — Purée de lapereau. — Soufflé de lapereau.— Salpicon de chair de lapereau.—Coquilles de cervelles de lapereau.— Filets de lapereau à la maréchale. — Filets de lapereau à la milanaise. — Filets de lapereau à la broche. — Timbale de lapereau. — Conserves de lapereau. — Saucisses de lapereau. — Du Faisan. — Faisan à l'étouffade. — Faisan aux choux. — Faisan à la purée. — Filets de faisan à la chevalier. — Filets de faisan aux truffes. — Sauté de filets de faisan.— Sauté de filets de faisan aux truffes. — Cuisses de faisan à la purée. — Faisan à la Périgueux. — Quenelles de faisan. — Salmis de faisan. — Salmis de faisan à la provençale.

— Soufflé de faisan. — Croquettes de faisan. — Mayonnaise de faisan. — Boudin de faisan à la Richelieu. — Faisan à la choucroûte. — Cuisses de faisan en papillotes. — Galantine de faisan. — Cuisses de faisan en ballotine. — Filets de faisan bigarrés. — Saucisses de faisan. — Purée de faisan. — Hachis de faisan. — Escalopes de faisan. — Coqs de bruyère. — Pintades. — De la Perdrix. — Perdrix à l'étouffade. — Perdrix aux choux. — Perdreaux aux truffes. — Perdreaux à l'espagnole. — Perdreaux poêlés. — Filets de perdreaux aux bigarades. — Sauté de filets de perdreaux. — Sauté de filets de perdreaux aux truffes. — Salmis de perdreaux. — Salmis de table à l'esprit de vin. — Perdreaux à la Monglas. — Filets de perdreaux à la Monglas. — Manselle de perdreaux. — Hachis de perdreaux. — Purée de perdreaux. — Soufflé de perdreaux. — Perdreaux à la Saint-Laurent. — Perdreaux à la tartare. — Perdreaux sautés. — Perdreaux en papillotes. — Chartreuse de perdreaux. — Pain de perdreaux. — Salade de perdreaux. — Perdreaux au charbon. — Mayonnaise de perdreaux. — Perdreaux à la broche. — Perdreaux panés et grillés. — Perdreaux à l'anglaise. — Salmis de perdreaux froid. — Perdreaux en bigarrures. — Salmis de perdreaux à la chasseur. — Perdreaux en surprise. — Côtelettes de perdreaux. — Filets de perdreaux à la Chingara. — Escalopes de perdreaux. — Croustade à la purée de perdreaux. — De la Caille. — Cailles au fumet de gibier. — Cailles à l'espagnole. — Cailles au chasseur. — Cailles aux truffes. — Cailles au gratin. — Sauté de filets de caille. — Cailles au laurier. — Cailles aux pois. — Cailles aux laitues. — Cailles à l'anglaise. — Cailles à la financière. — Cailles en caisse. — Cailles en papillotes. — Cailles en prunes. — Cailles au riz. — Cailles à la milanaise. — Pâté chaud de cailles en caisse. — De la Bécasse. — Salmis de bécasses. — Salmis de table à l'esprit de vin. — Bécasse à la minute. — Filets de bécasses en canapés. — Sauté de filets de bécasses. — Sauté de filets de bécasses à la provençale. — Croûtons de purée de bécasses. — Bécasses rôties à l'anglaise. — Soufflé de bécasses. — Hachis de bécasses en croustades. — Du Pluvier et du Vanneau. — Pluviers à la broche pour entrée. — Pluviers au gratin. — Pluviers à la Périgueux. — De la Sarcelle. — Sarcelles à la broche pour entrée. — Sauté de filets de sarcelles à la Viard. — Sarcelles à la batelière. — De la Grive. — Grives en prunes. — Grives au gratin. — Grives à la flamande. — Grives à l'anglaise. — Du Canard sauvage. — Canard sauvage à la broche. — Filets de canard sauvage à l'orange. — Salmis de canard sauvage. — Salmis de canard sauvage au chasseur. — Escalopes de filets de canard sauvage. — De la Mauviette. — Mauviettes aux fines herbes. — Mauviettes en chipolata à la minute. — Mauviettes en croustades. — Sauté de filets de mauviettes aux truffes. — Caisse de mauviettes. — Mauviettes en cerises.

Hure de sanglier.

La hure de sanglier se prépare comme celle du cochon. (Voir au chapitre précédent.)

Côtelettes de sanglier sautées.

Les côtelettes étant coupées et parées, vous les sautez au beurre avec du sel et du poivre, sur un feu très vif; lorsqu'elles sont cuites des deux côtés, vous les dressez en couronne;

puis vous mettez dans le plat à sauter un verre de vin blanc, autant de sauce espagnole; vous ferez réduire et verserez cette sauce sur vos côtelettes. La sauce espagnole peut se remplacer par un roux que l'on mouille avec du consommé.

Filet de sanglier piqué.

Parez un filet de sanglier et faites-le mariner pendant deux jours au moins; puis faites-le égoutter, et mettez-le dans une casserole avec des bardes de lard, des parures de viande, carottes, ognons, sel, poivre, bouquet garni; mouillez le tout avec une égale quantité de vin blanc et de consommé, et donnez deux heures de cuisson. Faites ensuite égoutter le filet, glacez-le et le dressez sur une sauce piquante. (Voir cette sauce au chapitre III.)

Cuisse de sanglier.

La cuisse de sanglier étant bien flambée et échaudée, désossez-la jusqu'à la jointure du manche, et piquez-la de gros lardons bien assaisonnés d'épices et d'aromates pilés. Mettez-la ensuite dans une terrine avec beaucoup de sel, du poivre, genièvre, thym, laurier, basilic, ognon, persil, ciboule. Vous laisserez mariner votre cuisse quatre ou cinq jours; lorsque vous voudrez la faire cuire, vous ôterez de l'intérieur de votre cuisse les aromates qui y seront, vous l'envelopperez dans un linge blanc, vous la ficellerez comme une pièce de bœuf, vous la mettrez dans une braisière, avec la saumure dans laquelle elle a mariné, six bouteilles de vin blanc, autant d'eau, six carottes, six ognons, quatre clous de girofle, un fort bouquet de persil et ciboule, du sel, si vous croyez que la saumure ne suffise pas pour lui donner un bon sel; vous la ferez mijoter pendant six heures; vous la sondez, pour vous assurer si elle est cuite, sinon vous la faites aller une heure de plus; après cela, vous la laisserez une demi-heure dans sa cuisson, et vous la retirerez : vous la laissez dans sa couenne; si vous voulez, vous la couvrirez de chapelure, ou, si votre cuisse est grasse, vous ôterez la couenne, vous la laisserez à blanc; glacez-la : tâchez qu'elle ait une belle forme.

Boudin de sanglier.

Ce boudin se prépare comme celui de cochon; mais on en fait rarement, attendu que les chasseurs ne songent guère à recueillir le sang de l'animal qui se coagule promptement, à moins que l'on n'y mette quelque acide.

GIBIER.

Jambons de sanglier.

(Voyez, au chapitre précédent, les *jambons de cochon*); ceux de sanglier se font absolument de la même manière.

Du marcassin.

Ayez un jeune sanglier, dépouillez-le jusqu'aux épaules; coupez la peau, en sorte que la tête forme une tête d'oursin; troussez les pattes comme à un cochon de lait; parez-les, piquez les sous-noix. Faites-le mariner pendant vingt-quatre heures au vinaigre assaisonné de thym, basilic, laurier, sauge, ail, coriandre, sel, genièvre en grains, girofle, poivre, ognon et persil; couchez-le sur la broche; enveloppez la tête de trois doubles de papier beurré; faites-le rôtir pendant trois heures; sa cuisson faite, débrochez-le, dressez-le sur un grand plat; saucez d'une bonne poivrade.

Manière de donner au cochon le goût du sanglier.

Dépecez un cochon et le mettez dans la marinade indiquée à l'article précédent. Ajoutez à cette marinade du mélilot, quelques branches de baume ou de menthe, et du brou de noix (au sujet du brou de noix, ayez-en de la saison, mettez-le dans un pot de terre, salez-le, couvrez-le bien, et servez-vous-en au besoin); laissez-le tout mariner huit jours; votre cochon prendra la couleur et le goût du sanglier. Pour bien réussir en cela, il faut choisir un jeune animal qui ne soit pas trop gras : vous pourrez vous assurer qu'il est jeune et tendre en pinçant et tirant sa couenne, pour voir si elle se déchire facilement.

Du chevreuil.

Si on a un chevreuil à partager, on le coupe par quartiers en y laissant la peau. Autrement, il faut le dépouiller, le fendre en deux et le diviser en quatre. Les quartiers de derrière sont préférables à ceux de devant. Dans ceux-ci, il n'y a que les carrés dont on puisse faire usage pour la table : les épaules et les poitrines ne s'emploient guère qu'en civet. On sert ordinairement les quartiers de derrière entiers. Néanmoins on peut en ôter les filets qui peuvent faire une entrée de même que les deux carrés.

Filets de chevreuil.

Parez des filets de chevreuil; piquez-les avec du lard fin,

et faites-les mariner dans du vinaigre avec du sel, du poivre, ognons, ciboules, persil, laurier, thym, girofle; on peut les laisser deux ou trois jours dans cette marinade. Pour faire cuire les filets ainsi marinés, vous foncerez une casserole avec des bardes de lard, des parures de viande, des ognons, carottes, bouquet garni; dressez vos filets sur cet assaisonnement; mouillez avec une quantité égale de bouillon et de vin blanc; ajoutez un peu de sel; couvrez le tout avec un papier beurré, et faites bouillir doucement pendant une heure avec feu dessous et dessus. Les filets étant cuits, faites-les égoutter; dressez-les, glacez-les, et servez-les avec une sauce piquante dessous. (Voir cette sauce au chapitre III.)

Filets de chevreuil sautés à la minute.

Les filets étant parés, piqués et marinés comme il est dit à l'article précédent, faites-les sauter au beurre sur un feu très vif; dressez-les en couronne; glacez-les et versez une sauce poivrade au milieu. (Voir cette sauce au chapitre III.)

Côtelettes de chevreuil braisées.

Coupez et parez vos côtelettes comme celles de mouton; vous les assaisonnez de sel, poivre fin; vous les mettez dans votre sautoir; versez dessus du beure tiède : au moment de servir, vous les mettez sur un feu ardent; quand elles sont raidies d'un côté, vous les tournez de l'autre; vous les laissez un instant sur le feu; lorsqu'elles résistent sous le doigt, vous les retirez; vous avez une sauce piquante : au moment de servir, vous égouttez vos côtelettes; vous les trempez dans votre sauce, et vous les dressez en couronne; vous versez votre sauce dessous : si vous n'en avez point, vous ôtez un peu de beurre de votre sautoir, vous versez quatre cuillerées à bouche de vinaigre dans votre sautoir; vous le faites réduire, quand il est tout-à-fait réduit, vous y jetez une cuillerée à bouche de farine, vous la mêlez avec votre beurre; vous ajoutez plein une petite cuillère à pot de bouillon, un peu de sel, poivre fin, un filet de vinaigre, une feuille de laurier; vous faites réduire un peu votre sauce, vous la passez à l'étamine, et vous vous en servez pour vos côtelettes.

Côtelettes de chevreuil sautées.

On prépare les côtelettes comme celles de veau; puis on les met sur un plat à sauter, avec du beurre que l'on aura fait fondre; on les saupoudre de sel. Lorsqu'elles sont raffermies, on les dresse sur le plat avec des croûtons; on met la sauce qu'on leur destine dans le plat à sauter, pour en détacher la glace, et le beurre étant bien incorporé avec la sauce, on la verse sur les côtelettes.

Quartier de chevreuil.

Etant bien piqué de lard fin, faites-le mariner dans une terrine avec moitié vinaigre et moitié eau, du sel, des ognons coupés, du laurier, du persil, du thym, basilic, ail. Laissez-le pendant quatre à cinq jours dans la marinade, puis vous le faites rôtir bien également à la broche, enveloppé dans du papier. Etant presque cuit, on ôte le papier pour faire prendre couleur, puis on le sert avec une sauce poivrade.

Épaule de chevreuil.

Levez les chairs d'une épaule de chevreuil, piquez-les et faites-les mariner comme les filets, et sauter comme les côtelettes. (Voir ces articles ci-dessus.)

Civet de chevreuil.

Coupez la poitrine d'un chevreuil par morceaux, et mettez ces morceaux dans un roux avec du petit lard que vous aurez fait revenir dans du beurre; mouillez avec du vin rouge et de l'eau par parties égales; ajoutez du sel, du poivre, ail, thym, laurier, des petits ognons et des champignons. Le tout étant cuit, dégraissez la sauce et dressez le civet.

Cervelles de chevreuil.

(Voyez *Cervelles de veau* ou *de mouton*, aux chapitres V ou VI.) Les cervelles de chevreuil se préparent de la même manière.

Carré de chevreuil rôti.

Il faut deux carrés pour une entrée. On les débarrasse des os qui se trouvent attachés au filet, et qui rejoignent les côtes. On enlève la peau qui couvre la chair du filet, que l'on pique de lard fin, et on le met mariner comme le quartier de chevreuil; on le fait cuire à la broche, et on le sert avec une sauce poivrade ou une sauce tomate.

Les filets se préparent comme ci-dessus pour la broche, ou se piquent de bon lard, et se font cuire braisés, comme le quartier de chevreuil en daube.

Émincé de chevreuil.

Cet émincé se fait ordinairement avec des débris de chevreuil rôti la veille ; on coupe les chairs en petits morceaux très minces ; on en extrait avec soin les peaux et les nerfs, et l'on jette ces chairs ainsi préparées dans une sauce poivrade réduite ; au moment de servir, on ajoute à cette sauce un peu de beurre frais. (Voir, au chapitre III, *Sauce poivrade*.)

Émincé de chevreuil à l'ognon.

Coupez de la chair de chevreuil rôti comme il est dit à l'article précédent, et voyez, pour le reste, au chapitre VIII, l'article *Émincé de cochon à l'ognon*.

Crépinettes de chevreuil.

Ayez des chairs de chevreuil rôti, retirez-en les peaux et les nerfs ; coupez vos chairs en petits dés, avec autant de champignons, un quart de truffes et de tétine de veau cuite ; mettez le tout dans une bonne espagnole bien réduite ; ajoutez-y un peu de beurre : laissez refroidir le tout ; faites quinze à dix-huit tas égaux, que vous envelopperez dans de la crépinette de cochon ; donnez-leur une forme ovale, placez-les sur un plafond beurré, et un quart d'heure avant de servir faites-leur prendre couleur au four ; glacez-les, dressez-les sur un plat ; saucez d'une aspic claire ou sauce tomate ; vous pouvez vous servir d'ognons en place de champignons et de truffes que vous couperez en dés, et ferez cuire à part.

Hachis de chevreuil.

Ayez des chairs de chevreuil rôti ; retirez-en les peaux et les nerfs, hachez-les bien avec des fines herbes cuites ; mettez le tout dans une poivrade bien réduite, avec un peu de beurre : servez chaudement, sans le laisser bouillir, avec des croûtons de pain à l'entour.

Saucisses de chevreuil.

Prenez deux livres de chair de chevreuil, retirez-en les peaux et les nerfs ; ajoutez une livre de lard gras ; hachez le tout ensemble bien fin ; assaisonnez de sel, poivre, épices, muscade, et un peu d'aromates pilés ; enveloppez cette chair de crépine, de la grosseur d'un œuf ; aplatissez-les ; faites griller : au moment de servir, dressez-les sur un plat, servez-les avec une sauce piquante.

GIBIER.

Nota. Le daim, le cerf, la biche et le faon se préparent en général comme le chevreuil ; mais on n'en fait pas usage dans les bonnes cuisines.

Du lièvre.

La chair du lièvre est meilleure l'hiver que l'été; et le lièvre de la plaine ne vaut jamais le lièvre de montagne. Pour distinguer un lièvre d'un levraut, il faut le tâter sur le dehors des pattes de devant, au-dessus du joint; si vous y trouvez une grosseur comme une petite lentille, c'est une marque qu'il est jeune; vous les connaissez encore à la tête, parce qu'ils ont le nez plus pointu et l'oreille plus tendre; cette marque n'est point si sûre que celle de la patte; pour le fumet il faut les flairer au ventre, et l'usage vous apprendra à connaître les bons. Vous distinguerez le lapereau d'avec le lapin de la même manière.

Civet de lièvre.

Mettez dans une terrine le foie et la fressure et tout le sang du lièvre que vous aurez pu conserver; dépecez le lièvre en moyens morceaux. Ayez une demi-livre de bon lard, faites-le frire dans une casserole avec un peu de beurre : le lard ayant de la couleur on le retire. Mettez dans le beurre les morceaux du lièvre et tournez-les avec une cuillère de bois jusqu'à ce qu'ils soient raffermis; mettez-y une bonne poignée de farine et remuez toujours; mouillez ensuite avec trois quarts d'une bouteille de vin rouge et du bouillon; assaisonnez de sel, poivre, ciboule, champignons, bouquet garni, et lorsque le civet sera presque cuit ajoutez des petits ognons, que vous aurez fait sauter au beurre afin de leur faire prendre couleur. Le tout étant cuit, dressez le civet.

Civet de lièvre à l'allemande.

Il se prépare de la même manière que le précédent ; seulement on y ajoute un fort morceau de sucre, ou quelques cuillerées de sirop bien réduit et un peu de vinaigre; on y met aussi moins de sel, et on entoure le civet de croûtons frits dans le beurre.

Sautés de filets de lièvre.

Coupez des filets de lièvre par tranches minces; parez-les et mettez-les sur un plat à sauter avec sel, poivre, muscade; arrosez le tout de beurre fondu, et mettez le plat à sauter sur un feu très vif; vous aurez soin de le mouvoir pour détacher vos morceaux de filet; quand ils seront raidis d'un côté, vous les retournerez de l'autre : il ne faut qu'un instant pour que votre sauté soit cuit; alors vous le mettrez dans une casserole; vous ôterez le beurre qui est dans votre sautoir, sans ôter le jus de vos filets; vous y verserez un verre de vin blanc, pour détacher ce qui est après le sautoir; vous y mettrez plein quatre cuillères à dégraisser d'espagnole; vous ferez réduire le tout à moitié, et vous passerez votre sauce à travers une étamine sur votre sauté; vous aurez soin d'égoutter le jus du filet, pour que votre sauce ne se trouve pas trop claire, car il faut que votre sauce tienne à votre sauté; si vous n'avez pas de sauce, vous ferez chauffer le beurre qui est dans votre sautoir; s'il y en a trop, il faut en ôter moitié : lorsque vous verrez que ce qui est dans le fond du sautoir commence à s'attacher, vous y mettrez plein une cuillère à bouche de farine, que vous mêlerez avec votre beurre; ajoutez un verre de vin blanc, un verre de bouillon, une feuille de laurier, un peu de thym : vous ferez réduire le tout à moitié, et vous passerez votre sauce à l'étamine sur votre sauté; avant de la passer, voyez si elle est de bon sel. On pourrait aussi faire un roux léger dans lequel on passerait les peaux du ventre du lièvre, mouillées comme je viens de le dire, et assaisonnées de même.

Filet de lièvre piqué.

Quand votre lièvre est dépouillé, vous enfoncez votre couteau le long de l'épine du dos, depuis l'épaule jusqu'à la cuisse, en détachant le filet; vous coulez vos doigts entre les os et le filet, vous le détachez de manière que le gros bout du filet tienne encore à la cuisse; après, vous mettez le tranchant de votre couteau du côté du filet, afin qu'il vienne rejoindre votre pouce sans couper la peau : alors vous faites comme si vous tiriez le filet à vous; la peau nerveuse reste, et votre filet se trouve détaché et paré à la fois; s'il restait encore de la peau, vous l'ôteriez légèrement en parant votre filet; vous le piquez de lard fin: vous lui donnez la forme que vous voulez, soit longue, soit ronde, ou autrement; vous mettez des bardes de lard dans une casserole, quelques tranches de carottes, d'ognons, un peu de thym, de laurier; vous arrangez vos filets sur cet assaisonnement; vous mettez plein une cuillère à pot de consommé ou de bouillon, un rond de papier beurré :

vous les posez sur un feu doux; mettez-en aussi sur le couvercle, pour que vos filets glacent; au moment de servir, vous les égouttez et les glacez. On peut servir dessous une sauce poivrade, ou une purée de champignons, ou des concombres. (Voir ces derniers articles au chapitre III.)

Filets de lièvre marinés.

Les filets étant parés et piqués comme il est dit ci-dessus, mettez-les mariner pendant plusieurs jours, dans du vinaigre, avec du sel, du poivre, thym, ciboule, persil, laurier; faites-les ensuite sauter au beurre, dressez-les et mettez dessous une sauce poivrade. (Voir cette sauce au chapitre III.)

Lièvre à la Saint-Denis.

Le lièvre étant dépouillé et vidé, coupez-en la tête et piquez le râble et les cuisses avec du lard fin bien assaisonné, et faites-le mariner dans du vinaigre, avec sel et poivre, ognons, thym, laurier, persil, ciboules; il faut laisser le lièvre dans cette marinade pendant deux jours au moins. Lorsque vous voudrez le faire cuire, vous hacherez bien menu le foie du lièvre ainsi qu'une égale quantité de lard; vous ajouterez à cette farce des aromates pilés, du sel et du poivre, des jaunes d'œufs, et le tout étant bien mêlé, vous le mettrez dans le corps du lièvre; vous recoudrez la peau du ventre, et vous le ferez cuire dans une braisière foncée de bardes de lard, avec des parures de viande, quelques carottes et ognons, un bouquet garni, un peu de sel, le tout mouillé avec du vin blanc. Vous ferez mijoter votre lièvre pendant deux heures, ou plus, s'il est dur; au moment de servir, vous l'égoutterez, vous le glacerez, vous ferez réduire le mouillement dans lequel a cuit votre lièvre : quand il sera presque à glace, vous y verserez plein deux cuillères à dégraisser d'espagnole, vous poserez votre lièvre sur un plat, et votre sauce dessous; en cas qu'elle soit trop assaisonnée, vous y mettriez gros comme un œuf de beurre et un jus de citron.

Lièvre en daube.

Quand votre lièvre sera dépouillé et vidé, vous le piquerez de moyens lardons bien assaisonnés d'aromates pilés, de sel, de poivre; lorsque les cuisses et les filets seront piqués, vous mettrez dans une braisière ou daubière quelques bardes de lard, votre lièvre dessus, un jarret de veau coupé en morceaux, que vous placez à l'entour; vous le couvrirez de bardes de lard; vous ajouterez un bouquet de persil et ciboule, trois feuilles de laurier, un bouquet de thym, trois carottes, quatre ognons, trois clous de girofle : vous le mouillerez avec du bouillon.

Boudin de lièvre.

Levez les filets d'un lièvre, pilez-les : pilez de la même manière et à part une égale quantité de tétine de veau et de mie de pain trempée dans du bouillon; puis pilez de nouveau ces trois choses ensemble, en y ajoutant du sel, du poivre, des quatre épices, des échalotes, du persil hachés et des jaunes d'œufs. Etendez ensuite de la farine sur une table, roulez votre farce sur cette farine, donnez-lui la forme du boudin, et faites pocher ce boudin dans de l'eau bouillante; panez-le en le trempant successivement dans du beurre fondu et dans de la mie de pain; puis faites-le griller et servez-le de belle couleur.

Pain de lièvre.

Faites une farce comme il est dit à l'article précédent, et ajoutez-y le foie du lièvre que vous aurez pilé à part et passé au tamis; mettez cette farce dans un moule garni de bardes de lard, et faites cuire cette préparation au bain-marie, en ayant soin de couvrir le moule, et de mettre du feu sur le couvercle. Lorsque le pain de lièvre sera cuit, vous le dresserez en mettant un plat sur le moule et le renversant, vous le glacerez, et mettrez dessous de l'essence de gibier. (Voir, pour cette essence, le chapitre III.)

Lièvre rôti.

C'est ordinairement le râble du lièvre qu'on fait rôtir, le devant étant préférable en civet. Il faut piquer de lard toutes les parties charnues et le laisser tout au plus une heure à la broche. Pour la sauce, on pile le foie que l'on fait revenir avec un morceau de beurre et quelques échalotes très fines, un instant seulement. On mouille avec du vin blanc et du bouillon; on ajoute sel, poivre, un filet de vinaigre et le sang qu'on a soin de mettre à part. On sert aussi avec une sauce claire et piquante composée de jus de rôti auquel on ajoute du vinaigre et des échalotes frites.

Lièvre rôti à l'allemande.

Le lièvre étant rôti comme il est dit à l'article précédent, mêlez, par parties égales, de la farine et du sucre en poudre; arrosez le lièvre avec du beurre fondu, et semez dessus votre mélange de farine et de sucre; servez après quelques tours de broche; on peut aussi mettre sous le lièvre ainsi préparé une sauce composée de gelée de groseilles et de sauce espagnole que l'on fait bouillir ensemble.

Lièvre à l'anglaise.

Dépouillez un lièvre; laissez-lui les pattes, les ongles et les oreilles que vous échauderez; faites une farce composée du foie du lièvre, de mie pain trempée dans de la crême, de beurre, jaune d'œufs, un peu d'ognons et de sauge, le tout bien pilé, et remplissez le corps du lièvre avec cette farce. Le ventre du lièvre étant cousu, vous lui ficelez les pattes de manière à lui donner l'attitude d'un lièvre au gîte; vous le bardez de lard, l'enveloppez de papier huilé et le mettez à la broche; quand il sera cuit, vous ôterez le papier et le lard, et vous servirez en même temps et à part de la gelée de groseilles.

Levraut à la minute.

Vous dépouillerez un jeune levraut, vous le couperez en morceaux, vous ferez fondre un quarteron de beurre, et vous mettrez les morceaux dedans, avec du sel, du poivre; vous mettrez la casserole sur un grand feu; vous remuerez les morceaux de levraut; lorsqu'ils seront fermes et qu'ils résisteront sous le doigt, vous y mettrez des fines herbes, en sautant le levraut; mettez-y deux cuillerées à bouche de farine, un verre de vin blanc, un peu de bouillon ou d'eau; au premier bouillon, retirez-le du feu; il est bon à manger.

Levraut en caisse.

Faites revenir dans du beurre, des échalotes, champignons, persil et une gousse d'ail hachés; mouillez avec du vin blanc et assaisonnez de sel, poivre, muscade et épices; laissez réduire le tout, puis mettez-y un levraut que vous aurez dépecé comme pour en faire un civet. Après une heure de cuisson, avec feu dessous et dessus, retirez le levraut, mettez sur vos fines herbes quelques cuillerées de sauce espagnole; faites réduire cette sauce, versez-la sur le lièvre, et laissez refroidir le tout; couvrez-le de bardes de lard, et l'enveloppez de plusieurs feuilles de papier huilé l'une sur l'autre; ficelez cela en forme de caisse; un peu avant de servir, mettez la caisse sur le gril;

lorsqu'elle aura pris couleur, vous ôterez la ficelle; vous ferez une ouverture à la caisse et vous verserez dedans de la sauce espagnole réduite. (Voir cette sauce au chapitre III.)

Cuisses de levraut en papillotes.

Piquez des cuisses de levraut avec du lard fin bien assaisonné; faites-les cuire comme il est dit à l'article précédent, et opérez du reste comme pour les côtelettes de veau en papillotes. (Voir au chapitre V.)

Escalopes de levraut au sang.

Faites sauter des filets de levraut dans du beurre, avec sel, poivre, ail, laurier, puis coupez-les en petits morceaux ronds ayant tous la même dimension. D'autre part, mettez tous les débris du levraut dans un roux, avec des parures de viande, du jambon, carottes, ognons, bouquet garni; mouillez avec du vin rouge et du bouillon, et faites bouillir jusqu'à ce que le tout soit cuit. Passez alors cette sauce à l'étamine; ajoutez-y un peu de jus de viande, faites-la réduire, dégraissez-la, et mettez dedans vos filets de levraut et des champignons en égale quantité; liez-le tout avec le sang du levraut que vous aurez conservé.

Filets de levraut bigarrés.

Panez des filets de levraut; bigarrez une égale quantité de filets en les ciselant et y introduisant des blancs de volaille; faites sauter ces derniers filets au beurre; faites griller ceux que vous aurez panés, et dressez-les en couronne en mettant successivement un filet sauté et un grillé, et mettez au milieu une purée de champignons.

Filets de levraut en serpent.

Levez les filets de trois levrauts, parez-les comme il est indiqué à l'article *Filet piqué*. Formez avec le gros bout du filet une espèce de tête de serpent, piquez le reste: foncez une casserole de bardes de lard, arrangez-y vos filets en les faisant serpenter; mouillez-les d'une bonne marinade cuite au vin blanc; couvrez vos filets d'un papier beurré; faites-les cuire un quart d'heure, feu dessus et dessous; leur cuisson faite, égouttez-les, glacez-les, dressez-les sur une purée de gibier, arrosez-les d'un bon fumet, et servez.

Filets de levraut à la provençale.

Piquez des filets de levraut avec une égale quantité de lard et d'anchois, et faites-les cuire dans de l'huile avec de l'ail, des échalotes, sel et poivre. Otez les filets quand ils seront cuits, et mettez dans la casserole un peu de bouillon, autant de sauce espagnole, un peu de vinaigre à l'estragon; faites réduire cette sauce; dégraissez-la, passez-la, et dressez dessus vos filets que vous aurez glacés.

Filets de levraut farcis, frits.

Coupez des filets de levraut en plusieurs morceaux; puis fendez chaque morceau en deux sans séparer les deux parties; salez et poivrez l'intérieur; garnissez-le d'une farce pareille à celle indiquée pour le boudin de lièvre (Voir plus haut); puis rapprochez les deux parties; panez les morceaux de filets en les trempant d'abord dans du beurre fondu, puis dans de la mie de pain, ensuite dans des œufs battus, et une seconde fois dans de la mie de pain; faites-les frire, et saucez-les avec une aspic claire. (Voir cette sauce au chapitre III.)

Côtelettes de levraut.

Taillez des filets de levraut en forme de côtelettes; puis faites bouillir la carcasse du levraut, détachez-en les os des côtes et enfoncez un de ces os bien nettoyé dans chaque morceau de filet, de manière que ces morceaux aient tout-à-fait l'apparence de côtelettes. Salez et poivrez ces côtelettes; panez-les en les passant dans du beurre fondu et dans de la mie de pain; faites-les griller et servez-les avec une sauce tomate dessous.

Levraut à la tartare.

Faites revenir le râble d'un levraut dans le beurre, avec du sel, du poivre, du laurier et un peu d'ail; puis laissez-le refroidir, panez-le, faites-le griller et dressez-le sur une rémolade. (Voir *Rémolade* au chapitre III.)

Quenelles de levraut.

(Voyez *Quenelles de volaille*). Les quenelles de levraut se préparent de la même manière.

Du lapin.

Il en est du lapin de garenne comme du lièvre, c'est-à-dire que le lapin de plaine ne vaut pas celui de montagne. Quant au lapin domestique, il n'est bon qu'autant qu'on l'a nourri avec des aromates; les lapins nourris avec des choux sont mauvais.

Gibelotte de lapin.

Coupez un lapin par morceaux de même grosseur; faites un petit roux avec une cuillerée de farine et un morceau de beurre; mettez-y les membres du lapin avec le foie, passez-les et mouillez avec un verre de vin rouge, deux verres d'eau et de bouillon, un bouquet de persil, ciboule, une gousse d'ail, deux clous de girofle, thym, laurier, basilic, sel, gros poivre; faites cuire à petit feu; une demi-heure après vous y mettrez des petits ognons blanchis et des champignons; si vous voulez y mettre une anguille coupée par tronçons, vous ne la mettrez que lorsque le lapin sera cuit aux trois quarts; avant que de servir, ôtez le bouquet, dégraissez la sauce et y mettez une bonne pincée de câpres entières, un anchois haché; servez avec des croûtons passés au beurre; arrosez le tout avec la sauce.

Cuisses de lapin à la purée.

Désossez et piquez des cuisses de lapin avec du lard bien assaisonné; puis faites-les cuire dans une casserole avec des bardes de lard, des parures de viande, carottes, ognons, bouquet garni, le tout mouillé avec du consommé non dégraissé et recouvert d'un rond de papier beurré. Les cuisses de lapin étant cuites, faites-les égoutter; dressez-les et versez dessus une purée de lentilles ou autre. (Voir, pour les purées, les chapitres I et III.)

Quenelles de lapin.

(Voyez *Quenelles de volailles.*) Les quenelles de lapin se préparent de la même manière. On peut faire pocher les quenelles de lapin dans de l'eau bouillante salée, les dresser ensuite, et les masquer avec de l'essence de gibier. (Voir, pour ce dernier article, le chapitre III.)

Croquettes de quenelles de lapin.

Les quenelles de lapin étant pochées comme il est dit à l'article précédent, vous les ferez égoutter et vous verserez dessus du velouté réduit, mêlé d'essence de gibier et lié avec des jaunes d'œufs; laissez-les refroidir, panez-les, puis trempez-les dans des œufs battus assaisonnés de sel et poivre, et panez-les une seconde fois; faites-les frire ensuite, et les servez avec du persil frit.

GIBIER.

Boudin de lapin à la Sainte-Ménéhould.

Vous répandrez de la farine sur une table bien propre; vous y mettrez de la farce de quenelles de lapin (Voyez ci-dessus), en volume assez gros pour que cela puisse représenter un bout de boudin; vous la roulerez dans la farine, et vous la mettrez dans le fond d'une casserole beurrée; vous en ferez autant de morceaux que vous jugerez à propos, mais trois ou quatre suffisent; vous les ferez pocher de même que les quenelles précédentes : quand ils seront pochés, vous les laisserez refroidir, vous les parerez; donnez-leur une forme carrée, longue et plate, épaisse de quinze lignes; vous les barbouillerez d'une sauce à atelets, si vous en avez, ou d'une autre qui soit liée; vous les tremperez dans la mie de pain, et puis après dans le beurre tiède; vous les panerez une seconde fois : il faut leur donner une forme agréable. Une demi-heure avant de servir, vous les mettrez sur le gril à un feu bien doux; vous poserez un four de campagne bien chaud par-dessus, pour leur faire prendre couleur; au moment de servir, vous les dresserez sur le plat, et vous les saucerez avec un velouté réduit, ou fumet de gibier, ou une espagnole.

Pain de lapin à la Saint-Ursin.

Vous mettrez de la farce à quenelles (Voir ci-dessus), plein un moule évidé, que vous beurrerez; vous le ferez mijoter au bain-marie : quand la farce qui est dans votre moule sera cuite, au moment de servir, vous la renverserez sur votre plat; vous aurez bien soin qu'il n'y ait pas d'eau; vous mettrez dans le vide de votre pain des cervelles de lapin, des filets mignons et rognons de lapin sautés; vous aurez une sauce espagnole travaillée avec du fumet de gibier et un demi-verre de vin de Champagne : quand votre sauce sera bien réduite, vous la verserez sur les garnitures qui sont dans votre pain, et vous en glacerez l'extérieur : on peut aussi mettre dedans une autre garniture, comme des petites noix de veau, des crêtes, etc.

Terrine de quenelles de lapin.

Mettez dans la farce à quenelles un peu moins de beurre que pour les articles précédens; faites pocher vos quenelles, et mettez-les dans une casserole avec des truffes, des petites noix de veau, crêtes et rognons de coq, des champignons; versez sur ces garnitures une sauce composée de quelques cuillerées de velouté, un peu d'essence de gibier, un peu d'eau, une bouteille de vin de Madère sec, le tout réduit, dégraissé et lié avec des jaunes d'œufs et un peu de beurre.

Lapin en galantine.

(Voyez, au chapitre VIII, *Cochon de lait en galantine*). Le lapin en galantine se prépare de la même manière.

Lapereau au blanc.

Dépouillez votre lapereau et videz-le; vous le couperez en morceaux comme le précédent; vous en ôterez le foie, le mou; vous essuierez bien les morceaux, pour qu'il n'y ait pas de sang; autrement il faudrait le faire blanchir, et cela lui fait perdre de son goût; vous prenez un quarteron de beurre dans une casserole; faites-le tiédir, et mettez votre lapereau dedans; vous le ferez revenir au feu ardent; quand vous verrez que tous vos morceaux seront raidis, vous y verserez plein deux cuillerées à bouche de farine, que vous mêlerez avec votre beurre et votre lapin; ajoutez plein quatre cuillères à pot de bouillon; vous remuerez bien votre ragoût jusqu'à ce qu'il bouille; vous y mettez des champignons que vous aurez sautés dans de l'eau et du citron, un bouquet de persil et ciboule, une feuille de laurier, un peu de thym, un peu de gros poivre, environ une demi-livre de lard que vous couperez en petits morceaux et ferez blanchir; faites bouillir ce ragoût, dégraissez-le, et ajoutez-y de petits ognons; liez-le avec des jaunes d'œufs.

Lapereau à la minute.

(Voyez, ci-dessus, *Levraut à la minute*). Le lapereau se prépare de la même manière.

Lapereau sauté au vin de Champagne.

Il se prépare comme le *Lapereau à la minute*; on y ajoute seulement un peu de farine, et on mouille avec du vin de Champagne, ou tout simplement avec du vin blanc ordinaire.

Cuisses de lapereau en Chipolata.

Vous désosserez les cuisses, vous les jetterez dans de l'eau bouillante pendant deux minutes; ensuite retirez-les et parez-les; mettez un quarteron de beurre dans une casserole, placez-y vos cuisses; vous les faites revenir pendant dix minutes; vous verserez ensuite une cuillerée et demie de farine, que vous mêlerez avec votre beurre ; ajoutez plein deux cuillères à pot de bouillon passé au tamis de soie ; vous tournez votre ragoût jusqu'à ce qu'il bouille ; mettez-y des champignons sautés dans de l'eau et du jus de citron, pour éviter qu'ils noircissent, une feuille de laurier, un bouquet de persil et de ciboule ; vous ferez aller votre ragoût à grand feu, afin qu'il réduise ; vous y mettrez du petit lard que vous aurez fait blanchir ; quand votre ragoût sera aux trois quarts cuit, vous ajouterez vingt petits ognons que vous ferez blanchir ; vous pouvez aussi y mettre quinze marrons ; vous joignez six saucisses que vous lierez par le milieu avec une ficelle, pour qu'elles ne soient pas trop longues ; tenez-les dans l'eau bouillante pendant cinq minutes ; après les avoir rafraîchies, vous les mettrez dans votre ragoût : ayez soin de bien le dégraisser ; quand il sera cuit, vous ferez une liaison de quatre jaunes d'œufs ; dressez ensuite vos cuisses sur votre plat, et vos ingrédiens par-dessus ; que votre ragoût soit d'un bon sel ; vous pouvez servir ce ragoût dans une terrine pour servir de flan.

Cuisses de lapereau au soleil.

Après avoir désossé les cuisses, vous les lardez de très près de moyens lardons assaisonnés de sel, de poivre et d'aromates pilés ; prenez du beurre dans une casserole, faites-le tiédir, et mettez vos cuisses dedans ; vous les posez sur un fourneau ardent ; vous les sauterez pendant dix minutes ; vous y mettrez plein une cuillère à bouche de farine et une cuillère à pot de bouillon, deux à dégraisser de velouté, une feuille de laurier, quelques champignons, une demi-bouteille de vin blanc, un bouquet de persil et de ciboule ; vous ferez aller à grand feu, pour faire réduire votre mouillement ; ayez soin de dégraisser votre ragoût : quand il sera cuit et réduit, vous ferez une liaison de cinq jaunes d'œufs et un petit morceau de beurre fin ; vous posez vos deux cuisses sur un plafond pour refroidir ; vous les arrosez de leur sauce ; quand elles seront froides, vous parerez l'os de l'avant-cuisse, vous les imbiberez bien de leur sauce, et vous les mettrez dans la mie de pain les unes après les autres ; vous les placerez sur un plafond ; vous casserez cinq œufs entiers ; jetez dedans un peu de sel fin, un peu de gros poivre ; vous battrez les œufs ; trempez les cuisses de lapereau dedans ; panez-les, faites-les frire, et dressez-les avec du persil frit.

Cuisses de lapereau en papillotes.

(Voyez *Cuisses de levraut en papillotes*). Les cuisses de lapereau se préparent de la même manière.

Cuisses de lapereau à la chicorée.

Désossez des cuisses de lapereau; remplacez les os par du lard, recousez les chairs, et faites-les cuire dans une casserole avec des bardes de lard, des parures de viande, ognons, carottes, bouquet garni; mouillez avec du bouillon; couvrez le tout avec un rond de papier beurré, et faites bouillir le tout sur un feu peu ardent pendant deux heures. Faites égoutter les cuisses, glacez-les, et dressez-les sur de la chicorée au jus. On peut, étant cuites de cette manière, dresser les cuisses sur des concombres, des champignons, etc.

Cuisses de lapereau panées, grillées.

Désossez des cuisses de lapereau; panez-les en les passant dans du beurre fondu et dans de la mie de pain; faites-les griller, et dressez-les sur une sauce à la diable. (Voir cette sauce au chapitre III.)

Filets de lapereau en couronne.

Vos filets étant piqués de lard fin, vous les replierez sur eux en formant le rond, pour qu'ils se tiennent dans leurs formes; vous mettrez dans le milieu de chaque filet un ognon de la grosseur nécessaire pour en remplir le vide; vous l'assujettirez avec de petites brochettes; mettez des bardes de lard dans une casserole, quelques tranches de veau, deux carottes coupées en tranches, trois ognons, un peu de thym et de laurier; vous posez vos filets sur cet assaisonnement; ajoutez plein une petite cuillère à pot de bouillon; couvrez-les d'un rond de papier beurré; vous les ferez mijoter feu dessus et dessous pendant trois quarts d'heure : au moment de servir, vous les égoutterez et les glacerez; dressez-les ensuite en couronne, et vous servirez une sauce à glace dessous : vous pouvez, faute de lard ou de veau, mettre plein quatre cuillères à dégraisser de gelée, et vous ferez cuire vos filets avec feu dessus et dessous un peu ardent; faites tomber ensuite votre mouillement à glace : vous vous en servirez pour glacer vos filets.

Filets de lapereau aux concombres.

(Voyez, ci-dessus, *Filets de lapereau à la chicorée*).

GIBIER.

Filets de lapereau à la Polignac.

Vous levez, parez et piquez des filets; vous les faites cuire comme les précédens; vous en avez d'autres bien parés que vous ciselez à distance égale, c'est-à-dire qu'avec le tranchant d'un couteau vous faites une incision dans votre filet : vous y mettez un demi-croissant de truffes; il faut en garnir ainsi tout le long de votre filet : vous préparez vos six filets de même, vous leur donnez la forme des autres; ceux piqués doivent être glacés, ceux aux truffes sont sautés dans du beurre : au moment du service, vous les égouttez, vous les dressez ensuite en couronne, un croûton glacé et un rond entre; vous placez dans le milieu un sauté de truffes dans un fumet de gibier.

Sauté de filets de lapereau aux truffes.

Vous levez dix ou douze filets de lapereaux; vous en ôtez la peau nerveuse : coupez-les en tranches rondes, toutes à peu près égales; avec la lame d'un couteau, vous aplatissez ces tranches, vous en coupez les angles, en leur donnant une forme ronde ou ovale; vous placez ensuite un morceau dans votre sautoir ou tourtière, ainsi de suite pour tous vos filets : quand ils sont tous parés et arrangés, vous avez des truffes que vous épluchez et parez; vous les coupez en tranches aussi égales : vous les mettez sur les filets jusqu'à ce qu'ils en soient couverts; vous faites tiédir trois quarterons de beurre que vous versez dessus : au moment de servir, vous mettez votre sauté sur un feu ardent; quand vos filets sont cuits vous les dressez sur du velouté réduit, et vous entourez le tout de croûtons frits dans du beurre.

Sauté de filets de lapereau aux champignons.

(Voyez l'article précédent), et remplacez les truffes par des champignons. Vous pourrez aussi remplacer le velouté par un roux blanc mouillé avec du consommé, et lié avec des jaunes d'œufs.

Sauté de filets de lapereau à la Périgueux.

Coupez des filets de lapereau par morceaux de deux pouces de long; faites à chacun de ces morceaux cinq ou six incisions dans lesquelles vous mettrez des truffes coupées en demi-cercle : faites-les sauter dans du beurre avec du poivre, du sel, de la muscade, puis faites-les égoutter, et mettez-les dans une sauce composée de velouté réduit, d'essence de gibier, et liée avec des jaunes d'œufs et du beurre. Dressez le tout, et l'entourez de croûtons frits dans le beurre.

Sauté de filets de lapereau à la reine.

Vous levez et parez vos filets; ayez soin d'ôter la peau nerveuse; vous les couperez en morceaux d'un pouce et demi, tous de la même longueur; vous les arrangerez dans votre sautoir; joignez-y du sel, du gros poivre, poudrez-les de persil haché bien fin, et de ciboule qui ait été lavée après avoir été hachée; ensuite faites tiédir du beurre que vous verserez sur vos morceaux de filets; au moment de servir vous mettez votre sautoir sur un feu ardent; quand vos filets sont cuits d'un côté, vous les retournez de l'autre; vous posez les doigts dessus; s'ils ne sont point mous, vos filets sont cuits; vous avez un velouté travaillé à l'essence de gibier, dans lequel, au moment de servir, vous mettez vos filets, avec gros comme la moitié d'un œuf de beurre; vous agitez le tout ensemble, et le dressez sur votre plat, avec des croûtons à l'entour.

Filets de lapereau en cartouches.

Vos filets étant parés, mettez dans une casserole gros comme un œuf de lard râpé, gros comme deux œufs de beurre, plein quatre cuillères à bouche de bonne huile; vous ferez chauffer le tout et vous y verserez plein trois cuillères à bouche de champignons hachés bien fin et bien pressés dans un linge: vous les ferez revenir pendant quinze minutes dans le lard, le beurre et l'huile; vous y mettrez ensuite plein une cuillère d'échalotes aussi bien hachées et lavées, pour en éviter l'âcreté; faites-les revenir un instant; après, vous y mettrez plein une cuillère de persil bien fin et lavé; vous remuerez le tout ensemble sur le feu; vous couperez vos filets en deux, et vous les verserez dans cet assaisonnement avec du sel, gros poivre, un peu d'aromates pilés; vous les laisserez raidir; après, vous les mettrez refroidir sur un plat; coupez des papiers de manière que chacun puisse envelopper en entier un morceau de filet; vous graisserez d'un peu d'huile chaque morceau de papier, et vous l'étendrez: ayez une barde de lard bien fine que vous mettrez dessus, puis un morceau de filet avec son assaisonnement: vous l'envelopperez dans votre papier, de manière que cela forme une cartouche; ensuite vous fermerez bien votre papier par les deux bouts, pour éviter que l'assaisonnement n'en sorte: un moment avant de servir, vous les poserez sur le gril à un feu un peu vif. Ne les quittez pas, de crainte qu'ils ne prennent trop de couleur : il faut les retourner souvent ; vous les dresserez comme un paquet de cartouches ; servez-les à sec, ou avec un jus clair dessous.

Croquettes de lapereau.

Vous mettrez des lapereaux à la broche ; vous enleverez les filets et le gros des cuisses ; coupez ensuite vos chairs en petits dés ; vous ôterez les nerfs et les peaux de dessus ; vous les mettrez dans une casserole ; ayez plein une petite cuillère à pot de béchamel que vous ferez réduire à presque moitié ; après cela, vous y jetterez gros comme un œuf de bon beurre, que vous ferez fondre dans votre sauce sans la poser sur le feu ; vous la passerez à l'étamine sur votre chair de lapin ; ajoutez-y un peu de gros poivre, un peu de sel, un peu de muscade râpée ; vous mêlerez bien votre viande avec la sauce : cela doit être un peu épais : lorsque ce sera froid, vous ferez, avec une cuillère à bouche, de petit tas gros comme un œuf de pigeon ; vous les saupoudrerez de mie de pain, et leur donnerez la forme que vous voudrez ; puis vous les panerez en les trempant dans des œufs battus et assaisonnés de sel et poivre, et dans de la mie de pain. Faites-les frire et servez-les avec du persil frit.

Hachis de lapereau.

Hachez la chair d'un lapereau rôti après en avoir extrait les peaux et nerfs. Mettez ce hachis dans une sauce béchamel ; dressez le tout ; entourez-le de croûtons et d'œufs pochés.

Kari de lapereau.

Vous coupez deux lapereaux en morceaux égaux ; vous mettez dans une casserole trois quarterons de beurre, une livre de petit lard coupé en petits morceaux carrés plats, que vous faites revenir dans du beurre ; deux cuillerées à café de safran d'Inde, ou *curcuma*; dix gousses de petit piment enragé, que vous pilerez avec un peu de sel, deux feuilles de laurier, deux clous de girofle : quand tout cet assaisonnement sera bien revenu dans votre beurre, vous y mettrez vos morceaux de lapereau, que vous essuierez bien, pour qu'il n'y ait pas de sang ; ôtez les poumons ; vous ferez bien revenir votre lapereau ; lorsque vos morceaux seront fermes, vous mettrez trois cuillerées à bouche de farine et de sel, vous mêlerez bien le tout ensemble ; arrosez-le avec du bouillon ou bien de l'eau : il faut qu'il y ait beaucoup de mouillement, pour qu'il aille à grand feu, et qu'il réduise : il faut des champignons ; quand il sera aux trois quarts cuit, vous y ajouterez des petits ognons, des culs d'artichauts, si vous en avez, des aubergines. Dans l'Inde, on y met toutes sortes de légumes, haricots verts, choux-fleurs, tomates, concombres, etc. Quand votre kari sera cuit, il faut qu'il baigne dans la sauce et dans le gras; par conséquent il ne faut pas le dégraisser : on peut le servir dans cet état. Si vous voulez, vous retirerez votre viande et vos garnitures, que vous mettrez dans le vase creux où vous devez le servir; vous ferez dans votre sauce une liaison de cinq ou six œufs; vous la remuerez sur le feu sans la laisser bouillir, parce qu'elle tournerait : lorsqu'elle sera liée, vous la passerez à l'étamine sur votre ragoût; voyez si elle est bien pimentée et assez assaisonnée; vous servirez un pain de riz à l'eau (Voyez, au chapitre V, *Kari de veau*) à côté du vase où est votre kari.

Lapereau rôti.

On en sert ordinairement deux; l'un bardé, l'autre piqué; on les dresse ventre sur ventre.

Lapereau en caisse.

On prépare les lapereaux en les dépeçant et les faisant revenir dans le beurre; on y ajoute des fines herbes; on hache le foie du lapereau, que l'on mêle avec de la farce à quenelles ou des quenelles cuites que l'on pile avec le foie; on y mêle les fines herbes qui sont avec le lapereau; on met de cette farce dans une caisse de papier huilé, puis les morceaux de lapereau, et le reste de la farce dans les intervalles, et sans couvrir entièrement le lapereau; on met des bardes de lard dessus, ou un papier beurré; on met cuire au four ou dessous le four de campagne. Au moment de servir, on égoutte la graisse que cela a pu rendre, et l'on sert avec une petite sauce à l'italienne.

On peut, si l'on veut, paner à la mie de pain ou avec de la chapelure.

Lapereau à la bourguignone.

Ayez de jeunes lapereaux, coupez-les par morceaux; mettez dans une casserole un peu de beurre, faites-le fondre, mettez vos lapereaux dedans, ayant eu soin d'en éponger le sang; assaisonnez-les de sel, poivre et muscade, ail et laurier; mettez votre casserole sur un fourneau ardent; mettez un couvercle dessus, avec beaucoup de feu : un quart d'heure suffit pour leur cuisson; mouillez-les d'une cuillerée de velouté et d'un verre de vin blanc ; faites réduire votre sauce , ajoutez-y des champignons tournés ; liez la sauce avec des jaunes d'œufs, un peu de beurre, de persil et un jus de citron.

Lapereau à l'anglaise.

Prenez deux lapereaux, dépouillez-les, videz-les, échaudez les oreilles et les pattes. Mettez dans le ventre de vos lapereaux une farce composée de mie de pain trempée dans du lait, du persil haché, un peu de graisse de bœuf assaisonnée de sel, poivre et petite sauge ; faites-les cuire dans une casserole entre deux bardes de lard ; mouillez d'un verre de vin blanc, lorsqu'ils sont cuits, dressez-les sur une purée d'ognons.

Atelets de lapereau.

Coupez les chairs d'un lapereau rôti par petits morceaux d'un pouce de long, et ayez soin d'en extraire les peaux et les nerfs ; coupez de la même manière du lard, des champignons et des truffes ; trempez le tout dans une sauce à atelets (Voir cette sauce au chapitre III) ; embrochez tous ces petits morceaux avec des atelets, en mettant successivement un morceau de lapereau, un de champignon, un de lard et un de truffe, puis vous les panerez deux fois ; la première en les passant dans du beurre fondu et dans de la mie de pain ; la seconde en les passant dans des œufs battus et assaisonnés de sel et poivre et de nouveau dans de la mie de pain ; faites griller ces atelets, et servez-les avec une sauce aspic claire. (Voir cette sauce au chapitre III.)

Cromesquis de lapereau.

Les cromesquis se préparent comme les croquettes de lapereau (Voir plus haut) ; seulement, au lieu de les paner, on les enveloppe dans de la tétine de veau cuite, et coupée en bardes bien minces ; on les trempe dans une pâte à frire et on les fait frire.

Escalopes de lapereau.

Parez des filets de lapereau, faites-les sauter au beurre, puis laissez-les refroidir ; coupez-les par tranches bien minces, et les mettez dans une sauce composée de sauce allemande et d'essence de gibier. Dressez le tout, et l'entourez de croûtons frits dans le beurre. Les escalopes peuvent aussi, quand on les a fait sauter, être mises dans des petits pois ou des concombres à la crême. (Voir, pour ces différentes sauces et garnitures, le chapitre III.)

Lapereau à la tartare.

(Voyez plus haut, *Levraut à la tartare*). Le lapereau se prépare de la même manière.

Coquilles de lapereaux.

Ayez des chairs de lapereaux rôtis, retirez-en les nerfs et les peaux; émincez vos chairs en liards, le plus proprement possible, avec moitié champignons coupés de même; mettez le tout dans une casserole; ayez une espagnole réduite avec un peu de fumet de gibier; versez cette sauce sur votre émincé, maniez-le avec un peu de beurre; emplissez vos coquilles, panez-les, enduisez-les de beurre fondu, avec une plume ou un morceau de papier. Placez vos coquilles sur le gril, et faites-leur prendre couleur au four de campagne.

Friteau de lapereaux.

Dépecez des lapereaux comme pour une gibelotte; mettez-les mariner dans une terrine avec du citron ou vinaigre, un ognon coupé en tranches, persil en branches, ail, thym, laurier, sel et gros poivre; une demi-heure avant de servir, égouttez vos morceaux de lapereaux sur un linge blanc, épongez-les bien, farinez-les et faites-les frire; dressez vos lapereaux sur un plat, en buisson, avec des œufs frits à l'entour.

Lapereau à la Marengo.

Coupez un lapereau par morceaux, et faites-le cuire dans de l'huile, avec sel, poivre, muscade, ail et laurier; feu dessous et dessus. Le lapereau étant cuit, ôtez de la casserole une partie de l'huile, l'ail et le laurier, et mettez-y des truffes, des champignons, un peu d'essence de gibier et de sauce tomate; faites bouillir, ajoutez un jus de citron et dressez. (Voir, pour la sauce et l'essence, le chapitre III.)

Marinade de lapereau.

On ne met ordinairement en marinade que les débris de lapereaux cuits à la broche. Après avoir paré ces débris et les avoir fait mariner, on les trempe dans une pâte à frire et on les met dans la friture bien chaude. Dressez-les avec du persil frit.

GIBIER.

Mayonnaise de lapereau.

Coupez par morceaux un lapereau rôti, et sautez-le à froid dans de l'huile et du vinaigre, sel, poivre et ravigote. Dressez ces morceaux sur un plat; masquez-les avec une mayonnaise. (Voir au chapitre III.) Décorez cette mayonnaise avec des câpres, des anchois, des cornichons, etc., et entourez le tout d'un cordon de gelée de viande.

Salade de lapereau.

Le lapereau étant cuit et préparé comme il est dit à l'article précédent, dressez-le; entourez-le de cœurs de laitues et d'œufs durs, et décorez la salade avec les mêmes ingrédiens que la mayonnaise, à l'exception de la gelée.

Lapereau en caisse.

(Voyez, plus haut, *Levraut en caisse*). Le lapereau se prépare de la même manière.

Turban de filets de lapereau.

Piquez plusieurs filets de lapereau avec du lard fin; bigarrez une égale quantité de filets en y faisant des incisions et y plaçant des morceaux de truffes coupées en demi-cercle. Le plus difficile est de dresser ces filets: pour y parvenir, on place un rond de mie de pain, garni de bardes de lard, dans un plat; on l'entoure de farces à quenelles (Voir au chapitre III); puis on arrange les filets sur cette farce, en mettant alternativement un filet piqué et un filet bigarré, le gros bout en bas, et le petit bout rentré. Le tout ayant la forme d'un turban, on couvre les filets de bardes de lard; on les entoure de papier beurré que l'on maintient avec de la ficelle, et l'on fait cuire le tout au four. Glacez ensuite les filets, et versez dans le milieu un ragoût à la financière. (Voir ce ragoût au chapitre III.)

Côtelettes de lapereau.

(Voyez, plus haut, *Côtelettes de levraut*); celles de lapereau se préparent de la même manière.

Purée de lapereau.

Hachez et pilez de la chair de lapereau rôti dont vous aurez ôté les peaux et les nerfs; mouillez avec de la sauce espagnole et un peu d'essence de gibier; faites chauffer cette préparation ; passez-la à l'étamine ; ajoutez-y un peu de glace de viande ; dressez cette purée sur un plat et entourez-la de croquettes de lapereau. (Voir, plus haut, *Croquettes de lapereau.*)

Soufflé de lapereau.

La purée de lapereau étant préparée comme il est dit à l'article précédent, ajoutez-y des jaunes d'œufs ; battez les blancs en neige ; mêlez le tout et le versez dans un bol en argent que vous aurez beurré ; mettez ce bol sur de la cendre chaude ; couvrez-le avec un four de campagne, et servez promptement quand le soufflé sera de belle couleur.

Salpicon de chair de lapereau.

Coupez en gros dés de la chair de lapereau rôti dont vous aurez ôté les peaux et les nerfs ; coupez de la même manière des truffes, des champignons, de la langue à l'écarlate, de la tétine de veau ; mettez le tout dans une sauce espagnole réduite, avec un peu d'essence de gibier. Cette préparation peut se mettre dans des coquilles que l'on met sous le four de campagne quelques instans avant de les servir ; on la met aussi dans de petits pâtés chauds.

Coquilles de cervelles de lapereau.

Ces coquilles ne peuvent se préparer que dans de grandes cuisines, à cause de la quantité de cervelles nécessaires. Après avoir fait dégorger ces cervelles, faites-les blanchir dans de l'eau bouillante avec du sel et du vinaigre ; épluchez-les et les mettez dans une sauce allemande (Voir cette sauce au chapitre III) ; ajoutez-y des champignons que vous aurez fait cuire dans du beurre avec un jus de citron. Mettez cette préparation dans des coquilles ; semez un peu de mie de pain dessus, un peu de fromage de Parme râpé ; arrosez-les avec du beurre fondu, et faites-leur prendre couleur sous le four de campagne.

Filets de lapereau à la maréchale.

Parez des filets de lapereau ; jetez dessus un peu de sel et de poivre ; panez-les en les trempant dans du beurre fondu et de la mie de pain ; faites-les griller, dressez-les en couronne et mettez dessous un peu de jus de viande.

Filets de lapereau à la milanaise.

Vos filets étant parés, panez-les en les trempant d'abord

dans une sauce allemande, puis dans de la mie de pain et du fromage de Parme râpé; trempez-les ensuite dans des œufs battus et assaisonnés de sel et poivre, puis une seconde fois dans de la mie de pain et le fromage; faites-les frire dans le beurre, et servez-les de belle couleur avec une sauce tomate indienne dessous. (Voir cette sauce au chapitre III.)

Filets de lapereau à la broche.

Faites mariner des filets de lapereau dans de l'huile avec sel et poivre, persil et truffes hachés : embrochez ces filets avec des atelets; garnissez-les de l'assaisonnement qui a servi à les faire mariner; couvrez-les de bardes de lard; enveloppez-les de papier huilé et couchez-les sur broche. Vingt minutes de cuisson suffisent : ôtez le papier et le lard, et dressez les filets sur une sauce italienne. (Voir cette sauce au chapitre III.)

Timbale de lapereau.

Coupez un lapereau par morceaux, et faites-le sauter au beurre avec sel, poivre, truffes, champignons, échalotes et persil hachés; faites cuire le lapin à moitié. Beurrez alors une casserole; décorez-en le fond et les parois avec une pâte dite *pâte à dresser* (Voir au chapitre de la pâtisserie); garnissez le fond avec du godiveau ou des quenelles de lapin (Voir ci-dessus); mettez votre lapereau par dessus avec des truffes et des champignons; recouvrez la timbale avec la pâte dont nous venons de parler, et mettez-la au four. Lorsqu'elle sera cuite, vous la dresserez en mettant un plat sur la casserole et la renversant; puis vous ferez une ouverture; vous y introduirez de la sauce espagnole réduite (Voir cette sauce au chapitre III); replacez la croûte que vous aurez enlevée, et servez.

Conserve de lapereaux.

Les lapereaux étant dépouillés, on les désosse, et on les pique avec de moyens lardons et du jambon cru bien assaisonnés de sel, poivre et épices; on en met également dans l'intérieur des lapereaux que l'on roule depuis les cuisses, jusqu'à la peau du cou; il faut qu'ils soient roulés serrés. Ensuite on les ficèle, et on les met dans une casserole avec de l'huile, du sel, des épices, laurier, thym, basilic; on les fait revenir sur un fourneau dont on dirige le feu de manière que les lapereaux ne bouillent pas dans le jus qu'ils doivent rendre, mais aussi qu'ils ne s'attachent pas. Il faut près d'une heure de cuisson : on a soin de les retourner pour qu'ils cuisent partout également, ce qui s'aperçoit lorsqu'ils ne rendent plus de jus. On les égoutte sur un linge blanc et on les laisse refroidir jusqu'au lendemain. Si l'on n'a pas tout fait cuire dans la même casserole, l'huile peut servir pour faire cuire ce qui en reste. On pare les lapereaux, et on les coupe par morceaux, de manière à pouvoir les placer dans des petits pots ou bocaux; on les remplit d'huile d'olive, et l'on met une couple de feuilles de laurier; on les recouvre avec du papier ou du parchemin. Lorsque l'on est pour s'en servir, on les retire du bocal, on les coupe en rouelles très minces; on les dresse sur une assiette, en mettant autour du persil haché; on arrose les morceaux de lapereau avec l'huile dans laquelle ils ont été conservés; cela fait un hors-d'œuvre à déjeûner comme à dîner.

Saucisses de lapereau.

(Voyez, plus haut, *Saucisses de chevreuil*). Les saucisses de lapereau se préparent de la même manière.

Du faisan.

La beauté de son plumage et la rareté de cet oiseau l'ont toujours fait regarder comme un oiseau précieux : il ne paraît que sur la table des gens riches. On le dit originaire de la Colchide. L'usage que l'on en fait ordinairement, est de le piquer et de le faire cuire à la broche : il fait un très beau plat de rôt. Il faut qu'il soit gardé quelque temps; il acquiert un fumet que le mot *faisandé* fait assez connaître, mais il faut éviter qu'il le soit trop. On reconnaît que la femelle est jeune, lorsque la première plume de l'aile est terminée en pointe, et lorsque l'ergot de la patte du mâle est arrondi; s'il est pointu, c'est qu'il n'est plus jeune, et il n'est bon qu'à employer en daube.

Faisan à l'étouffade.

On le plume, on le vide, on le flambe; puis on retrousse les pattes en dedans; on le pique de lardons assaisonnés de sel et d'épices, et on le met dans une casserole avec ognons, carottes, bouquet garni, des débris de viande, et on le couvre de bardes de lard; on mouille avec un verre de vin blanc et de bouillon : on couvre d'un rond de papier, puis on fait cuire à petit feu. Au moment de servir, on l'égoutte, et on met dessous du fond qu'on a passé au tamis de soie, ou une sauce espagnole dans laquelle on met un peu d'essence de gibier. (Voir au chapitre III.)

Faisan aux choux.

Le faisan étant préparé comme il est dit à l'article précédent, foncez une casserole avec des bardes de lard, et mettez-y le faisan avec du lard de poitrine, un cervelas cru, des parures de viande, quelques carottes, ognons, bouquet garni. D'autre part, vous faites blanchir des choux, vous les ficelez, les mettez avec le faisan et mouillez le tout avec du bouillon : ajoutez un peu de gros poivre, et point de sel, à cause du bouillon et du lard; vous le ferez mijoter pendant deux heures : au moment de servir, vous égoutterez vos choux; vous mettrez votre faisan dans le milieu de votre plat, vos choux, votre petit lard et votre cervelas à l'entour : vous verserez dessus et à l'entour une sauce au fumet de gibier : on pourrait faire cuire le faisan à part, mais le choux n'aurait pas le goût du faisan.

Faisan à la purée.

Le faisan étant cuit comme celui dit *à l'étouffade* (Voir ci-dessus), vous le débridez, le dressez, et le masquez avec une purée de lentilles ou de pois. (Voir, pour les purées, les chapitres Ier et III.)

Filets de faisan à la chevalier.

Vous levez des filets de faisan : vous mettez à part les filets mignons, que vous sauterez et que vous arrangerez dans le milieu; parez vos filets et piquez-les de lard fin; mettez dans une casserole des bardes de lard, les débris de vos faisans, quelques tranches de veau, deux carottes, quatre ognons, deux feuilles de laurier, deux clous de girofle; vous arrangerez bien vos filets pour qu'ils conservent une belle forme; vous mettrez dessus un rond de papier beurré, un verre de vin blanc et deux verres de consommé, un peu de sel : il ne faut pas qu'il y ait du mouillement par-dessus vos filets, mais bien jusqu'à la piqûre; mettez-les au feu une heure avant de servir; quand ils bouilliront, vous les poserez sur un feu doux, et beaucoup de feu sur le couvercle, pour qu'ils se glacent : au moment de servir, vous les égoutterez : glacez-les, passez au tamis de soie le mouillement dans lequel ils ont cuit; faites-le réduire presque à glace, versez dessus plein trois cuillères à dégraisser d'espagnole, que vous faites bouillir avec votre réduction ; vous la passez à l'étamine, et vous dressez vos filets à plat sur des croûtons passés au beurre et épais de trois lignes ; versez votre sauce dessous : vous pouvez aussi arranger sur une tourtière des bardes de lard, et vos filets, avec un verre de vin blanc, du sel, un peu de gros poivre, un peu d'aromates, un rond de papier beurré, et les mettre au four, ou sous le four de campagne.

Filets de faisan aux truffes.

Vos filets étant parés, piqués et cuits comme il est dit à l'article précédent, vous y faites des incisions dans lesquelles vous mettez des morceaux de truffes coupées en demi-cercle ; faites prendre aux filets une forme demi-circulaire, et placez-les sur un plat à sauter entre deux bardes de lard, du sel et du poivre ; mettez du feu sous le plat à sauter ; couvrez-le avec le four de campagne ; les filets étant cuits, dressez-les, glacez-les, et mettez dessous une sauce aux truffes. (Voir cette sauce au chapitre III.)

Sauté de filets de faisan.

Les filets étant parés, mettez-les sur un plat à sauter avec sel, poivre et beurre fondu ; faites-les cuire sur un feu très vif, en ayant soin de les retourner quand ils seront cuits d'un côté. Ces filets étant cuits, glacez-les, dressez-les en couronne en mettant entre chaque filet un croûton frit dans le beurre et glacé ; saucez avec une sauce espagnole dans laquelle vous aurez mis un peu d'essence de gibier. (Voir ces deux derniers articles au chapitre III.)

Sauté de filets de faisan aux truffes.

Disposez vos filets sur le plat à sauter comme il est dit à l'article précédent, et ajoutez-y des truffes coupées en liard ; faites sauter le tout ; ôtez ensuite le beurre, remplacez-le par un peu de velouté réduit et d'essence de gibier (Voir ces deux articles au chapitre III) ; liez cette sauce avec des jaunes d'œufs et dressez ; garnissez les bords du plat avec des croûtons frits dans le beurre.

Cuisses de faisan à la purée.

Après avoir tiré les filets d'un faisan, il faut employer les cuisses ; vous les leverez dessus les reins, vous prendrez de la peau le plus possible : désossez-les jusqu'à la jointure ; vous y mettrez gros comme la moitié d'un œuf de lard pilé, que vous assaisonnerez de sel et de gros poivre, un peu d'aromates pilés : vous rassemblerez les chairs avec une aiguille et du fil; vous les coudrez de manière que vos cuisses forment le rond par le gros bout; vous mettrez des bardes de lard dans une casserole; vous y placerez vos cuisses, des bardes de lard par-dessus, deux carottes, quatre ognons coupés en tranche, deux feuilles de laurier, deux clous de girofle, quelques tranches de veau, plein une cuillère à pot de bouillon; vous ferez mijoter vos cuisses pendant une heure et demie. Au moment de servir, égouttez-les, débridez-les, et vous les dresserez en couronne, une cuisse, un croûton glacé à peu près de la grandeur de la cuisse, votre purée dans le milieu : si vous voulez les arranger autrement, vous les masquerez avec une purée de lentilles ou de pois; vous pouvez les mettre cuire entre deux bardes de lard et l'assaisonnement : vous les mouillez avec du bouillon.

Faisan à la Périgueux.

Il faut vider votre faisan par la poche afin de ne pas endommager le croupion; vous aurez une livre et demie de truffes, que vous nettoierez et que vous éplucherez, c'est-à-dire que vous enleverez légèrement le dessus de vos truffes, que vous mettrez à part; vous les hacherez bien fin : placez ensuite dans une casserole une demi-livre de lard râpé, un quarteron de beurre, un quarteron d'huile, que vous ferez chauffer; vous y mettrez vos truffes coupées en morceaux gros comme une noix; vous les ferez revenir : ajoutez un peu de sel, un peu de gros poivre, un peu de quatre épices. Le tout ayant bouilli pendant quelques minutes, vous y mettrez vos parures hachées; vous laisserez refroidir cette préparation, et vous en emplirez le corps du faisan, en l'introduisant par la poche; recousez la peau, et mettez le faisan ainsi préparé dans une casserole avec une poêlée. (Voir *Poêlée,* au chapitre III.) Faites-le cuire à petit feu. Débridez et dressez le faisan, et vous saucerez avec une sauce espagnole dans laquelle vous aurez mis des truffes hachées et passées au beurre et de l'essence de gibier, et que vous aurez bien dégraissée.

Quenelles de faisan.

(Voyez, au chapitre III, *Quenelles de volaille*), et opérez comme il est dit, en vous servant de la chair du faisan.

Salmis de faisan.

Le faisan étant rôti et froid, dépecez-le, et le mettez dans une casserole, avec un verre de vin blanc, des échalotes, un peu d'ail, de zeste de citron et de laurier; ajoutez-y quelques cuillerées de sauce espagnole, un peu de consommé et de glace de viande; faites chauffer le tout au bain-marie; ajoutez un jus de citron, et dressez en entremêlant les membres du faisan avec des croûtons sautés au beurre.

Salmis de faisan à la provençale.

Le faisan étant rôti, refroidi, dépecé comme il est dit à l'article précédent, mettez de l'huile dans une casserole avec un verre de vin de Bordeaux, un peu de consommé, ail, laurier, zeste de citron; faites réduire et passez cette sauce; ajoutez-y un peu de sauce espagnole, truffes, champignons, échalotes, persil hachés; versez cette sauce sur les membres du faisan que vous aurez dressés, et faites chauffer le tout au bain-marie; ajoutez un jus de citron, et dressez comme il est dit à l'article précédent.

Soufflé de faisan.

(Voyez *Soufflé de lapereau*), et opérez comme il est dit à cet article, en employant la chair du faisan.

Croquettes de faisan.

(Voyez, plus haut, *Croquettes de lapereau*); celles de faisan se préparent de la même manière.

Mayonnaise de faisan.

(Voyez, ci-dessus, *Mayonnaise de lapereau*).

Boudin de faisan à la Richelieu.

Pilez ensemble et par parties égales de la chair de faisan et des pommes de terre cuites sous la cendre et bien épluchées; ajoutez un fort morceau de beurre, du poivre, du sel, de la muscade; pilez de nouveau, et ajoutez-y quelques œufs entiers sans cesser de piler. Cette farce étant terminée, vous la mettrez sur une table, et vous opérerez du reste comme il est dit à l'article *Boudin de lapereau*. (Voir, plus haut, cet article.)

Faisan à la choucroûte.

Ayez un gros faisan, plumez-le, videz-le, troussez-le en poule, et flambez-le; assaisonnez-le en dedans de sel, poivre, épices, persil et ciboule; piquez-le de gros lard; ficelez-le. Lavez et passez de la choucroûte en suffisante quantité pour en faire un bon plat, mettez-la cuire avec un morceau de petit lard et un cervelas; nourrissez-la avec quelque fond ou dessus de graisse; faites-la cuire pendant un quart d'heure sur un feu doux; après, retirez votre petit lard et le cervelas, mettez au milieu votre faisan; faites-le cuire environ une heure et demie, et lorsqu'il sera cuit, débridez-le, dressez-le sur un plat, égouttez votre choucroûte dans une passoire, garnissez-en votre faisan; coupez votre cervelas en tranches, ôtez-en la peau, faites-en une bordure autour de la choucroûte, en entremêlant de petit lard coupé en lames et de quelques saucisses; servez.

Cuisses de faisan en papillotes.

Ayez des cuisses de faisan rôties et refroidies, et préparez-les comme les côtelettes de veau en papillotes. (Voir au chapitre V.)

Galantine de faisan.

On ne met ordinairement en galantine que les vieux faisans. Fendez le faisan par le dos, désossez-le, étendez les chairs, et garnissez-les d'une farce de gibier; posez sur cette farce de gros lardons bien assaisonnés de sel, poivre et aromates, de la langue à l'écarlate, de la tétine de veau, des truffes, des filets de lapereau; mettez par-dessus un second lit de farce, puis une nouvelle couche des mêmes ingrédiens, et ainsi de suite jusqu'à ce qu'il y en ait assez pour remplir le corps du faisan; recousez la peau du faisan, et tâchez de lui donner autant que possible sa première forme; entourez-le de bardes de lard, cousez-le dans un morceau d'étamine neuve, et mettez le faisan ainsi préparé dans une braisière avec du jambon, des jarrets de veau, des débris de gibier, quelques carottes, ognons, ail, bouquet garni; mouillez le tout avec du bouillon, une bouteille de vin blanc; couvrez-le de papier beurré et le faites cuire pendant trois heures; il faut le laisser refroidir dans son assaisonnement. Passez ensuite votre fond de cuisson; ajoutez-y un peu de vin blanc, écumez-le et le dégraissez, puis clarifiez-le avec des blancs d'œufs battus dans de l'eau; faites-le réduire, passez-le dans une serviette et faites-le prendre en gelée en posant sur de la glace le vase qui la contient; déballez alors la galantine, débarrassez-la de la graisse qui l'environne, dressez-la et la garnissez de gelée.

Cuisses de faisan en ballotine.

Levez les filets d'un faisan en ayant soin de ne pas écorcher les peaux des cuisses, et de les tenir les plus grandes possible; fendez votre peau au milieu de chaque rein, et levez-en les cuisses; désossez-les tout entières, coupez les ongles des pattes à la jointure, et renfoncez la patte dans la cuisse, en rebroussant la peau du pilon de la cuisse : étendez vos cuisses sur un linge blanc; assaisonnez vos chairs de sel, poivre et épices; posez sur les chairs un peu de farce cuite, comme il est indiqué au faisan en galantine. Cousez les peaux de ces cuisses, donnez-leur la forme d'une côtelette; foncez une casserole de bardes de lard, posez vos cuisses dessus, recouvrez-les de lard, mouillez-les d'une demi-bouteille de vin blanc et de bouillon : assaisonnez de sel, poivre, une carotte, un ognon, un clou de girofle, ail et laurier : une heure suffit pour leur cuisson; mettez-les entre deux couvercles de casserole, et quelque chose de pesant dessus; laissez-les refroidir, parez-les, piquez sept clous de truffes dessus chaque cuisse; mettez-les chauffer dans une demi-glace; dressez-les sur un plat en couronne, avec une purée de champignons au milieu : ou peut les servir de même à la gelée.

Filets de faisan bigarrés.

Levez des filets de faisans; ôtez-en les rognons; levez la peau de vos gros filets, et cela en les posant sur la table, et faisant couler votre couteau comme si vous leviez une barde de lard; prenez garde d'endommager les chairs : battez-les légèrement avec le manche de votre couteau, et parez-les; faites fondre du beurre dans un sautoir, placez-y trois de vos plus beaux filets; les trois autres, panez-les à l'anglaise; assaisonnez de sel et gros poivre; préparez vos six petits filets; piquez-en trois, et les trois autres, bigarrez-les de truffes; mettez-les sur une tourtière avec un peu de beurre fondu et un peu de glace; donnez-leur la forme d'un demi-cercle, et couvrez-les d'un rond de papier : vous aurez levé les cuisses de vos faisans, et les aurez fait cuire à la broche; lorsqu'elles seront froides, vous en supprimerez les peaux et les nerfs; vous hacherez les chairs fort menues, et les mettrez dans une casserole que vous couvrirez; vous ferez un fumet de gibier avec les carcasses, puis vous le passerez au travers d'une serviette; faites-le réduire; ajoutez-y trois cuillerées d'espagnole travaillée : faites réduire le tout ensemble à demi-glace, et réservez-en un peu pour glacer votre entrée; sautez vos trois filets; faites griller les trois autres; retournez-les; assurez-vous s'ils sont cuits; dressez-les en couronne, avec un témoin de langue à l'écarlate coupé en cœur : mettez votre hachis et quelques truffes hachées dans votre sauce avec un peu de beurre : faites-le chauffer sans le laisser bouillir, versez-le dans le milieu de vos filets; vous aurez fait sauter au même instant vos petits filets dans le beurre : leur cuisson faite, glacez-les, et faites-en une seconde couronne sur votre hachis, que vous aurez masqué avec le reste de votre sauce.

Saucisses de faisan.

(Voyez, plus haut, *Saucisses de chevreuil*), et opérez comme il est dit à cet article, en employant de la chair de faisan.

Purée de faisan.

(Voyez, plus haut, *Purée de lapereau*); la purée de faisan se prépare de la même manière.

Hachis de faisan.

(Voyez *Hachis de lapereau*).

Escalopes de faisan.

Parez des filets de faisan; ôtez-en les peaux et les nerfs, coupez-les par petits morceaux d'égale dimension, et faites-les sauter dans le beurre; faites un fumet avec la carcasse du faisan, passez-le; ajoutez-y quelques cuillerées de sauce espagnole; faites réduire le tout, et vos escalopes étant sautées, mettez-les dans cette sauce. Au moment de servir, ajoutez un peu de beurre bien frais; dressez et garnissez les bords du plat avec des croquettes.

Coqs de bruyères.

Les coqs de bruyères se préparent comme le faisan.

Pintades.

(Voyez, plus bas, *Perdrix rouges*). Les pintades se préparent de la même manière.

De la perdrix.

Il en est de deux sortes, la rouge et la grise. La rouge est facile à connaître par son plumage; mais lorsqu'elle est dépouillée, les pattes, qui sont d'un beau rouge, ne permettent pas que l'on s'y méprenne; et lorsqu'elle est servie sur table, sa chair, d'un blanc jaune, diffère entièrement de la grise, de même que par sa grosseur. Les jeunes perdreaux rouges ont au bout de la première plume une tache blanche qui disparaît lorsqu'ils deviennent perdrix. On les appelle perdreaux maillés, à l'époque où ils ont presque atteint leur force, lorsque les plumes de l'estomac, en prenant une teinte foncée, forment la figure d'un fer à cheval : c'est aussi ce qui distingue le mâle d'avec la femelle. Pour le perdreau, il porte jusqu'au mois de janvier, un signe qui le distingue de la perdrix : il a la première plume du bout de l'aile terminée en pointe, et à la perdrix, le bout de cette même plume est arrondi ; le bec et les pattes sont plus noirs dans les perdreaux que dans les perdrix. La bartavelle est une autre espèce de perdrix qui est très rare dans ce pays ; elle s'emploie pour rôt.

Perdrix à l'étouffade.

On ne fait cuire ordinairement à l'étouffade que les vieilles perdrix. Après avoir plumé, vidé et flambé des perdrix, on les pique avec de moyens lardons bien assaisonnés de sel, poivre, aromates pilés ; puis on les trousse et on les bride de manière à ce qu'elles conservent une belle forme, et on les fait cuire dans une casserole avec des bardes de lard, des morceaux de veau, des parures de viande, quelques ognons, carottes, bouquet garni, le tout mouillé avec du bouillon et du vin blanc, et recouvert d'un rond de papier beurré. Les perdrix étant cuites, on les fait égoutter, on les débride, on les dresse, et on les sauce avec de la sauce espagnole réduite dans laquelle on a mis un peu d'essence de gibier.

Perdrix au choux.

Lorsque vos perdrix seront flambées, vidées et piquées de lardons, troussez-leur les pattes et les bridez avec du gros fil ; mettez dans une casserole des bardes de petit lard blanchi, des tranches de veau, un cervelas, les perdrix dessus et des bardes de lard pour recouvrir le tout ; mettez ensuite quelques ognons, une carotte, un bouquet de persil et ciboule, deux clous de girofle ; faites blanchir des choux, pressez-les et mettez sur les perdrix ; couvrez de bardes de lard et d'un rond de papier beurré ; ajoutez deux cuillerées à pot de bouillon ; faites cuire à petit feu pendant deux heures ; quand vous voulez servir, pressez les choux, égouttez les perdrix, débridez-les, et les dressez sur un plat avec les choux à l'entour, le lard et le cervelas par-dessus, ajoutez une sauce espagnole.

Perdreaux aux truffes.

On prend trois perdreaux rouges ou gris, que l'on flambe ; on les vide par la poche ; on a une demi-livre de truffes que l'on lave, que l'on épluche, et on les coupe de la grosseur d'une aveline. On les passe dans une casserole avec un morceau de beurre, de sel et un peu d'épices : au bout de cinq minutes, on les retire. On a environ un quarteron de lard haché et pilé, et de la volaille; on pile des parures de truffes hachées; on mêle le tout ensemble avec les truffes, et on emplit les perdreaux : on les trousse de manière à ce que les truffes ne puissent en sortir; on les marque avec ognons, carottes et un bouquet garni, sel et débris de viande; on les couvre de lard et d'un rond de papier; on mouille avec deux verres de bouillon. Lorsqu'ils sont cuits, on en ôte la ficelle, on les dresse et on les sert avec une sauce aux truffes. (Voir cette sauce au chapitre III.)

Perdreaux à l'espagnole.

Les perdreaux étant vidés et troussés comme il est dit ci-dessus, vous les mettrez dans une casserole avec du jambon, du beurre, un jus de citron, du gros poivre; les perdreaux étant revenus dans le beurre, vous mouillerez avec une demi-bouteille de vin blanc, autant de sauce espagnole; vous ajouterez un bouquet garni, et vous ferez cuire le tout pendant une heure. Ôtez les perdreaux, débridez-les, faites réduire et dégraissez votre sauce, passez-la, et dressez vos perdreaux dessus.

Perdreaux poêlés.

Vos perdreaux étant plumés et vidés comme il est dit ci-dessus, vous manierez du beurre avec du sel et du gros poivre, un jus de citron, des aromates pilés; vous remplirez vos perdreaux avec cette préparation, vous les briderez, et les mettrez dans une casserole avec des bardes de lard, des tranches de citron, et vous verserez une poêlée par-dessus. (Voir, au chapitre III, *Poêlée*.) Faites cuire le tout pendant trois quarts d'heure. Débridez et dressez les perdreaux en mettant de grosses écrevisses entre chaque perdreau, et vous saucerez avec de la sauce espagnole réduite dans laquelle vous aurez mis de l'essence de gibier. (Voir, pour ces derniers articles, le chapitre III.)

Filets de perdreaux aux bigarrades.

Vous mettez des perdreaux à la broche trois quarts d'heure avant de servir; quand ils sont cuits, un peu verts, c'est-à-dire dans leur jus, vous les ôtez de la broche : vous levez correctement les filets, vous dressez sur le plat un croûton glacé qui ait à peu près la même forme que vos filets, mais plate; vous mettez dans une casserole plein quatre cuillères à dégraisser d'espagnole travaillée, un peu de gros poivre, le jus d'une bigarrade, avec un peu de zeste de l'écorce; vous ferez jeter un bouillon à votre sauce, et vous la verserez sur vos filets.

Sauté de filets de perdreaux.

Vous aurez plusieurs perdreaux de même grosseur, vous en levez les filets, vous les parez; ôtez-en la peau nerveuse : vous les mettez du côté de la peau sur la table, vous glissez la lame du couteau entre cette peau et la chair, d'une extrémité à l'autre, en tenant toujours votre tranchant enclin du côté de la peau, pour ne pas trop enlever de chair; posez ensuite vos filets dans votre sautoir ou tourtière; vous les assaisonnez de sel et gros poivre, vous faites tiédir trois quarterons de beurre que vous versez dessus : dix minutes avant de servir, vous les mettez sur un feu ardent; quand ils sont raidis d'un côté, vous les retournez de l'autre : ne les laissez qu'un instant; vous penchez votre sautoir, pour que votre beurre se sépare de vos filets; dressez-les en couronne sur votre plat, un croûton glacé entre chaque filet. Saucez avec de la sauce espagnole réduite et mélangée d'essence de gibier.

Sauté de filets de perdreaux aux truffes.

Faites sauter vos filets comme il est dit à l'article précédent, en y ajoutant des truffes coupées en liards. Dressez les filets en couronne en mettant entre chaque filet un croûton sauté au beurre et glacé; mettez les truffes dans une sauce espagnole réduite avec un peu d'essence de gibier, et versez cette sauce au milieu de vos filets. (Voir, pour la sauce espagnole et l'essence de gibier, le chapitre III.)

Salmis de perdreaux.

Les perdreaux étant cuits à la broche et refroidis, dépecez-les; mettez les membres dans une casserole; brisez les os de la carcasse et les mettez dans une autre casserole avec un verre de vin blanc, un peu de sauce espagnole, échalottes et persil hachés, sel et poivre; faites réduire cette sauce sur un feu très ardent, passez-la à l'étamine, et versez-la sur les membres; faites chauffer le salmis sans cependant le faire bouillir, et dressez-le en y mêlant des croûtons frits dans le beurre et glacés. La sauce espagnole peut être remplacée par un roux dans lequel on passe les débris, que l'on assaisonne de la même manière, et que l'on mouille avec du bouillon et du vin blanc par parties égales; on fait réduire et l'on passe à l'étamine.

Salmis de table à l'esprit de vin.

Les perdreaux étant servis rôtis, on peut, à table même, les mettre en salmis; après les avoir dépecés, on les dresse sur un plat que l'on pose sur un réchaud à esprit de vin; on assaisonne de sel, poivre, échalotes et persil hachés, chapelure et jus de citron; on mouille le tout avec un verre de vin blanc, et l'on fait bouillir le salmis pendant quelques minutes.

Perdreaux à la Monglas.

Après avoir vidé et flambé vos perdreaux, vous les trousserez, vous les mettrez à la broche. Quand ils seront cuits, vous les laisserez refroidir; vous en leverez les estomacs de manière que le reste du corps forme un puits ovale; vous couperez en petits dés vos chairs, que vous passerez dans une casserole; vous partagerez deux ou trois truffes aussi en petits dés; vous aurez une vingtaine de champignons que vous couperez en petit; vous les mêlerez avec vos truffes et votre viande; vous verserez sur le tout quelques cuillerées de sauce espagnole, mêlée d'essence de gibier (Voir ces deux articles au chapitre III); vous ferez bouillir cette préparation; puis vous débriderez les perdreaux, et vous mettrez ce ragoût dedans; dressez ensuite les perdreaux, et mettez dessous un peu de sauce espagnole réduite. Ici, comme pour le salmis (Voir plus haut), la sauce espagnole peut être remplacée par un roux que l'on mouille avec du vin blanc et du bouillon par parties égales; du reste l'assaisonnement est le même.

Filets de perdreau à la Monglas.

Levez des filets de perdreau; ôtez-en les peaux et les nerfs; décorez-les en y incrustant de petits morceaux de truffes, et faites-les sauter sur un feu peu ardent. D'autre part, faites sauter les filets mignons; coupez-les par petits morceaux d'égale grosseur, et mettez-les, avec une égale quantité de truffes et de champignons, dans une sauce composée de velouté, d'espagnole et d'essence de gibier que vous aurez fait réduire et que vous aurez passée à l'étamine. Dressez en couronne les filets bien glacés en les mélangeant de croûtons frits dans le beurre et glacés, et versez le ragoût au milieu.

Manselle de perdreaux.

Faites rôtir et dépecez les perdreaux comme pour les mettre

en salmis; mettez-en les carcasses dans un mortier, avec six échalotes, une pincée de persil, du gros poivre, une feuille de laurier; vous pilez le tout ensemble; vous versez dans une casserole plein quatre cuillères à dégraisser d'espagnole, un demi-verre de vin blanc, vos débris pilés, un peu de muscade râpée, un demi-verre de bouillon; vous ferez réduire le tout à moitié; vous passerez votre sauce en la foulant dans l'étamine; vous la mettrez sur vos membres de perdreaux, que vous tiendrez chauds sans les faire bouillir. La sauce espagnole peut être remplacée par un roux que l'on mouille avec un verre de vin blanc, et autant de bouillon.

Hachis de perdreaux.

(Voyez, plus haut, *Hachis de lapereau*); le hachis de perdreau se fait et se sert de la même manière.

Purée de perdreaux.

(Voyez, plus haut, *Purée de lapereau*), et opérez comme il est indiqué à cet article.

Soufflé de perdreaux.

(Voyez, plus haut, *Soufflé de lapereau*); le procédé est le même pour le soufflé de perdreaux.

Perdreau à la Saint-Laurent.

Troussez un perdreau les cuisses en dedans, et aplatissez-le en lui frappant sur l'estomac; jetez dessus du sel et du poivre, et faites-le revenir dans une casserole avec un peu d'huile; mettez-le ensuite sur le gril à un feu très vif; dressez le perdreau, et versez dessus une sauce espagnole (Voir cette sauce au chapitre III), à laquelle vous aurez ajouté un jus de citron et un peu de zeste.

Perdreau à la tartare.

Vous viderez, flamberez, trousserez et fendrez votre perdreau comme les précédens; vous ferez tiédir du beurre dans une casserole, vous y tremperez votre perdreau de manière qu'il ait du beurre partout; vous le poudrerez de sel, de gros poivre; vous le mettrez dans de la mie de pain, pour qu'il soit bien pané partout. Une bonne demi-heure avant de servir, vous poserez votre perdreau sur le gril à un feu doux, et,

GIBIER.

lorsque vous servirez, mettez sur votre plat une rémolade, et votre perdreau par-dessus.

Perdreau sauté.

Le perdreau étant troussé, comme il est dit à l'article précédent, faites-le sauter dans une casserole sur un feu très ardent, avec du beurre, du sel et du poivre; dressez-le sur un peu de sauce espagnole réduite, dans laquelle vous aurez mis un peu de jus de citron. (Voir, au chapitre III, *Sauce espagnole.*) Cette sauce peut se remplacer par un roux que l'on mouille avec un peu de vin blanc et autant de bouillon.

Perdreau en papillotes.

Lorsque votre perdreau est vidé et flambé, vous le coupez en deux, du cou au croupion, et vous séparez les morceaux; vous mettez du beurre dans une casserole; laissez vos morceaux de perdreau revenir pendant sept ou huit minutes, qu'ils soient presque cuits; vous les laissez refroidir sur un plat; ajoutez des fines herbes à papillotes par-dessus. (Voir au chapitre III.) Quand votre perdreau sera froid, vous couperez un carré de papier assez grand pour qu'il puisse contenir la moitié de votre perdreau; vous étendrez de l'huile sur votre papier, vous y mettrez une barde de lard bien mince, votre autre moitié par-dessus, avec de vos fines herbes, et une barde bien mince pour la couvrir; vous pliez votre papier par-dessus; plissez-le en forme de papillote. Une demi-heure avant de servir, vous mettrez vos papillotes sur le gril à un feu très doux; vous les dressez en couronne sur votre plat, avec un jus clair dessous.

Chartreuse de perdreaux.

On tourne des carottes et des navets de longueur du moule dans lequel on doit faire la chartreuse, en ayant soin qu'ils soient tous de la même grosseur; on les fait blanchir à l'eau, puis on les fait cuire dans du consommé; on les place ensuite de manière à ce qu'ils restent droits; on fait cuire des petits ognons de la même manière. Les perdreaux étant cuits comme il est dit à l'article *Perdrix aux choux* (Voir plus haut), on prend le moule qui doit servir, on le beurre, et l'on forme dans le fond un dessin avec des carottes et des navets que l'on coupe en liards, et dont on forme un cordon, ainsi qu'avec des petits ognons, des petits pois blanchis, des haricots verts; cela suivant le goût. Le fond étant ainsi décoré, on place les carottes et navets alternativement autour du moule; puis avec des choux égouttés, dont on exprime le mouillement, on en garnit d'une légère couche le fond et le tour du moule; on y place les deux perdrix sur l'estomac, et l'on dispose le lard, les cervelas et les saucisses par intervalles : on place les choux pour remplir le moule. Deux heures et plus avant de servir, on met chauffer la chartreuse au bain-marie; on l'entoure de cendres chaudes. Au moment de servir, on la penche doucement pour l'égoutter, en appuyant un couvercle pour qu'elle ne se déforme pas, et on la renverse avec précaution sur le plat que l'on doit servir : on y met très peu de sauce. Si quelque chose s'était dérangé au dessin, on le répare le mieux possible : on peut, avec les choux, mettre cuire quelques laitues, et les employer.

Pain de perdreaux.

Faites, avec des perdreaux, une purée comme il est dit à l'article *Purée de lapereau* (Voir plus haut), en y ajoutant quelques jaunes d'œufs; passez cette purée à l'étamine, mettez-la dans un moule évidé que vous aurez beurré, et mettez ce moule au bain-marie. Une heure de cuisson suffit. Dressez votre pain de perdreaux, et saucez-le avec une espagnole mêlée d'essence de gibier.

Salade de perdreaux.

Parez des débris de perdreaux rôtis; mettez dans une terrine avec bonne huile, vinaigre à l'estragon et une ravigote hachée, du sel et du gros poivre. Mettez ensuite sur un plat autour duquel vous ferez un cordon avec des cœurs de laitue coupés en deux ou en quatre, suivant leur grosseur. Mettez aussi des œufs durs coupés en quartiers, des cornichons émincés, des filets d'anchois, des ognons confits, des câpres, des truffes cuites au vin de Champagne. Au moment de servir, arrosez le tout avec l'assaisonnement resté dans la terrine.

Perdreaux au charbon.

Coupez des perdreaux en deux; pliez les pattes du côté intérieur, et faites-en ressortir l'extrémité par un trou que vous ferez près des reins, de manière à ce que chaque moitié de perdreau ait à peu près l'apparence d'une côtelette, et que la patte figure l'os. Panez ces demi perdreaux en les trempant dans du beurre fondu, puis dans des truffes hachées, en guise de mie de pain, et assaisonnées de sel et de poivre. Faites-les griller, et dressez-les avec une demi-glace dessous.

GIBIER.

Mayonnaise de perdreaux.

(Voyez, plus haut, *Mayonnaise de lapereau*), et opérez, pour les perdreaux, comme il est dit à cet article.

Perdreaux à la broche.

Embrochez des perdreaux avec un atelet; couvrez-les de tranches de citron dont vous aurez ôté les pepins et la peau qui donneraient de l'amertume ; mettez des bardes de lard par-dessus; enveloppez le tout avec du papier beurré ou huilé, couchez-le sur broche, et donnez une heure de cuisson.

Déballez les perdreaux et servez-les avec un jus clair dessous et un jus de citron.

Perdreaux panés et grillés.

(Voyez, ci-dessus, *Perdreaux au charbon*), et préparez les perdreaux comme il est dit à cet article, en remplaçant les truffes hachées par de la mie de pain.

Perdreaux à l'anglaise.

Farcissez les perdreaux avec une farce que vous aurez faite avec leurs foies, du beurre, du sel et du poivre; mettez-les à la broche sans les barder ; enveloppez-les, et faites-les cuire aux trois quarts ; ensuite, mettez-les dans une casserole; après les avoir retirés, levez les membres sans les séparer du corps, et mettez-leur entre chaque membre un peu de beurre manié avec de la mie de pain, de l'échalote, du persil, de la ciboule hachée, du sel, un gros poivre, un peu de muscade. Mouillez vos perdreaux avec un bon verre de vin de Champagne et deux cuillerées de consommé; faites-les bouillir doucement jusqu'à parfaite cuisson, sans les couvrir, afin que la sauce puisse se réduire : finissez avec le jus de deux bigarrades et un peu de leur zeste râpé, et servez.

Salmis de perdreaux froid.

Les perdreaux étant dépecés et la sauce préparée comme il est dit à l'article, *Salmis de perdreaux* (Voir plus haut), vous laissez refroidir la sauce, vous trempez dedans les membres des perdreaux, vous les dressez, et vous garnissez les bords du plat avec de la gelée.

Perdreaux en bigarrure.

(Voyez, plus haut, *Filets de faisan bigarrés*), et servez-vous du même procédé pour les perdreaux.

Salmis de perdreaux au chasseur.

Les perdreaux étant cuits à la broche et dépecés comme il est dit plus haut, mettez-en les membres dans une casserole avec un peu d'huile et autant de vin, sel, poivre, jus de citron ; faites sauter les perdreaux dans cette sauce, et dressez.

Perdreaux en surprise.

Désossez des perdreaux, et ne laissez que le dernier os des cuisses, et les pattes ; jetez un peu de sel et de poivre sur les chairs, et étendez dessus un peu de farce cuite, faite avec de la chair de perdreau ; remplissez les corps des perdreaux avec un salpicon (Voir cet article au chapitre III) ; recouvrez la peau des perdreaux en leur conservant autant que possible leur première forme. Les perdreaux ainsi préparés, mettez-les dans une casserole avec leurs débris, du jambon, du lard râpé, ognons, carottes, bouquet assaisonné, un verre de vin de Madère et autant de consommé ; couvrez le tout d'un papier beurré, et le faites bouillir sur un feu très ardent ; mettez du feu sur le couvercle de la casserole. Trois quarts d'heure de cuisson suffisent ; débridez, glacez et dressez les perdreaux ; faites réduire le fond de cuisson ; passez-le ; ajoutez-y un peu d'essence de gibier et saucez les perdreaux.

Côtelettes de perdreaux.

(Voyez, plus haut, *Côtelettes de lapereau*), et servez-vous du même procédé pour faire les côtelettes de perdreau.

Filets de perdreaux à la Chingara.

Levez les filets de trois perdreaux, parez-les ; faites fondre du beurre dans un sautoir ; mettez et retournez vos filets dans ce beurre, couvrez-les d'un rond de papier ; ayez une belle langue à l'écarlate, qui ne soit pas trop salée, et dont vous aurez coupé six morceaux ; donnez-leur la grandeur et la forme de vos filets ; mettez-les chauffer dans un vase plat avec du bouillon ; prenez les parures et le tendre, excepté les peaux de cette langue ; hachez-les bien fin ; prenez trois cuillerées d'espagnole, avec le fumet de vos carcasses ; faites-le réduire à demi-glace ; sautez vos filets ; dressez-les en couronne, avec un morceau de langue entre chaque ; saucez-les avec une partie de votre sauce ; mettez votre hachis dans le reste de votre sauce ; incorporez bien le tout avec un morceau de beurre fin ; mettez votre hachis dans le puits de vos filets, et servez.

Escalopes de perdreaux.

(Voyez, plus haut, *Escalopes de lapereau*); les escalopes de perdreaux se préparent de la même manière.

Croustade à la purée de perdreaux.

Vous prendrez un morceau de beurre que vous modèlerez dans un coupe-pâte à cœur : vous en ferez huit de même forme, et un rond ; vous tremperez vos morceaux de beurre dans une omelette bien battue, et les panerez à deux fois ; à la seconde, vous y ajouterez un peu de fromage de Parme ; vous appuierez avec la lame de votre couteau dessus la mie de pain, et vous formerez sur l'un des deux bouts une petite ouverture ; vous ferez frire vos croustades à grande friture et d'une belle couleur, vous leverez les petites ouvertures, et laisserez égoutter le beurre qui sera dans l'intérieur de vos croustades ; vous dresserez vos cassolettes ; vous les remplirez avec de la purée de perdreaux (Voir cet article plus haut), et vous dresserez dessus un filet mignon décoré avec des truffes.

De la caille.

Les cailles que l'on prend vers la fin de l'été sont les plus grasses et les meilleures ; cet oiseau quitte nos contrées pendant l'hiver. On peut cependant en avoir toute l'année en les élevant dans des cages tenues à une température douce ; mais elles sont moins bonnes.

Caille au fumet de gibier.

Après avoir vidé une caille, vous la garnirez avec les filets de deux autres cailles assaisonnés de sel, poivre, beurre et persil haché, et vous la mettrez dans une casserole avec du beurre et un jus de citron. Lorsque la caille sera un peu revenue, vous l'entourerez de bardes de lard ; vous mettez dans la même casserole une poêlée (Voir cet article au chapitre III) mouillée avec du vin blanc, et vous ferez bouillir le tout pendant une demi-heure. Débridez et dressez la caille, et saucez-la avec une sauce espagnole et du fumet de gibier. (Voir ces deux derniers articles au chapitre III.) La sauce espagnole peut se remplacer par un roux que l'on mouille avec le fond de cuisson de la caille, que l'on dégraisse et que l'on fait réduire.

Cailles à l'espagnole.

Videz des cailles par la poche ; maniez un morceau de beurre, dans lequel vous mettez un jus de citron, du sel, du gros poivre; vous en mettez dans le corps de vos cailles autant qu'il en peut tenir; vous assujettissez les cuisses avec une aiguille et du gros fil, vous laissez les pattes libres; vous leur donnez une forme agréable en les bridant; vous arrangez des bardes de lard dans une casserole, vos cailles par-dessus; couvrez-les aussi de bardes, et mettez une poêlée mouillée avec moitié vin blanc, moitié bouillon; une bonne demi-heure avant de servir, vous les mettez au feu : en les retirant, vous les égouttez et vous les débridez; ayez des croûtons de la grandeur de vos cailles, et posez-les dessus : vous faites une sauce espagnole un peu claire, sous laquelle vous jetez gros comme la moitié d'une noix de glace.

Cailles au chasseur.

Videz et flambez vos cailles, mettez un morceau de beurre dans une casserole, vos cailles dedans, une feuille de laurier, du sel, du poivre, un peu de fines herbes, si vous en avez; placez vos cailles sur un feu ardent; vous les sautez à chaque instant : lorsqu'elles vous résistent sous le doigt, vous prenez plein une cuillère à bouche de farine, que vous mêlez avec vos cailles, un demi-verre de vin blanc, un peu de bouillon : quand votre sauce sera liée, retirez vos cailles du feu, il ne faut pas qu'elles bouillent; vous les dressez ensuite sur le plat.

Cailles aux truffes.

Videz vos cailles par la poche; vous les flambez légèrement; épluchez vos truffes, coupez-les en gros dés, râpez un peu de lard, que vous mettez dans une casserole avec autant de beurre, du sel, du poivre, des quatre épices, un peu de persil; vous hachez une truffe que vous mêlez avec le reste; vous passez le tout sur le feu pendant sept ou huit minutes; laissez-le refroidir; vous le mettez dans le corps de vos cailles; quand elles seront bien remplies, vous les trousserez et les briderez; vous leur donnerez une forme agréable, vous arrangerez des bardes de lard dans une casserole, et vos cailles dessus; vous les couvrirez de bardes de lard; vous couperez des petits morceaux de veau en dés, une carotte, sept ou huit petits ognons, un clou de girofle, la moitié d'une feuille de laurier; ajoutez-y vos épluchures de truffes, un bon morceau de beurre; vous mettrez le tout dans une casserole : passez votre assaisonnement pendant un bon quart d'heure à un feu modéré : lorsque votre assaisonnement sera bien revenu, vous y mettrez un verre de vin blanc, autant de bouillon; vous ferez jeter deux ou trois bouillons; et lorsque vous mettrez vos cailles au feu, vous verserez cet assaisonnement dessus: une bonne demi-heure suffit pour les cuire. Au moment de servir, vous les égouttez, les débridez et les dressez sur un plat: dans le milieu, vous mettez un sauté de truffes que vous arrangez dans une espagnole réduite. (Voir cette sauce au chapitre III.)

Cailles au gratin.

Prenez six ou sept cailles que vous flambez et videz, passez-les dans une casserole sur le feu, avec un morceau de beurre, un bouquet de persil, ciboule, une demi-gousse d'ail, deux clous de girofle, une demi-feuille de laurier, thym, basilic, des champignons; mettez-y une bonne pincée de farine; mouillez avec un verre de vin blanc, du bouillon et du jus ce qu'il en faut pour donner couleur, sel, gros poivre; à moitié de la cuisson, vous y mettrez un ris de veau blanchi et coupé en gros dés; rachevez de cuire et faites réduire au point d'une sauce liée; votre ragoût dégraissé, vous le servez en gratin de cette façon: hachez les foies de cailles avec persil, ciboule, et les mettez avec un peu de mie de pain, un morceau de beurre, sel, gros poivre, deux jaunes d'œufs: prenez le plat que vous devez servir, mettez cette petite farce dans le fond, et les mettez ensuite sur un petit feu jusqu'à ce que cette farce soit gratinée; servez ensuite le ragoût dessus.

Sauté de filets de cailles.

Levez et parez des filets de cailles; mettez-les sur un plat à sauter avec du beurre fondu, et faites-les sauter pendant quelques minutes sur un feu très vif; dressez-les en couronne en mettant un croûton frit dans le beurre entre chaque filet, et versez au milieu une sauce espagnole dans laquelle vous aurez mis un peu de glace de viande.

Cailles au laurier.

Après avoir vidé des cailles, faites une farce avec leurs foies, du lard, une feuille de laurier et des échalotes hachés, sel, poivre, muscade; farcissez les cailles, embrochez-les sur un atelet; mettez des bardes de lard dessus et enveloppez le tout avec du papier beurré; et couchez l'atelet sur broche. D'autre part, mettez dans une casserole, et sur un feu très ardent, des parures de viande et des tranches de jambon; laissez-les s'attacher un peu au fond de la casserole, puis mouillez avec un verre de vin blanc, quelques cuillerées de consommé, et autant de sauce espagnole; ajoutez une gousse d'ail, une feuille de laurier; faites réduire le tout, et le passez à l'étamine. Les cailles étant cuites, dressez-les en mettant entre chaque caille une feuille de laurier que vous aurez fait blanchir, et saucez.

Cailles aux pois.

Les cailles étant vidées et troussées, mettez-les dans une casserole avec des tranches de jambon, quelques carottes et ognons, un bouquet garni; couvrez les cailles avec des bardes de lard; mouillez le tout avec du consommé, et faites bouillir avec du feu dessous et dessus. Lorsque les cailles sont cuites, faites-les égoutter, dressez-les, et versez dessus des petits pois au lard.

Cailles aux laitues.

Faites cuire des cailles comme il est dit à l'article précédent, dressez-les en couronne en les entre-mêlant de laitues cuites comme il est dit au chapitre des *Sauces* et *Garnitures*; glacez les cailles et les laitues, et versez au milieu une sauce espagnole dans laquelle vous aurez mis un peu de glace de viande.

Cailles à l'anglaise.

Ayez huit cailles, retroussez-les en poules, flambez-les, marquez-les dans une casserole entre quelques bardes de lard, avec une cervelle de veau séparée en deux, une douzaine de petites saucisses, dites chipolata, un bouquet; assaisonnez de sel et de poivre; mouillez le tout avec un bon verre de vin de Madère, et autant de consommé; couvrez vos cailles de bardes de lard et d'un rond de papier, et faites-les cuire; égouttez-les ainsi que la cervelle; ôtez la peau de vos saucisses, rangez-les au milieu de votre plat : mettez vos cailles à l'entour; posez vos cervelles sur vos saucisses; masquez-les d'un ragoût à la Toulouse. (Voir ce ragoût au chapitre III.)

Cailles à la financière.

Faites cuire des cailles comme il est dit à l'article précédent, en vous abstenant d'y mettre des cervelles; dressez-les en mettant entre chacune un morceau de langue à l'écarlate taillé en crête, et versez dessus un ragoût à la financière. (Voir ce ragoût au chapitre III.)

GIBIER.

Cailles en caisse.

Ayez huit cailles; désossez-en les reins seulement; remplissez-les d'une farce composée de foies, quelques foies de volaille, et de fines herbes cuites; ayez une caisse ronde, que vous avez plissée; huilez-la, faites-la chauffer et sécher sur le gril; mettez dans le fond de votre caisse des fines herbes, rangez vos cailles dessus, poudrez-les d'un peu de sel et gros poivre; couvrez-les de bardes de lard, avec un rond de papier beurré; mettez une feuille de papier huilé sur le gril, et votre caisse dessus, à un feu très doux, et couvert d'un four de campagne; laissez cuire ainsi vos cailles : une heure de cuisson suffit; ôtez le lard; glacez les cailles, dressez la caisse et saucez avec une sauce italienne. (Voir cette sauce au chapitre III.)

Cailles en papillotes.

Les cailles étant rôties et froides, coupez-les en deux et trempez-les dans une sauce Durcelle (Voir cette sauce au chapitre III); puis mettez-les en papillotes comme les côtelettes de veau (Voir au chapitre V), en les garnissant d'une barde de lard d'un côté et d'une petite tranche de jambon bien mince de l'autre.

Cailles en prunes.

Désossez des cailles en leur conservant à chacune une patte dont vous coupez le gros bout, et que vous faites passer par le milieu du corps, de manière à ce que cela ait la forme d'une prune; remplissez les cailles avec une farce fine à laquelle vous aurez ajouté les foies des cailles et des aromates pilés; retroussez les peaux, et mettez les cailles dans une casserole avec du beurre, un jus de citron, un verre de vin de Madère, un peu de sel et gros poivre. Recouvrez le tout avec des bardes de lard, un papier beurré, et faites-les cuire doucement avec feu dessous et dessus. Faites égoutter les cailles, et dressez-les avec une sauce espagnole dans laquelle vous aurez mis de la glace de viande. Les cailles ainsi dressées doivent ressembler à une compote de prunes.

Cailles au riz.

Troussez des cailles, et faites-les cuire dans du consommé et des petites saucisses. Le tout étant cuit, pétrissez les saucisses, dont vous aurez ôté la peau, avec le riz, et ajoutez-y un peu de velouté (Voir chapitre III) et un peu de beurre frais.

Dressez le riz ainsi préparé; mettez les cailles dessus, glacez, et saucez avec une sauce espagnole.

Cailles à la milanaise.

Après avoir vidé des cailles, emplissez-les de beurre que vous aurez manié avec un jus de citron et du sel. Panez les cailles en les trempant d'abord dans une sauce allemande (Voir cette sauce au chapitre III), puis dans de la mie de pain mélangée de fromage parmesan râpé; trempez-les ensuite dans des œufs battus et assaisonnés de sel et poivre; puis encore dans la mie de pain et le fromage; faites-les cuire à petit feu dans du beurre; dressez-les, et les saucez avec une sauce tomate indienne. (Voir cette sauce au chapitre III.)

Pâté chaud de cailles en caisse.

Dressez une croûte de pâté avec de la pâte à dresser (Voyez plus loin la *Pâtisserie*) de la grandeur d'un plat d'entrée; vous aurez préparé huit cailles, comme il est indiqué à l'article *Cailles en caisse*; faites-les cuire à moitié dans une casserole, avec un morceau de beurre et des fines herbes, ou Durcelle (Voyez, au chapitre III, *Durcelle*); faites refroidir vos cailles; ayez une farce cuite, mettez-y vos foies de cailles et vos fines herbes; mettez de cette farce dans le fond de votre croûte; mettez-en aussi dans le corps de vos cailles; rangez-les dans votre pâté; garnissez-le de farce tout à l'entour et dans le milieu; assaisonnez-le de sel et poivre; couvrez vos cailles de bardes de lard; mouillez les bords de votre pâté avec de l'eau; couvrez-le d'une abaisse de pâte bien mince; finissez-le, dorez-le avec un œuf battu; pincez-le ou décorez-le; faites-le cuire au four : cinq quarts d'heure suffisent pour sa cuisson; dressez votre pâté sur un plat : levez le couvercle, retirez-en le lard; dégraissez votre pâté; saucez-le d'une bonne financière. (Voir cette sauce au chapitre III.)

De la bécasse.

Cet oiseau est très recherché des amateurs de gibier; la fin de l'hiver est l'époque où la bécasse est excellente; elle est aussi plus grasse. Il y en a plusieurs espèces qui sont la bécasse, la bécassine, la moyenne bécassine, et le bécasseau. En général la bécasse doit être très peu cuite.

Salmis de bécasses.

Les bécasses étant cuites à la broche et refroidies, on les

dépèce, on hache ce qui se trouve dans l'intérieur du corps, excepté le gésier. Ajoutez ce hachis dans une sauce ainsi faite, deux verres de vin blanc, des échalotes, du persil haché, sel et poivre, un peu de beurre; faites bouillir et ajoutez une idée de chapelure de pain. Versez sur vos débris de bécasse et servez chaud. On fait aussi ce salmis comme il est dit plus haut au salmis de perdreaux.

Salmis de table à l'esprit de vin.

(Voyez, plus haut, les *Salmis de perdeaux*).

Bécassines à la minute.

Troussez des bécassines; ne les videz pas, et mettez-les dans une casserole, sur un feu très vif, avec du beurre, sel et gros poivre, muscade, échalotes hachées. Après quelques minutes de cuisson, ajoutez un verre de vin blanc, un jus de citron, et un peu de chapelure; faites bouillir un instant et servez.

Filets de bécasses en canapés.

Vous levez les filets de quatre bécasses, vous les parez; arrangez-les dans votre sautoir; vous les assaisonnez de sel et de gros poivre; vous faites tiédir un morceau de beurre, vous le versez sur vos filets; vous prenez l'intérieur de vos bécasses, excepté le gésier; vous mettez gros comme un œuf de lard cuit, un peu de persil et d'échalotes bien hachés, un peu d'aromates pilés, du sel, du gros poivre; vous hachez le tout ensemble avec votre couteau. Quand votre farce sera finie, vous ferez des croûtons un peu plus grands et de la même forme que vos filets; ils seront épais d'un demi-pouce : avant de les passer ou de les faire jaunir dans le beurre, vous ferez une incision à une ligne du bord en dedans, tout à l'entour; quand votre croûton sera passé, vous le creuserez de manière qu'il puisse contenir de la farce; alors dans chaque croûton vous en mettrez à comble, afin que vous puissiez y placer votre filet; tous vos croûtons remplis, un bon quart d'heure avant de servir, vous les mettez dans le four, ou sur un gril à un feu doux, et un four de campagne assez chaud pour pouvoir cuire vos canapés; alors vous sauterez vos filets, vous dresserez à plat vos croûtons, et vous poserez un filet sur chaque croûton; vous y mettrez la même sauce que la précédente; vous y ajouterez gros comme une noix de glace.

Sauté de filets de bécasses.

Levez et parez des filets de bécasses; mettez-les sur un plat à sauter avec du beurre fondu, sel, poivre et un peu de romarin pilé; mettez le tout sur un feu ardent pendant quelques instans, car il ne faut pas que les filets soient trop cuits. Faites-les égoutter, et dressez-les en couronne, un croûton entre; faites suer les débris de vos bécasses avec un demi-verre de vin blanc, une feuille de laurier, un clou de girofle, et laissez tomber votre sauce à glace; lorsqu'il est réduit, vous y mettez un demi-verre de vin blanc, un verre de bouillon, plein six cuillères à dégraisser d'espagnole; vous faites réduire le tout à moitié. Passez votre sauce à l'étamine, et versez-la sur vos filets.

Sauté de filets de bécasses à la provençale.

Préparez vos filets comme les précédens; vous les assaisonnez de sel, de poivre, de quatre épices; vous les couvrez d'huile, vous y mettez une gousse d'ail pilé; versez de l'huile dans une casserole, avec vos débris de bécasses; vous les faites revenir dedans, avec une pincée de persil en feuilles, une gousse d'ail, deux clous de girofle, six échalotes, une feuille de laurier; quand vos débris seront bien revenus, vous y mettrez plein une cuillère à bouche de farine, vous les mouillerez avec un verre de vin blanc, deux fois autant de bouillon; faites réduire votre sauce de moitié, dégraissez-la, passez-la à l'étamine. Vos filets étant sautés, vous les dresserez en couronne, en mettant entre chaque filet un croûton que vous glacerez; ajoutez alors un jus de citron à la sauce, et versez-la sur les filets.

Croûtons de purée de bécasses.

Les bécasses étant cuites à la broche et refroidies, enlevez les chairs, et mettez les os dans une casserole avec un peu de bouillon, autant de vin blanc, et autant de velouté (Voir, au chapitre III, *Velouté*), du persil, une feuille de laurier et un clou de girofle; faites bouillir cette sauce jusqu'à ce qu'elle soit réduite de moitié, puis passez-la à l'étamine et mettez-la dans un mortier avec les chairs que vous aurez enlevées, du lard cuit, des aromates. Pilez bien le tout, passez cette purée à l'étamine, et faites-la chauffer au bain-marie. D'autre part, vous taillerez des morceaux de mie de pain en ovales; vous les creuserez un peu, de manière à ce qu'ils ressemblent à de petits plats, puis vous les ferez frire dans le beurre. Lorsque les croûtons seront de belle couleur, ôtez-les, faites-les égoutter; garnissez-en l'intérieur avec votre purée, et servez.

Bécasses rôties à l'anglaise.

Videz des bécasses, hachez-en les intestins avec une égale quantité de lard râpé, du persil, des échalotes, sel et poivre; garnissez l'intérieur des bécasses avec cette farce; bardez-les et mettez-les à la broche. Vous mettez dans la léchefrite des bandes de pain beurrées et grillées, de manière à ce qu'elles reçoivent le jus des bécasses que vous arroserez souvent. Dressez vos bécasses sur ces rôties, et servez.

Soufflé de bécasses.

(Voyez, ci-dessus, *Soufflé de perdreaux*). Le soufflé de bécasses se prépare de la même manière.

Hachis de bécasses en croustades.

Hachez bien fin des chairs de bécasses cuites à la broche et refroidies; pilez dans un mortier les carcasses et les intestins des mêmes bécasses en en ôtant seulement le gésier; versez dans une casserole un bon verre de vin de Champagne avec trois échalotes; lorsque ce vin aura jeté quelques bouillons, mettez-y quatre cuillerées d'espagnole réduite, gros comme une noix de glace de gibier; faites-les bouillir; retirez vos carcasses du mortier, mettez-les dans votre sauce, délayez-les sans les laisser bouillir; passez-les à l'étamine comme une purée; ramassez le tout; mettez dans une casserole votre purée, et tenez-la chaudement au bain-marie; faites d'égale grosseur et longueur neuf croûtons en cœur et un rond, le tout de l'épaisseur de trois travers de doigt; faites-les frire dans du beurre clarifié; qu'ils soient d'une belle couleur: vous leur aurez fait, avant de les faire frire, une petite incision convenable à leur forme; videz-les comme vous feriez d'un pâté chaud; mettez votre hachis dans votre sauce; ajoutez-y un peu de beurre bien frais, mêlez bien le tout ensemble; remplissez-en vos croustades, dressez-les, et mettez sur chacune un œuf poché.

Du Pluvier et du Vanneau.

Le pluvier et le vanneau ne s'emploient ordinairement que pour rôt; de même que les bécasses, ils ne se vident point. On peut, avec les débris du pluvier et du vanneau rôtis, faire des salmis, purées, hachis, et l'on procède, dans ce cas, comme pour les bécasses. (Voir plus haut.) On peut aussi faire avec ces oiseaux les entrées suivantes.

Pluviers à la broche, pour entrée.

Videz des pluviers ; faites, avec les intestins, du lard râpé, poivre, sel, persil, échalotes, une farce, et garnissez-en l'intérieur des pluviers ; embrochez les avec un atelet ; couvrez-les de bardes de lard, et enveloppez-les de papier. Couchez les pluviers sur broche ; lorsqu'ils seront cuits vous ôterez le papier et le lard, vous dresserez les pluviers, et vous verserez dessus un ragoût aux truffes. (Voir ce ragoût au chapitre III.)

Pluviers au gratin.

Videz, flambez, épluchez quatre pluviers ; faites une farce de leurs intestins, comme celle indiquée à l'article précédent ; remplissez-en leur corps, mettez au fond d'un plat d'entrée l'épaisseur d'un travers de doigt de gratin ; arrangez dessus vos quatre pluviers ; remplissez de ce gratin les vides qui peuvent se trouver entre eux ; relevez-en la farce à l'entour, ayant soin de n'en point garnir les estomacs, que vous couvrirez de bardes de lard ; mettez-les cuire au feu, ou sous un four de campagne, avec feu modéré dessous, et un peu plus ardent dessus : leur cuisson faite, dégraissez-les, et saucez-les avec une italienne.

Pluviers à la Périgueux.

Ayez quatre pluviers, videz-les, flambez-les, épluchez-les, mettez-les dans une casserole, avec une douzaine de belles truffes entières, dont vous aurez ôté la peau, un bouquet assaisonné, un peu de basilic, sel et poivre ; faites revenir le tout dans du beurre, et mouillez-le avec un verre de vin de Champagne, six cuillerées d'espagnole réduite ; faites cuire ainsi vos pluviers, et dégraissez-les ; leur cuisson faite, mettez-les, ainsi que les truffes, dans une casserole ; passez la sauce à l'étamine ; dressez vos pluviers sur un plat ; mettez dessus vos truffes en rocher ; faites réduire votre sauce ; ajoutez-y un jus de citron et servez.

De la Sarcelle.

La sarcelle ressemble beaucoup au canard, quoique plus petite ; on la vide ; et elle se sert le plus ordinairement rôtie ou en salmis. On en fait aussi des entrées, comme il est dit ci-après. La sarcelle étant un oiseau de rivière, est considérée comme aliment maigre.

Sarcelles à la broche, pour entrée.

Videz et flambez des sarcelles, et garnissez-en l'intérieur avec du beurre mêlé d'écorce de citron hachée, sel, poivre et jus de citron. Embrochez les sarcelles avec un atelet; couvrez-les de tranches de citron; mettez par-dessus ces tranches, des bardes de lard sur lesquelles vous aurez semé un peu de sel; enveloppez le tout dans du papier beurré; couchez-le sur broche, et faites cuire pendant trois quarts d'heure. Mettez dans une casserole de la sauce espagnole, de la glace de viande, du gros poivre, du zeste de citron haché; faites bouillir cette sauce; dressez vos sarcelles; ôtez-en le lard et le citron, et versez dessus la sauce ainsi préparée.

Sauté de filets de sarcelles à la Viard.

Levez les filets de plusieurs sarcelles, et coupez-les en long, ce qu'on appelle vulgairement en *aiguillettes*. Faites sauter ces filets au beurre, avec sel, poivre, aromates pilés. D'autre part, mettez les débris des sarcelles dans une casserole avec un peu de vin blanc, et faites bouillir jusqu'à ce que le vin soit tari; ajoutez alors quelques cuillerées de consommé; faites bouillir de nouveau; passez cette préparation au tamis; mélangez-la avec une égale quantité de sauce espagnole; faites réduire le tout de moitié, ajoutez-y un peu de glace de viande, un zeste et un jus de citron. Vos filets étant sautés, faites-les égoutter, dressez-les, et versez votre sauce dessus.

Sarcelles à la batelière.

Vous levez les cuisses, les filets et le croupion de vos sarcelles; vous coupez vos filets en trois dans leur longueur, et de la même grosseur; vous mettez un bon morceau de beurre avec vos morceaux de sarcelles, des échalotes hachées, du persil, du sel, du gros poivre, un peu de muscade râpée, dans une casserole que vous tenez sur un feu ardent; vous sautez ce qui est dans votre casserole pendant dix à douze minutes; vous tâtez si vos morceaux sont bien raidis; ensuite, prenez plein une cuillère à bouche de farine, que vous mêlez avec votre ragoût; vous y mettez un verre de vin blanc; remuez un instant votre ragoût jusqu'à ce qu'il ait jeté un bouillon : si votre sauce était trop liée, vous y ajouteriez un demi-verre de vin blanc. Sitôt que votre ragoût aura jeté un bouillon, vous le retirerez du feu pour le servir.

De la Grive.

La grive n'est bonne qu'au commencement de l'automne, alors qu'elle a pu s'engraisser de grain. Cet oiseau est de la grosseur du merle, et il se mange le plus ordinairement rôti. On peut en outre en faire des entrées comme nous l'indiquons ci-après.

Grives en prunes.

(Voyez, ci-dessus, *Cailles en prunes*.) Les grives se préparent de la même manière.

Grives au gratin.

(Voir, plus haut, *Cailles au gratin*); on emploie le même procédé pour les grives.

Grives à la flamande.

Plumez et flambez des grives, et mettez-les dans une casserole, sans les vider, avec du beurre, sel, poivre et des baies de genièvre. Faites-les cuire avec feu dessous et dessus; dressez-les, et versez dessus l'assaisonnement dans lequel elles auront cuit.

Grives à l'anglaise.

Vos grives étant plumées et troussées, embrochez-les sur un atelet; fixez votre atelet sur broche; enveloppez vos grives de papier; mettez un morceau de lard au bout d'un atelet enveloppé d'un morceau de papier; faites prendre le feu à votre lard, et, pendant qu'il brûle, faites-le dégoutter sur vos grives, auxquelles vous aurez retiré le papier; poudrez-les de sel et de mie de pain; donnez-leur une belle couleur; dressez-les, et servez-les avec une sauce à la diable.

Du Canard sauvage.

Ces oiseaux de rivière, dont la femelle est la plus estimée, sont souvent rôtis sans être piqués ni bardés, après les avoir flambés et vidés. Etant cuits à la broche, refroidis, on en fait des entrées de différens goûts, comme au jus d'orange, aux anchois, aux câpres, et surtout en salmis.

Canards sauvages à la broche.

Choisissez deux canards sauvages; qu'ils soient gras; voyez s'ils ont les pattes fines, d'une belle couleur, et non desséchées : pour juger s'ils sont vieux tués, ouvrez-leur le bec, et flairez s'ils ne sentent pas un mauvais goût; tâtez-leur le croupion et le ventre; s'ils sont fermes et pesans, c'est une preuve qu'ils sont gras et frais; s'ils ont toutes ces qualités, prenez-les. Plumez deux de ces canards, ôtez-en le duvet, coupez-en les ailes bien près du corps; supprimez-en les cous; videz les; flambez-les, épluchez-les, retroussez-leur les pattes, bridez-les, et frottez-les avec leurs foies; mettez-les à la broche; faites-les cuire verts; débrochez-les, dressez-les, et servez-les avec des citrons entiers.

Filets de canards sauvages à l'orange.

Levez quatre estomacs de canards, laissez la peau dessus; mettez-les mariner avec de l'huile, sel, gros poivre, un ognon et du persil en branches; une heure avant de servir, embrochez-les sur un atelet, et couchez-les sur broche; faites-les cuire : une demi-heure suffit pour leur cuisson; débrochez-les; levez-en les filets; parez-les, en leur laissant la peau; mettez-les à mesure dans une demi-glace un peu serrée; tenez-les chauds sans les laisser bouillir : au moment de servir, dressez-les sur un plat en couronne, et servez dessous une sauce à l'orange.

Salmis de canards sauvages.

(Voyez, plus haut, *Mancelle de perdreaux*), et préparez le salmis de canard comme il est dit à cet article.

Salmis de canards sauvages au chasseur.

Levez les filets et les cuisses de canards sauvages cuits à la broche; coupez les carcasses en morceaux, et mettez le tout dans une casserole avec du sel, du poivre, un peu d'huile, un verre de vin de Bordeaux et un jus de citron; faites sauter le tout ensemble et servez.

Escalopes de filets de canards sauvages.

Levez des filets de canards sauvages, et coupez-les en petits morceaux égaux; mettez ces morceaux sur un plat à sauter avec de l'huile fine, sel et poivre; faites sauter ces escalopes sur un feu ardent; faites-les égoutter ensuite, et mettez-les dans une sauce poivrade (Voir cette sauce au chapitre III), à laquelle vous aurez ajouté un jus de citron; dressez ensuite les escalopes avec des croûtons frits dans l'huile.

De la Mauviette.

Les mauviettes ou alouettes ne sont bonnes à manger qu'eprès la récolte des grains et au commencement de l'hiver; pour la broche on ne les vide pas; mais pour mettre en ragoût, on les vide comme les autres oiseaux.

Mauviettes aux fines herbes.

Les mauviettes étant flambées troussées, mettez-les dans une casserole avec du beurre, du sel et du poivre, faites les sauter en ajoutant du persil, des échalotes et des champignons hachés; dix minutes suffisent. Versez ensuite sur vos mauviettes un peu de sauce espagnole (Voir cette sauce au chapitre III), autant de consommé; mêlez bien le tout ensemble, et dressez.

Mauviettes en Chipolata à la minute.

Faites revenir des tranches de lard dans une casserole avec du beurre; ajoutez-y des saucisses longues, et quelques instans après les mauviettes; lorsqu'elles seront cuites aux trois quarts, vous ôterez le tout; vous ôterez également la moitié du beurre qui est dans la casserole, vous y mettrez des champignons; quand ils auront jeté quelques bouillons, vous y mettrez plein un cuillère à bouche de farine, que vous mêlerez avec les champignons; vous y verserez un verre de vin blanc, un demi verre d'eau, du sel très peu à cause du lard, un peu de poivre; quand cela aura jeté quelques bouillons, vous y mettrez les saucisses, le lard, les mauviettes, des marrons grillés; au premier bouillon, retirez de dessus le feu, et servez.

Mauviettes en croustades.

Vous désossez douze mauviettes, vous en prenez l'intérieur, excepté le gésier; vous hachez, et vous mettez ce hachis sur un plat d'argent, avec autant de farce cuite, un peu de sel et du gros poivre, un peu de fines herbes, une barde de lard par-dessus; posez-le ensuite sur un fourneau doux, et le four de campagne par-dessus. Lorsque votre farce sera cuite, vous la mettrez dans une casserole; versez dedans plein deux cuillères à dégraisser de velouté, que vous mêlerez bien avec votre farce; vous en mettrez dans l'intérieur de vos mauviettes; vous leur donnerez la forme d'une petite boule ou d'un ovale; si vous voulez, vous les coudrez avec du fil, pour qu'elles ne perdent pas leur forme; mettez un morceau de beurre dans une casserole; vous le ferez tiédir, vous y mettrez vos mauviettes, avec un peu de sel et du gros poivre, un peu de quatre épices; vous les tiendrez sur un feu doux pendant sept ou huit minutes; lorsqu'elles seront bien raidies, vous les égoutterez, avec des croûtons faits avec de la mie de pain, épais d'un pouce et demi; vous y ferez une incision en dedans, à une ligne du bord; vous les passerez dans le beurre : lorsqu'ils auront belle couleur, vous les en retirerez, les laisserez égoutter sur un linge blanc; vous en ôterez le milieu, vous mettrez dedans de votre farce et votre mauviette, à laquelle vous aurez ôté le fil; vous laisserez un peu de vide par-dessus votre farce, pour y mettre un peu de sauce : quinze minutes avant de servir, vous posez vos croûtons garnis de mauviettes sur une tourtière, et les mettez au four, ou sous un four de campagne qui ne soit pas trop chaud. Au moment de servir, dressez vos croûtons sur un plat, et dans chaque vous verserez un peu de sauce italienne. (Voir cette sauce au chapitre III.)

Sauté de filets de mauviettes aux truffes.

Levez des filets de mauviettes, et faites-les sauter au beurre avec des truffes coupées en liards. D'autre part, pilez les intestins des mauviettes, dont vous aurez ôté le gésier; mêlez-les avec un peu de farce fine (Voir au chapitre III), et garnissez-en des morceaux de mie de pain taillés en ovale, évidés, et frits dans le beurre; mettez-les sur un feu doux, et un four de campagne par dessus. Les filets étant sautés, mettez-les dans une sauce espagnole réduite avec un peu d'essence de gibier; dressez-les, et les entourez avec les croûtons préparés comme nous venons de le dire.

Caisses de mauviettes.

(Voyez, plus haut, *Caisses de cailles*), et employez le même procédé pour les mauviettes.

Mauviettes en cerises.

(Voyez *Cailles en prunes*). Les mauviettes en cerises se préparent de la même manière.

CHAPITRE X.

DE LA VOLAILLE.

Du Canard. — Canard poêlé. — Canard à la purée de lentilles. — Canard aux navets. — Canard à la purée de navets. — Canard aux olives. — Canard en aiguillettes. — Filets de canards à l'orange. — Cuisses de canard en macédoine. — Caneton aux petits pois. — Caneton au beurre d'écrevisses. — Caneton au vert pré. — Caneton aux petites racines. — Caneton aux concombres. — Caneton aux petits ognons. — Caneton en macédoine. — Caneton au verjus. — Caneton à la purée verte. — Canard à la choucroûte. — Canard aux choux. — Du Dindon. — Dindon en daube. — Galantine de dindon. — Ailerons de dindon en haricot. — Ailerons de dindon en haricot vierge. — Ailerons de dindon à la chicorée. — Ailerons de dindon en Chipolata. — Ailerons de dindon au soleil. — Blanquette de dindon. — Hachis de dindon. — Capilotade de dindon. — Quenelles de dindon. — Croquettes de dindon. — Cuisses de dindon sauce Robert. — Ailerons de dindon à la maître d'hôtel. — Ailerons de dindon aux truffes. — Ailerons de dindon farcis à la maréchale. — Ailerons de dindon aux olives. — Ailerons de dindon aux petits pois. — Dinde aux truffes, à la broche. — Dinde à la Providence. — Dinde à la flamande. — Dinde en surprise. — Dindonneau à l'estragon. — Dindonneau au beurre d'écrevisses. — Dindonneau à la régence. — Dindonneau peau de Goret. — Dindonneau en tortue. — Dinde à la Godard. — Dindonneau en mayonnaise. — Dindonneau en salade. — Atelets de dindon. — De la Poularde et du Chapon. — Chapon poêlé. — Poularde à la Saint-Garat. — Poularde en petit deuil. — Poularde aux moules. — Poularde aux huîtres. — Poularde au riz. — Poularde en campine. — Poularde aux truffes. — Poularde à la reine. — Galantine de poularde. — Poularde à la chevalière. — Poularde en bigarrure. — Blanquette de poularde. — Croquettes de poularde. — Hachis de poularde à la turque. — Cuisses de poularde en caneton. — Soufflé de purée de volaille. — Cuisses de poulardes sautées aux champignons. — Filets de poularde au suprême. — Débris de volaille en kari. — Capilotade de volaille. — Filets de volaille piqués. — Purée de volaille. — Chapon au gros sel. — Poularde à la flamande. — Poularde à la broche pour entrée. — Poularde à l'estragon. — Poularde sauce tomate. — Poularde au beurre d'écrevisses. — Poularde à la Chivri. — Poularde à la hollandaise. — Poularde à l'étouffade. — Poularde à la Marengo. — Poularde à la provençale. — Poularde à l'anglaise. — Poularde panée et grillée. — Poularde au feu d'enfer. — Filets de poularde à la maréchale. — Filets de poularde en demi-deuil. — Filets de poularde à la vénitienne. — Filets de poularde à la béchamel. — Filets de poularde à la Chingara. — Cuisses de poularde en ballotine. — Cuisses de poularde aux truffes. — Cuisses de poularde à la nivernaise. — Cuisses de poularde à la bayonnaise. — Friteau de poularde. — Emincé de filets de poularde aux concombres. — Emincé de poularde aux truffes. — Emincé de poularde aux champignons. — Béchamel de volaille au gratin. — Coquil-

VOLAILLE.

les de volaille. — Rissoles de volaille. — Rissoles à l'Italienne. — Boudin de volaille. — Cromesquis de volaille. — Casserole de volaille au riz, à la reine. — Terrine d'ailerons de poulardes. — Ailerons de poularde à la pluche verte. — Crêtes et rognons de coqs au velouté. — Aspic de crêtes et rognons de coqs. — Foies gras à la Périgueux. — Foies gras en matelotte. — Foies gras au gratin. — Foies gras en caisse. — Atelets de foies gras. — Côtelettes de foies gras — Escalopes de foies gras. — Pain de foies gras à l'espagnole. — Pain de foies gras à la gelée. — De l'Oie. — Oie à l'allemande. — Oie en daube. — Cuisses d'oie à la purée. — Aiguillettes d'oie. — Oie à l'anglaise. — Oie aux marrons. — Oie à la Providence. — Cuisses et ailes d'oie à la bayonnaise. — Oie à la Chipolata. — Cuisses d'oie à la lyonnaise. — Oie à la flamande. — Du Poulet. — Poulet poêlé. — Poulet au riz. — Poulet à la Monglas. — Poulet à la Montmorency. — Poulet à la broche pour entrée. — Poulet à la reine. — Fricassée de poulet à la chevalière. — Fricassée de poulet à la minute. — Sauté de filets de poulet au suprême. — Orly de poulet. — Cuisses de poulet au soleil. — Cuisses de poulet à la Périgueux. — Aspic de blanc de poulet. — Poulet en mayonnaise. — Poulet à la tartare. — Poulet rôti. — Poulet aux truffes. — Poulet à l'anglaise. — Poulet en lézard. — Salade de volaille. — Marinade de poulet. — Poulet à la paysanne. — Côtelettes de poulet. — Fricassée de poulet à la gelée. — Fricassée de poulet à la bourguignonne. — Poulet à la Mauduit. — Friteau de poulet à la Saint-Florentin. — Fricassée de poulet à la Bardoux. — Fricassée de poulet à la Saint-Lambert. — Du Pigeon. — Pigeon à la broche. — Pigeon à la Saint-Laurent. — Pigeon à la crapaudine. — Pigeon à la casserole. — Pigeon en compote. — Côtelettes de pigeon. — Pigeon aux petites racines. — Pigeon en Chipolata. — Pigeon en papillote. — Pigeon à la cuillère. — Pigeon à la financière. — Pigeon à l'aurore. — Pigeons en ortolans. — Pigeons à la monarque. — Pigeons aux petits pois. — Pigeons en macédoine. — Chartreuse de pigeons. — Pâté chaud de pigeons. — Caisse de pigeons. — Du Ramier. — Ramereaux en marinade. — Ramereaux poêlés. — Ramereaux à l'étouffade. — Des Tourtereaux. — Des Ortolans et des petits oiseaux en général.

Du Canard.

Le canard sauvage se sert le plus souvent rôti; celui de basse-cour s'emploie plus ordinairement en entrées. Les canards et canetons de la Normandie passent pour être les meilleurs de la France.

Canard poêlé.

Votre canard étant plumé et vidé, vous lui rentrez le croupion dans le corps, et lui troussez les pattes en dessous des cuisses; bridez-le de manière à lui conserver une belle forme; frottez-le avec un jus de citron, et mettez-le dans une casserole que vous aurez garnie de bardes de lard; recouvrez le canard avec des bardes semblables, et versez dessus une poêlée (Voir, au chapitre III, *Poêlée*); une heure avant de servir, vous le mettez au feu : faites-le mijoter jusqu'au moment de servir; vous l'égouttez, le débridez, et le dressez ensuite sur le plat; vous mettrez plein trois cuillères à dégraisser d'espagnole travaillée, un peu de gros poivre, le jus d'une bigarade, avec un peu de zeste; vous placerez cette sauce au feu; au premier bouillon, vous la verserez sous votre canard : faute de bigarade, servez-vous de citron.

Canard à la purée de lentilles.

Vous préparez votre canard comme celui dit à la poêle; vous mettez des bardes de lard dans le fond d'une casserole, votre canard dessus, quelques tranches de rouelle de veau, deux carottes, trois ognons, deux clous de girofle, une feuille de laurier, un peu de thym, un bouquet de persil et ciboule; vous couvrez votre canard de bardes; vous versez plein une cuillère à pot de bouillon. Si votre canard est tendre, trois quarts d'heure suffisent pour le cuire; s'il est dur, laissez-le davantage au feu : au moment de servir, vous l'égouttez, le débridez, et le dressez sur le plat; vous le masquez, si vous voulez, d'une purée de lentilles. Si votre canard est bien blanc et bien potelé, vous mettez la purée dessous.

Canard aux navets.

Prenez un canard que vous flambez et videz : troussez les pattes en dedans; après qu'il est bien épluché, vous mettez un peu de beurre dans une casserole avec une cuillerée de farine; faites la roussir de belle couleur et mouillez avec du bouillon; vous y mettez ensuite le canard avec un bouquet garni, un peu de sel, gros poivre; ayez des navets coupés proprement, que vous faites cuire avec le canard; s'ils sont durs, vous les mettez en même temps; s'ils ne le sont pas, vous les mettez à la moitié de la cuisson du canard. Quand votre ragoût est bien cuit et bien dégraissé, mettez un filet de vinaigre, servez à courte sauce. Voilà la façon de faire le canard aux navets à la bourgeoise. L'autre façon est de faire cuire le canard à part dans une braise blanche, et de tourner les navets en amandes, les faire blanchir et cuire avec de bon bouillon, jus de veau et espagnole; quand votre ragoût est fait, vous le versez sur le canard.

Canard à la purée de navets.

(Voyez, ci-dessus, *Canard à la purée de lentilles*), et opérez

VOLAILLE.

de la même manière, en vous servant de purée de navets. (Voir, pour les purées, les chapitres I et III.)

Canard aux olives.

Votre canard étant troussé et cuit comme il est dit ci-dessus, à l'article *Canard poêlé*, vous tournez des olives pour en enlever le noyau, et vous les faites blanchir dans de l'eau bouillante, puis vous les mettez dans une casserole avec un peu de sauce espagnole (Voir cette sauce au chapitre III), autant de consommé, du gros poivre, et vous les faites cuire sur un feu très vif. Les olives étant cuites, dégraissez votre sauce, et versez-la sur le canard.

Canard en aiguillettes.

Le canard étant troussé et cuit comme il est dit à l'article précédent, vous le ferez égoutter, le dresserez, et vous ciselerez les filets sans les lever. Faites cuire, dans un peu de blond de veau, des échalotes hachées; ajoutez-y de la muscade, du gros poivre, un jus de citron, et versez cette préparation dans les ciselures que vous aurez faites. On peut servir de la même manière un canard rôti.

Filets de canard à l'orange.

(Voyez, au chapitre précédent, *Filets de canard sauvage à l'orange.*)

Cuisses de canard en macédoine.

Levez les filets et les cuisses d'un canard, désossez ces dernières; assaisonnez le tout de sel et gros poivre; garnissez les chairs avec un peu de farce fine (Voir au chapitre III), puis rapprochez les chairs avec une aiguille et du fil, et faites-les cuire comme le *Canard poêlé*. (Voir, plus haut, cet article.) Le tout étant cuit, laissez-le refroidir; puis mettez-le sur un plat à sauter avec un peu de glace de viande; faites chauffer, dressez en couronne, et versez au milieu une macédoine de légumes.

Caneton aux petits pois.

Ayez un ou deux canetons échaudés et vidés; troussez les pattes de façon qu'il n'y ait que les griffes qui paraissent, faites-les blanchir un moment à l'eau bouillante; faites un petit roux avec deux pincées de farine et un morceau de beurre; mouillez avec du bouillon, mettez les canetons avec un litron de petits pois, un bouquet de persil, ciboule; faites bouillir à petit feu jusqu'à ce que les canetons soient cuits; un moment avant de servir, vous y mettez un peu de sel. Servez à courte sauce.

Caneton au beurre d'écrevisses.

Votre caneton étant cuit comme il est dit à l'article précédent, versez dessus une sauce au beurre d'écrevisses. (Voir cette sauce au chapitre III.)

Caneton au vert pré.

Faites cuire le caneton comme il est dit ci-dessus, et versez dessus une sauce ravigote verte. (Voir cette sauce au chapitre III.)

Caneton aux petites racines.

Faites cuire le caneton comme il est dit aux articles précédens, et versez dessus un ragoût de petites racines préparé comme il est dit au chapitre III.

Caneton aux concombres.

Faites cuire le caneton comme il est dit, plus haut, à l'article *Canard poêlé*, et versez dessus des concombres préparés comme il est dit au chapitre III. Il en est de même du *Caneton aux petits ognons*, à la purée, etc.

Caneton au verjus.

Faites blanchir des grains de verjus dont vous aurez ôté les queues, puis faites-le égoutter, et le mettez dans une casserole avec un peu de sauce espagnole et un peu de glace de viande; faites bouillir cette sauce, ajoutez-y un peu de beurre bien frais, et versez-la sur le caneton que vous aurez fait cuire comme il est dit à l'article *Canard poêlé*.

Canard à la choucroûte.

La choucroûte étant bien lavée, mettez-la dans une casserole avec des saucisses, cervelas, et du petit salé; mouillez-la avec du consommé non dégraissé, et faites-la cuire. Après trois heures de cuisson, ôtez le lard, les saucisses et cervelas; mettez à leur place un canard que vous aurez troussé, les pattes en dedans, et faites cuire de nouveau pendant une heure et demie. Dressez le canard, entourez-le de choucroûte, et placez sur la choucroûte les saucisses, cervelas et le petit lard que vous aurez tenus chauds.

VOLAILLE.

Canard aux choux.

Vos choux étant préparés et blanchis commme il est dit au chapitre III, *Sauces et Garnitures*, mettez-les dans une casserole avec un canard que vous aurez troussé comme il est dit à l'article précédent; ajoutez-y des saucisses, un cervelas et du petit lard; mouillez avec du consommé non dégraissé. Le tout étant cuit, dressez le canard, entourez-le de choux que vous aurez pressés et égouttés; placez sur les choux le petit lard, les saucisses et le cervelas, et saucez avec une sauce espagnole réduite. (Voir cette sauce au chapitre III.)

Canard farci.

Videz le canard par la poche, désossez-le, et le renversez à mesure que vous ôtez les os : vous le remplissez après, à moitié, avec une farce de volaille ou de godiveau, si vous n'en avez point d'autre; cette farce de godiveau se fait en prenant gros comme un œuf de rouelle de veau, deux fois autant de graisse de bœuf que vous hachez ensemble; mettez avec, persil ciboule, champignons, le tout haché, deux œufs crus, sel, poivre, un demi-setier de crême, mêlez le tout ensemble et le mettez dans le corps du canard; ficelez-le pour que rien ne sorte et le faites cuire à la braise; quand il est cuit, essuyez-le de sa graisse et le servez avec une bonne sauce ou un ragoût de marrons cuits dans un verre de vin blanc, un peu de sauce espagnole et un peu de beurre bien frais.

Du Dindon.

Un bon dindon doit être gras et avoir la chair très blanche; ceux qui ont la chair jaune, sont d'un goût désagréable, et l'on n'en peut rien faire. Les jeunes dindons se servent également pour rôt ou pour entrée; quant aux vieux, ils ne peuvent être mis qu'en daube ou en galantine.

Dindon en daube.

Vous pouvez désosser le dindon; après l'avoir plumé, flambé et vidé; autrement mettez-le tout entier dans une daubière après l'avoir bien ficelé pour soutenir les chairs. Mettez des bardes de lard par-dessus, un bouquet bien garni; ajoutez du basilic, quatre ognons, autant de carottes, un jarret de veau ou des débris, deux pieds de veau, la carcasse, les pattes, les ailerons et le cou du dindon, du sel, des épices, puis mouillez avec du bouillon. Vous ferez cuire également avec feu dessus et dessous ou bien au four. Vous aurez soin de retirer l'abattis lorsqu'il sera cuit pour en faire un plat particulier.

Le dindon étant cuit on le retire ainsi que tout ce qu'il y a dans la braisière, et on le met dans un vase sans le déformer. On passe le mouillement par-dessus dans un tamis. Le lendemain on enlève la graisse. On s'assure que la gelée est assez forte et d'un bon sel ; on fait clarifier le fond, tiédir le dindon pour fondre la graisse ou la gelée qui serait restée dessus, et on sert sur un plat ovale avec une garniture de gelée qui peut être ornée de capucines, de cornichons, d'ognons confits etc. Ainsi cuit, le dindon se sert également chaud avec les racines qui s'y trouvent, et pour sauce un peu du fond réduit. On le garnit d'ognons glacés. (Voir, au chapitre III, *Ognons glacés.*)

Galantine de dindon.

Vous flamberez votre dindon ; ayez soin qu'il ait une bonne chair et qu'il soit bien nourri ; vous commencerez à le désosser par le dos ; prenez garde de gâter l'estomac ; quand il sera désossé entièrement, et que les nerfs et les cuisses seront ôtés, vous leverez une partie des chairs de l'estomac, à un demi-pouce près de la peau ; vous ferez de même aux cuisses ; mettez avec les chairs que vous avez coupées du dessus de votre dindon, celles de deux ou trois poules, ou simplement du veau ou autre viande : cela est à volonté. Si vous avez deux livres de viande, vous y mettrez deux livres de lard, le plus gras possible ; vous hachez le tout ensemble ; joignez-y du sel, du poivre, des quatre épices, des fines herbes. Lorsque votre sauce est hachée bien fin, vous assaisonnez de moyens lardons avec des aromates pilés, du sel, du poivre, et vous lardez les chairs de votre dindon ; vous faites ensuite un lit de farce épais d'un pouce, que vous aplanissez bien également ; vous mettez sur ce lit de farce des truffes coupées en long, de la langue à l'écarlate, des lardons de lard, des filets mignons de votre dindon, des volailles, et des foies gras, si vous en avez : vous remettez un lit de farce, et, de même qu'au premier lit, des truffes, de la langue, des lardons, etc. : vous ferez la même chose jusqu'à ce que vous n'ayez plus de farce ; votre farce employée, vous roulez votre dindon de manière qu'il contienne toute la farce, sans qu'il s'en échappe d'aucun côté ; avec une aiguille à brider et de la ficelle, vous cousez les chairs comme elles étaient dans leur forme première ; vous donnez une forme longue à votre galantine ; vous la couvrez de bandes de lard, un peu de sel ; vous l'enveloppez dans un canevas avec quatre ou cinq feuilles de laurier; vous liez vos deux bouts, et vous ficelez votre galantine par-dessus le canevas, pour qu'elle conserve sa forme; mettez des bardes de lard dans une braisière, votre galantine par-dessus; ajoutez-y des jarrets de veau, six carottes, six ognons, un fort bouquet de persil et de ciboule, les débris de votre dindon, quatre feuilles de laurier, un peu de thym, trois clous de girofle, plein trois cuillères à pot de bouillon, plus, si votre pièce est forte; vous la mettrez au feu, et la ferez mijoter pendant trois heures; lorsqu'elle sera cuite, vous l'ôterez du feu; mais vous ne sortirez la galantine de la braisière que lorsqu'elle ne sera plus que tiède; pressez-la alors, afin d'en extraire le jus, et laissez-la entièrement refroidir sans la déballer. Le fond de cuisson étant destiné à faire de la gelée, il faut le passer dans un linge et le clarifier en battant des blancs d'œufs avec un peu de ce fond, les mettant dans le tout, et le faisant bouillir en l'écumant et dégraissant avec soin. Passez ce fond de cuisson une seconde fois et laissez-le refroidir. Vous pourrez décorer votre galantine avec cette gelée.

Ailerons de dindon en haricot.

Lorsque les ailerons ne sont pas échaudés, il faut le faire de cette manière: on met dans un poêlon huit à dix ailerons; lorsque l'eau commence à chauffer, on les remue; et, les plumes commençant à se détacher, il faut les retirer du feu, et bien les éplucher; ensuite, on les met dégorger dans de l'eau tiède; on désosse environ un demi-pouce à partir de l'aile, puis on les fait blanchir; on les flambe bien légèrement. Étant bien épluchés, on les met dans une casserole avec du bouillon, un ognon, une carotte, un bouquet simple; on les couvre de bardes de lard ou d'un papier beurré, et l'on fait cuire. Il faut tâcher que les ailerons se conservent blancs; ce qui s'obtient en les couvrant de lard, et en ayant soin qu'ils trempent dans le mouillement, et en rentrant la partie supérieure en dessous. Les ailerons étant cuits, dressez-les en couronne, et versez au milieu un ragoût de petits navets préparé comme il est dit au chapitre III.

Ailerons de dindon en haricot vierge.

Tournez des navets en petits bâtons d'égales dimensions, faites-les sauter dans le beurre sans leur faire prendre couleur, puis versez dessus quelques cuillerées de velouté (Voir, au chapitre III, *Velouté*), et faites bouillir jusqu'à ce que les navets soient cuits. Dressez alors en couronne vos ailerons que vous aurez fait cuire comme il est dit à l'article précédent, et versez le ragoût de navets au milieu.

Ailerons à la chicorée.

Échaudez ces ailerons, flambez-les; vous les désossez; vous les piquez de lard fin; vous mettez des bardes dans le fond d'une casserole, quelques tranches de veau, deux carottes coupées en tranches, deux ognons, un clou de girofle, une feuille de laurier, et vos ailerons par-dessus cet assaisonnement, un rond de papier beurré, plein une cuillère à pot de consommé ou de bouillon : vous les ferez mijoter pendant une heure, feu dessus et dessous; faites attention que vos ailerons ne prennent pas trop de couleur : au moment de servir, vous les égouttez; glacez-les, et mettez de la chicorée sur le plat, vos ailerons par-dessus, ou bien vous dressez en couronne, et votre chicorée dans le milieu. (Voir, au chapitre III, la manière de préparer la chicorée pour garnitures.)

Ailerons en Chipolata.

Échaudez, flambez et désossez vos ailerons; vous les parez, vous mettez un morceau de beurre dans une casserole avec vos ailerons; vous les sautez sur le feu d'un fourneau ardent; lorsqu'ils sont revenus dans votre beurre, vous y mettez une cuillerée à bouche de farine, plein deux cuillères à pot de bouillon, une feuille de laurier, du gros poivre; vous ferez aller vos ailerons à grand feu : ayez soin d'écumer; vous ferez blanchir du petit lard que vous couperez en carrés plats, pour ajouter à vos ailerons; joignez-y aussi des champignons les plus blancs possible, un bouquet de persil et ciboule; lorsque votre ragoût sera aux trois quarts cuit, vous y mettrez vingt-quatre petits ognons bien épluchés et de la même grosseur, des marrons que vous aurez mondés, des saucisses longues que vous liez par le milieu, et que vous ferez blanchir : dégraissez votre ragoût, et mettez ces ingrédiens dedans : quand il sera cuit, et au moment de servir, dressez vos ailerons sur votre plat; ôtez le bouquet et la feuille de laurier de votre ragoût; voyez s'il est de bon sel, et mettez-y une liaison de deux jaunes d'œufs; vous le versez sur vos ailerons.

Ailerons au soleil.

Vous sauterez vos ailerons dans le beurre comme pour la chipolata; vous y mettrez plein huit cuillères à dégraisser de velouté, la moitié d'une cuillère à pot de bouillon, une feuille de laurier, du gros poivre, un clou de girofle, un bouquet de persil et ciboule; vous ferez bouillir vos ailerons, vous les écumerez; aux trois quarts cuits, vous les dégraisserez; ensuite, lorsqu'ils seront cuits, vous ferez réduire votre sauce de manière qu'elle soit bien liée; retirez le bouquet, la feuille et le clou de girofle; vous mettrez dans votre ragoût une liaison de trois jaunes d'œufs, avec gros comme la moitié d'un œuf de beurre; quand il sera lié, vous placerez vos ailerons, pour refroidir, sur une tourtière ou un plat, et leur sauce par-dessus, de manière à ce qu'ils soient bien enduits de sauce de tous côtés. Les ailerons étant froids, vous les panerez en les trempant dans de la mie de pain d'abord, puis dans des œufs battus et assaisonnés de sel, poivre, fines herbes, et une seconde fois dans de la mie de pain. Faites frire les ailerons ainsi préparés, et servez-les avec du persil frit.

Blanquette de dindon.

Le dindon étant cuit à la broche et refroidi, enlevez les chairs de l'estomac, et faites-en une blanquette en opérant comme il est dit à l'article *Blanquette de veau*. (Voir au chapitre V.)

Hachis de dindon.

Prenez les chairs blanches d'un dindon cuit à la broche et refroidi; ôtez-en soigneusement les peaux et les nerfs, hachez-les, et liez votre hachis avec une sauce béchamel (Voir cette sauce au chapitre III) que vous ferez chauffer. A défaut de sauce, on fait un roux blanc que l'on mouille avec du consommé dans lequel on a fait bouillir la carcasse du dindon: on lie cette sauce avec des jaunes d'œufs, et on la verse sur le hachis.

Capilotade de dindon.

Le dindon étant cuit à la broche et refroidi, on le dépèce; puis on prépare une sauce à l'italienne avec un morceau de beurre, une cuillerée de farine, des champignons, du persil, et un peu d'échalotes hachées; on mouille avec un verre de vin blanc et du bouillon. Etant bien dégraissée et de bon goût, on met les morceaux de volaille mijoter pendant une demi-heure; on dégraisse encore, et on ajoute à la sauce quelques croûtons frits et glacés.

Quenelles de dindon.

(Voyez, au chapitre III, *Quenelles de volaille*), et opérez comme il est dit à cet article, en employant de la chair de dindon.

Croquettes de dindon.

Le dindon étant cuit à la broche et refroidi, enlevez-en les blancs, et opérez comme il est dit au chapitre IX, à l'article *Croquettes de lapereau*.

Cuisses de dindon à la sauce Robert.

Levez les cuisses d'un dindon cuit à la broche, et les faites griller après les avoir assaisonnées de sel et de poivre ; dressez-les et versez une sauce Robert dessus. (Voir cette sauce au chapitre III.)

Ailerons de dindon aux truffes.

Faites cuire des ailerons comme il est dit plus haut à l'article *Ailerons de dindon en haricot*, dressez-les et versez dessus un ragoût de truffes. (Voir ce ragoût au chapitre III.)

Ailerons de dindon à la maître d'hôtel.

Faites cuire les ailerons comme il est dit ci-dessus ; panez-les en les trempant successivement dans du beurre fondu et dans de la mie de pain ; faites-les griller sur un feu doux, et dressez-les sur une maître d'hôtel froide. (Voir *Maître d'hôtel* au chapitre III.)

Ailerons de dindon aux olives.

Faites cuire vos ailerons comme il est dit aux articles précédens, et versez dessus un ragoût aux olives. (Voir ce ragoût au chapitre III.)

Ailerons aux petits pois.

Vos ailerons étant cuits comme il est dit plus haut, versez dessus des petits pois au lard.

Ailerons farcis à la maréchale.

Ayez dix ailerons bien dégorgés ; désossez-les jusqu'à la première jointure ; garnissez le dedans d'une farce cuite ; cousez les deux bouts de la peau de chaque aileron ; faites-les cuire comme il est indiqué aux articles précédens ; faites-les

VOLAILLE.

refroidir entre deux couvercles; parez-les, panez-les à l'anglaise; faites griller au moment de servir, et servez-les avec du jus réduit.

Dinde aux truffes.

Ayez deux ou trois livres de truffes bien brossées. Quand elles sont bien nettoyées, vous enlevez la pelure que vous hachez très fin. Retirez ensuite de la dinde tout ce que l'on peut de graisse; on l'épluche et on la pèle. Mettez ensuite dans une casserole un morceau de beurre et les truffes, sel et épices; passez-les sur le feu pendant environ dix minutes; ajoutez-y ensuite les parures de truffes hachées et la graisse pilée. Si la graisse manquait ou qu'elle fût insuffisante, on ajouterait des débris de lard pilé. Vous introduirez le tout dans la dinde que vous avez eu soin de vider par la poche, et vous la briderez de manière à ce que rien ne s'en échappe. Couvrez la dinde et la ficelez avec une barde de lard, puis marquez-la dans une casserole ou braisière avec des débris de veau quels qu'ils soient, un rond de papier par-dessus. Faites cuire à petit feu et servez avec la sauce, ou bien une sauce espagnole dans laquelle vous mettez des parures de truffes hachées. La dinde étant ainsi truffée, se met aussi à la broche, et se sert avec une sauce aux truffes. (Voir cette sauce au chapitre III.)

Dindonneau à l'estragon.

Videz, flambez et troussez un dindonneau les pattes en dehors, et faites-le cuire dans une bonne poêlée (Voir, au chapitre III, *Poêlée*); dressez-le, décorez-le avec des feuilles d'estragon, et saucez avec une sauce aspic à l'estragon.

Dindonneau au beurre d'écrevisses.

Le dindonneau étant cuit comme il est dit à l'article précédent, dressez-les et versez dessus une sauce au beurre d'écrevisses. (Voir au chapitre III.)

Dindonneau à la régence.

Votre dindonneau étant flambé, vidé et troussé comme il est dit aux articles précédens, faites-le revenir dans le beurre, afin que les chairs soient un peu fermes; piquez ensuite l'estomac avec du lard fin, et faites-le cuire dans une casserole avec des bardes de lard, un ognon, une carotte, sel, poivre, bouquet garni, le tout mouillé avec du consommé, mais de manière que la partie piquée ne baigne pas. Le dindonneau étant cuit, débridez-le, glacez-le et dressez-le sur un ragoût à la financière. (Voir au chapitre III.)

Dindonneau peau de goret.

Troussez un dindonneau comme il est dit aux articles précédens; mettez-le à la broche; arrosez-le souvent avec de l'huile, et saupoudrez de sel. Le dindonneau étant cuit, dressez-le, et saucez avec une sauce à la diable. (Voir cette sauce au chapitre III.)

Dindonneau en tortue.

Flambez un dindonneau, et désossez-le en le fendant par le dos, en ayant soin de ne pas endommager la peau; laissez-lui les pattes et les ailerons. Assaisonnez l'intérieur de sel et gros poivre; étendez de la farce cuite sur les chairs (Voir cette farce au chapitre III.), et remplissez l'intérieur du corps avec un salpicon (Voir au chapitre III *Salpicon*); recousez les peaux, bridez les pattes et les ailerons, et mettez le dindonneau ainsi préparé dans une casserole garnie de bardes de lard; couvrez-le de tranches de citron; mettez des bardes de lard par-dessus; mouillez avec du consommé et un verre de vin de Madère, et donnez une heure de cuisson. Le dindonneau étant cuit, débridez-le, et donnez-lui la forme d'une tortue, en figurant les pattes de cet animal avec des écrevisses que vous piquerez sur les côtes du dindonneau; la tête et la queue d'une grosse écrevisse arrangées sur l'estomac du dindonneau peuvent figurer la tête de la tortue, et l'on complète l'illusion en incrustant sur la peau du dindonneau des morceaux de truffes taillés en quadrilles. Dressez le dindonneau sur une sauce financière. (Voir cette sauce au chapitre III.)

Dindonneau en mayonnaise.

(Voyez, au chapitre IX, *Faisan en mayonnaise*), et opérez de la même manière avec le dindonneau.

Dindonneau en salade.

Le dindonneau étant préparé comme pour la mayonnaise, entourez-le de cœurs de laitues, décorez la salade avec des anchois, câpres, olives, cornichons, etc., et servez avec un huilier.

Dinde à la providence.

Truffez une dinde, comme il est dit plus haut à l'article

Dinde aux truffes. Ainsi préparée, ayez vingt morceaux de petit lard, que vous faites dessaler et blanchir, vingt saucisses à la Chipolata, vingt gros champignons, vingt truffes, trente marrons; ayez aussi trente petites quenelles de la grosseur de vos saucisses, que vous faites pocher; faites cuire votre petit lard et vos saucisses, mettez la moitié de cette garniture dans le corps de votre dinde; troussez-la et bridez-la comme pour entrée; marquez dans une braisière avec quelques tranches de veau, deux lames de jambon, deux ognons, deux clous de girofle, un bouquet assaisonné; couvrez votre dinde de bardes de lard et d'un papier beurré; mouillez-la d'un verre de vin de Madère et de bon consommé; faites cuire votre dinde pendant deux heures à petit feu : sa cuisson faite, passez-en le fond au tamis de soie, dégraissez-le, et faites-le clarifier et réduire à moitié; passez-le à la serviette; mettez chauffer l'autre moitié de votre garniture; ajoutez-y une douzaine de belles crêtes et de rognons de coqs et une partie de votre fond; égouttez votre dinde, débridez-la, dressez-la sur un plat, rangez votre garniture à l'entour, versez votre consommé dessus, et servez comme relevé de potage.

Dinde à la flamande.

Troussez une poule d'Inde, les pattes en dedans; bridez-la, couvrez-la de bardes de lard, et faites-la cuire dans une poêlée. (Voir, au chapitre III, *Poêlée.*) Dressez la dinde ainsi cuite, garnissez-la de laitues, et versez sur le tout une sauce à la flamande. (Voir au chapitre III pour les *Sauces et Garnitures.*)

Dindon en surprise.

Ayez un fort dindon; videz-le, flambez-le, bridez-le, comme pour rôt; faites-le cuire à la broche. Sa cuisson faite, laissez-le refroidir; levez-en l'estomac; faites un puits que vous remplirez d'un salpicon. Couvrez votre salpicon d'une farce à quenelles, donnez une forme bien ronde à l'estomac de votre dindon; panez-le avec de la mie de pain et du fromage de Parme; mettez-le au four pour lui faire prendre couleur, et saucez avec une sauce espagnole réduite. (Voir, pour le *Salpicon*, la *Farce* et la *Sauce*, le chapitre III.)

Dinde à la Godard.

Troussez une forte dinde; faites-la revenir pour en raffermir les chairs, et piquez-en l'estomac avec du lard fin; mettez-la dans une casserole avec du lard, des parures de viande, un jarret de veau, quelques carottes et ognons, un bouquet garni, le tout mouillé avec du consommé, et faites-la cuire sur un feu peu ardent. La dinde étant cuite, débridez-la, et opérez du reste comme il est dit à l'article *Aloyau à la Godard*. (Voir au chapitre IV.)

Atelets de dindon.

Levez les chairs de l'estomac d'un dindon cuit à la broche et refroidi; coupez-les en petits morceaux carrés; coupez de la même manière du petit lard cuit, des truffes et de gros champignons, et mettez le tout dans une sauce à atelets. (Voir cette sauce au chapitre III.) Embrochez ces morceaux avec des atelets, en mettant successivement un morceau de dindon, un de lard, un de truffe, un de champignon; tâchez qu'ils soient tous bien garnis de leur sauce; panez-les en les trempant dans des œufs battus et dans de la mie de pain, et faites-les frire; servez ces atelets avec du jus réduit dessous.

Du Chapon et de la Poularde.

Les chapons et poulardes du pays de Caux, et particulièrement ceux du Mans, sont les plus estimés. Pour être parfaits, une poularde ou un chapon doivent être âgés de six mois au moins et de huit au plus. On reconnaît une vieille poularde au derrière qui est rouge, et un vieux chapon à l'ergot qui est long.

Chapon poêlé.

Lorsque votre chapon est plumé et flambé très légèrement, vous l'épluchez et le videz; vous couchez les pattes sur les cuisses, vous les bridez, c'est-à-dire, vous prenez une aiguille à brider et de la ficelle, vous la passez en travers, pour aller joindre l'autre cuisse; vous repassez encore l'aiguille, en mettant la patte et l'os de la cuisse entre votre ficelle; vous serrez bien par ce moyen votre nœud, et vous faites bomber l'estomac : vos pattes se trouvent assujetties, et ne se dérangent pas en cuisant; vous mettez des bardes de lard dans une casserole, votre chapon par-dessus; vous le couvrez de tranches bien minces de citron; vous le recouvrez de bardes de lard, et vous mettez une poêlée par-dessus. (Voyez *Poêlée* au chapitre III.) Cinq quarts d'heure de cuisson suffisent.

Poularde à la Saint-Garat.

Quand elle est flambée, vidée, vous avez des lardons de

lard gras; vous en faites aussi avec de la langue à l'écarlate; vous les assaisonnez de sel et de poivre, de quatre épices; remuez-les bien dans votre assaisonnement; vous ôtez intérieurement les os de l'estomac de votre poularde, vous lui coupez les pattes, et vous troussez les cuisses en dedans; vous la piquez correctement d'un lardon de lard, d'un lardon de langue: que votre lardoire passe de l'estomac aux reins; vos lardons doivent former un ovale; mettez-les à distances égales. Vous bridez votre poularde en faisant bomber l'estomac; donnez-lui une forme agréable; mettez ensuite dans une casserole des bardes de lard, plusieurs tranches de veau, quelques carottes coupées en tranches, quatre ognons, dont un piqué de deux clous de girofle, un bouquet de persil et de ciboule, une feuille de laurier, un peu de thym; vous frottez de jus de citron plusieurs bardes dont vous couvrirez votre poularde, et vous la mettrez sur votre assaisonnement, avec un rond de papier beurré pour la couvrir; versez aussi plein une cuillère à pot de bouillon et un peu de sel; vous la mettrez au feu une heure avant de servir, et qu'elle mijote; vous prendrez gros comme un œuf du plus rouge de la langue dont vous vous serez servi, et vous le pilerez avec un peu de beurre, du poivre et de la muscade râpée. Délayez cette purée dans un peu de velouté (Voyez, au chapitre III, *Velouté*); faites-la chauffer; ajoutez-y quelques cuillerées de consommé, un peu de glace de viande, et passez cette purée à l'étamine en la foulant. La poularde étant cuite, dressez-la, et mettez cette purée dessous.

Poularde en petit deuil.

Votre poularde étant flambée, et troussée les pattes en dedans, vous la bridez de manière à ce que l'estomac soit saillant; puis mettez-la dans une casserole garnie de bardes de lard, et versez une poêlée par-dessus. (Voir *Poêlée* au chapitre III.) La poularde étant cuite aux trois quarts, vous l'ôtez du feu, et vous lui faites, sur l'estomac, des trous dans lesquels vous enfoncez des lardons de truffes, de manière à former un ovale de toute la grandeur de l'estomac. Passez alors votre fond de cuisson au tamis, remettez la poularde dedans et faites bouillir doucement pendant une heure. Hachez des truffes, passez-les au beurre; ajoutez-y un peu de velouté (Voir *Velouté* au chapitre III), autant de consommé, un peu de gros poivre; faites bouillir cette sauce, et saucez votre poularde avec.

Poularde aux moules.

Faites cuire une poularde comme il est dit plus haut à l'article *Chapon poêlé*; lavez et ratissez des moules; mettez-les dans une casserole, sur un feu ardent pour les faire ouvrir. Après avoir extrait les moules de leurs coquilles, vous faites revenir un peu de persil et de ciboule dans du beurre; vous ajoutez quelques cuillerées de béchamel (Voir cette sauce au chapitre III); vous faites bouillir le tout, et le jetez sur vos moules. Dressez votre poularde; liez votre sauce aux moules avec des jaunes d'œufs et versez cette sauce sur la poularde. A défaut de béchamel on peut se servir de velouté; si l'on n'a ni l'un ni l'autre, on fait un roux blanc en jetant un peu de farine sur le beurre et les fines herbes, et l'on mouille avec du consommé.

Poularde aux huîtres.

Vous parerez votre poularde comme il est dit au chapon; vous aurez des huîtres, vous leur ferez jeter un bouillon dans leur eau; vous les égoutterez, vous en ôterez les tours, ce qu'on appelle les ébarber; vous les mettrez dans une casserole, et vous mettrez par-dessus du gros poivre et plein quatre cuillères à dégraisser de velouté; au moment de servir, débridez votre poularde, égouttez-la, dressez-la sur le plat; vous lierez la sauce aux huîtres, et la verserez sur la poularde. Si vous n'avez pas de velouté vous mettrez un quarteron de beurre dans une casserole, plein une cuillère à bouche de farine, du gros poivre; vous mouillerez votre sauce aux huîtres avec de l'eau qui vient des huîtres; au moment où vous voudrez servir, vous mettrez une liaison de trois œufs dans votre sauce.

Poularde au riz.

Après avoir flambé votre poularde, vous la désossez entièrement par le dos : prenez garde de lui gâter l'estomac; vous faites bouillir dans du bouillon, pendant dix minutes, une demi-livre de riz bien lavé et bien épluché; vous le laissez égoutter sur un tamis de crin; prenez un quarteron de beurre dans une casserole; vous le faites tiédir, vous y mettez votre riz; vous râpez un peu de muscade, un peu de sel, un peu de gros poivre, et vous mêlez le tout ensemble; ajoutez-y quatre jaunes d'œufs, que vous mélangez bien avec votre riz; vous le laissez refroidir, vous en remplissez votre poularde autant qu'elle en peut tenir, vous lui cousez le dos, et lui donnez sa forme première : vous lui frottez ensuite l'estomac avec un jus de citron; couvrez-la de bardes de lard et ficelez-la; vous mettrez aussi des bardes de lard dans une casserole avec votre poularde, et une poêlée dans laquelle il n'y aura point de citron; vous la poserez sur le feu une heure avant de servir; vous aurez une demi-livre de riz propre, que vous mettrez dans une casserole avec trois fois autant de consommé, c'est-à-dire que si la demi-livre de riz tient dans un verre, il en faut trois de consommé ou de bouillon; faites mijoter votre riz pendant trois quarts d'heure, puis faites-le égoutter sur un tamis, et mêlez-le avec un peu de sauce espagnole réduite et un peu de beurre fin. Dressez votre poularde; entourez-la avec ce riz qui doit être bien chaud, et mettez dessous une sauce espagnole dans laquelle vous aurez fait fondre un peu de glace de viande.

La sauce espagnole peut, dans ce cas, se remplacer par un roux léger que l'on mouille avec le fond de cuisson de la poularde.

Poularde en campine.

Flambez une poularde; ôtez les os du bréchet; coupez les pattes; dressez les cuisses en dedans et coupez les ailes. La poularde étant ainsi troussée, vous la mettrez dans une casserole avec une demi-livre de beurre, autant d'huile, autant de lard râpé, et vous la ferez cuire sur un feu peu ardent pendant une heure; puis vous ôterez la poularde; vous mettrez dans la casserole des échalotes, des champignons, du persil, le tout haché bien fin, du sel et du poivre; ces ingrédiens ayant bouilli pendant quelques minutes, vous verserez le tout sur la poularde, et vous laisserez le tout refroidir. Mettez ensuite des bardes de lard sur la poularde garnie de son assaisonnement; enveloppez-la dans cinq ou six feuilles de papier huilé, ficelez le papier afin de maintenir l'assaisonnement, et trois quarts d'heure avant de servir, mettez cette campine sous le four de campagne. Otez la ficelle et servez avec le papier.

Poularde aux truffes.

Videz une poularde par l'estomac; ôtez les os du bréchet, et remplissez-la de truffes que vous aurez passées au beurre avec du sel, du poivre, des quatre épices. Troussez la poularde les pattes en dedans; frottez-la de jus de citron, et couvrez-lui l'estomac avec une barde de lard : vous en placez deux ou trois dans une casserole, votre poularde par-dessus; vous coupez en gros dés environ une livre et demie de rouelle de veau, quatre ognons, trois carottes coupées en morceaux, deux feuilles de laurier, deux clous de girofle, une demi-livre de beurre, toutes les parures de vos truffes; mettez le tout dans une casserole sur un feu ardent, passez-le pendant dix minutes, et y versez plein une cuillère à pot de bouillon; vous versez cet assaisonnement sur votre poularde; une heure avant de servir, vous la mettez au feu, avec du feu sur le couvercle. Au moment de servir, vous l'égouttez et la débridez, vous la dressez sur votre plat ; pour sauce, vous hachez trois truffes, que vous passez dans du beurre; vous y ajoutez plein six cuillères à dégraisser d'espagnole, trois cuillerées de consommé; vous mettez dans votre sauce douze truffes; faites-la réduire d'un tiers, dégraissez-la, et mettez-la sous votre poularde.

A défaut d'espagnole, on peut faire un petit roux et le mouiller avec le fond de cuisson de la poularde; on dégraisse ensuite et l'on fait réduire.

Poularde à la reine.

Lorsque votre poularde sera cuite dans une poêle, vous la laisserez refroidir; vous enleverez les chairs de l'estomac en forme de trou ovale de la longueur de votre pièce; avec les chairs vous ferez une farce cuite; vous remplirez votre poularde, et vous lui donnerez sa forme première; enveloppez le tour de votre volaille avec des bardes de lard que vous assujettissez avec de petites chevilles de bois; vous la mettrez sur une tourtière au four, ou bien vous placerez votre tourtière sur un feu doux, et le four de campagne un peu chaud par-dessus pendant une heure : au moment de servir, vous ôterez les bardes qui entourent votre poularde, vous la dresserez sur votre plat; vous ajouterez dessous un velouté réduit, dans lequel vous mettrez une liaison d'un jaune d'œuf, et gros comme la moitié d'un œuf de beurre, un peu de gros poivre.

Galantine de poularde.

(Voyez, plus haut, *Galantine de dindon*), et employez le même procédé que pour la poularde.

Poularde à la chevalière.

Votre poularde étant flambée et vidée comme celle dite *aux truffes* (Voir plus haut), emplissez-la de beurre assaisonné de sel et de poivre; bridez-la de manière à lui rendre l'estomac saillant, et piquez-le de lard fin. Mettez des bardes de lard dans une casserole, et votre poularde par-dessus avec des parures de viande, quelques carottes et ognons, laurier, girofle, bouquet garni; mouillez le tout avec du bouillon, et le mettez sur un feu très ardent. Il ne faut pas plus de cinq quarts d'heure de cuisson. La poularde étant cuite, débridez-la, glacez-la et dressez-la sur un ragoût de crête et rognons de coqs. (Voir ce ragoût au chapitre III.)

Blanquette de poularde.

Enlevez les blancs d'une poularde cuite à la broche, émincez-les, et opérez du reste comme pour la blanquette de veau. (Voir au chapitre V.)

Croquettes de poularde.

(Voyez, au chapitre IX, Croquettes de lapereau), et servez-vous du même procédé pour les croquettes de poularde.

Hachis de poularde à la turque.

La poularde étant cuite à la broche et refroidie, enlevez-en les chairs, hachez-les bien menu. Mettez dans une casserole quelques cuillerées de sauce béchamel et un peu de crème, du beurre, sel, poivre et muscade râpée; faites bouillir cette sauce, puis mêlez-la avec votre hachis, et faites chauffer le tout sans le faire bouillir. Dressez le hachis; mettez des œufs pochés dessus, et entre chaque œuf des croûtons frits dans le beurre et glacés.

Cuisses de poularde en caneton.

Désossez des cuisses de poularde; mettez dans l'intérieur du sel, du poivre, un peu de farce; recouvrez les peaux, et fourrez le haut de la patte dans la cuisse; chaque cuisse ainsi troussée doit avoir à peu près la forme d'un petit ballon. Mettez ces cuisses entre deux bardes de lard, dans une casserole avec quelques carottes et ognons, un bouquet garni, et mouillez le tout avec du bouillon, et donnez une heure de cuisson. Vous aurez conservé les os des cuisses; vous en couperez l'extrémité en biais de manière à figurer un bec de caneton. Les cuisses étant cuites, ôtez-en le fil; enfoncez dans chaque cuisse l'os coupé comme nous venons de le dire, et saucez avec une sauce hollandaise. (Voir cette sauce au chapitre III.)

Soufflé de purée de volaille.

Hachez bien menu des filets de volaille rôtie, et mettez ce hachis dans un mortier avec de la tétine de veau, un peu de beurre, du sel et du poivre. Le tout étant bien pilé, mettez-le dans une casserole; versez dessus quelques cuillerées de velouté (Voir, au chapitre III, *Velouté*); faites chauffer le tout au bain-marie, et passez-le à l'étamine en le foulant; mêlez à cette purée quelques jaunes d'œufs, des blancs d'œufs battus en neige, et mettez cette préparation sur un plat dont les bords seront garnis de croûtons que vous y aurez collés en en trempant l'extrémité dans un blanc d'œuf et le posant sur le plat que vous aurez fait chauffer. Mettez le plat sur un feu doux, et le four de campagne par-dessus. Quand le soufflé sera monté, qu'il aura de la consistance et sera de belle couleur, servez-le promptement.

Poulardes en bigarrure.

Il faut, pour faire cette entrée, deux belles poulardes, dont l'estomac soit bien en chair; vous les flambez légèrement, vous enlevez les quatres filets avec les ailes, le plus correctement possible; levez les quatre cuisses, en leur conservant presque toute la peau; vous piquez vos quatre filets de lard fin, vous les parez, et couvrez vos ailerons de manière qu'on ne les voie pas, afin qu'ils aient de l'apparence, et que vos filets soient plus élevés; vous les mettez dans une casserole avec des bardes de lard, des tranches de veau, deux ognons coupés aussi en tranches, deux carottes de même, deux clous de girofle, une feuille de laurier, un peu de thym, un bouquet de persil et ciboule, et vos filets par-dessus cet assaisonnement, une feuille de papier beurré, plein une petite cuillère à pot de gelée; vous désossez vos quatre cuisses entièrement, vous hachez quatre truffes que vous passez dans du beurre, un peu de sel, un peu de gros poivre, un peu de quatre épices; lorsque vos truffes seront froides, vous en farcirez les quatre cuisses; rassemblez les chairs avec une aiguille et du fil, de manière que vos cuisses forment un rond plat par le gros bout; vous couperez une patte aux trois quarts, et vous la mettrez dans la cuisse, de sorte qu'on voie les serres; prenez ensuite dans une casserole un morceau de beurre, un jus de citron, du sel, du poivre; mettez-la sur le feu, avec vos cuisses dedans; vous les ferez raidir, ensuite vous les couvrirez de bardes, et vous mettez une poêlée par-dessus (Voir *Poêlée* au chapitre III); laissez-les cuire et refroidir : vous en piquerez deux d'outre en outre, avec des truffes en petits lardons bien égaux et à la même distance; vous piquerez les deux autres de langue à l'écarlate, de même que celles aux truffes; mettez-les dans une casserole, avec le fond dans lequel elles ont cuit, et que vous avez passé au tamis de soie; vous ôterez les nerfs des filets mignons, et vous y mettrez des truffes, comme il est dit aux filets de lapereaux (Voyez ces filets); vous les mettrez dans un plat d'argent, avec du beurre tiède et une idée de sel; trois quarts d'heure avant de servir, vous mettrez vos filets de volaille au feu; placez-en sur le couvercle; vous tiendrez les cuisses chaudes : au moment de servir, égouttez vos filets, glacez-les; égouttez aussi les cuisses, que vous laisserez bien blanches; vous sauterez vos filets mignons; vous placerez sur votre plat une cuisse entre chaque filet, et dans le milieu vos filets mignons, arrangés en rosettes; vous emploierez pour sauce une espagnole travaillée, à l'essence de volaille; vous pourrez y mettre une sauce tomate, dans laquelle vous ajouterez gros comme une noix de glace de viande.

Cuisses de poularde au sauté de champignons.

Désossez des cuisses de poularde jusqu'au joint de l'intérieur; jetez un peu de sel et de poivre sur les chairs et garnissez l'intérieur avec de la farce cuite et de la purée de champignons par parties égales. Garnissez de bardes de lard le fond d'une casserole, posez les cuisses de poularde dessus, et recouvrez-les avec des bardes semblables; versez une poêlée par-dessus (Voir *Poêlée* au chapitre III), et faites bouillir le tout à petit feu pendant une heure. Les cuisses étant cuites, ôtez-en le fil, dressez-les, et mettez au milieu un sauté de champignons. (Voir au chapitre des légumes.)

Filets de poularde au suprême.

Levez des filets de poularde; ôtez-en soigneusement la peau et les nerfs, et mettez-les sur un plat à sauter avec du sel, du poivre, du persil haché bien fin et lavé, le tout arrosé avec du beurre tiède. Faites sauter les filets ainsi préparés sur un feu ardent. Mettez dans une casserole un peu de sauce béchamel (Voir cette sauce au chapitre III), un peu de consommé, du persil haché, un peu de beurre fin; faites bouillir ce mélange, et mettez les filets de poularde sautés, dedans. Dressez ensuite les filets en couronne, en mettant entre chaque filet un croûton frit dans le beurre et glacé.

Débris de volaille en kari.

(Voyez, plus haut, *Kari de lapin*), et employez le même procédé pour la volaille.

Capilotade de volaille.

Levez les membres d'une ou d'un reste de volaille, placez-les dans une casserole; vous passerez dans le beurre un peu d'échalotes hachées, du persil et quatre champignons de même hachés; quand votre beurre sera en huile, vous y mettrez plein quatre cuillères à dégraisser d'espagnole, plein deux cuillères de consommé; faites réduire votre sauce et dégraissez-la; mettez-la sur les membres de la volaille, que vous ferez mijoter un bon quart d'heure.

Purée de volaille.

Levez les blancs d'une poularde rôtie et refroidie, et pilez-les dans un mortier avec un peu de tétine de veau cuite, du sel, du poivre et de la muscade râpée. Mettez dans une casserole quelques cuillerées de béchamel (Voir cette sauce au chapitre III), un peu de consommé; cette sauce ayant fait un bouillon, ôtez-la du feu, mettez dedans les blancs pilés, et passez le tout à l'étamine; faites chauffer cette purée au bain-marie, et servez-la avec des croûtons autour.

Chapon au gros sel.

Videz et flambez un chapon, troussez-lui les pattes en dedans, bridez-le, bardez-le, et faites-le cuire dans du consommé. Le chapon étant cuit, ce que vous reconnaîtrez en lui pinçant l'aileron, débridez-le et servez-le avec un peu de gros sel dessus et du jus de viande réduit dessous.

Poularde à la flamande.

Faites cuire une poularde comme il est dit plus haut à l'article *Chapon poêlé;* dressez-la et entourez-la d'une garniture à la flamande. (Voir cette garniture au chapitre III.)

Poularde à la broche pour entrée.

Flambez une poularde, videz-la par la poche, ôtez l'os du bréchet, et remplissez-lui le corps de beurre bien assaisonné de sel, poivre et jus de citron; troussez-lui les pattes en dehors, bridez les ailes; frottez-lui l'estomac avec un jus de citron; embrochez-la avec un atelet; couvrez-la de tranches de citron dont vous aurez ôté les pepins et le blanc, ce qui lui donnerait de l'amertume; mettez des bardes de lard par dessus les tranches de citron, et enveloppez la poularde ainsi préparée dans plusieurs feuilles de papier dont vous lierez les extrémités sur l'atelet. Couchez la poularde sur broche; donnez cinq quarts d'heure de cuisson, puis déballez-la, et servez-la avec un jus clair dessous.

Poularde à l'estragon.

(Voyez, plus haut, *Dindonneau à l'estragon*), et servez-vous du même procédé pour la poularde.

Poularde à la sauce tomate.

Elle se prépare comme la poularde à l'estragon ; la sauce seule est différente.

Poularde au beurre d'écrevisses.

(Voyez *Poularde à l'estragon*), et remplacez la sauce à l'estragon par une sauce au beurre d'écrevisses préparée comme il est dit au chapitre III.

Poularde à la Chivri.

La poularde étant cuite comme pour les trois articles précédens, vous aurez coupé des ognons en anneaux de différentes grandeurs, et les aurez fait blanchir ; placez ces anneaux d'ognons sur un couvercle de casserole, mettez dans le milieu de ces anneaux des épinards blanchis bien verts, et passés au beurre ; assaisonnez de sel et muscade ; égalisez les épinards avec la lame de votre couteau, au moment de servir ; égouttez votre poularde, débridez-la, dressez-la sur un plat, et décorez-la avec ces anneaux d'ognons ainsi préparés ; saucez-la d'une ravigote verte, et servez.

Poularde à la hollandaise.

(Voyez *Poularde à la broche pour entrée*), et substituez au jus une sauce hollandaise. (Voir cette sauce au chapitre III.)

Poularde à l'étouffade.

Quand votre poularde est vidée et flambée, piquez-la de gros lardons : assaisonnez-la de sel, poivre et épices ; retroussez les pattes en dedans ; bridez-la, rentrez le croupion en dedans du corps, et donnez-lui une belle forme ; mettez ensuite dans une casserole des bardes de lard, des parures de veau et deux lames de jambon, quelques carottes coupées en tranches, deux ognons, deux clous de girofle, un bouquet de persil assaisonné ; frottez votre poularde de jus de citron, couvrez-la de bardes de lard, et mettez-la sur votre assaisonnement, avec un rond de papier ; mouillez-la d'un verre de vin de Madère et de deux cuillerées à pot de consommé ; mettez-la au feu; faites-la mijoter pendant une bonne heure; sa cuisson faite, passez le fond à la serviette, dégraissez-le; faites-le réduire avec trois cuillerées d'espagnole réduite; égouttez votre poularde; débridez-la sur un plat; masquez-la de votre sauce.

Poularde à la Marengo.

Videz et flambez une poularde; coupez-la par membres; parez-la comme pour une fricassée; mettez de l'huile dans une casserole; placez-y vos membres assaisonnés de sel, gros poivre, muscade, d'un peu d'ail, de quinze champignons crus; faites frire ainsi votre poularde jusqu'à ce que chaque membre prenne une couleur bien jaune; sa cuisson faite, égouttez-en l'huile; mettez-y une pincée de persil haché, une cuillerée de sauce tomate, deux cuillerées d'espagnole réduite, et gros comme une noix de glace; faites mijoter le tout ensemble, avec quelques truffes coupées en lames; dressez votre poularde sur un plat; ajoutez-y un jus de citron; saucez et servez.

Poularde à la provençale.

Découpez votre poularde comme il est indiqué ci-dessus; ayez une douzaine d'ognons blancs, coupez-les en demi-anneaux; ayez aussi un peu de persil, prenez une casserole, dans laquelle vous ferez un lit de vos ognons et un des membres de votre volaille, et couvrez le tout avec un autre lit d'ognons et de persil; ajoutez-y quelques cuillerées d'huile, du poivre, du sel, de la muscade, du laurier et de l'ail; faites cuire à petit feu, puis glacez la poularde, dressez-la; mettez les ognons au milieu, et saucez avec une sauce espagnole réduite.

Poularde à l'anglaise.

Troussez une poularde comme celle dite *à la broche pour entrée* (Voir ci-dessus), et faites-la cuire à l'eau en mettant un peu de sel pour tout assaisonnement. La poularde étant cuite, dressez-la et versez dessus une sauce à l'anglaise. (Voir cette sauce au chapitre III.)

Poularde au feu d'enfer.

Dépecez par membres une poularde rôtie, et faites-la mariner dans de l'huile, avec du sel, du poivre et un jus de citron; faites ensuite griller ces membres sur un feu très ardent, et servez-les avec du jus réduit desssous.

VOLAILLE.

Poularde panée, grillée.

Fendez une poularde par le dos, passez-lui les pattes en dedans, et attachez-les avec une ficelle. Aplatissez la poularde; assaisonnez-la de poivre et de sel, puis trempez-la dans de l'huile et dans de la mie de pain, et faites-la griller. Il faut une heure de cuisson. Dressez la poularde et la servez avec une sauce à l'huile. (Voir cette sauce au chapitre III.)

Filets de poularde à la maréchale.

Levez des filets de poularde; ôtez-en les peaux et les nerfs, et collez plusieurs de ces filets ensemble en les trempant dans de l'eau fraîche et les battant l'un sur l'autre avec le manche d'un couteau; jetez dessus un peu de sel et de poivre, trempez-les dans une sauce allemande, puis dans de la mie de pain, puis dans du beurre fondu et dans de la mie de pain, puis dans des œufs battus et encore dans de la mie de pain. Faites griller les filets ainsi panés, et servez-les avec du jus réduit dessous.

Filets de poularde en demi-deuil.

Levez des filets de poularde, parez-les et décorez-les en incrustant des truffes dedans; faites sauter ces filets au beurre et dressez-les en couronne. D'autre part, vous aurez fait sauter vos filets mignons et émincés bien également, égouttez le beurre de votre sautoir, mettez-y quatre cuillerées de velouté, deux cuillerées de demi-glace de volaille; faites réduire le tout ensemble; passez votre sauce à l'étamine; vannez-la avec un peu de beurre; saucez vos filets avec la moitié de votre sauce; dans l'autre moitié, mettez votre émincé; faites-le chauffer sans le laisser bouillir, et versez-le au milieu de vos filets.

Filets de poularde à la vénitienne.

Levez des filets de poularde, et préparez-les comme pour le suprême. (Voir cet article plus haut.) Au lieu de beurre, servez-vous d'huile et d'un scrupule d'ail pilé; sautez vos filets; au moment de servir, dressez-les sur un plat en couronne, avec un croûton en cœur entre chaque filet; égouttez l'huile de votre sautoir; mettez-y quatre cuillerées de velouté et deux de demi-glace de volaille; faites réduire le tout ensemble. Ayez du persil haché et blanchi, manié avec un peu de beurre; mettez-le dans une casserole; passez votre sauce à l'étamine dessus ; finissez-la avec un peu de bonne huile et du jus de citron.

Filets de poularde à la béchamel.

La poularde étant cuite à la broche et refroidie, levez-en les blancs, et supprimez-en les peaux et les nerfs ; émincez ces blancs également ; mettez dans une casserole cinq cuillerées de béchamel et deux de demi-glace de volaille, avec un peu de muscade râpée ; faites bouillir, et délayez bien votre sauce ; prenez garde qu'elle ne s'attache : au moment de servir, jetez vos filets dedans, retournez-les légèrement, de crainte de les rompre ; dressez-les sur un plat garni d'une bordure ; sinon, entourez votre entrée de croquettes de volaille.

Filets de poularde à la Chingara.

Levez des filets de poularde comme il est dit à l'article précédent ; faites fondre du beurre dans un plat à sauter ; trempez-y vos filets, en les y arrangeant ; poudrez-les d'un peu de sel ; couvrez-les d'un rond de papier. Prenez une langue de bœuf à l'écarlate, levez-en des morceaux de la grandeur et de l'épaisseur de vos filets, ainsi que de la même forme ; mettez-les dans une casserole avec un peu de bouillon ; tenez-les chaudement sans les laisser bouillir ; sautez vos filets. Leur cuisson faite, égouttez-les ; dressez-les sur un plat, et mettez entre chacun d'eux un morceau de langue. Si vous voulez votre entrée plus forte, ajoutez-y des croûtons : saucez votre entrée avec une sauce au suprême.

Cuisses de poularde en ballotine.

Désossez des cuisses de poularde en ayant soin de n'en pas déchirer la peau ; étendez les chairs sur un linge blanc, et remplissez le vide par un salpicon que vous aurez préparé à l'avance. (Voir au chapitre III, *Salpicon.*) Rapprochez les peaux, cousez-les de manière à donner à chaque cuisse une forme ronde, et renfoncez les pattes dedans jusqu'aux deux tiers. Faites-les cuire ensuite dans une casserole, entre des bardes de lard, des tranches de citron, le tout mouillé avec une poêlée. (Voir *Poêlée* au chapitre III.) Une heure de cuisson suffit ; au bout de ce temps, retirez les cuisses ; laissez-les refroidir, ôtez-en le fil ; décorez-les avec des morceaux de truffes taillés en forme de clous et enfoncés dans la chair ; puis faites-les chauffer sur un plat à sauter avec un peu de jus ; dressez-les en couronne, et versez au milieu une sauce à la financière. (Voir cette sauce au chapitre III.)

Cuisses de poularde aux truffes.

Elles se préparent comme il est dit à l'article précédent; la seule différence consiste à verser au milieu du plat un ragoût aux truffes au lieu d'une sauce à la financière. (Voir au chapitre III, *Ragoût de truffes*.)

Cuisses de poularde à la nivernaise.

Parez des cuisses de poularde; supprimez la moitié de l'os de chaque cuisse; mettez dans une casserole des carottes et ognons coupés en tranches, quelques tranches de jambon bien minces, un bouquet garni; posez les cuisses de poularde sur ce fond; couvrez-les avec des bardes de lard; mouillez le tout avec du bouillon, et faites-le cuire pendant une heure; dressez les cuisses, et versez dessus une sauce à la nivernaise. (Voir cette sauce au chapitre III.)

Cuisses de poularde à la bayonnaise.

Désossez des cuisses de poularde comme il est dit à l'article précédent, et faites-les mariner pendant deux heures au moins dans du jus de citron, avec du sel, du poivre, du laurier et de l'ail. Les cuisses étant marinées, trempez-les dans de la farine et faites-les frire. Faites frire en même temps des ognons coupés en anneaux. Dressez les cuisses, arrangez les ognons en anneaux dessus, et mettez dessous une sauce poivrade préparée comme il est dit au chapitre III.

Friteau de poularde.

Coupez une poularde par morceaux, et faites-la mariner dans du jus de citron, avec du sel, du poivre, du persil, et des ognons coupés en tranches; saupoudrez ensuite tous les morceaux avec de la farine, et faites-les frire; faites frire en même temps des œufs. Dressez les morceaux de poularde, entourez-les avec les œufs, et mettez dessous une sauce poivrade. (Voir cette sauce au chapitre III.)

Émincé de poularde aux concombres.

Prenez l'estomac d'une poularde rôtie et froide, levez-en les chairs, supprimez-en les peaux et les nerfs; émincez ces chairs; faites un ragoût de concombres, avec une allemande bien réduite et un morceau de glace de volaille. Votre ragoût réduit et prêt à servir, mettez-y vos blancs de poularde, sans les laisser bouillir, un peu de sucre, gros comme une noix de beurre, et servez sur un plat garni de croûtons.

Émincé de poularde aux truffes.

Ayez l'estomac d'une poularde rôtie et froide, levez-en les chairs, supprimez-en les peaux et les nerfs, émincez ces chairs de la grandeur d'une lame de truffe. Ayez de belles truffes, coupez-les en lames, sautez-les dans une casserole avec un morceau de beurre, et gros comme une noix de glace de volaille; mettez-y quatre cuillerées d'allemande; faites-la bouillir; au moment de servir, jetez vos blancs de volaille dedans; remuez-les, et faites-les chauffer, sans les laisser bouillir; dressez-les sur un plat garni de croûtons, ou garnissez-les de croquettes de volaille, et servez.

Émincé de poularde aux champignons.

Cet émincé se fait comme le précédent, en substituant les champignons aux truffes.

Béchamel de volaille au gratin.

Ayez des débris de poulardes rôties ou de desserte, émincez-les très mince, et ayez soin d'en retirer les peaux et les nerfs; mettez dans une casserole six cuillerées de béchamel avec un morceau de glace (Voir, au chapitre III, *Béchamel*); faites-la bouillir; ayez soin de tourner votre sauce avec une cuillère de bois, pour qu'elle ne s'attache pas. Au moment de servir, jetez votre émincé dedans; maniez-le légèrement; versez-le dans une casserole d'argent : battez un blanc d'œuf, étalez-le sur votre émincé; panez-le avec de la mie de pain et un peu de fromage de Parme râpé. Faites tomber des gouttes de beurre fondu dessus, et faites-lui prendre couleur au four de campagne, ou avec une pelle rouge : mettez des croûtons à l'entour, et servez.

Coquilles de volaille.

Préparez des blancs de volaille comme il est dit à l'article précédent; mettez votre préparation dans des coquilles; panez-les, et faites-leur prendre couleur sous un four de campagne.

Rissoles de volaille.

Prenez de la pâte dite feuilletage (Voir plus loin le chapitre de la *Pâtisserie*), abaissez-la jusqu'à ce qu'elle n'ait pas plus de trois lignes d'épaisseur, et couvrez-la de farce de volaille cuite, que vous distribuez d'espace en espace par petits tas; repliez ensuite la pâte sur cette farce; coupez-la par petits morceaux et donnez à chaque morceau la forme d'un petit chausson; faites frire ces rissoles, et dressez-les avec du persil frit.

Rissoles de volaille à l'italienne.

La différence de ces rissoles avec les précédentes ne consiste que dans la préparation de la farce. Pour les rissoles à l'italienne, la farce doit être composée de volaille cuite, de fromage de Neufchatel, de fromage de Parme, sel, poivre, muscade, jaunes d'œufs; on les dresse comme il est dit à l'article précédent.

Boudin de volaille.

Jetez de la farine sur une table, et mettez-y de la farce à quenelles (Voir au chapitre III); roulez cette farce en forme de boudins; faites-les pocher; panez-les en les trempant successivement dans du beurre fondu et de la mie de pain. Faites-les griller, et servez avec un jus clair dessous.

Cromesquis de volaille.

Faites la même composition que pour les croquettes de poularde (Voir plus haut); divisez-la par petites portions, trempez-les dans une pâte à frire, et mettez-les dans de la friture bien chaude. Servez avec du persil frit.

Casserole au riz à la reine.

Faites une casserole au riz, garnissez-la de purée de volaille (Voir plus haut), entourez-la d'œufs pochés et de filets de volaille sautés et décorés de truffes. Les *Cassolettes au riz* et les cassolettes au beurre se garnissent et se servent de la même manière.

Terrine d'ailerons de poulardes.

Désossez à moitié des ailerons de poulardes; flambez-les et épluchez-les; mettez-les braiser dans une casserole avec une livre de petit lard de poitrine; ayez un cent de marrons, desquels vous ôtez la première peau; mettez-les dans une casserole avec gros comme un œuf de beurre; sautez-les sur le feu jusqu'à ce qu'ils quittent leur seconde peau: supprimez-la; après, mettez-les dans une casserole avec du consommé pour les faire cuire; lorsqu'ils le seront, prenez tous ceux qui seront défectueux, et pilez-les. Vos ailerons étant cuits, passez au tamis de soie une partie du fond de leur braise, dont vous vous servirez pour mouiller votre purée de marron, en la passant à l'étamine comme une autre purée : lorsqu'elle le sera, faites-la réduire, et ajoutez-y deux cuillerées d'espagnole; dégraissez-la, égouttez vos ailerons; dressez-les dans une terrine avec votre petit lard coupé en gros dés, ainsi que vos marrons entiers; finissez votre purée avec un peu de beurre : goûtez si elle est d'un bon goût, versez-la dans votre terrine.

Ailerons de poulardes à la pluche verte.

Après avoir préparé des ailerons de poulardes comme il est indiqué ci-dessus, foncez une casserole de quelques tranches de veau et de lames de jambon; ajoutez une douzaine de queues de champignons, une gousse d'ail, une feuille de laurier et une pincée de basilic; arrangez vos ailerons sur ce fond; coupez des carottes en lames et deux ognons, couvrez-en vos ailerons; mouillez-les avec du bouillon ou du consommé; faites-les cuire avec feu dessous et dessus. Les ailerons étant cuits, passez le fond de cuisson au tamis; liez-le avec un peu de beurre mélangé de farine; faites-le réduire, et jetez dedans une pincée de feuilles de persil avec un peu de gros poivre et un jus de citron; dressez les ailerons, et versez cette sauce dessus.

Crêtes et rognons de coqs au velouté.

Faites cuire dans un blanc des crêtes et rognons de coqs, puis mettez-les dans une casserole avec du velouté (Voir, au chapitre III, *Velouté*), un peu de glace de volaille, et faites bouillir le tout doucement pendant dix minutes; liez ce ragoût; ajoutez-y un jus de citron, et dressez-le.

Aspic de crêtes et rognons de coqs.

Entourez un moule à aspic de glace pilée; mettez dedans un peu de gelée, et décorez ce fond avec des œufs durs, des truffes, des cornichons, des câpres, etc., taillés de manière à former des dessins réguliers; versez de nouveau un peu de gelée; puis mettez dessus les crêtes et les rognons cuits au blanc, en laissant de l'espace entre eux et les parrois du moule, remplissez le moule avec de la gelée, faites bien prendre le tout en entourant le moule de glace pilée et de salpêtre; puis dressez l'aspic en trempant le moule dans de l'eau tiède, le couvrant avec un plat et le renversant. Vous aurez préparé d'autre part une sauce à fricassée de poulet dans laquelle vous aurez mis de la gelée, et que vous aurez fait réduire; passez cette sauce à l'étamine; liez-la avec des jaunes d'œufs; ajoutez-y des champignons cuits, un jus de citron; versez cette sauce dans le puits de l'aspic, et servez.

Foies gras à la Périgueux.

Choisissez des foies de poulardes bien gras, ôtez-en le fiel et la partie du foie qui le touche; faites-les dégorger, jetez-les dans l'eau bouillante, retirez-les de suite; mettez-les rafraîchir dans de l'eau fraîche; égouttez-les; piquez-les de clous de truffes; marquez-les dans une casserole foncée de bardes de lard; mouillez-les avec une bonne mirepoix. (Voyez *Mirepoix*, au chapitre III.) Faute de mirepoix, mettez un verre de vin blanc et du consommé, avec un peu de sel, une carotte, un ognon, un bouquet assaisonné d'aromates. Couvrez alors ces foies de bardes de lard et d'un rond de papier beurré; faites partir et cuire. Un quart d'heure suffit, avec feu dessus et dessous; égouttez-les, et saucez-les avec une sauce à la Périgueux. (Voyez cette sauce au chapitre III.)

Foies gras en matelotte.

Les foies gras étant préparés et cuits comme il est dit à l'article précédent, dressez-les, et versez dessus une sauce à la financière. (Voir cette sauce au chapitre III.) Vous pouvez servir entre vos foies des crêtes de pain panées au beurre, avec une belle truffe au milieu.

Foies gras au gratin.

Mettez dans le fond d'un plat qui puisse aller au feu, l'épaisseur d'un pouce de gratin (Voir *Farce et Gratin* au chapitre III); préparez des foies gras comme il est dit à l'article précédent; arrangez-les sur votre plat, en laissant un puits au milieu; remplissez tous les intervalles de vos foies, en sorte que le tout ne forme qu'un pain; après avoir uni votre gratin entièrement avec votre couteau, couvrez vos foies de bardes de lard et d'un papier beurré; mettez-le dans le four, ou sous le four de campagne; sa cuisson faite, retirez-le; ôtez-en le papier, débouchez-en le puits; saucez-le avec une espagnole réduite.

Foies gras en caisse.

Faites une caisse ronde ou carrée, de la hauteur de deux pouces; huilez-la; étendez dans le fond du gratin de l'épaisseur d'un travers de doigt; ayant préparé six foies gras, mettez-les dans une casserole avec un morceau de beurre, du persil, échalotes, champignons hachés, sel, poivre et épices, le tout en suffisante quantité : passez ainsi ces foies; mettez votre caisse sur le gril; arrangez vos foies dans cette caisse, avec des fines herbes; posez-les sur un feu doux; laissez-les cuire, et leur cuisson faite, dressez votre caisse sur le plat; saucez-la d'une bonne espagnole réduite, dans laquelle vous aurez exprimé le jus d'un citron : dégraissez-les, en cas qu'il y surnage du beurre, et servez.

Atelets de foies gras.

(Voyez, au chapitre V, *Atelets de ris de veau*), et procédez pour les atelets de foies gras comme il est dit à cet article.

Pain de foies gras à l'espagnole.

Ayez six foies gras, mettez-les dans une casserole avec des champignons hachés, des échalotes, du persil et des parures de truffes; assaisonnez-les de sel, poivre, muscade, deux clous de girofle, un peu d'épices, laurier et thym; passez ainsi vos foies avec un morceau de bon beurre. Quand ils seront un peu raidis, mettez-les refroidir; mettez dedans une livre de tétine de veau cuite; pilez le tout ensemble; joignez-y gros comme le poing de panade; passez le tout au tamis à quenelles; mettez cette farce dans un vase, ajoutez-y cinq œufs. Beurrez un moule à aspic; mettez au fond de votre moule un rond de papier beurré, bien juste au moule; versez votre farce dans votre moule; enfoncez-la bien, et laissant tomber le moule d'aplomb sur la table, couvrez-le d'un autre papier beurré. Une heure et demie avant de servir, faites cuire au bain-marie, avec beaucoup de feu dessus. Au moment de servir, démoulez-le sur votre plat; glacez-le, saucez le avec une sauce aux truffes, et servez.

Pain de foies gras à la gelée.

Préparez le pain de foies gras comme il est dit à l'article précédent, en remplaçant toutefois la tétine de veau par du lard râpé. Votre farce étant pilée et passée, coupez en dés des truffes, des champignons, de la langue à l'écarlate et de la tétine de veau; mêlez tous ces ingrédiens avec la farce; mettez le tout dans un moule, et faites-le cuire comme il est dit ci-dessus, puis laissez-le refroidir. Quand vous voudrez dresser le pain de foies gras, vous tremperez le moule dans l'eau tiède;

Coquilles de foies gras.

Faites blanchir des foies gras, en raison de la quantité de coquilles que vous voulez servir. Coupez-les par lames, ainsi que des truffes et des champignons; ajoutez-y persil haché, sel, gros poivre, un peu d'épices, muscade, et un morceau de beurre; mettez le tout dans une casserole, et passez-le sur le feu; mouillez-le avec un peu d'espagnole réduite, et faites réduire votre ragoût à courte sauce; mettez-le dans des coquilles, panez-les; faites leur prendre une belle couleur au four de campagne, et servez.

Escalopes de foies gras.

Faites blanchir huit foies gras, coupez-les en escalopes bien rondes: faites fondre du beurre sur un sautoir; placez-y vos escalopes, des truffes en lames et des champignons tournés, poudrés de sel et gros poivre; faites réduire de l'espagnole avec un demi-verre de vin de Madère, et gros comme une noix de glace. Au moment de servir, faites sauter vos escalopes des deux côtés; égouttez-les, mettez-les dans votre sauce; dressez-les sur un plat garni de croûtons, et servez.

De l'Oie.

Il y a deux espèces d'oies, l'oie sauvage et l'oie domestique; l'oie sauvage a la chair noire, et ne s'emploie que pour la broche; la chair de l'oie domestique a à peu près le même goût que celle du canard, mais elle est moins fine.

Oie en daube.

On prend ordinairement pour mettre en daube une oie qui n'est point assez tendre pour mettre à la broche; videz-la et lui troussez les pattes dans le corps, ensuite vous la faites refaire sur le feu et l'épluchez; lardez-la partout avec des lardons de lard assaisonnés et maniés avec du persil, ciboule, deux échalotes, une demi-gousse d'ail, le tout haché, une feuille de laurier, thym, basilic haché comme en poudre, sel, gros poivre, un peu de muscade râpée; après avoir lardé l'oie, vous la ficelez et la mettez dans une marmite juste à sa grandeur, avec deux verres d'eau, autant de vin blanc et un demi-verre d'eau-de-vie, un peu de sel, gros poivre; bouchez bien la marmite, et faites cuire à très petit feu pendant trois ou quatre heures; la cuisson faite, et la sauce très courte pour qu'elle puisse se mettre en gelée, dressez la daube dans son plat; quand elle sera presque froide, mettez la sauce par-dessus, et ne servez que quand elle sera tout-à-fait en gelée.

Oie à l'allemande.

Troussez en poule une oie bien grasse, et mettez-la dans une braisière avec quelques carottes et ognons, du gros poivre, un bouquet garni, des couennes de lard; mouillez le tout avec du consommé, une égale quantité de vinaigre, et faite bouillir pendant deux heures. Passez votre fond de cuisson s clarifiez-le au blanc d'œuf, faites-le prendre en gelée, et décorez l'oie avec cette gelée.

Cuisses d'oies à la purée.

Levez des cuisses d'oies; désossez-les jusqu'au joint de l'intérieur; assaisonnez-les de poivre et de sel, et remplissez avec du lard haché le vide laissé par l'os. Rapprochez les chairs, cousez les peaux, et mettez ces cuisses dans une casserole avec des bardes de lard dessus et dessous, quelques carottes et ognons, un bouquet garni; mouillez le tout avec du bouillon, et faites-le cuire à petit feu pendant deux heures. Faites égoutter les cuisses d'oies, ôtez-en le fil, dressez-les, et les masquez avec une purée de lentilles, ou de pois ou de racines, etc.

Aiguillettes d'oies.

Faites cuire une oie à la broche; coupez-en les filets en morceaux longs et égaux; d'autre part, faites réduire de la sauce espagnole; ajoutez-y le jus que l'oie aura jeté, un jus de citron, du gros poivre, et versez cette sauce sur les aiguillettes que vous aurez dressées.

Oie à l'anglaise.

Videz, épluchez et flambez une oie bien grasse; hachez-en le foie. D'autre part, coupez des ognons en petits dés, passez-les au beurre, et faites-les cuire à blanc; ajoutez un peu de sauge hachée, ainsi que le foie, du sel, du poivre; mettez le tout dans le corps de l'oie, cousez-la, bridez-la, et la mettez à la broche. Servez cette oie ainsi rôtie avec du jus de viande réduit dessous.

Oies aux marrons.

Prenez des marrons ou de grosses châtaignes, ce que vous

jugerez à propos ; ôtez la première peau, mettez sur le feu dans une poêle percée, et remuez jusqu'à ce que vous puissiez ôter la seconde ; gardez les plus beaux pour faire un ragoût ; si vous n'avez point de poêle percée, mettez les marrons dans l'eau bouillante jusqu'à ce que vous puissiez ôter la seconde peau ; mettez à part ceux que vous destinez pour le ragoût ; les autres, vous les hachez et les mettez dans une casserole avec la chair de cinq à six saucisses, le foie de l'oie haché, deux cuillerées de sain-doux ou un morceau de beurre, une échalote, une pointe d'ail, persil, ciboule, le tout haché, passez le tout ensemble sur le feu pendant un quart-d'heure ; laissez refroidir. Vous avez une oie jeune et tendre, après l'avoir vidée, flambée et épluchée, mettez-lui cette farce dans le corps ; cousez pour que rien ne sorte ; faites cuire à la broche, et la servez avec un ragoût de marrons.

Oie à la Providence.

(Voyez, plus haut, *Dindon à la Providence*), et employez, pour l'oie, le même procédé.

Ailes et Cuisses d'oies à la façon de Bayonne.

Après avoir choisi une certaine quantité d'oies grasses, vous les flambez, videz et mettez à la broche pour ne les faire cuire que jusqu'aux trois quarts ; ayez soin de mettre à part la graisse qu'elles rendront en cuisant ; laissez refroidir les oies, et les coupez en quatre en levant les cuisses et faisant tenir l'estomac avec les ailes ; arrangez-les bien serrées dans un pot de graisse, en mettant entre chaque lit trois ou quatre feuilles de laurier et du sel ; faites fondre la graisse d'oie, que vous avez mise à part, avec beaucoup de sain-doux ; il faut qu'il y en ait assez pour que les ailes et les cuisses en soient couvertes ; mettez-la dans le pot et ne le couvrez avec du parchemin que vingt-quatre heures après que le tout sera bien froid ; il faut les conserver dans un endroit sec. Ordinairement elles ne se préparent de cette façon que dans les endroits où elles sont à bon marché, principalement en Gascogne, d'où il en vient le plus à Paris ; lorsque vous voulez vous en servir, vous les retirez de leur graisse à mesure que vous en avez besoin ; lavez-les à l'eau chaude avant d'en faire l'usage que vous voulez. Elles se mettent cuire dans une petite braise pour les servir avec différentes sauces et ragoûts ; l'on en sert sur le gril après les avoir panées, avec une sauce claire à la ravigote, ou une rémolade que vous trouverez au chapitre III. Vous pouvez encore, étant cuites à la braise, les servir avec une sauce à la moutarde faite de cette façon : vous mettez dans une casserole gros comme une noix de beurre manié d'une pincée de farine, une petite pointe d'ail, sel, gros poivre, le tout délayé avec un peu de bouillon; faites lier sur le feu; servez sur les cuisses ou les ailes. Elles servent aussi à faire des hochepots et à garnir des potages.

Oie à la Chipolata.

L'oie étant cuite comme il est dit plus haut à l'article *Dindon à la Providence*, dressez-la, et la garnissez avec un ragoût à la chipolata. (Voir ce ragoût au chapitre III.)

Cuisses d'oie à la lyonnaise.

Prenez trois ou quatre quartiers d'oie; faites-les chauffer et un peu frire dans leur sain-doux; coupez six gros ognons en anneaux, prenez une partie du sain-doux dans lequel vous aurez fait chauffer ces cuisses, faites-y frire vos ognons; quand ils seront cuits et d'une belle couleur, égouttez-les, ainsi que vos quartiers d'oie; dressez-les; mettez vos ognons dessus, et servez dessous une bonne poivrade, ou toute autre sauce qu'il vous plaira.

Oie à la flamande.

Faites cuire une oie en daube (Voir, plus haut, *Oie en daube*); dressez-la, et garnissez-la avec une garniture à la flamande préparée comme il est dit au chapitre III.

Du Poulet.

Il y a bien du choix dans les poulets dont la qualité varie suivant l'âge et la saison. Ainsi on distingue les poulets à la reine, les poulets aux œufs, les poulets gras et les poulets communs. Le poulet à la reine est le plus petit et le plus estimé, le poulet aux œufs vient après, le poulet gras ensuite; la chair et la graisse doivent être bien blanches.

Poulet poêlé.

Plumez et flambez un poulet; videz-le par la poche, et ôtez les os de l'estomac. Maniez un morceau de beurre avec du sel, du gros poivre, un jus de citron, et remplissez le corps du poulet avec cette préparation; coupez le cou au poulet, et bridez-le avec une aiguille, de la ficelle que vous passez d'une

VOLAILLE.

cuisse à l'autre; repliez la peau de la poche pour empêcher le beurre de sortir, puis mettez ce poulet dans une casserole entre des bardes de lard et des tranches de citron, et versez une poêlée par-dessus. (Voir, au chapitre III, *Poêlée.*) Une heure de cuisson suffit. Égouttez et débridez le poulet, et saucez avec une sauce tomate.

Poulet au riz.

Videz et troussez le poulet comme il est dit à l'article précédent, et emplissez-lui le corps avec un ragoût de crêtes et rognons de coqs bien lié; enveloppez les extrémités avec des bardes de lard, afin que le ragoût ne puisse sortir. Le poulet ainsi préparé, vous le mettrez dans une casserole avec un jus de citron, des bardes de lard dessous et dessus, quelques tranches de rouelle de veau, deux carottes coupées en tranches, trois ognons, deux clous de girofle, une feuille de laurier, un peu de thym, deux cuillerées à pot de consommé; vous poserez votre poulet sur cet assaisonnement, vous le mettrez au feu : trois quarts d'heure suffisent pour le cuire, s'il est jeune; vous passerez ensuite au tamis de soie le mouillement dans lequel votre poulet a cuit : vous y ajouterez une livre de riz bien épluché et bien lavé; vous mettrez du bon bouillon, en cas qu'il n'y en ait pas assez; vous ferez bouillir votre riz pendant un quart d'heure, vous le laisserez égoutter sur un tamis de crin : beurrez une casserole assez grande pour le contenir; vous mettrez un rond de pâte dans le milieu, votre riz par-dessus; vous placerez votre poulet de manière qu'on ne le voie pas; vous comblerez votre casserole de riz. Une heure avant de servir, vous lui ferez prendre couleur comme à un gâteau au riz; vous poserez du feu sur le couvercle. Au moment de servir, vous renverserez votre pain de riz : ôtez-en le rond de pâte, et vous dégarnirez l'intérieur de votre pain, sans endommager les bords ni le fond; vous verserez plein une cuillère à pot de velouté réduit, des champignons, le reste du ragoût de votre poulet, du gros poivre, une liaison de trois œufs, gros comme un œuf de beurre fin; vous les mettrez dans l'intérieur de votre pain de riz.

Poulets à la Monglas.

Vous ferez cuire deux poulets comme ceux dits à la poêle, vous les laisserez refroidir : enlevez les chairs de l'estomac en formant un trou ovale dans la longueur du poulet; vous couperez les chairs en petits dés, vous y mettrez des champignons coupés de même, gros comme un œuf de tétine de veau cuite, préparée de même. Vous mettrez le tout dans une casserole; versez-y plein quatre cuillères de béchamel, un peu de gros poivre que vous ferez fondre; vous les verserez sur votre petit ragoût que vous tiendrez chaud au bain-marie : ensuite faites chauffer vos poulets dans une casserole avec un peu de leur fond. Au moment de servir, vous les égouttez : dressez-les sur votre plat, et mettez ce ragoût dans l'intérieur de vos poulets; prenez garde qu'il ne soit pas trop liquide ; vous mettez une béchamel un peu claire sous vos poulets. En cas que vous n'en ayez pas, servez-vous de velouté lié.

Poulets à la Montmorency.

Prenez deux poulets gras bien blancs et d'égale forme, sans taches ; vous les flambez et les videz; ôtez les os du bréchet; vous mettez un bon morceau de beurre dans une casserole, du sel, du gros poivre, un peu de muscade râpée, un jus de citron; vous mêlerez l'assaisonnement avec votre beurre, vous en remplirez vos deux poulets ; vous les briderez comme pour entrée ; piquez-les de lard fin sur l'estomac ; vous mettrez des bardes dans une casserole, vos poulets par-dessus, avec des tranches de veau, des carottes, ognons, bouquet garni; mouillez avec du bouillon, et donnez une heure de cuisson avec feu dessous et dessus. Les poulets étant cuits, égouttez-les, débridez-les, glacez-les, et dressez-les avec une sauce espagnole dessous. (Voir cette sauce au chapitre III.)

Poulet à l'estragon.

Ayez de l'estragon haché bien fin et maniez-le dans du beurre; mettez-le dans le corps du poulet que vous troussez et recousez. Mettez ensuite le poulet dans une casserole, où il doit baigner à moitié dans l'eau, avec sel, carottes, deux gros ognons, lard, un clou de girofle, très peu de thym, une très petite branche d'estragon sans feuilles : faites cuire, et que le poulet soit très blanc.

Prenez de sa cuisson et faites réduire à glace pour faire une sauce bien colorée que vous lierez avec un peu de fécule : mettez dans cette sauce des feuilles d'estragon coupées en quatre, et servez votre poulet sur cette sauce, avec une garniture de feuilles d'estragon autour du plat.

Poulet à la Marengo.

Il faut dépecer un poulet comme pour la fricassée. Après

l'avoir flambé, épluché, on le met dans une casserole, avec environ une burette d'huile et du sel fin. On y met en premier les cuisses, et cinq minutes après, les autres membres. Il faut que le poulet cuise dans cette huile, et prenne couleur; on y met un bouquet garni un instant avant que le poulet ne soit cuit. On peut y ajouter des champignons tournés ou des truffes épluchées et coupées en lames. Lorsque tout est cuit à son point, on dresse le poulet sur le plat, et l'on a dans une casserole de la sauce italienne, que l'on fait chauffer, et l'on y introduit de l'huile où a frit le poulet; on en met peu à peu, ayant soin de toujours remuer, pour que la sauce ne tourne pas. Étant de bon goût, on la verse sur le poulet, que l'on a tenu chaudement. On peut y ajouter, comme au friteau, des œufs frits ou des croûtons, et se servir de beurre clarifié au lieu d'huile.

Poulet à la broche pour entrée.

Videz un poulet par la poche; ôtez les os de l'estomac; maniez un morceau de beurre avec du sel, du poivre, un jus de citron, et mettez-le dans le corps du poulet; troussez-le, bridez-le; mettez des tranches de citron sur l'estomac; couvrez-les de bardes de lard; embrochez le poulet, et enveloppez-le d'un papier beurré. Donnez une heure de cuisson; puis ôtez le papier, le lard et le citron; dressez le poulet, et mettez dessous un velouté lié. (Voir au chapitre III, *Velouté*.)

Fricassée de poulet.

Le poulet, ou les poulets, car il en faut au moins deux pour une fricassée, étant proprement flambés et vidés, on les dépèce par morceaux bien appropriés et sans bavures. On les fait raffermir et blanchir pendant deux heures dans l'eau fraîche, ensuite on les fait égoutter.

Faites fondre dans une casserole un demi-quarteron de beurre, mettez-y vos morceaux de poulet et sautez-les sur le feu; puis vous y ajouterez une poignée de farine que vous mêlerez bien; vous aurez de l'eau chaude ou du bouillon du pot pour délayer et mouiller le tout; mettez du sel et un bouquet garni et faites cuire à petit feu. Le mouillement doit couvrir le poulet. Quand la fricassée est presque cuite, s'il y a trop de mouillement on presse le feu pour l'absorber; si le mouillement manquait, on peut ajouter du bouillon du pot; on doit mettre dans la fricassée des champignons et des petits ognons blancs.

Au moment de servir, une liaison de trois jaunes d'œufs, un jus de citron ou filet de vinaigre ou de verjus.

Des écrevisses vont très bien dans la fricassée de poulet, ainsi que des culs d'artichauts, des crêtes de coqs, etc.

Poulet à la tartare.

Prenez un poulet entier, ôtez-en le cou et les pattes; fendez-le du côté de l'estomac, ouvrez-le, aplatissez-le avec le couperet; mettez dans la casserole du beurre, persil, ciboule hachés, sel et poivre, faites-y revenir et cuire ensuite votre poulet. Un quart-d'heure avant de servir, panez-le, mettez-le sur le gril à feu doux, retournez-le pour qu'il prenne une belle couleur, et servez sur une sauce à la tartare ou une sauce poivrade, ou tout simplement du bon jus. D'Archambaut dit qu'on peut même y mettre une maître-d'hôtel froide.

Poulets à la reine.

Flambez, videz et troussez des poulets dits *à la reine*; garnissez-les de beurre, et faites-les cuire comme les poulets dits *Poêlées*. (Voir, plus haut, cet article.) Les poulets étant cuits, débridez-les, dressez-les avec un nombre égal de grosses écrevisses, et saucez avec une sauce hollandaise ou une sauce tomate. (Voir, pour les sauces, le chapitre III.)

Fricassée de poulet à la chevalière.

Flambez et épluchez bien un poulet très charnu; levez les blancs en entier, piquez-les de lard fin, et faites-les cuire à part dans une casserole pour les glacer; vous levez les autres membres le plus correctement possible; cassez les os des cuisses jusqu'au joint, et coupez le gros bout du côté de la patte; parez bien les reins, les ailerons; en un mot, que vos morceaux soient proprement coupés : mettez un morceau de beurre tiédir dans une casserole; vous y arrangez les membres de manière qu'ils prennent une belle forme : vous posez votre casserole sur le feu : laissez un instant votre fricassée sans la sauter, pour que vos cuisses prennent une forme qu'elles puissent conserver en cuisant; sautez-les jusqu'à ce qu'elles soient raidies; vous y ajoutez ensuite un peu de farine, que vous mêlez avec vos poulets et votre beurre; mouillez votre fricassée avec du bouillon bien chaud; joignez-y quatre cuillerées de velouté, une feuille de laurier, un bouquet de persil et de ciboule, du gros poivre; vous la ferez aller à grand feu : aux trois quarts cuite, mettez-y vos ognons égaux et bien épluchés; vous dégraissez votre fricassée : quand elle sera cuite, au moment de servir, vous ôterez le bouquet et la feuille de laurier, vous la changerez de casserole : passez la sauce à l'étamine par-dessus; ajoutez une liaison de jaunes d'œufs, dressez-la sur votre plat entre les cuisses : vous mettrez les quatre filets piqués glacés et la garniture dans le milieu.

Fricassée de poulet à la minute.

Le poulet étant flambé et dépecé comme il est dit à l'article précédent, mettez-en les membres dans une casserole, avec du beurre, des champignons, sel, poivre et laurier, et faites sauter le tout sur un feu très ardent. Les membres du poulet étant cuits aux trois quarts, jetez un peu de farine dessus, mouillez avec du bouillon, et faites bouillir le tout pendant quelques instans. Retirez ensuite votre fricassée de dessus le feu; liez-la avec des jaunes d'œufs, et ajoutez-y un jus de citron.

Sauté de filets de poulet au suprême.

Levez et parez des filets de poulet de manière à ce qu'il n'y reste ni peaux ni nerfs; mettez-les sur un plat à sauter avec sel, poivre, persil haché; versez du beurre tiède sur le tout, et faites sauter sur un feu très vif les filets ainsi préparés; lorsqu'ils seront cuits des deux côtés, vous les mettrez dans du velouté que vous aurez fait réduire, puis vous les dresserez en couronne avec autant de croûtons glacés que vous aurez de filets; vous ajouterez au velouté le fond du sauté, un peu de beurre bien frais, et vous verserez cette sauce sur les filets. (Voir, pour le velouté, le chapitre III.)

Orly de poulet.

Flambez et dépecez un poulet comme pour le mettre en fricassée; assaisonnez les membres de sel, poivre, persil, ciboule, laurier et un jus de citron, puis saupoudrez-les de farine, et mettez-les dans de la friture bien chaude; coupez des ognons en anneaux; faites-les frire de la même manière après les avoir trempés dans de la farine. Dressez les membres du poulet en buisson, arrangez les ognons dessus, et mettez dessous une sauce aspic chaude. (Voir cette sauce au chapitre III.)

Cuisses de poulet au soleil.

Désossez des cuisses de poulet jusqu'au joint de l'intérieur, et mettez-les dans une casserole avec du beurre, du sel, du gros poivre, une feuille de laurier, un ognon piqué d'un clou de girofle, un bouquet de persil et ciboule; vous les posez sur un feu ardent : sautez-les jusqu'à ce qu'elles soient raidies; vous y mettrez une pincée de farine, quelques cuillerées de bouillon chaud, des champignons; vous les ferez bouillir pendant trois quarts d'heure; vous dégraisserez votre ragoût avant le temps expiré : au moment de retirer vos cuisses, il faut que votre sauce soit réduite aux trois quarts; vous ôterez le bouquet, l'ognon et la feuille de laurier; vous mettrez une liaison de jaunes d'œufs; votre ragoût lié, vous arrangerez vos cuisses sur un plat, et la sauce par-dessus : quand elles seront froides, vous les barbouillerez bien de leur sauce; vous les tremperez dans de la mie de pain, puis dans des œufs battus et assaisonnés; vous les panerez encore; tâchez qu'elles le soient bien partout : au moment de servir, vous les mettez dans la friture; quand elles ont une belle couleur, vous les égouttez sur un linge blanc; dressez-les en couronne; faites frire un peu de persil que vous mettez au milieu.

Cuisses de poulet à la Périgueux.

Les cuisses de poulet étant désossées comme il est dit à l'article précédent, épluchez et hachez des truffes; mettez-les dans une casserole avec du lard râpé, un peu d'huile d'olive, sel, poivre, épices; passez cette préparation sur un feu très ardent; laissez-la refroidir; ensuite vous en farcirez les cuisses de poulet; vous les coudrez avec une aiguille et du fil, pour que vos truffes n'en sortent pas; et pour leur donner une forme agréable, vous y mettrez une patte que vous ferez entrer par le petit bout de la cuisse; vous mettrez des bardes de lard dans une casserole, vos cuisses par-dessus; couvrez-les de lard et de vos épluchures de truffes; versez une poêlée pour les cuire. (Voyez *Poêlée.*) Trois quarts d'heure avant de servir, vous mettez vos cuisses au feu; égouttez-les lorsqu'elles seront cuites; ôtez le fil qui est après, et dressez-les en couronne; versez au milieu un ragoût de truffes. (Voir les *Sauces et Garnitures* au chapitre III.)

Aspic de blancs de poulet.

Assaisonnez des blancs de poulet de sel et de poivre; faites-les sauter au beurre. Vous les laisserez ensuite refroidir sur un plat; vous mettrez dans une casserole quelques cuillerées de velouté, autant de gelée; vous ferez réduire le tout de moitié; vous ajouterez un peu de persil haché, et vous lierez cette sauce avec un jaune d'œuf et un peu de beurre fin. Versez cette sauce sur les blancs de poulet, et laissez refroidir le tout. Mettez un peu d'aspic dans un moule; posez le moule sur de la glace pour faire prendre l'aspic, et faites un décor avec des morceaux d'anchois, des cornichons, des œufs durs, des truffes, etc. Mettez par-dessus vos blancs de poulet, et versez sur ces derniers un ragoût de crêtes et rognons de coqs. Remplissez le moule avec de l'aspic; mettez ce moule dans de la glace pilée, et lorsque cette préparation sera bien congelée, vous pourrez la dresser comme il est dit au chapitre III, à l'article *Aspic*.

Poulet en mayonnaise.

Mettez dans une casserole sept ou huit cuillerées de velouté, quatre de gelée, et une cuillerée seulement de vinaigre à l'estragon; ajoutez un peu de gros poivre; faites réduire cette sauce d'un tiers; ajoutez-y alors un peu de persil et d'estragon hachés. D'autre part, vous aurez fait cuire un poulet comme il est dit ci-dessus à l'article *Poulet poêlé*, vous le dépecerez, vous le dresserez; vous verserez dessus la sauce dont nous venons de parler; puis vous laisserez refroidir le tout, et vous le décorerez avec de la gelée.

Poulet aux truffes.

Vous flamberez votre poulet légèrement; épluchez-le et videz-le par l'estomac; vous arrangerez votre poulet comme la poularde aux truffes (Voir, plus haut, cet article); mettez une petite barde de lard entre la peau de la poche et les truffes, de crainte que la peau ne vienne à crever; vous attacherez les pattes sur la broche, et vous l'envelopperez de papier huilé.

Poulet à l'anglaise.

(Voyez, plus haut, *Poularde à l'anglaise*), et opérez comme il est dit à cet article.

Poulets en lézard.

Videz et flambez deux beaux poulets; supprimez-en les pattes ainsi que les ailerons, et conservez-en la peau jusqu'à la tête; ouvrez-les par le dos jusqu'au croupion, désossez-les entièrement, étendez-les sur un linge blanc, garnissez-les en dedans d'une farce de volaille cuite; mêlez, avec des truffes, des champignons, de la langue à l'écarlate et de la tétine de veau, le tout coupé en gros dés d'une proportion bien égale; cousez-les, et donnez-leur la forme d'un lézard, en procédant ainsi: de la peau du cou farcie, formez la queue du lézard; des cuisses, faites-en les jambes de derrière, et des deux bouts des ailes, les jambes de devant; de l'estomac, le dos; et, pour en faire la tête, prenez une truffe à laquelle vous donnerez la forme de celle de lézard; foncez une casserole avec des bardes de lard, posez-y vos lézards : ayez soin qu'ils conservent leur forme; versez dessus une poêlée; couvrez-les d'un fort papier et d'un couvercle; faites-les partir; mettez-les cuire avec un peu de feu dessus; la cuisson faite, égouttez-les, mettez-les refroidir entre deux couvercles; parez-les et dressez-les sur un plat; glacez-les, et décorez-les de diverses couleurs avec de petites omelettes coloriées de blanc, de vert, de rouge et de jaune; mettez dessous une mayonnaise verte; terminez votre entrée avec un joli cordon de croûtons de gelée, et servez. (Voir pour tous les accessoires, *Sauces*, *Garnitures*, le chapitre III.)

Salade de volaille.

On ne met ordinairement en salade que des débris de poulets rôtis et froids. Après avoir convenablement paré ces débris, en avoir extrait les peaux et les nerfs, on les assaisonne de sel, poivre, huile, vinaigre; puis on les dresse sur un plat, et on les entoure de cœurs de laitues coupés par quartiers, et d'œufs durs coupés de même; on décore cette salade comme la mayonnaise. (Voyez, ci-dessus, *Poulet en mayonnaise*.)

Marinade de poulet.

Faites mariner, dans une marinade cuite (Voir cet article au chapitre III), des débris de poulet rôti, parés comme il est dit à l'article précédent; puis trempez-les dans une pâte à frire, et faites-les frire; dressez en buisson, avec du persil frit.

Poulet à la paysanne.

Dépecez un poulet comme pour le mettre en fricassée; et faites-le revenir dans un mélange de beurre et d'huile d'olive sur un feu très ardent, afin que tous les membres du poulet prennent une belle couleur; ajoutez ensuite du poivre et du sel, ail, laurier, persil, carottes et ognons coupés par tran-

VOLAILLE.

ches, quelques cuillerées de sauce espagnole. (Voir cette sauce au chapitre III.) Le poulet étant à moitié cuit, couvrez le feu avec de la cendre chaude, et faites bouillir doucement pendant une demi-heure.

Côtelettes de poulet.

Levez des filets de poulet, parez-les et donnez-leur la forme de petites côtelettes, en enfonçant dans chaque morceau de filet un os de côte convenablement taillé; panez ces côtelettes en les trempant dans des œufs battus, puis dans de la mie de pain; faites-les griller, et servez-les de belle couleur, avec un jus clair dessous.

Fricassée de poulet à la gelée.

Le poulet étant cuit comme il est dit ci-dessus à l'article *Fricassée de poulet*, retirez les membres du poulet; ajoutez à la sauce quelques cuillerées de gelée et faites-la réduire; liez cette sauce avec des jaunes d'œufs; passez-la à l'étamine; ajoutez-y des champignons, des crêtes et rognons de coqs, un jus de citron; dressez les membres du poulet, versez vòtre sauce dessus, laissez refroidir le tout, et décorez les bords du plat avec de la gelée.

Fricassée de poulet à la bourguignonne.

Dépecez un poulet comme pour en faire une fricassée ordinaire, et faites-le sauter dans le beurre; ajoutez du poivre, du sel, muscade, bouquet garni; mouillez avec un peu de vin blanc, un peu de velouté; le poulet étant cuit, retirez-le, faites réduire la sauce, liez-la avec des jaunes d'œufs, ajoutez-y un jus de citron et un peu de persil haché; dressez les membres du poulet, et versez cette sauce dessus.

Poulet à la Mauduit.

Videz et flambez un poulet gras, troussez-le les pattes en dehors, faites-en ressortir l'estomac, et piquez-le de lard moyen; mettez dans une casserole des bardes de lard, posez vos poulets dessus, avec une carotte coupée en lames, une tranche de jambon, un ognon piqué de clous de girofle et un bouquet assaisonné. Couvrez les pattes de vos poulets avec des bardes de lard; mouillez-les avec un verre de vin de Madère et une cuillerée à pot de consommé, faites-les cuire avec beaucoup de feu dessus pour faire prendre couleur et glacer votre lard. Leur cuisson faite, égouttez-les, débridez-les, dressez-les sur un plat; quand vous aurez retiré le fond de vos poulets, passez-le et dégraissez-le; faites-le réduire à demi-glace avec trois cuillerées d'espagnole travaillée; saucez vos poulets, et servez.

Friteau de poulets à la Saint-Florentin.

Découpez deux poulets comme il est indiqué à l'article *Fricassée de poulets*; mettez-les mariner dans un vase de terre avec de l'huile, deux jus de citron; assaisonnez de sel, gros poivre, ail, deux ognons coupés en tranches et persil. Un quart d'heure avant de servir, égouttez-les, essuyez-les bien, farinez-les, et faites-les frire dans l'huile d'une belle couleur; égouttez-les: vous aurez préparé des ognons coupés en anneaux que vous sauterez dans de l'huile et de la farine: faites frire de même que vos poulets; votre ognon cuit, égouttez-le; dressez vos poulets sur un plat, et votre ognon sur vos poulets. Saucez avec une sauce à l'huile. (Voir cette sauce au chapitre III.)

Fricassée de poulets à la Bardoux.

Découpez deux poulets comme pour fricassée; faites-les dégorger et blanchir; assaisonnez de sel et d'un bouquet assaisonné; mettez dans une casserole un quarteron de beurre, faites-le fondre; mettez vos poulets dedans, étant bien parés; faites-les revenir; liez-les d'une cuillerée à bouche de farine; mouillez-les avec l'eau dans laquelle vos poulets ont blanchi; faites-les cuire; coupez en gros dés douze gros ognons auxquels vous aurez retiré le cœur; faites-les blanchir et égoutter; mettez-les dans une casserole avec un morceau de beurre, une cuillerée de consommé et un peu de sucre; faites-les cuire; dégraissez votre fricassée de poulets à fond; passez votre sauce sur vos ognons; faites réduire le tout ensemble; liez votre sauce avec trois jaunes d'œufs; dressez vos poulets, masquez-les de votre sauce.

Fricassée de poulets à la Saint-Lambert.

Préparez vos poulets comme il est indiqué ci-dessus; faites-les cuire dans de la glace de racines (Voir au chapitre III); liez de même votre sauce comme il est indiqué ci-dessus. Vous aurez tourné de petites carottes et des navets en olives; épluchez des petits ognons que vous ferez cuire dans du consommé de racines : finissez votre fricassée de même que les autres. Quand vos poulets seront dressés sur le plat, mettez vos légumes dans la sauce, et versez cette sauce sur les poulets.

VOLAILLE.

Du Pigeon.

Il y a quatre espèces de pigeons qui sont : le pigeon de volière, le bizet, le gautier et le ramier. Le pigeon de volière est préférable à tous les autres ; vient ensuite le bizet, puis le gautier, que l'on n'emploie que pour garnitures, et enfin le ramier, ou pigeon sauvage, qui ne se mange guère que rôti.

Pigeons rôtis.

Vous videz et flambez vos pigeons un peu ferme ; vous les épluchez et vous les bridez ; mettez-leur sous la barde une feuille de vigne, si vous en avez : une demi-heure suffit pour les cuire.

Pigeons à la Saint-Laurent.

Après avoir légèrement flambé des pigeons de volière, vous troussez les pattes en dedans du corps ; vous les fendez par le dos depuis le cou jusqu'au croupion ; videz-les et battez-les sur l'estomac. Que votre pigeon soit plat ; vous l'assaisonnez de gros poivre et de sel ; mettez un morceau de beurre tiédir dans une casserole ; vous les trempez dedans, puis dans de la mie de pain ; quand ils seront bien panés, une demi-heure avant de servir, vous les mettez du côté de l'estomac, sur le gril, à un feu doux ; vous les retournez à propos ; dressez-les sur le plat, mettez dessous un jus clair ou une sauce à l'échalote ; ajoutez un demi-verre de bouillon ou d'eau, du sel, du poivre fin, plein deux cuillères à bouche d'échalotes bien hachées, trois cuillerées de bon vinaigre, une cuillerée de chapelure de pain ; vous ferez jeter deux ou trois bouillons ; versez votre sauce sous vos pigeons ; voyez si elle est d'un bon goût.

Pigeons à la crapaudine.

Prenez de bons pigeons dont vous trousserez les pattes en dedans ; s'ils sont gros, vous les couperez en deux, sinon vous ne ferez que les fendre par derrière, et les aplatirez sans beaucoup casser les os ; faites-les mariner avec de l'huile fine, gros poivre, persil, ciboule, champignons, le tout haché ; faites-leur prendre l'assaisonnement le plus que vous pourrez, et les panez de mie de pain ; mettez-les sur le gril, et les arrosez du reste de leur marinade : faites-les griller à petit feu et d'une belle couleur dorée ; quand ils sont cuits, vous les servez avec une sauce faite de cette façon : vous mettez un oignon coupé dans un mortier avec du verjus, pilez bien le tout ensemble, et faites-en sortir le plus de jus que vous pourrez, que vous mettez avec bouillon, sel, gros poivre ; faites chauffer et servez sous les pigeons. Les mêmes pigeons se servent sans verjus, en mettant une autre sauce claire et un peu piquante ; à la place d'huile, vous pouvez vous servir de beurre, sain-doux ou bonne graisse de pot.

Compote de pigeons.

Ayez de petits pigeons échaudés, les pattes troussées dans le corps ; faites-les blanchir, ôtez le cou et les ailes ; après les avoir épluchés, mettez-les dans une casserole avec deux ou trois truffes, si vous en avez, des champignons, quelques foies de volaille, un ris de veau blanchi, coupé en quatre morceaux, un bouquet de persil, ciboule, une gousse d'ail, deux clous de girofle, du basilic, un morceau de bon beurre ; passez-les sur le feu, mettez-y une pincée de farine, mouillez moitié jus et moitié bouillon, un verre de vin blanc, sel, gros poivre ; laissez cuire et réduire à courte sauce ; ayez soin de dégraisser, et d'ajouter en servant un jus de citron ou un filet de vinaigre blanc ; que le tout soit cuit à propos et d'un bon sel.

Pigeons à la casserole.

Les pigeons étant préparés comme il est dit ci-dessus à l'article *Pigeons à la crapaudine*, assaisonnez-les de sel, poivre, aromates pilés ; mettez-les dans une casserole avec un fort morceau de beurre, et placez cette casserole sur un feu très ardent ; retournez les pigeons de temps en temps. Lorsqu'ils seront cuits, c'est-à-dire au bout de trois quarts d'heure, vous les dresserez, vous jetterez un peu de farine dans le beurre où ils auront cuit ; vous ajouterez un peu de bouillon, un jus de citron ; vous ferez bouillir cette sauce et la verserez sur vos pigeons.

Côtelettes de pigeons.

Fendez les pigeons en deux depuis le cou jusqu'au croupion, de manière que vos moitiés de pigeons soient bien égales. Faites un petit trou auprès du croupion pour y passer la patte, qui doit être alongée comme un os de côtelette ; assaisonnez vos moitiés de pigeons de sel et de poivre, panez-les en les trempant d'abord dans de l'eau tiède, puis dans de la mie de pain ; faites-les griller, et servez-les de belle couleur avec un jus clair dessous.

VOLAILLE.

Pigeons aux petites racines.

Videz, flambez, troussez et bridez des pigeons, puis mettez-les dans une casserole dont vous aurez garni le fond avec des bardes de lard ; recouvrez les pigeons avec des bardes semblables ; ajoutez des parures de viande, des tranches de veau, quelques ognons et carottes, un bouquet garni ; mouillez le tout avec du bouillon et faites-le mijoter pendant une heure. Débridez et dressez les pigeons ; entourez-les de laitues glacées, et versez au milieu du plat un ragoût de petites racines. (Voir, au chapitre III, *Sauces et Garnitures.*)

Côtelettes de pigeons sautées.

Levez les chairs de l'estomac de vos six pigeons ; vous les parez, vous y passez un os que vous prenez dans la pointe de l'aileron du filet ; vous les arrangez dans votre sautoir ; vous les assaisonnez de sel, de gros poivre, vous les saupoudrez d'un peu d'aromates pilés : faites tiédir un bon morceau de beurre que vous versez sur vos côtelettes. Au moment de servir, vous les mettez sur un feu ardent ; aussitôt qu'elles sont raidies d'un côté, vous les retournez de l'autre ; ne les laissez qu'un instant ; égouttez-les et dressez-les en couronnes, un croûton glacé entre chacune : vous employez pour sauce une espagnole claire, dans laquelle vous mettez gros comme la moitié d'une noix de glace.

Pigeons aux pois.

Prenez trois ou quatre pigeons, suivant qu'ils sont gros, échaudez-les et les faites blanchir ; s'ils sont gros vous les coupez en deux, après avoir troussé les pattes en dedans ; mettez-les dans une casserole avec un bon morceau de beurre, un litron de petits pois, un bouquet de persil, ciboule ; passez-les sur le feu et y mettez une pincée de farine ; mouillez avec un verre d'eau ; faites cuire à petit feu ; quand ils sont cuits et qu'il n'y a plus de sauce, vous y mettez un peu de sel fin, une liaison de deux œufs avec de la crême ; faites lier sur le feu sans bouillir. Servez à courte sauce.

Si vous voulez les mettre au roux, en les passant vous y mettrez un peu plus de farine, et mouillerez moitié jus et moitié bouillon ; laissez cuire et réduire jusqu'à ce qu'il n'y ait que peu de sauce bien liée, et vous y mettrez le sel un moment avant de servir, et gros comme une noisette de sucre.

VOLAILLE.

Pigeons en Chipolata.

Vous faites cuire vos pigeons comme ceux dits aux petites racines; au moment de servir, vous les égouttez et les débridez; dressez les sur votre plat, et masquez-les d'une chipolata. (Voir, au chapitre III, *Sauces et Garnitures*.)

Pigeons en papillotes.

Quand vous avez vidé et flambé vos pigeons, vous leur coupez les pattes, et leur troussez les cuisses en dedans; vous les coupez par le dos comme un poulet à la tartare, vous les aplatissez, vous les assaisonnez de sel, de gros poivre, d'un peu d'aromates pilés; vous mettez un bon morceau de beurre dans une casserole, un quarteron de lard gras râpé, plein quatre cuillères à bouche d'huile; posez votre casserole sur le feu, avec vos pigeons dedans; vous les passerez pendant un bon quart d'heure, vous les placerez sur un plat; vous passerez dans votre beurre plein trois cuillères à bouche de champignons hachés bien fin, une cuillerée d'échalotes, autant de persil, le tout bien haché, un peu de sel et d'épices; lorsqu'ils seront revenus dans le beurre, vous les mettrez sur vos pigeons; laissez-les refroidir; vous préparez des carrés de papier que vous huilez; vous renfermez vos pigeons comme il est dit aux articles papillotes; une demi-heure avant de servir, vous mettez vos pigeons sur le gril à un feu doux; et au moment du service, vous dressez sur le plat, avec un jus clair dessous.

Pigeons à la cuillère.

Après avoir flambé et paré des pigeons gautiers, mettez dans une casserole un bon morceau de beurre, le jus d'un citron, un peu de sel et du gros poivre; vous faites raidir vos pigeons dans cet assaisonnement, vous les mettez dans une casserole entre des bardes de lard et le beurre dans lequel vous les avez fait raidir, vous y ajoutez une poêlée (Voir cet article au chapitre III); un bon quart d'heure avant de servir vous les mettrez au feu, et au moment de servir vous les égoutterez et les dresserez sur votre plat; vous placerez une écrevisse entre chaque pigeon, et vous mettrez dessous une sauce hollandaise. (Voyez cette sauce au chapitre III.)

Pigeons gautiers à la financière.

Vos pigeons étant préparés et cuits comme il est dit à l'article précédent, dressez-les, et mettez au milieu du plat un ragoût de truffes mêlé de foies gras, crêtes et rognons de coqs.

Pigeons gautiers à l'aurore.

Vos pigeons étant préparés comme il est dit à l'article précédent, faites-les revenir dans le beurre, avec du sel, du poivre, de la muscade râpée, une feuille de laurier et un jus de citron. Quand les pigeons seront bien revenus, mettez un peu de farine dans votre beurre; ajoutez un ognon, un clou de girofle, des champignons hachés; faites bouillir le tout pendant quelques minutes; ôtez alors les pigeons, laissez réduire la sauce, ôtez-en l'ognon et le laurier; versez cette sauce sur les pigeons, et laissez refroidir le tout. Les pigeons étant froids, panez-les en les trempant d'abord enduits de leur sauce dans de la mie de pain, puis dans des œufs battus et assaisonnés de sel et poivre, et une seconde fois dans de la mie de pain; faites-les frire, et servez-les de belle couleur, avec du persil frit.

Pigeons en ortolans.

Flambez et bardez des pigeons gautiers, couchez-les sur broche, et servez-les peu cuits.

Pigeons à la monarque.

Ayez des pigeons à la gautier qui ne soient pas âgés de plus de huit jours; flambez-les, parez-les, et faites-les revenir dans du beurre avec un jus de citron, puis mettez-les dans une autre casserole dont vous aurez garni le fond avec des bardes de lard; versez dessus le beurre dans lequel ils seront revenus; mouillez-les avec du vin blanc et du consommé; ajoutez un bouquet garni; couvrez-les d'un papier beurré, et faites-les cuire avec feu dessus et dessous. Dressez un ragoût à la Toulouse (Voir ce ragoût au chapitre III), arrangez vos pigeons sur ce ragoût avec des crêtes de coqs et des écrevisses.

Pigeons en macédoine.

Faites cuire des pigeons comme il est dit plus haut à l'article *Pigeons aux pois*; puis coupez-les en deux, dressez-les en couronne, et mettez au milieu une macédoine de légumes préparée comme il est dit au chapitre III.

Chartreuse de pigeons.

Tournez des carottes et des navets de la grosseur du doigt;

faites-les blanchir dans de l'eau et du sel, puis faites-les cuire dans du consommé avec un peu de sauce; faites cuire d'autre part des haricots verts, des petits pois, des laitues et des choux. Tout cela étant préparé, et vos pigeons étant cuits dans une bonne poêlée (Voir, au chapitre III, *Poêlée*), vous prendrez un moule à charlotte; vous le garnirez de papier beurré, et vous décorerez le fond avec des carottes et des navets coupés en liards, des haricots verts coupés en carrés ou losanges, des petits pois qui figureront des cordons de perles; vous dresserez le long des parois des carottes et des navets qui formeront des colonnes; vous donnerez de la consistance à tout cela en le garnissant de choux et de laitues bien pressés; puis vous mettrez vos pigeons dans le milieu; vous les couvrirez avec le reste de vos légumes arrosés d'une sauce allemande (Voir cette sauce au chapitre III), et vous mettrez en dernier lieu le reste des laitues et des choux que vous presserez un peu. Faites chauffer le moule au bain-marie; dressez la chartreuse en couvrant le moule avec un plat et le renversant, et saucez avec une sauce espagnole réduite.

Pigeons en caisse.

(Voyez, au chapitre précédent, *Cailles en caisse*), et usez de la même recette pour les pigeons.

Ramereaux en marinade.

Nous avons dit plus haut que les pigeons ramiers ne se mangeaient ordinairement que rôtis; cependant on peut faire avec de jeunes ramiers (*ramereaux*) plusieurs entrées. Les ramereaux étant cuits dans une marinade légère, on les trempe dans une pâte à frire, on les fait frire, et on les sert de belle couleur, avec du persil frit.

Ramereaux poêlés.

Videz et flambez légèrement trois ou quatre ramereaux; retroussez leurs pattes en dedans; foncez une casserole de bardes de lard, mettez-y une lame de jambon, un bouquet assaisonné, une carotte coupée en lames, deux ognons piqués de deux clous de girofle; mouillez avec un verre de vin blanc et un peu de consommé, posez vos ramereaux sur ce fond, couvrez-les de bardes de lard, faites-les partir; mettez-les cuire avec un feu modéré dessus et dessous pendant environ trois quarts d'heure; leur cuisson faite, égouttez-les, dressez-les, et servez dessous une sauce poivrade.

Ramereaux à l'étouffade.

Videz et flambez des ramereaux; préparez de moyens lardons: assaisonnez-les de sel, de poivre, de persil et échalotes hachés, d'épices et d'aromates pilés: il faut que le basilic y domine; lardez vos ramereaux; marquez-les dans une casserole, comme il est énoncé dans l'article précédent; faites-les bien cuire: leur cuisson achevée, dressez-les sur votre plat; passez leur fond au tamis, saucez-les et servez.

Des Tourtereaux.

Les tourtereaux sont une variété de pigeons; les tourtereaux sauvages sont meilleurs que ceux de volière; ils ne se mangent ordinairement qu'à la broche.

Ortolans, Rouges-Gorges, etc.

Les ortolans, les rouges-gorges, et en général tous les petits oiseaux se mangent rôtis; on les barde, on les embroche avec des atelets, on les fait tourner pendant dix minutes à un feu très vif.

CHAPITRE XI.

DU POISSON.

Esturgeon au court-bouillon. — Esturgeon à la broche. — Esturgeon au four. — Côtelettes d'esturgeon en papillotes. — Esturgeon en fricandeau. — Kavia. — Du Thon. — Du Turbot. — Turbot au court-bouillon. — Turbot à la béchamel. — Turbot à la crême. — Turbot sauce aux câpres. — Turbot en croquettes. — Turbot en salade. — Turbot sauce hollandaise. — Turbot en matelotte. — Turbot au gratin. — Filets de turbot frits. — Filets de turbot à l'anglaise. — Coquilles de turbot. — Mayonnaise de turbot. — Flotte. — Barbue grillée. — Cabillaud à la hollandaise. — Cabillaud à la crême. — Cabillaud aux huîtres. — Cabillaud en dauphin. — Cabillaud farci. — Cabillaud à la hambourgeoise. — Cabillaud aux fines herbes. — De la Raie. — Raie à la sauce de son foie. — Carrelets à la bonne eau. — Carrelets grillés. — Carrelets à la bonne femme. — Carrelets sauce aux câpres. — Plies. — Alose grillée. — Filets d'alose sautés. Stock-Fish. — Vol-au-vent de stock-fish. — Stock-Fish au gratin. — Stock-Fish à la lyonnaise. — Stock-Fish au beurre noir. — Stock-Fish à la provençale. — Morue à la maître-d'hôtel. — Morue à la provençale. — Morue à la béchamel. — Morue fraîche. — Croquettes de morue. — Morue à la bourguignonne. — Queues de morue à l'anglaise. — Morue au gratin. — Morue au parmesan. — Anguille de mer. — Sauté d'anguille de mer. — Anguille de mer à la poulette. — Anguille de mer sauce aux anchois. — Anguille de mer sauce hollandaise. — Saumon au bleu. — Saumon à la génoise. — Saumon sauce aux câpres. — Sauté de filets de saumon. — Filets de saumon en baril. — Croquettes de saumon. — Saumon en mayonnaise. — Saumon en salade. — Saumon à la hollandaise. — Saumon fumé. — Saumon salé. — Saumon au beurre de Montpellier. — Pâté chaud de saumon. — Pâté froid de saumon. — Escalopes de saumon. — Coquilles de saumon. — Galantine de saumon. — Truite au court-bouillon. — Truite à la génoise. — Aiguillettes de truites à la Saint-Florentin. — Petits pâtés de truites. — Truites farcies. — Truite à la Chambord. — Truite frite. — Soles sur le plat. — Filets de soles sautés. — Filets de soles en mayonnaise. — Soles à l'eau de sel. — Filets de soles en salade. — Soles en matelote. — Filets de soles en turban. — Filets de soles à la Horly. — Soles frites. — Soles à la provençale. — Filets de soles au gratin. — Filets de soles à la hollandaise. — Filets de soles à la chevalière. — Limandes sur le plat. — Éperlans à la bonne eau. — Éperlans frits. — Éperlans au gratin. — Maquereau à la maître-d'hôtel. — Maquereau à l'eau de sel. — Sauté de filets de maquereau. — Maquereaux en papillotes. — Laitances de maquereaux. — Maquereaux à l'anglaise. — Maquereaux au beurre noir. — Merlans sauce ravigote. — Merlans à la bonne eau. — Merlans grillés. — Sauté de filets de merlans. — Quenelles de filets de merlans. — Merlans frits. — Merlans à la hollandaise. — Filets de merlans à la Horly. — Merlans au gratin. — Filets de merlans aux truffes. — Atelets de filets de merlans. — Filets de merlans en turban. — Filets de merlan à l'anglaise. — Filets de merlans à la Conti. — Plies à l'italienne. — Plies grillées sauce aux câpres. — Grondins à l'italienne. — Rouget. — Poule de mer. — Vives, sauce aux câpres. — Vives à la maître-d'hôtel. — Vives à l'allemande. — Brochet au court-bouillon. — Brochet sauce portugaise. — Sauté de filets de brochets. — Brochet à la Chambord. — Brochet au raifort. — Filets de brochet à la béchamel. — Coquilles de brochet. — Brochet frit. — Grenadin de brochet. — Côtelettes de brochet en papillotes. — Salade de brochet. — Carpe au bleu. — Carpe au court-bouillon. — Carpe grillée, sauce aux câpres. — Carpe à la Chambord. — Matelote. — Matelote à la marinière. — Quenelles de carpe. — Carpe à l'allemande. — Sauté de filets de carpe. — Carpe frite. — Carpe farcie. — Laitances de carpes frites. — Aspic de laitances de carpes. — Croquettes de laitances de carpes. — Coquilles de laitances de carpes. — Fricandeau de carpes. — Anguille à la broche. — Anguille à la tartare. — Roulade de filets d'anguille. — Anguille au soleil. — Anguille à la poulette. — Anguille piquée. — Anguille à l'anglaise. — Tanche à la poulette. — Tanche en matelote. — Tanche frite. — Barbillon grillé. — Moules crues. — Moules au naturel. — Moules en atelets. — Moules au soleil. — Moules en marinade. — Moules à la poulette. — Lamproie à la tartare. — Perches au beurre. — Perches à la pluche verte. — Perches à la hollandaise. — Perches frites. — Perches au vin. — Perches à la polonaise. — Tanche. — Lotte. — Goujons frits. — Homards. — Langoustes. — Ecrevisses à la crème. — Ecrevisses en matelote. — Crevettes. — Croquettes de crevettes. — Huîtres en coquilles. — Huîtres en atelets. — Huîtres au soleil. — Huîtres en marinade. — Huîtres sur le gril. — Harengs grillés. — Harengs pecs. — Harengs saurets. — Anchois. — Sardines fraîches. — Sardines salées. — De la Tortue.

Esturgeon au court-bouillon.

L'esturgeon est un énorme poisson de mer qui remonte les fleuves en suivant des bateaux; il n'a ni arêtes ni écailles, mais sa peau est fort dure, et il est couvert de plaques osseuses. On ne fait cuire entier qu'un petit esturgeon; pour le faire cuire au court-bouillon, il faut en ôter la peau et les plaques osseuses, le vider par le haut et par le bas, et le laver avec soin. Mettez-le ensuite dans une poissonnière avec un court-bouillon bien salé, aromatisé, et dans lequel vous aurez mis une bonne quantité de lard râpé, et faites-le cuire avec feu dessus et dessous; faites-le égoutter; préparez une sauce à l'italienne; mettez un peu de court-bouillon dans cette sauce, et servez-la avec l'esturgeon.

Esturgeon à la broche.

L'esturgeon étant vidé et dépouillé comme il est dit à l'article précédent, piquez-le de lard fin, puis faites-le mariner pendant vingt-quatre heures. Mettez ensuite l'esturgeon à la broche; arrosez-le souvent avec la marinade qui doit être un peu grasse, et servez-le avec une sauce piquante.

Esturgeon au four.

Videz, dépouillez et lavez l'esturgeon comme il est dit ci-dessus; fendez-le par le ventre, sans le séparer, et mettez-le sur un plat avec du sel, du poivre, des aromates pilés, un peu d'huile, une bouteille de vin blanc et un jus de citron; faites-le cuire au four; glacez-le, dressez-le en mettant dessous le fond de cuisson que vous aurez passé, et servez-le avec une sauce à l'huile à part. (Voir cette sauce au chapitre III.)

Côtelettes d'esturgeon en papillotes.

L'esturgeon étant préparé comme il est dit aux articles précédens, coupez-le par morceaux en forme de côtelettes, et opérez du reste comme pour les côtelettes de veau en papillotes. (Voir cet article au chapitre V.)

Esturgeon en fricandeau.

Prenez un morceau d'esturgeon, levez-en la peau et les plaques osseuses; battez-le légèrement avec le plat du couperet; piquez-le de petit lard; foncez une casserole de tranches de veau, de lames de jambon, de quelques carottes, ognons et aromates; mouillez-le avec du vin blanc, couvrez-le d'un papier beurré, faites-le cuire comme un fricandeau; la cuisson faite et bien glacée, passez-en le fond au tamis de soie; dégraissez-le, et faites-le réduire avec trois cuillerées d'espagnole; dressez votre fricandeau, et mettez votre sauce dessous. Si l'on voulait faire de ce fricandeau un plat maigre, il faudrait piquer l'esturgeon avec des filets d'anchois et d'anguilles, et ne pas mettre de viande dans le fond de cuisson.

Kavia.

Le kavia est un met que les Tartares apprêtent avec des œufs d'esturgeon; il s'en fait un assez grand commerce en Russie, et l'on en fait aussi usage en Italie. Voici la manière de préparer le kavia.

Prenez les œufs de plusieurs esturgeons ; pour cela il faut que ces œufs soient bien mûrs, qu'on leur voie un petit point blanc ; mettez-les dans un baquet d'eau ; ôtez-en les fibres, comme vous feriez à une cervelle de veau ; prenez un fouet de buis, duquel on se sert pour fouetter les blancs d'œufs ; battez vos œufs dans l'eau, afin d'en tirer toutes les fibres, qui s'attacheront à votre fouet ; secouez-le chaque fois qu'il y en aura ; cela fait, déposez-les sur des tamis à passer la farine ; ensuite remettez ces œufs dans de la nouvelle eau ; continuez à les fouetter et à les changer d'eau jusqu'à ce qu'il ne leur reste plus de fibres ni limon, enfin, que l'on distingue bien ces œufs ; alors vous les laisserez égoutter sur les tamis, et vous les assaisonnerez de sel fin et de poivre ; mêlez bien le tout ; déposez-les dans une étamine que vous lierez des quatre coins avec de la ficelle, en leur donnant la forme d'une boule ; laissez-les égoutter ainsi, et servez-les le lendemain avec des tartines de pain grillé, des échalotes hachées. Si vous voulez les conserver plus long-temps, salez-les davantage.

Du Thon.

Le thon est un gros poisson de mer qui se pêche sur les côtes de Provence ; on le fait mariner dans de l'huile, et on le sert pour hors-d'œuvre avec des fines herbes hachées.

Du Turbot.

Ce poisson de mer qui se pêche dans l'Océan, ne doit être mangé que très frais ; un bon turbot doit être épais, blanc et sans tache.

Turbot au court-bouillon.

Après l'avoir vidé, nettoyé et bien frotté d'un jus de citron, on fait cuire le turbot entier dans une eau de sel à laquelle on peut ajouter une pinte de lait. On le pousse à grand feu sur le fourneau. Quand il est prêt à bouillir, on ralentit le feu pour achever la cuisson sans bouillir. Tenez-le chaudement, dix minutes avant de servir ; faites-le égoutter, garnissez-le de persil vert, et servez avec un huilier ou de la sauce dans une saucière.

Turbot à la béchamel.

Le turbot étant cuit comme il est dit à l'article précédent, lavez-en les chairs, dressez-les, et versez dessus une sauce béchamel préparée comme il est dit au chapitre III.

Turbot à la crème.

Mettez dans une casserole du beurre, une pincée de farine, du sel et du poivre, un verre de lait, et faites chauffer cette sauce en la tournant jusqu'à ce qu'elle soit prise; versez-la alors sur le turbot que vous aurez fait cuire et que vous aurez dépecé comme il est dit à l'article précédent.

Turbot, sauce aux câpres.

Mettez dans une casserole un bon morceau de beurre, une pincée de farine, sel, gros poivre, un anchois lavé et haché, et des câpres fines; remuez la sauce sur le feu jusqu'à ce qu'elle soit liée sans qu'elle bouille, et servez sur le poisson.

Turbot en croquettes.

Coupez en petits dés des chairs de turbot cuit au court-bouillon et refroidi; mettez-les dans une casserole avec de la sauce béchamel; faites chauffer le tout, puis laissez-le refroidir, et agissez du reste comme pour les croquettes de volaille. (Voir au chapitre précédent.)

Turbot en salade.

Lorsque le turbot est cuit et froid, vous le coupez en petites tranches, et l'arrangez sur le plat, les morceaux les uns sur les autres, de sorte que cela forme un petit buisson; puis vous mettez des cœurs de laitues à l'entour, puis des œufs durs que vous coupez en quatre, ou vous hachez le jaune et puis le blanc: cela vous sert à décorer la salade; câpres, anchois, cornichons, blé de Turquie, tout cela convient pour le goût: vous verserez la sauce de sorte que cela ne dérange pas la symétrie.

Turbot, sauce hollandaise.

Faites cuire le turbot au court-bouillon (Voir cet article plus haut); coupez-le en morceaux, et versez dessus une sauce hollandaise. (Voir cette sauce au chapitre III.)

Turbot en matelote.

Ayez un turbotin, videz-le, lavez-le, laissez-le égoutter, fendez le par le dos; séparez les chairs de l'arête, mettez entre l'arête et la chair une bonne maître-d'hôtel crue, coupez six gros ognons en petits dés, ayez un plat d'argent de la grandeur de votre turbotin, mettez vos ognons dessus, avec un morceau de beurre; assaisonnez de sel, gros poivre, thym, laurier en poudre, persil haché, et un peu de muscade râpée; mettez votre turbotin dessus vos ognons, poudrez-le de sel, ajoutez y du citron et un peu de beurre fondu; mouillez d'une demi-bouteille de vin blanc; mettez votre plat sur un petit fourneau couvert d'un four de campagne, à feu très doux; durant sa cuisson, arrosez-le souvent; coupez de la croûte de pain en rond comme une pièce de cinq francs, et mettez des croûtons autour du turbot.

Turbot au gratin.

Le turbot étant cuit au court-bouillon et refroidi, ôtez-en les peaux et les arêtes, et mettez-en les chairs dans une sauce béchamel maigre. (Voir cette sauce au chapitre III.) Faites chauffer le tout sans le faire bouillir; dressez-le sur un plat qui puisse aller au feu; saupoudrez-le de mie de pain mélangée de fromage de Parme; arrosez-le avec du beurre fondu, posez-le sur un feu doux, et faites-lui prendre couleur sous un four de campagne.

Filets de turbot frits.

Levez les filets d'un turbot; coupez-les en aiguillettes, et faites-les mariner dans du jus de citron avec du sel, du poivre et de l'ail; faites-les égoutter ensuite, trempez-les dans de la farine, faites-les frire, et dressez-les avec une sauce tomate dessous.

Filets de turbot à l'anglaise.

Levez des filets de turbot, ôtez-en les peaux; donnez à chaque morceau une forme agréable. Panez-les à deux reprises, la première fois au beurre et la deuxième aux œufs assaisonnés et battus. Faites griller ces filets, dressez-les, et mettez dessous une sauce aspic claire. (Voir cette sauce au chapitre III.)

Coquilles de turbot.

Le turbot étant préparé comme il est dit à l'article *Turbot au gratin* (Voir ci-dessus), mettez cette préparation dans des coquilles; semez dessus de la mie de pain, et faites-lui prendre couleur sous un four de campagne.

Mayonnaise de turbot.

Levez des filets de turbot cuit, et taillez-les comme il est dit ci-dessus à l'article *Filets de turbot à l'anglaise*; mettez-les dans un vase avec du poivre, du sel, une ravigote hachée, de l'huile et du vinaigre à l'estragon; dressez ensuite des filets en couronne sur un plat; entourez-les d'un cordon d'œufs durs; décorez avec des anchois, des câpres, des truffes, des betteraves, de la gelée de viande, et versez au milieu une mayonnaise préparée comme il est dit au chapitre III.

Flotte.

Ce poisson ressemble beaucoup au turbot, et il se prépare, en général, de la même manière que ce dernier.

Barbue grillée.

La barbue est aussi de la famille du turbot; elle se mange ordinairement grillée. Videz une barbue; ratissez-en les écailles, lavez-la, mettez-la égoutter, essuyez-la bien, fendez-la par le dos, mettez-la mariner dans de l'huile avec du sel et du gros poivre, mettez-la griller entière, ayez soin qu'elle n'attache ni ne brûle, arrosez-la d'huile, retournez-la; ayez soin que le côté du blanc soit d'une belle couleur; sa cuisson faite, dressez-la sur votre plat; décorez avec des lames de citron, auxquelles vous aurez retiré le blanc et les pepins; saucez avec une sauce à l'huile. (Voir cette sauce au chapitre III.) On peut faire griller de la même manière un petit turbot.

Cabillaud à la hollandaise.

Votre poisson nettoyé, coupez-le en dalles de l'épaisseur de trois doigts; mettez-le dans une terrine avec deux grosses poignées de sel blanc et un verre d'eau; sautez le tout ensemble, afin de le faire raffermir (deux heures suffisent); vous aurez un chaudron bien étamé; ayez soin que votre eau ne soit bouillante qu'au moment où vous serez prêt à servir; ajoutez deux fortes poignées de sel blanc : il faut que votre eau soit très salée. Posez vos morceaux sur une grille, et faites-les cuire pendant cinq à sept minutes, toujours à grand feu; ayez un plat à grille, faites glisser vos dalles dessus, entourez-les de persil; vous aurez préparé des petites pommes de terre tournées en boules; faites-les cuire à la vapeur avec sel, et servez-les à part; servez en même temps dans une saucière du beurre fondu mélangé d'un peu d'eau.

Cabillaud à la crème.

Après avoir vidé et lavé le cabillaud, vous ferez une eau

bien salée dans une poissonnière ; vous mettrez le cabillaud dans cette eau ; faites-le cuire à petit feu, dressez-le et masquez-le avec une sauce à la crême. (Voir cette sauce au chatitre III.)

Cabillaud aux huîtres.

Le cabillaud étant cuit comme il est dit à l'article précédent, dressez-le et versez dessus une sauce aux huîtres. (Voir cette sauce au chapitre III.)

Cabillaud en dauphin.

Ecaillez un gros cabillaud, videz-le par les ouïes, et retroussez-lui la queue et passant au travers une ficelle qui vienne aboutir à un atelet qui lui traverse les deux yeux ; faites-le cuire à l'eau de sel, puis égouttez-le, dressez-le sur une serviette avec des pommes de terre au naturel à l'entour, et versez dessus une sauce hollandaise préparée comme il est dit au chapitre III.

Cabillaud farci.

Après avoir lavé, vidé et paré un beau cabillaud, mettez-lui dans le corps une farce composée de merlans et anchois pilés ; dressez le cabillaud sur un plat creux avec du persil haché, du beurre, et mouillez le tout avec une bouteille de vin blanc ; faites-le cuire au four ; puis panez-le en semant dessus de la mie de pain mêlée de fromage de Parme ; arrosez-le de beurre fondu ; faites-lui prendre couleur sous le four de campagne, et saucez avec une sauce italienne.

Cabillaud à la hambourgeoise.

Après avoir bien vidé, lavé et paré un beau cabillaud, faites blanchir une centaine d'huîtres, égouttez-les sur un tamis ou passoire ; laissez reposer votre eau que vous aurez eu soin de conserver ; faites une béchamel mouillée avec de cette eau et moitié de bonne crême ; faites réduire cette sauce jusqu'à ce qu'elle tienne à la cuillère, assaisonnez d'un peu de sel, poivre, muscade ; incorporez de suite vos huîtres, laissez-les un peu refroidir ; remplissez l'intérieur de votre cabillaud, posez-le ensuite sur un plat ou une plaque bien étamée ; ciselez légèrement la surface de votre poisson ; prenez six jaunes d'œufs crus, un quarteron de beurre fondu, sel et muscade ; battez le tout ; prenez un pinceau, enduisez bien toute la surface de votre poisson ; semez de la mie de pain (cette opération doit se faire vivement) ; arrosez ensuite avec du beurre fondu toute votre panure (une heure suffit pour sa cuisson, qui doit être au four un peu chaud). Si c'est sur une plaque que vous avez posé votre poisson, enlevez-le avec deux couvercles de casserole. Pour sa sauce, ayez un gros homard cuit, retirez-en les chairs, pilez les coquillages et ses œufs et intestins; ajoutez six onces de beurre; relevez le tout dans une casserole, exposez-le sur un fourneau, remuez cette préparation avec une cuillère de bois. Quand votre beurre sera bien fondu, versez une cuillerée de bon bouillon; faites bien chauffer; au premier bouillon, versez le tout dans une étamine, tordez fortement sur une terrine préparée à cet effet; laissez monter votre beurre, ensuite enlevez-le avec une cuillère; servez-vous de ce qui reste dans votre terrine pour faire votre sauce, qui doit être une béchamel, en y ajoutant de la bonne crème en égale quantité que votre fond. Vous aurez coupé en dés vos chairs de homard, que vous incorporerez au moment, ainsi que votre beurre rouge, dans votre sauce; goûtez si votre sauce est de bon goût; lorsque vous mettrez votre poisson au four, versez sur son plat ou plaque un bon verre de vin blanc.

Cabillaud aux fines herbes.

Préparez un cabillaud comme il est indiqué ci-dessus; mettez-le sur le plat que vous devez servir avec des fines herbes cuites et du beurre. Assaisonnez de sel, poivre, muscade et aromates en poudre. Poudrez votre cabillaud de chapelure, mouillez-le d'une bouteille de vin blanc, arrosez-le de beurre fondu, mettez-le cuire au four; arrosez-le souvent avec sa cuisson: sa cuisson faite, servez-le avec deux citrons.

De la Raie.

La bouclée est estimée la meilleure, et se sert de plusieurs façons comme les autres raies. La façon la plus bourgeoise se fait en la mettant cuire dans un chaudron, dans de l'eau, du vinaigre, quelques tranches d'ognons, un peu de sel: après l'avoir bien lavée dans l'eau fraîche et l'amer du foie ôté, ne lui faites faire que deux bouillons pour qu'elle ne cuise point trop; retirez-la ensuite sur un plat pour l'éplucher; coupez les bords pour la propreté. Si elle n'était pas assez cuite, après l'avoir épluchée, c'est ce que vous connaîtrez si elle se trouve trop ferme et que l'arête en soit rouge, ce qui ne doit pas être si la raie est bien fraîche, remettez-la sur un fourneau avec un peu de son court-bouillon; quand vous êtes prêt à la servir, égouttez-la et servez dessus telle sauce que vous jugerez à propos, comme sauce au beurre avec des câpres et anchois, sauce à l'huile ou au beurre noir, et persil frit. Pour cette dernière sauce, vous faites chauffer la raie dans le plat que vous devez servir, avec du vinaigre, sel et un peu de gros poivre; mettez par-dessus le beurre noir et persil autour.

Raie à la sauce de son foie.

Faites cuire la raie comme il est dit à l'article précédent, et préparez la sauce de cette façon : mettez dans une casserole persil, ciboule, champignons, une pointe d'ail : le tout haché très fin; un peu de beurre; passez-les quelques tours sur le feu, et y mettez une bonne pincée de farine, ensuite un morceau de beurre, câpres et un anchois hachés, le foie de la raie cuit et écrasé, sel, gros poivre; mouillez avec de l'eau ou du bouillon, faites lier sur le feu, versez sur la raie.

Carrelets à la bonne eau.

Videz et lavez des carrelets, faites-les cuire dans une bonne eau, et servez-les avec.

Carrelets grillés.

Les carrelets étant nettoyés comme il est dit à l'article précédent, trempez-les dans de l'huile, salez-les et poivrez-les; faites-les griller, dressez-les, et versez dessus une sauce italienne. (Voir cette sauce au chapitre III.)

Carrelets à la bonne femme.

Beurrez un plat, mettez-y trois ou quatre carrelets, du sel, du poivre, du persil, concassé, un verre de vin blanc ou de l'eau, un peu de chapelure de pain par-dessus; mettez le plat sur un fourneau, couvrez-le, faites bouillir dix minutes : cela suffit.

Carrelets, sauce aux câpres.

Après avoir nettoyé votre carrelet, vous l'essuierez bien; saupoudrez-le de sel, de poivre, frottez-le avec de l'huile, et mettez-le sur le gril et sur un feu un peu ardent; retournez-le quand il sera grillé d'un côté; quand il le sera de l'autre, vous le mettrez sur le plat et le masquerez d'une sauce aux câpres. (Voir cette sauce au chapitre III.)

Plies.

Les plies sont de la famille des carrelets, et se préparent en général de la même manière.

POISSON.

Alose grillée.

Videz et lavez votre alose, ôtez-en les écailles, essuyez-la bien, laissez-la égoutter entre deux linges; vous la mettrez sur un plat avec du sel, du poivre, du persil en branches, des ciboules, plein un verre d'huile; vous la retournez dans son assaisonnement; une heure avant de servir, vous la dresserez sur le plat et vous la masquerez d'une sauce au beurre noir; semez des câpres par-dessus, ou bien servez-la sur une purée d'oseille.

Filets d'alose sautés.

Levez des filets d'alose et coupez-les en morceaux de la dimension d'une pièce de cinq francs; mettez ces morceaux sur un plat à sauter avec de la ciboule et du persil hachés bien menu, du poivre et du sel; faites-les sauter sur un feu ardent, dressez-les en couronne, et versez au milieu une sauce italienne. (Voir cette sauce au chapitre III.)

Stock-Fish.

Le stock-fish est un poisson sec qui a quelque ressemblance avec la morue; il faut le battre la veille du jour où l'on veut en faire usage. Faites-en des rouleaux de six pouces de longueur et de quatre d'épaisseur; liez-les à deux liens tels que des bottes d'asperges; laissez-les tremper pendant vingt-quatre heures, en ayant soin de les changer d'eau trois ou quatre fois : une heure avant de servir, mettez-les dans une grande casserole à l'eau froide; faites partir sur un bon feu; aussitôt le premier bouillon, retirez votre casserole, laissez-la sur le coin du fourneau sans bouillir. Au moment de servir, égouttez et servez avec persil autour et du beurre fondu, pommes de terre à part.

Vol-au-vent de stock-fish.

Si vous avez de la desserte de stock-fish, épluchez-la comme de la morue; lorsque vous voulez en faire une béchamel, coupez en dés très fins quatre ognons, passez-les au beurre un peu blanc; singez avec trois cuillerées de fleur de farine; versez une bonne chopine de crème double; donnez à votre sauce assez de consistance pour masquer la cuillère; mettez votre poisson dans cette sauce, et garnissez le vol-au-vent avec cette préparation.

Stock-fish au gratin.

Employez le même procédé que pour le vol-au-vent; seulement faites en sorte que votre sauce soit plus ferme; incorporez de même votre poisson assaisonné de sel, poivre, muscade; posez cette préparation sur votre plat, égalisez-la bien avec le couteau, donnez-lui la forme d'une demi-boule; prenez trois jaunes d'œufs crus, la même quantité de beurre fondu; incorporez ces deux articles en les battant avec une fourchette; ayez un pinceau, enduisez la surface de votre poisson, panez-le de suite, retirez-en le surplus de mie qui aura coulé sur le bord de votre plat; prenez des navets ou carottes crus, faites-en des croûtons, appliquez-les à l'entour afin de soutenir votre dôme: une demi heure au four suffit; enlevez vos racines et remplacez-les par des croûtons frits au beurre.

Stock-fish à la lyonnaise.

Le stock-fish étant cuit comme il est dit aux articles précédens, coupez des ognons en anneaux; faites-les frire dans de l'huile, puis faites-les égoutter. D'autre part, faites chauffer de l'huile d'olive; ajoutez-y du poivre, du sel, ail, muscade, jus de citron; dressez votre poisson, vos ognons par-dessus, et saucez avec cette sauce.

Stock-fish au beurre noir.

Le stock-fish étant cuit comme il est dit aux articles précédens, dressez-le et versez dessus un beurre noir. (Voir *Beurre noir* au chapitre III.)

Stock-fish à la provençale.

Voyez plus bas *Morue à la provençale*, et usez du même procédé pour le stock-fish.

Morue à la maître-d'hôtel.

La morue étant cuite, on peut l'égoutter, la dresser sur le plat, et la saucer avec une sauce maître-d'hôtel, où vous aurez mis du jus de citron. Lorsqu'on ne veut pas servir la peau, étant cuite, on lève les filets, on les met avec la sauce maître-d'hôtel, et on les sert ainsi. Il est indispensable de goûter la morue lorsqu'elle est cuite, et si elle se trouve un peu salée, mettre peu de sel dans la sauce ou point du tout. Si, au contraire, la morue était trop douce, assaisonnez votre sauce en conséquence. Assez volontiers, dans les sauces pour la morue, on met un peu de muscade râpée.

Morue à la provençale.

Dès que votre morue est dessalée à propos, vous la ratissez

et la nettoyez; mettez-la cuire à l'eau pure; vous l'égouttez; ensuite vous mettez dans une casserole un bon morceau de beurre que vous coupez en petits morceaux; vous y ajoutez du gros poivre, un peu de muscade râpée, du persil et de la ciboule hachés bien fin, plein une cuillère à dégraisser de bonne huile, le zeste de la moitié d'un citron, une gousse d'ail si vous voulez : remuez le tout ensemble pour mêler l'assaisonnement; vous mettrez votre morue par-dessus : un peu avant de servir, vous la mettez sur le feu; agitez-la toujours pour que votre beurre ne tourne pas en huile. Au moment du service, dressez-la sur votre plat : en la servant, exprimez dessus un jus de citron.

Morue à la béchamel.

Etant cuite, vous l'épluchez en ôtant la peau et les arêtes, et vous en mettez les filets dans une béchamel maigre ou dans une sauce à la crême; vous la servez dans un bord de plat ou dans un vol-au-vent.

Morue fraîche.

Votre poisson bien nettoyé, ciselez chaque filet de six à huit lignes de profondeur et à deux pouces de distance; ramenez la tête à la queue; liez ces deux extrémités, faites-les raffermir au sel, garnissez la morue de persil, et servez-la avec des pommes de terre au naturel à part et du beurre fondu.

Croquettes de morue.

La morue étant cuite comme il est dit aux articles précédens, coupez-la en dés et mettez-la dans une casserole avec un morceau de beurre, un peu de farine, du sel, du poivre, de la muscade râpée et un peu de crême; mettez le tout sur le feu en le tournant toujours, puis versez cette sauce sur la morue; mêlez bien le tout ensemble, et agissez du reste comme pour les croquettes de volaille. (Voir au chapitre précédent.)

Morue à la bourguignonne.

Coupez des ognons en anneaux, et mettez-les dans une casserole avec un morceau de beurre; faites-les cuire et roussir; leur cuisson achevée, faites un beurre roux, tirez-le à clair, mettez-le sur vos ognons avec sel, poivre et fort filet de vinaigre; vous aurez fait cuire votre morue de même qu'il est indiqué pour la morue à la maître-d'hôtel. Egouttez-la, dressez-la sur un plat, saucez-la avec vos ognons au beurre roux, et servez.

POISSON.

Queues de morue à l'anglaise.

Faites cuire des queues de morue comme il est dit ci-dessus; égouttez-les bien. D'autre part, faites une sauce avec la chair de deux citrons; coupez en dés des filets d'anchois, ciboule et persil hachés, une pincée de gros poivre, une petite pointe d'ail; ayant ajouté à cela un morceau de beurre et autant d'huile, faites chauffer le tout à petit feu; remuez bien cette sauce, mettez-en la moitié dans le fond de votre plat, dressez-y votre morue, garnissez-la de croûtons frits dans le beurre; saucez cette morue avec le reste de votre sauce; panez-la avec de la chapelure de pain; mettez-la mijoter au four environ un quart d'heure : nettoyez le bord de votre plat, et servez.

Morue au gratin.

La morue étant préparée comme il est dit ci-dessus à l'article *Morue à la béchamel*, vous la dressez dans une casserole d'argent ou sur un plat; vous l'unissez bien pour y mettre de la mie de pain; vous l'arrosez avec un pinceau de gouttes de beurre, et remettez un peu de mie de pain; vous soufflez dessus, pour écarter ce qui n'est pas fixé; vous la mettez prendre couleur au four ou sous le four de campagne, et vous garnissez le bord du plat avec des croûtons frits.

Morue au parmesan.

Vous ferez cuire une crête de morue bien dessalée; étant refroidie, retirez les peaux et les arêtes, mêlez votre blanc de morue dans une bonne béchamel maigre et deux cuillerées de Parme râpé, et gros poivre; faites-la gratiner comme il est dit ci-dessus.

Anguille de mer.

Vous ferez cuire votre anguille dans l'eau avec du sel, de la racine de persil, ou du persil; et trois ou quatre feuilles de laurier; vous la masquerez d'une sauce à la crème, ou d'une sauce brune, dans laquelle vous mettrez gros comme la moitié d'un œuf de beurre d'anchois, ou d'une sauce aux tomates. (Voir, au chapitre III, *Sauces et Garnitures*.)

Sauté d'anguille de mer.

Prenez les chairs, sans employer la peau de l'anguille; coupez-les comme il est dit aux filets d'alose sautés; vous les assaisonnerez et ferez le sauté de même; vous les laisserez un peu plus cuire, parce que l'anguille est plus ferme: quand le sauté sera fini, vous le dresserez de même, et vous le saucerez avec un velouté lié, dans lequel vous mettrez un peu de beurre d'anchois. (Voir, pour le *Velouté*, le chapitre III.)

Anguille de mer à la poulette.

Sautez des champignons dans du beurre; ajoutez une cuillerée de farine; mouillez avec de l'eau, et mettez-y un bouquet garni. Levez les chairs de l'anguille; coupez-les par morceaux carrés; mettez-les dans une casserole avec la sauce ainsi préparée, et faites bouillir le tout jusqu'à ce que le poisson soit cuit. Dressez ensuite ce poisson sur un plat; liez la sauce avec des jaunes d'œufs, dressez-la sur le poisson.

Anguille de mer, sauce aux anchois.

Otez la peau de l'anguille; faites cuire cette anguille à l'eau de sel; dressez-la, et versez dessus une sauce blanche dans laquelle vous aurez mis un anchois haché bien menu.

Anguille de mer, sauce hollandaise.

L'anguille étant cuite comme il est dit à l'article précédent, dressez-la, et versez dessus une hollandaise. (Voir cette sauce au chapitre III.)

Saumon au bleu.

Videz, lavez et essuyez bien un saumon; ne lui coupez pas le ventre, et mettez-le dans une poissonnière avec quelques bouteilles de bon vin, des carottes, des ognons coupés en tranches, quatre clous de girofle, six feuilles de laurier, un peu de thym, du sel, une poignée de persil en branches; il faut que votre poisson soit baigné dans son court-bouillon; faites-le mijoter deux heures; lorsque vous voulez le servir, vous le laissez égoutter; vous mettez une serviette sur votre plat, et le saumon dessus, du persil à l'entour. Si vous le servez pour relevé, vous mettrez dans une casserole un bon morceau de beurre, vous y mêlerez plein trois cuillères à bouche de farine, plein une cuillère à pot de blond de poisson ou de veau; posez ensuite votre sauce sur le feu, en la tournant jusqu'à ce qu'elle bouille, et à ce moment vous y mettez du gros poivre, et vous la ferez réduire à moitié; vous la passerez à l'étamine dans une casserole; vous couperez en dés des cornichons, huit ou dix anchois, des câpres, des capucines confites, que vous mettrez dans votre sauce; vous la tiendrez chaude sans la faire bouillir ; vous masquerez votre saumon avec cette sauce ; l'on peut aussi, au lieu de cornichons, mettre seulement un beurre d'anchois.

Saumon à la génoise.

Vous ferez cuire votre saumon comme le précédent ; vous le mouillerez avec du vin rouge foncé ; vous y ajouterez l'assaisonnement du précédent, sans trop saler ; vous mettrez dans une casserole un bon morceau de beurre, plein deux cuillères à dégraisser de farine, que vous mêlerez avec du beurre ; vous passerez le court-bouillon au tamis de soie, et vous le joindrez au beurre ; vous le mettrez sur le feu, et vous le tournerez jusqu'à ce que votre sauce bouille ; vous la ferez réduire à moitié, vous l'écumerez et la dégraisserez, vous la passerez ensuite à l'étamine ; tenez-la chaude sans la faire bouillir : au moment de servir votre poisson, vous l'égouttez et le dressez à nu sur le plat ; après, masquez-le de votre sauce.

Saumon, sauce aux câpres.

Ayez une dalle de saumon ; vous la marinez avec de l'huile, du persil, de la ciboule, du sel, du gros poivre ; si la dalle est épaisse, il faut une heure pour la cuire ; vous la dressez sur votre plat, vous y ajoutez une sauce au beurre par-dessus, avec des câpres que vous semez sur le saumon.

Sauté de filets de saumon.

Préparez la chair du saumon comme il est dit au *Sauté d'Alose* ; vous les dressez de même, et les sauterez avec une italienne ou sauce tomate. (Voir *ces Sauces* au chapitre III.)

Filets de saumon en baril.

Levez les filets de saumon dans leur entier ; ôtez-en les arêtes, coupez le ventre en ligne droite, pour égaliser le filet ; vous aurez une farce à quenelles de merlans, vous en coucherez un lit du côté où ne sont pas les arêtes ; vous roulerez ce filet en forme de baril ; vous unirez bien la farce des deux côtés ; vous la saupoudrerez de sel et de poivre ; vous beurrerez une feuille de papier, et vous envelopperez dedans le filet ; vous le poserez sur une tourtière ; vous verserez dessus une marinade cuite, et vous la mettrez au four ; vous en ferez autant pour l'autre filet ; puis vous dresserez ces filets sur un plat ; vous les glacerez, et vous les servirez avec une sauce piquante dessous.

Croquettes de saumon.

(Voir, plus haut, *Croquettes de morue*). Les croquettes de saumon se préparent de la même manière.

Saumon en mayonnaise.

(Voyez, ci-dessus, *Mayonnaise de turbot*), et opérez de la même manière avec le saumon.

Saumon en salade.

(Voyez, plus haut, *Turbot en salade*), et servez-vous du même procédé pour le saumon.

Saumon à la hollandaise.

Le saumon étant cuit dans de l'eau de sel, faites-le égoutter, garnissez-le de pommes de terre cuites à l'eau, et versez dessus une sauce hollandaise (Voir cette sauce au chapitre III); ou servez-le sans sauce, avec du beurre fondu à part.

Saumon fumé.

Coupez par lames du saumon fumé; faites-le sauter dans de l'huile sur un feu très ardent; puis égouttez l'huile, dressez le saumon, et pressez un citron dessus.

Saumon salé.

Faites dessaler dans de l'eau fraîche du saumon salé, puis mettez-le dans une casserole avec de l'eau fraîche; faites-le cuire; sitôt qu'il sera près de bouillir, écumez-le, retirez votre casserole du feu, couvrez d'un linge blanc : au bout de cinq minutes, égouttez-le, et servez-le en salade.

Saumon au beurre de Montpellier.

Faites cuire le saumon au court-bouillon; laissez-le refroidir dans son fond de cuisson; retirez-le, faites-le égoutter, ôtez-en la peau; glacez le turbot, décorez-le avec du beurre de Montpellier et des croûtons de gelée. (Voir, au chapitre III, *Beurre de Montpellier.*)

Pâté chaud de saumon.

Retirez la peau et l'arête d'un morceau de saumon, piquez-le de filets d'anguilles et de filets d'anchois; passez ces morceaux au beurre avec des fines herbes, comme il est indiqué à l'article *Côtelettes d'Esturgeon en papillotes*; assaisonnez de sel, gros poivre et épices; laissez les refroidir; mêlez vos fines herbes avec des quenelles de poisson; mettez le tout dans une croûte de pâté, et finissez comme il est indiqué à l'article *Pâtisserie*; servez, et saucez d'une italienne. (Voir cette sauce au chapitre III.)

Pâté froid de saumon.

Il se prépare de la même manière que le pâté chaud; seulement on n'y met point de sauce.

Escalopes de saumon.

Prenez une livre et demie de saumon cru, levez-en les peaux, coupez-en des escalopes de la grandeur d'un sou; mettez vos escalopes dans un sautoir avec du beurre fondu, assaisonnées de sel, gros poivre, persil haché, et un demi-verre de vin blanc: au moment de servir, faites cuire vos escalopes à grand feu; égouttez-en le beurre, ajoutez-y une cuillerée d'allemande, avec un morceau de beurre frais et un jus de citron. Dressez vos escalopes sur un plat garni de croûtons, et servez. (Voir, au chapitre III, *Sauce allemande*.)

Coquilles de saumon.

La chair de saumon étant préparée comme il est dit à l'article précédent, mettez cette préparation dans des coquilles, semez dessus de la mie de pain; arrosez-les avec du beurre tiède, et faites-leur prendre couleur sous un four de campagne.

Galantine de saumon.

Prenez un manchon d'un des plus forts saumons, de la longueur d'un pied et demi à deux pieds; fendez le par le ventre, retirez-en la forte arête, étendez-le sur un linge blanc, piquez-le de gros lardons d'anchois, de thon mariné, cornichons et truffes; étalez sur toute la superficie des chairs de quenelles de poisson quelconque; reformez votre manchon de saumon dans sa forme naturelle, serrez-le bien dans une serviette, faites-le aller dans un bon court-bouillon, laissez-le refroidir; déballez votre saumon, glacez-le; garnissez-le de beurre, de croûtons, de gelée, et servez.

Truite au court-bouillon.

Mettez dans la poissonnière de l'eau, du sel, du poivre, des échalotes ou ognons, force persil, un peu d'ail, un verre de vinaigre; que le poisson soit couvert d'eau, et faites cuire à gros bouillon; vous servirez sur un plat long ou sur une serviette garnis de persil, le court-bouillon dans une saucière, et l'huilier pour les personnes qui préfèrent l'huile.

Truite à la génoise.

Après avoir bien vidé et nettoyé votre truite, vous la mettrez dans une poissonnière avec des carottes et ognons coupés en tranches, sel, poivre, persil, ciboule, thym, laurier, girofle, et vous mouillerez le tout avec deux ou trois bouteilles de vin rouge, selon la force de la truite. La truite étant cuite, vous passerez au tamis le court-bouillon dans lequel elle aura cuit, puis vous manierez un morceau de beurre avec de la farine; vous le mettrez dans une casserole; vous verserez dessus le court-bouillon, et vous ferez chauffer le tout en remuant toujours jusqu'à ce que cette sauce soit liée. Faites ensuite réduire cette sauce, et versez-la sur la truite que vous aurez dressée.

Aiguillettes de truites à la Saint-Florentin.

Levez des filets de truite, et faites-les mariner dans du jus de citron, avec des ognons coupés en tranches, sel, poivre, persil, thym, laurier; faites ensuite égoutter ces filets, et saupoudrez-les de farine; faites-les frire, et servez-les de belle couleur avec une sauce piquante dessous. (Voir cette sauce au chapitre III.)

Petits pâtés de truite.

Quand la truite est cuite, vous préparez les chairs comme il est dit aux *Croquettes de Turbot*; vous alongerez la sauce pour que cela soit un peu plus liquide; vous aurez des timbales en pâte, et vous mettrez votre petit ragoût dedans.

Truites farcies.

Videz et lavez quatre petites truites d'une égale grosseur, mettez-les égoutter; remplissez le corps d'une farce composée de quenelles de carpes, truffes coupées en gros dés et champignons; ficelez les têtes de vos truites, faites-les cuire dans un court-bouillon : leur cuisson terminée, laissez-les refroidir, mettez-les égoutter, panez-les à deux fois à l'œuf, et au moment de servir, faites-les frire d'une belle couleur; dressez-les sur un plat avec une sauce tomate dessous. (Voir cette sauce au chapitre III.)

POISSON.

Truite à la Chambord.

Lorsque votre truite sera vidée, échaudez-la en la trempant dans l'eau bouillante : retirez bien toutes les peaux, lavez-la bien à plusieurs eaux, laissez-la égoutter; piquez-la avec des gros clous de truffes, en forme de domino; faites cuire votre truite dans une bonne marinade au vin; au moment de servir, égouttez-la, dressez-la sur un grand plat ovale, garnissez-la de quatre ris de veau piqués, quatre pigeons innocens, huit quenelles bigarrées, et huit belles écrevisses, et saucez d'un bon ragoût à la financière. (Voir, au chapitre III, *Quenelles et Ragoût à la financière.*)

Truite frite.

(Voyez, plus loin, *Carpe frite*), et servez-vous du même procédé pour la truite.

Soles sur le plat.

Après avoir bien vidé et lavé vos soles, vous leur faites une incision sur le dos, dans toute sa longueur; puis vous prenez de bon beurre que vous faites fondre, mettez-le dans le plat que vous devez servir avec persil, ciboule, champignons hachés, sel, poivre, arrangez votre poisson dessus. Faites le même assaisonnement sur le poisson que vous avez fait en dessous, couvrez bien votre plat, et faites cuire à petit feu sur un fourneau. Quand il est cuit, servez à courte sauce, et mettez par-dessus un filet de verjus; vous pouvez mettre un peu de chapelure, poser le plat sur un feu doux, et mettre un four de campagne par-dessus.

Filets de soles sautés.

Levez les filets d'une ou de plusieurs soles; ôtez-en la peau, parez-les, et les arrangez sur un plat à sauter. Jetez dessus du poivre, du sel, du persil haché et lavé; faites tiédir du beurre bien frais, et versez-le par-dessus; mettez le tout sur un feu très ardent; quand vos filets seront cuits d'un côté, retournez-les. Dressez les filets en couronne, et versez au milieu une sauce italienne dans laquelle vous aurez mis un jus de citron. (Voir, au chapitre III, *Sauce italienne.*)

Filets de soles en mayonnaise.

Faites frire des soles; laissez-les refroidir; puis faites-les chauffer légèrement sur le gril afin d'en pouvoir ôter la peau. Levez les filets, dressez-les, et opérez du reste comme il est dit plus haut à l'article *Mayonnaise de turbot.*

Soles à l'eau de sel.

Mettez une poignée de sel dans l'eau, mettez-la sur le feu; quand elle bouillira, vous y mettrez votre poisson; retirez-le quand vous jugerez qu'il sera cuit, et servez-le avec du persil à l'entour.

Filets de soles en salade.

Vous vous servez de filets comme ceux pour la mayonnaise; vous les laissez entiers, ou bien vous les coupez par morceaux; vous les mettez dans une casserole, puis vous faites un assaisonnement composé de quatre cuillerées à bouche de bon vinaigre, deux cuillerées de gelée fondue, dix cuillerées d'huile, une ravigote hachée, du sel, du gros poivre; vous mêlerez bien le tout, et vous le verserez sur vos filets, que vous sauterez dedans; vous dresserez les morceaux correctement : versez après votre sauce dessus; vous mettrez autour du plat des cœurs de laitues coupés en quatre, et vous décorerez votre salade avec des cornichons, des câpres, des anchois, des croûtons, etc.

Soles en matelote.

(Voyez, plus haut, *Turbot en matelote*), et procédez de la même manière pour les soles.

Filets de soles en turban.

Dépouillez des soles; levez-en les filets; coupez un morceau de mie de pain en forme de bouchon; posez ce bouchon au milieu du plat, le petit bout en bas; entourez-le de bardes de lard, et dressez autour, en forme de talus, une farce de poisson; arrangez vos filets sur cette farce de manière à donner au tout la forme d'un turban; mettez sur le haut de petites truffes tournées toutes d'égale grosseur. Versez sur les filets un peu de beurre fondu, un jus de citron; couvrez le tout avec des bardes de lard, puis avec un papier beurré, et mettez cette préparation au four. Le tout étant cuit, ôtez le papier, le lard, le bouchon de pain, et versez dans le trou formé par ce dernier, une sauce italienne préparée comme il est dit au chapitre III.

POISSON.

Filets de soles à la Orly.

Dépouillez des soles, levez-en les filets; parez-les, et faites-les mariner dans du jus de citron avec du persil en branches, des tranches d'ognon, du sel et du poivre; une heure après, faites-les égoutter, trempez-les dans de la farine et faites-les frire. Servez avec une sauce tomate.

Soles frites.

Vous faites une incision sur le dos des soles, vous les saupoudrez de farine comme tous les autres poissons, et les mettez dans une friture un peu chaude. On peut en ôter la peau, ce qui les rend plus délicates.

Soles à la provençale.

Prenez deux belles soles, ou des filets; nettoyez-les bien, fendez-les par le dos, assaisonnez-les de sel, gros poivre, ail, muscade et persil haché; mettez-les sur un plat d'argent, avec de la bonne huile d'olive et un demi-verre de vin blanc; faites-les cuire au four. Vous aurez six gros ognons, que vous couperez en anneaux, et que vous ferez frire dans de l'huile; lorsqu'ils seront d'une belle couleur, et cuits, égouttez-les, faites-en un cordon autour de vos soles, et servez avec un jus de citron.

Filets de soles au gratin.

Dépouillez des soles, levez en les filets, et opérez du reste comme il est dit à l'article précédent,

Filets de soles à la hollandaise.

Levez des filets de soles, comme il est indiqué ci-dessus; faites-les cuire à l'eau de sel; égouttez-les, mettez-les sur un plat, avec des pommes de terre à l'eau à l'entour, et du beurre fondu à part.

Filets de soles à la chevalière.

Levez de beaux filets de soles, ôtez-en les peaux; piquez une rosette sur le milieu de vos filets; sur l'autre côté de chaque filet, étalez un peu de quenelle de poisson; prenez de belles écrevisses cuites, retirez-en les petites pattes, et épluchez le bout de la queue; enveloppez chaque écrevisse d'un de vos filets piqués, en observant de laisser le lard sur le dos des écrevisses. Faites cuire ces filets dans une marinade au vin, et servez-les avec une sauce poivrade. (Voir cette sauce au chapitre III.)

Limandes sur le plat.

(Voyez, plus haut, *Soles sur le plat*), et procédez de la même manière pour les limandes.

Éperlans à la bonne eau.

Videz et nettoyez des éperlans ; enfilez-les par les yeux avec un atelet ; faites-les cuire dans une bonne eau, et servez-les avec leur fond de cuisson.

Eperlans frits.

Ayez une quantité suffisante d'éperlans, videz-les, écaillez-les : essuyez-les l'un après l'autre, enfilez-les par les yeux avec un atelet d'argent ou brochette, trempez-les dans du lait, farinez-les, faites-les frire ; qu'ils soient d'une belle couleur ; mettez une serviette sur votre plat, dressez-les dessus, et servez.

Eperlans au gratin.

(Voyez, plus haut, *Soles au gratin*), et servez-vous du même procédé.

Maquereaux à la maître-d'hôtel.

Après les avoir vidés par les ouïes, fendez-les de la tête à la queue sur le dos ; mettez-les mariner avec de l'huile, sel et quelques branches de persil et de la ciboule ; retournez-les dans cette marinade et mettez-les sur le gril une demi-heure avant de servir. Servez avec une maître-d'hôtel liée, et force jus de citron.

Maquereaux à l'eau de sel.

Videz des maquereaux par la tête, sans en ôter le foie ; essuyez-les ; fendez-les par le dos. Faites bouillir de l'eau et du sel, et mettez vos maquereaux dedans ; ôtez-les au bout de vingt minutes, dressez-les, et versez dessus une maître-d'hôtel liée. (Voir, au chapitre III, *Maître-d'hôtel liée*.)

Sauté de filets de maquereaux.

Dépouillez des maquereaux en glissant votre couteau entre la peau et la chair ; levez les filets dans leur entier, parez-les, et les mettez sur un plat à sauter avec du sel, du poivre, de la ciboule et du persil hachés, et du beurre fondu sur le tout. Faites sauter les filets ainsi préparés sur un feu modéré, en ayant soin de les retourner avec précaution pour ne pas les casser. Mettez dans une casserole quelques cuillerées de *velouté* (Voir *Velouté* au chapitre III), des jaunes d'œufs, un morceau de beurre, du sel, du poivre, un jus de citron, une ravigote hachée; faites chauffer cette sauce en la tournant toujours jusqu'à ce qu'elle soit liée. Dressez vos filets et masquez-les avec cette sauce.

Maquereaux en papillote.

Videz et nettoyez des maquereaux laités; faites cuire les laitances dans une casserole avec du beurre, sel, poivre, un jus de citron; maniez ces laitances avec une maître-d'hôtel froide (Voir cette *Maître-d'hôtel* au chapitre III); mettez cette préparation dans le ventre des maquereaux; et enveloppez-les dans une feuille de papier huilé; faites-les griller, et servez-les avec le papier.

Laitances de maquereaux.

(Voyez, plus loin, *Laitances de carpes*), et servez-vous du même procédé.

Maquereaux à l'anglaise.

Videz et nettoyez des maquereaux; ficelez-leur la tête, et coupez-leur le bout de la queue, ne leur fendez point le dos. Mettez dans une poissonnière une bonne poignée de fenouil vert qui ait sa feuille, et vos maquereaux dessus, mouillez-les d'une légère eau de sel, faites-les cuire à petit feu: leur cuisson faite, tirez votre feuille, égouttez-les, dressez-les sur un plat, saucez-les avec une sauce dite *Sauce aux groseilles à maquereaux*, préparée comme il est dit au chapitre III.

Maquereaux au beurre noir.

Préparez-les et faites-les griller comme ceux à la maître-d'hôtel; leur cuisson faite, dressez-les avec un cordon de persil frit à l'entour, et servez-les avec du beurre noir.

Merlans, sauce ravigote.

Ayez trois beaux merlans sans être déchirés au ventre; nettoyez-les avec précaution; ressuyez-les avec un linge sec et blanc; coupez les nageoires; passez la pointe de votre couteau légèrement le long de l'épine du dos; faites-en autant du côté du ventre: pincez la peau vers la queue, ramenez-la vers les ouïes; faites en sorte de ne pas déchirer les chairs; assaisonnez vos merlans de sel, poivre et muscade; battez des jaunes d'œufs avec du beurre fondu, et panez les merlans en les trempant d'abord dans cette préparation, puis dans de la mie de pain, puis encore dans du beurre fondu, seul, et une seconde fois dans de la mie de pain; faites-les griller, dressez-les, et les saucez avec une sauce ravigote verte. (Voir cette sauce au chapitre III.)

Merlans à la bonne eau.

(Voyez, plus haut, *Eperlans à la bonne eau*), et procédez pour les merlans comme il est dit à cet article.

Merlans grillés.

Les merlans étant vidés et nettoyés, ciselez-les des deux côtés, trempez-les dans de l'huile, jetez dessus du poivre et du sel, et faites-les griller à un feu ardent; masquez-les avec une sauce au beurre, et semez des câpres dessus.

Sauté de filets de merlans.

(Voyez, plus haut, *Sauté de filets de maquereaux*), et servez-vous du même procédé.

Quenelles de filets de merlans.

(Voyez, au chapitre précédent, *Quenelles de volailles*), et opérez de même avec les filets de merlans, en ajoutant seulement des anchois.

Merlans frits.

On ôte les ouïes, on les écaille, on les vide et on remet le foie dans le corps. On coupe le bout de la queue et des nageoires; on les cisèle légèrement des deux côtés, on les roule dans la farine et on les fait frire. Servez quand ils sont fermes et de belle couleur.

Merlans à la hollandaise.

Faites cuire des merlans dans une eau de sel, et servez-les avec du beurre fondu à part.

POISSON.

Filets de merlans à la Orly.

(Voyez, plus haut, *Filets de soles à la Orly*). Le procédé est le même pour les merlans.

Merlans au gratin.

(Voyez, plus haut, *Soles au gratin*).

Filets de merlans aux truffes.

Coupez chaque filet de merlan en quatre ou cinq morceaux; faites-les sauter au beurre sur un feu très vif avec du poivre et du sel, un jus de citron, et mettez-les dans une sauce allemande réduite avec des truffes coupées en lames et un peu de beurre bien frais; dressez et entourez les filets avec des croûtons de belle couleur.

Atelets de filets de merlans.

(Voyez, plus haut, *Atelets de filets de soles*).

Filets de merlans en turban.

(Voyez, plus haut, *Filets de soles en turban*).

Filets de merlans à l'anglaise.

(Voyez, plus haut, *Filets de soles à l'anglaise*).

Filets de merlans à la Conti.

Levez des filets de merlans; faites à chaque filet plusieurs incisions dans lesquelles vous placerez des truffes coupées en demi-cercles. Faites sauter les filets ainsi préparés, au beurre avec du vin blanc.

Plies à l'italienne.

Vous viderez et vous nettoierez vos plies; faites-les cuire dans une bonne eau, ou bien au court-bouillon; vous les dresserez sur votre plat, et vous mettrez dessus une sauce italienne liée, c'est-à-dire, vous ajouterez une liaison d'un jaune d'œuf.

Plies grillées, sauce aux câpres.

Il faut vider et nettoyer les plies; vous les ficelez, vous mettez du sel, du poivre, de l'huile: une demi-heure avant de servir, vous les posez sur le gril à un feu un peu ardent;

quand elles sont cuites, vous les dressez sur le plat, vous les masquez d'une sauce au beurre; semez des câpres dessus. Vous pouvez aussi employer une sauce espagnole, dans laquelle vous mettrez gros comme la moitié d'un œuf de beurre d'anchois, ou une italienne.

Grondins à l'italienne.

Ce poisson ressemble au rouget, mais il est plus gros. Après avoir nettoyé des grondins vous leur ficelez la tête; vous les mettrez dans une casserole, avec quelques tranches d'ognons, de persil, deux feuilles de laurier, deux clous de girofle, du sel, du gros poivre, une ou deux bouteilles de vin blanc. Il faut que votre poisson soit baigné; vous le ferez mijoter un bon quart d'heure; vous l'égouttez et vous le dressez sur le plat; vous mettrez une sauce italienne dessous.

Rouget.

Videz et écaillez le rouget; faites-le griller, après l'avoir fait mariner dans de l'huile, et servez-le avec une sauce au beurre.

Poule de mer.

Ce poisson qui est plat, et dont la tête est fort grosse, se prépare comme le rouget.

Vives, sauce aux câpres.

Videz et lavez des vives; ôtez les arêtes qu'elles ont aux ouïes et sur le dos; ciselez-les des deux côtés, faites-les mariner dans de l'huile, faites-les griller, et les servez avec une sauce au beurre.

Vives à la maître-d'hôtel.

Elles se préparent comme il est dit à l'article précédent; seulement on remplace la sauce au beurre par une sauce à la maître-d'hôtel.

Vives à l'allemande.

Videz et nettoyez les vives comme il est dit ci-dessus, piquez-les avec des filets d'anchois et d'anguille, et faites-les cuire comme les vives à l'italienne. La cuisson faite, passez leur fond au tamis dans une casserole; ajoutez-y un pain de beurre manié dans un peu de farine; faites cuire et réduire à consistance de sauce, et, au moment de servir, exprimez-y un jus de citron; égouttez vos vives, dressez-les, saucez-les de cette sauce, et servez.

POISSON.

Brochet au court-bouillon.

Vous viderez votre brochet sans lui faire d'ouverture, vous ficellerez la tête; mettez-le dans la poissonnière; vous verserez le court-bouillon dessus; vous le ferez mijoter une heure (ou plus si votre poisson est gros). Si vous le servez pour rôt, vous le laisserez refroidir; vous arrangerez une serviette sur un plat, vous placerez votre brochet dessus, et du persil à l'entour.

Brochet, sauce à la portugaise.

Vous ferez cuire votre poisson dans un court-bouillon; lorsqu'il sera cuit, vous enleverez soigneusement les écailles; vous le mettrez chaud sur votre plat, et vous le masquerez d'une sauce à la portugaise.

Sauté de filets de brochets.

(Voyez, plus haut, *Sauté de filets de maquereaux*), et opérez de la même manière avec les brochets.

Brochet à la Chambord.

Videz le brochet; remplissez-lui le corps avec des laitances de carpes; piquez-le de lard fin, d'un côté seulement, depuis l'ouïe jusqu'à la queue, et faites-le cuire dans une poissonnière avec du vin blanc, du poivre, du sel, thym, laurier, girofle et tranches d'ognon. Le brochet étant cuit, faites-le égoutter, dressez-le sur un plat, entourez-le de quenelles de poisson, foies gras, écrevisses, ris de veau, truffes, crêtes et rognons de coqs. Passez une partie du fond de cuisson, mettez-le dans une casserole avec de la sauce espagnole; faites réduire le tout de moitié; versez-le sur les garnitures; glacez le brochet, et servez.

Brochet au raifort.

Faites cuire un brochet dans une marinade, enlevez-en la peau, dressez-le, entourez-le de raifort râpé, et servez en même temps et à part du beurre fondu.

Filets de brochet à la béchamel.

(Voyez, plus haut, *Filets de turbot à la béchamel*), et préparez le brochet de la même manière.

Coquilles de brochet.

Préparez des filets de brochet à la béchamel; mettez cette

préparation dans des coquilles; panez-les et faites-leur prendre couleur sous le four de campagne.

Brochet frit.

Videz et écaillez un brochet, fendez-le par le dos; mettez-le au sel pendant une heure ou deux, puis saupoudrez-le de farine, et faites-le frire.

Grenadin de brochet.

(Voyez, plus haut, *Esturgeon en fricandeau*), et préparez le brochet de la même manière.

Côtelettes de brochet en papillotes.

(Voyez, plus haut, *Côtelettes d'esturgeon en papillotes*).

Salade de brochet.

(Voyez, plus haut, *Saumon en salade*).

Carpe au bleu.

Vous viderez votre carpe; faites-y une très petite ouverture, prenez bien garde d'ôter le limon de votre carpe; vous ficellerez la tête; vous la mettrez dans votre poissonnière; vous ferez bouillir une pinte de vin rouge, que vous verserez tout bouillant sur votre carpe; vous la ferez baigner entièrement dans le vin; prenez sept ou huit ognons coupés en tranches, quatre carottes, une poignée de persil, six feuilles de laurier, une branche de thym, trois clous de girofle, du sel et du poivre; vous la ferez mijoter une heure (ou plus, si votre carpe est grosse), puis vous la laisserez refroidir: vous arrangerez une serviette sur un plat, vous mettrez votre carpe dessus, et du persil à l'entour.

Carpe au court-bouillon.

Vous préparez votre carpe comme la précédente; au lieu de vin chaud, faites bouillir du vinaigre que vous verserez dessus: vous ferez un court-bouillon que vous mettrez sur votre carpe.

Carpe grillée, sauce aux câpres.

Après avoir vidé et bien écaillé votre carpe, vous la ciselez et vous la mettez sur un plat avec du persil, de la ciboule, du sel, du poivre et de l'huile : trois quarts d'heure avant de servir, vous la posez sur le gril, à un feu un peu ardent; quand elle est grillée, vous la masquez avec une sauce aux câpres.

Carpe à la Chambord.

(Voyez, plus haut, *Brochet à la Chambord*), et servez-vous du même procédé pour la carpe.

Matelote.

Pour faire une bonne matelote il faut plusieurs poissons réunis. Ayez des tronçons de carpe, de brocheton, d'anguille, de barbillon, des écrevisses; mettez le tout dans un chaudron et faites baigner dans du bon vin. Assaisonnez de sel, poivre, ail, échalote, persil, et faites cuire à forts bouillons et réduire au point que la sauce prenne feu. Vous aurez préparé dans une casserole, un roux avec du beurre et une pincée de farine dans lequel vous aurez fait cuire des petits ognons et des champignons que vous mêlerez au poisson avec quelques croûtons de pain grillé.

Matelote à la marinière.

La manière de faire cette matelote ne diffère que bien peu de la précédente : les petits ognons passés au beurre se mettent dans la casserole en même temps que le poisson ; on ne fait point de roux, mais on mêle seulement de la farine avec du beurre fin, et l'on en fait de petites boules que l'on jette dans la matelote au fur et à mesure que la sauce diminue, et on remue cette sauce afin qu'elle se lie.

Quenelles de carpes.

(Voyez, au chapitre précédent, *Quenelles de volailles*), et servez-vous du même procédé en ajoutant quelques anchois.

Carpe à l'allemande.

Vous coupez une carpe en morceaux, après l'avoir lavée sans la vider ni ôter les ouïes; vous enlevez seulement le gros boyau ; vous mettez vos morceaux dans une casserole ou dans un poêlon, avec du sel, du gros poivre, des quatre épices, des tranches d'ognons, une ou deux bouteilles de bière; il faut que votre poisson baigne dans la sauce; mettez votre casserole sur un grand feu; vous ferez réduire votre sauce assez pour qu'il n'en reste à peu près qu'un verre; servez votre carpe avec son bouillon, sans le lier.

Sauté de filets de carpe.

(Voyez, plus haut, *Sauté de filets de truite*), et préparez les filets de carpe de la même manière.

Carpe frite.

Il faut l'ouvrir par le dos après l'avoir écaillée et essuyée; ôtez les œufs ou la laite; farinez-la et la faites frire à grand feu dans de l'huile ou du sain-doux. Lorsque le poisson est à moitié cuit, mettez dans la friture la laite ou les œufs; faites cuire de belle couleur, et servez avec du persil frit.

Carpe farcie.

Levez la peau et les chairs d'une belle carpe; supprimez presque toute la carcasse, n'en laissant qu'un peu à chaque extrémité; avec les chairs de la carpe, et celles de deux autres, faites une farce; étendez une couche de cette farce sur un plat; mettez aux deux extrémités du plat, la tête et la queue de la carpe; faites un salpicon (Voir *Salpicon* au chapitre III); remplissez-en le ventre de la carpe; mettez le reste de votre farce sur le salpicon; donnez-lui la forme d'une grosse carpe; dorez la farce avec des œufs; couvrez la tête et la queue de la carpe avec un papier beurré, et mettez cette préparation dans un four doux; lorsqu'elle sera de belle couleur, ôtez le papier, saucez avec une sauce espagnole, et servez. (Voir, pour la *Sauce espagnole*, le chapitre III.)

Laitances de carpes frites.

Faites dégorger des laitances de carpes dans de l'eau fraîche; puis jetez-les dans de l'eau bouillante où vous aurez mis du sel et un peu de vinaigre; ôtez-les au bout de quelques secondes; puis vous les tremperez dans une pâte légère, et les ferez frire; servez-les avec du persil frit.

Aspic de laitances de carpes.

(Voyez, ci-dessus, *Filets de soles en aspic*), et opérez de même avec les laitances après les avoir fait dégorger et blanchir.

Croquettes de laitances de carpes.

(Voyez, au chapitre III, *Ragoût de laitances de carpes*). Vous pourrez mettre ce ragoût en croquettes, en procédant comme pour les croquettes de volaille. (Voir au chapitre précédent.)

Coquilles de laitances de carpes.

(Voyez, ci-dessus, *Caisse de laitances*); mettez la même préparation dans des coquilles; panez légèrement et faites prendre couleur sous le four de campagne.

Fricandeau de carpes.

(Voyez, plus haut, *Esturgeon en fricandeau*.)

Anguille à la broche.

Mettez une anguille sur un fourneau bien ardent, puis prenez-la par la tête, et avec un torchon vous enlevez en la tirant la peau de la tête à la queue. Si quelques parties restaient couvertes vous les présentez de nouveau au feu. Vous grattez ensuite l'arête ou nageoire du dos et celle du ventre; vous supprimez la tête et la queue; vous faites une incision à l'endroit où vous avez enlevé la tête et près du nombril, et retirez tous les intestins du haut et du bas; vous laverez à plusieurs eaux. Roulez ensuite l'anguille en cerceau; maintenez-la avec des atelets, et mettez-la dans une casserole. D'autre part mettez dans une casserole, des carottes et des ognons coupés par tranches, persil, thym, laurier, poivre et sel; mouillez le tout avec du vin blanc; faites-le bouillir pendant une demi-heure, puis passez-le sur l'anguille, et mettez-la au four. Retirez l'anguille au bout d'une heure; attachez-la sur broche avec des atelets; faites tourner pendant quelques instans, puis dressez-la, et saucez avec une sauce italienne préparée comme il est dit au chapitre III.

Anguille à la tartare.

Coupez-la par tronçons et la faites cuire dans un court-bouillon; laissez-la refroidir et la panez de mie de pain; mettez-la sur le gril pour prendre couleur; faites réduire la cuisson que vous mêlerez à une rémolade dans une saucière.

Roulade de filets d'anguille.

Après avoir dépouillé une anguille comme il est dit ci-dessus à l'article *Anguille à la broche*, levez les filets de l'anguille dans toute leur longueur; étendez sur ces filets de la farce de poisson dans laquelle vous aurez mis des anchois pilés; roulez ensuite ces filets, ficelez-les; faites-les cuire dans une marinade cuite, dressez-les, et mettez au milieu un ragoût de champignons. (Voir au chapitre III, *Sauces et Garnitures.*)

Anguille au soleil.

L'anguille étant dépouillée comme il est dit à l'article précédent, vous la couperez par tronçons, et la ferez cuire dans une marinade cuite. Laissez refroidir les tronçons d'anguille dans la marinade, puis panez-les en les trempant d'abord dans des œufs battus et assaisonnés, puis dans de la mie de pain; faites-les frire, et servez-les avec une sauce piquante dessous.

Anguille à la poulette.

Après avoir dépouillé votre anguille, vous coupez les tronçons de la grandeur de trois pouces, vous les mettrez dans une casserole avec du sel, du gros poivre, deux feuilles de laurier, des branches de persil, de la ciboule, une bouteille de vin blanc; vous mettrez votre anguille sur le feu; quand elle sera cuite, vous parerez les morceaux, et vous la mettrez dans une autre casserole; vous passerez son mouillement au tamis de soie : mettez après un morceau de beurre dans une casserole, vingt petits ognons que vous passez à blanc; ajoutez-y plein une cuillère à bouche de farine, que vous mêlez avec votre beurre; vous mettrez votre mouillement avec vos ognons, joignez-y des champignons, un bouquet de persil et ciboule; dès que vos ognons seront cuits, vous les ôterez avec une cuillère percée, et vous les mettrez sur votre anguille : assurez-vous si la sauce est de bon goût, dégraissez-la et laissez-la réduire; si elle est trop longue, vous ferez une liaison de trois jaunes d'œufs; prenez garde qu'elle ne bouille, et passez-la à travers l'étamine sur votre anguille. Au moment de servir, mettez des croûtons passés au beurre dans le fond du plat, dressez dessus votre anguille, couvrez-la de votre garniture, et garnissez-la d'écrevisses.

Anguille piquée.

Piquez une belle anguille de lard fin, sur la partie du dos; roulez votre anguille, arrêtez-la avec quatre atelets d'argent, mettez-la dans un sautoir; faites-la cuire au four avec une bonne marinade; qu'elle soit bien glacée : servez-la avec une sauce verte ou tomate.

Anguille à l'anglaise.

Levez les filets d'une anguille; désossez-la; coupez vos filets d'égale longueur, mettez-les mariner avec sel, gros poivre et citron; au moment de servir, égouttez votre anguille, farinez-la, et faites-la frire : dressez-la sur un plat avec un jus de citron.

Tanche à la poulette.

Vous mettez votre tanche une minute dans un chaudron plein d'eau presque bouillante, vous la retirez; avec un couteau vous enlevez son limon et son écaille : coupez-la en morceaux, et faites-la dégorger; vous mettez ensuite du beurre dans une casserole, vous le faites tiédir avec vos morceaux de tanche; vous les sautez dans le beurre; joignez-y une cuillère à bouche de farine, du sel, du poivre, des champignons, des petits ognons, un bouquet garni; faites bouillir le tout sur un feu très ardent; le ragoût étant cuit, ôtez-en le bouquet garni, liez-le avec des jaunes d'œufs, et servez.

Tanche en matelote.

(Voir, plus haut, *Matelote*).

Tanche frite.

(Voir *Carpe frite*).

Barbillon grillé.

(Voir *Carpe grillée, sauce aux câpres*).

Moules crues.

Les moules crues seraient un mets aussi agréable que les huîtres, si elles n'avaient un goût d'herbes marines; pour leur ôter ce goût, il suffit, après les avoir ouvertes, de les tremper dans du verjus.

Moules au naturel.

On les nettoie, on les fait ouvrir comme ci-dessus. Étant épluchées, et les coquilles en partie supprimées, vous tirez l'eau à clair, et n'en mettez que ce qui est nécessaire : vous y ajoutez un morceau de beurre, du persil haché; vous les faites chauffer, et les servez en mettant du jus de citron, si vous le jugez convenable.

Moules en atelets.

(Voir, plus loin, *Huîtres en atelets*).

Moules au soleil.

(Voir, plus loin, *Huîtres au soleil*).

Moules en marinade.

(Voir, plus loin, *Huîtres en marinade*).

Moules à la poulette.

Après les avoir bien lavées, ratissez leurs coquilles; égouttez-les et les mettez à sec dans une casserole sur un bon feu de fourneau; la chaleur les fera ouvrir, vous les éplucherez après une à une : ayez soin d'ôter les crabes si vous en trouvez. Mettez vos moules, après les avoir ôtées de leurs coquilles, dans une casserole avec un morceau de bon beurre, persil, ciboule hachés; passez-les sur le feu; mettez-y une petite pincée de farine, mouillez avec un peu de bouillon; quand il n'y a plus de sauce, mettez-y une liaison de trois jaunes d'œufs avec de la crême, faites lier votre sauce, et y mettez après un filet de verjus.

Lamproie à la tartare.

(Voyez, plus haut, *Anguille à la tartare*), et procédez de la même manière pour la lamproie.

Perches au beurre.

Après avoir vidé et lavé des perches, ficelez-en les têtes, et mettez-les dans une casserole avec des carottes et des ognons coupés en tranches, sel, persil, laurier. Mouillez avec de l'eau; les perches étant cuites, ôtez-en les écailles et la peau, dressez-les, et versez dessus une sauce au beurre.

Perches à la pluche verte.

Les perches étant cuites comme il est dit à l'article précédent, dressez-les, et les saucez avec une pluche verte. (Voir cette sauce au chapitre III.)

Perches à la hollandaise.

Faites cuire les perches comme il est dit ci-dessus, et versez dessus une sauce hollandaise préparée comme il est dit au chapitre III.

Perches frites.

Échaudez des perches; enlevez-en les écailles et les ouïes; ciselez-les; faites-les mariner dans de l'huile avec un jus de citron, du sel et quelques tranches d'ognon; saupoudrez-les de farine et faites-les frire.

POISSON.

Perches au vin.

Les perches étant préparées comme il est dit ci-dessus, faites-les cuire dans une casserole avec sel, persil, ail, girofle, laurier, le tout mouillé avec moitié vin blanc et moitié bouillon. Dressez vos perches, maniez un peu de farine avec un morceau de beurre bien frais; mettez ce mélange dans une casserole; mouillez-le avec quelques cuillerées du fond de cuisson de vos perches; mettez cette sauce sur le feu, tournez-la jusqu'à ce qu'elle soit liée; ajoutez-y du gros poivre, de la muscade râpée, un peu de beurre d'anchois; masquez vos perches avec cette sauce, et servez.

Perches à la polonaise.

Les perches étant cuites comme il est dit à l'article précédent, panez-les à deux reprises, la première au beurre, la deuxième aux œufs battus et assaisonnés; faites-les griller et dressez-les avec une sauce tomate.

Tanches.

Les tanches se préparent en général de la même manière que les perches.

Lotte.

La lotte est un petit poisson qui se prépare comme l'anguille; comme il est impossible de la dépouiller, il faut la limoner, c'est-à-dire la mettre pendant quelques instans dans l'eau bouillante et la ratisser.

Goujons frits.

(Voyez, plus haut, *Éperlans frits*), et employez le même procédé pour les goujons.

Homard.

Les homards d'une taille moyenne sont préférables aux gros; ils se font cuire à grand feu avec très peu d'eau et de sel, se servent comme rôti sur une serviette, et se mangent à l'huile ou à la rémolade, à laquelle on mêle le résidu qui se trouve dans le corps du homard. On casse les pattes et on ouvre le poisson par le milieu avant de le servir; on frotte la coquille avec du beurre pour en faire ressortir sa couleur.

POISSON.

Langouste.

Le langouste ne diffère du homard que par les pattes qui sont plus nombreuses et plus petites ; il se prépare comme le homard.

Écrevisses à la crème.

Faites cuire des écrevisses dans un court-bouillon bien assaisonné, après leur avoir ôté les petites pattes, l'écaille de la queue, et coupé le bout de la tête ; dressez-les ; versez dessus une sauce à la crème, faites-les mijoter pendant quelques instans dans cette sauce, et servez.

Écrevisses en matelote.

Faites cuire les écrevisses comme il est dit à l'article précédent ; dressez-les et versez dessus une sauce à matelote ; entourez-les de croûtons, et servez.

Des Crevettes.

Elles se cuisent à peu près comme que les homards, avec cette différence de ne mettre du sel que lorsqu'elles sont égouttées, en ayant soin de bien les sauter afin qu'elles prennent le sel également. Si vous mettiez le sel en même temps, vous auriez plus de peine à en retirer la chair d'après la coquille.

Croquettes de crevettes.

Épluchez des crevettes, coupez-en les chairs en petits dés et opérez du reste comme pour les croquettes de volaille. (Voir au chapitre précédent.)

Huîtres en coquilles.

Ouvrez et détachez des huîtres ; mettez-les dans une casserole avec leur eau, et faites-les chauffer sans les laisser bouillir ; ajoutez des fines herbes hachées bien menu, des champignons, du lard râpé, du beurre, un peu d'huile et des quatre épices ; mettez cette préparation dans des coquilles, semez de la mie de pain dessus, puis mettez-les sur le gril, et un four de campagne par-dessus. Servez-les de belle couleur.

Huîtres en atelets.

Faites blanchir des huîtres dans leur eau ; mettez-les dans une sauce à atelets, avec de beaux champignons ; formez vos atelets en piquant successivement une huître et un champignon; panez-les à deux reprises, la première au beurre, la seconde aux œufs battus et assaisonnés, et faites-les frire.

Huîtres au soleil.

Préparez vos huîtres comme il est dit à l'article précédent, seulement que votre sauce soit plus ferme; incorporez-les dedans; lorsqu'elles seront froides et raffermies, mettes-les deux à deux; panez-les dans de l'omelette et un peu de beurre fondu et sel; donnez-leur la forme d'une boule aplatie; faites-les frire comme des croquettes; dressez de même, avec persil frit au milieu.

Huîtres en marinade.

Faites blanchir vos huîtres, posez-les entre deux linges bien propres et bien secs l'espace d'une demi-heure; marinez-les ensuite avec un jus de citron, sel, poivre, muscade; trempez-les dans une pâte à frire, et faites-les frire.

Huîtres sur le gril.

Prenez deux douzaines d'huîtres; séparez les coquilles, mettez-les dans une casserole : faites-les blanchir dans leur eau; supprimez cette eau; mettez un morceau de beurre avec vos huîtres, une pincée de persil, d'échalotes hachées, et une pincée de gros poivre; sautez-les sans les laisser bouillir; mettez-les dans leurs propres coquilles, avec un jus de citron, et panez-les avec de la chapelure : posez-les sur le gril; sitôt qu'elles bouilliront dans leurs coquilles, retirez-les, et servez-les.

Harengs grillés.

Il faut ôter l'ouïe et les boyaux et les mariner comme les maquereaux. On les fait griller et on sert dessus une sauce blanche dans laquelle on a mis une ou deux cuillerées à bouche de moutarde.

Harengs pecs.

On ne les sert généralement que pour hors-d'œuvre dans les bonnes tables; dans le carême, on fait griller les harengs pecs, et on les masque soit d'une purée de pois, soit de toute autre purée, ou d'une sauce au beurre.

Harengs saurets.

Coupez la tête et la queue des harengs saurets; fendez-les

par le dos; étendez-les; faites-les mariner dans de l'huile, et mettez-les sur le gril, où ils ne doivent rester qu'un instant.

Anchois.

Lavez des anchois, levez-en les filets; coupez ces filets en quatre dans toute leur longueur, et arrangez-les symétriquement sur une assiette avec des blancs et des jaunes d'œufs durs, des fines herbes hachées, des cornichons; arrosez le tout avec un peu d'huile, et servez.

Sardines fraîches.

Elles se font frire comme les éperlans. (Voir, plus haut, cet article.)

Sardines salées.

(Voyez, ci-dessus, *Anchois*).

De la Tortue.

Renversez une tortue sur le dos; dès que vous apercevrez la tête coupez-la; pendez la tortue par la queue; laissez-la saigner pendant plusieurs heures; introduisez ensuite un couteau entre l'écaille du ventre et celle du dos, séparez-les, et dépecez la tortue. La tortue se prépare en général comme la tête de veau. (Voir au chapitre V.)

CHAPITRE XII.

DU ROTI.

Pièce d'aloyau. — Poitrine de veau. — Mouton entier à la broche. — Roast-beef de mouton. — Quartier de mouton. — Roast-beef d'agneau. — Quartier de sanglier. — Quartier de chevreuil. — Cochon de lait. — Levraut. — Lapereau. — Dindon. — Dinde aux truffes. — Oie. — Poularde. — Poularde aux truffes. — Caneton. — Poule de bruyères. — Faisan. — Sarcelle. — Perdreaux rouges et gris. — Bécasses. — Grives. — Cailles. — Mauviettes.

Pièce d'aloyau.

Vous mettrez des atelets pour contenir votre viande du flanc aux os, près du filet, et vous passez votre broche du fort au faible du filet; en cas qu'il tourne, vous mettrez un fort atelet sur le dessus de l'aloyau pour le contenir; vous en attachez solidement les deux bouts à la broche. Pour relevée de potage, on sert une sauce piquante dessous.

Poitrine de veau.

Vous coupez les bouts des os de la poitrine, vous en ôtez les os rouges qui tiennent aux tendrons; vous mettez votre poitrine sur un fort atelet, pour éviter un gros trou de broche; vous assujettissez votre poitrine sur la broche, en attachant les deux bouts de votre atelet sur votre broche.

Mouton entier à la broche.

On prend un petit mouton bien tendre; excepté l'os de l'épine du dos, vous désossez épaules et côtes; vous le remplissez de chair de gigot bien tendre, que vous assaisonnez de sel et gros poivre; vous lui rendez sa forme première. Passez la broche d'une extrémité à l'autre, avec des atelets et de la ficelle; vous assujettissez les chairs; tâchez qu'il ait une couleur bien égale : on peut faire cette grosse pièce dans un four.

Roast-beef de mouton.

Coupez une selle de mouton; assujettissez les flancs avec des atelets; ôtez l'os du quasi; mettez ce morceau à la broche; ficelez-le sur la broche pour le maintenir de belle forme, et tâchez qu'il soit cuit bien également.

Quartier de mouton.

Coupez un quartier de mouton, et opérez comme il est dit à l'article précédent.

Roast-beef d'agneau.

Coupez un agneau en deux; prenez la moitié de derrière; piquez-la de lard moyen, ou couvrez-la de bardes de lard, et mettez-la à la broche.

Quartier de sanglier.

Levez la couenne d'un quartier de sanglier; faites-le mariner pendant plusieurs jours; mettez-le à la broche et servez-le avec une sauce piquante dessous.

Quartier de chevreuil.

Piquez-le de lard moyen, et opérez du reste comme il est dit à l'article précédent.

Cochon de lait.

Lorsque votre cochon est échaudé et troussé, vous l'embrochez par le derrière; faites que la broche lui sorte par la bouche; vous l'arroserez d'huile très bonne, afin que la peau prenne le croquant qu'on désire. Il faut qu'il soit très cuit; vous lui mettrez dans le ventre un bouquet de sauge.

Levraut.

Dès qu'il est dépouillé, vous lui cassez les os des cuisses et vous le videz; vous lui aplatissez l'estomac, en lui frappant sur le dos près des épaules; faites-le revenir sur la braise; vous le frottez de son sang, le piquez ou le bardez; vous lui passez la broche du cul à la tête; vous hachez le foie à cru; passez-le dans du beurre, Vous mettez une poivrade dedans; passez-la à l'étamine, en la foulant avec votre cuillère de bois; versez cette sauce dans une saucière, ou sous votre levraut.

Lapereau.

Procédez de tout point comme il est dit à l'article précédent.

Dindon.

Vous le videz, le flambez un peu ferme; épluchez-le; vous lui cassez le bréchet pour lui rompre l'estomac, vous le bardez et vous l'embrochez; attachez-lui les pattes sur la broche.

En cas qu'il tourne, vous lui mettrez sur le dos un atelet que vous attacherez à chaque bout sur la broche; il faut qu'il soit bien cuit, sans l'être trop. Si vous le servez pour relevée, vous verserez dessous, ou dans une saucière, une sauce Robert claire.

Dinde aux truffes.

La dinde doit être truffée quelques jours avant de la mettre à la broche, vous la flambez légèrement; épluchez-la bien; vous la videz par la poche, vous ôtez le brechet; lavez et épluchez trois ou quatre livres de truffes, selon que votre dinde est grasse; vous hachez les épluchures bien fin, ou bien vous les pilez; râpez ensuite deux livres de lard que vous mettez dans une casserole, une livre d'huile, de la meilleure, une livre de beurre fin clarifié, parce qu'autrement il donnerait un goût aigre aux truffes : il vaudrait mieux alors ne pas en mettre; vous y ajouterez vos épluchures de truffes hachées ou pilées, et vos truffes entières, du sel, du gros poivre, des quatre épices, du persil et des échalotes hachées. Faites bouillir le tout pendant dix minutes; puis laissez-le refroidir entièrement, et mettez-le dans votre dinde. Pour faire rôtir la dinde ainsi truffée, vous la briderez et la barderez; vous la maintiendrez sur broche avec de la ficelle, et vous la couvrirez d'un papier huilé. Lorsqu'elle sera presque cuite, vous ôterez le papier, afin qu'elle prenne couleur.

Oie.

Videz, flambez et bridez une oie grasse; embrochez-la du cou au croupion; maintenez-la avec un atelet, et servez-la peu cuite.

Poularde.

Bridez, bardez et embrochez une poularde; attachez-lui les pattes sur la broche, et mettez-la au feu pendant environ une heure.

Poularde aux truffes.

(Voyez plus haut, *Dinde aux truffes*), et opérez comme il est dit à cet article.

Caneton.

(Voyez plus haut, *Oie*), et faites rôtir le caneton et le canard sauvage de la même manière.

Poule de bruyères.

La poule de bruyères étant vidée, flambée et épluchée, piquez-la de lard fin, et faites-la rôtir comme la poularde.

Faisan.

Il se fait rôtir comme la poule de bruyère.

Sarcelle.

(Voyez plus haut, *Oie*), et opérez de la même manière pour la sarcelle.

Perdreaux rouges et gris.

Vous les plumez, videz et flambez un peu ferme ; épluchez-les et bridez-les ; vous les piquez, ou bien bardez ; mettez-les à la broche comme la volaille ; vous attachez les pattes sur la broche. Si vous laissez la tête aux perdreaux rouges, enveloppez-la de papier.

Bécasses.

Vous plumez vos bécasses ; flambez-les sans les vider ; vous troussez les pattes, vous leur passez le bec d'outre en outre, comme si c'était une brochette ; vous les bardez, et vous leur passez un atelet du flanc au flanc ; assujettissez-les sur la broche ; faites griller ensuite une tranche de mie de pain que vous mettez dessous. Quand elles sont à la broche, vous les servez avec le pain. La bécassine et le bécasseau se préparent et se font cuire de même.

Grives.

Vous les plumez, les flambez, vous ôtez le gésier, vous les bardez, vous leur passez ensuite un atelet d'outre en outre par le flanc, et vous les mettez à la broche.

Cailles.

Plumez, videz et flambez vos cailles ; vous les bridez, et vous les bardez avec une feuille de vigne et une barde ; mettez-les sur un atelet comme les grives, et les placez à la broche.

Mauviettes.

Plumez, flambez, troussez les pattes des mauviettes ; vous les barderez et vous les mettrez sur un atelet ; faites griller un morceau de pain que vous mettez dessous quand elles sont à la broche.

CHAPITRE XIII.

DE LA PATISSERIE.

Pâte à dresser. — Pâte brisée. — Feuilletage. — Croûte de pâté chaud. — Pâté froid. — Petits pâtés au naturel. — Petits pâtés au jus. — Vol-au-vent. — Pâte à brioche. — Pâte à baba. — Pâte allemande. — Pâte à la madeleine. — Pâte à la turque. — Pâte à biscuit. — Pâte à pouplin. — Pâte à choux. — Pâte d'office. — Frangipane. — Pâté chaud à la ciboulette. — Tourte de godiveau. — Pâté de pigeons à l'anglaise. — Pâté de jambon. — Pâté de perdreaux. — Pâté de volaille. — Pâté de gibier. — Pâté de Pithiviers. — Pâté de foies gras de Strasbourg. — Terrine de Nérac. — Darioles. — Gâteau à la polonaise. — Échaudés. — Biscuit de Savoie. — Massepains. — Meringues. — Pâte croquante. — Gaufres ordinaires. — Gaufres à l'allemande. — Gaufres aux amandes. — Gaufres à la flamande. — Croquignoles. — Génoise. — Glace royale. — Gâteaux à la reine. — Tartelettes à la Chantilly. — Nougat. — Gâteau à la Compiègne. — Gâteau de plomb. — Fondus. — Talmouses. — Gouqués. — Biscottes. — Tourte aux truffes à l'anglaise. — Tourte de frangipane. — Tourte au rognon de veau. — Tourte à l'anglaise. — Tourte aux épinards. — Tourte aux confitures. — Tourte aux fruits. — Tartelette aux confitures. — Tartelette aux fruits. — Tartelette à la frangipane. — Petits gâteaux d'amandes. — Gâteaux fourrés. — Gâteaux à la portugaise. — Gâteau d'amandes massif. — Fanchonnettes. — Pudding à l'anglaise. — Pudding aux fruits. — Gâteau de carottes. — Flan de fenouils. — Flan de semoule. — Flan suisse. — Flan de fruits. — Flan à la frangipane. — Pouplin à la reine. — Croque-en-bouche. — Gimblettes. — Choux à la cuiller. — Gâteau de mille feuilles. — Sultane à la Chantilly. — Pastillages. — Rissoles aux confitures. — Rissoles à la frangipane. — Rissoles aux fruits. — Croquettes de riz. — Crème frite. — Beignets de céleri. — Macaroni. — Macaroni au gratin. — Timbale de macaroni. — Petits gâteaux à la Madeleine. — Gâteau au riz. — Pets de nonne. — Omelette aux confitures. — Omelette soufflée. — Omelette soufflée en moule. — Soufflé de pain à la vanille. — Soufflé de pain au café vierge. — Soufflé de frangipane. — Soufflé de pommes de terre. — Soufflé au chocolat. — Soufflé au riz. — Charlotte russe. — Fromage plombière.

Pâte à dresser.

Mettez un litre de farine sur votre tour à pâte, faites un trou au milieu, ajoutez une demi-livre de beurre, deux œufs entiers et deux jaunes, un peu d'eau, presqu'une demi-once de sel; pétrissez le tout ensemble, et liez votre pâte le plus vite possible pour ne pas la brûler, ensuite, rompez-la en la séparant avec vos poings et assemblez-la; laissez reposer une demi-heure et servez-vous-en au besoin.

Pâte brisée.

Prenez un litre de farine ou plus, faites un trou au milieu, ajoutez presqu'une once de sel fin, trois quarterons de beurre, trois œufs entiers, un verre d'eau, délayez le tout ensemble, et assemblez votre pâte, sans trop la fouler et vite ; elle ne doit pas être trop ferme ni trop molle ; laissez-la reposer et donnez-lui trois tours et demi comme au feuilletage ; si elle était trop ferme, ajoutez un peu d'eau, et si elle était trop molle un peu de farine.

Feuilletage.

Prenez un litre de belle farine, mettez-la sur votre tour à pâte ou sur une table, faites un trou au milieu, ajoutez presque une demi once de sel fin, un blanc d'œuf, un bon verre d'eau, gros comme un œuf de beurre, mêlez le tout ensemble en pétrissant dans vos mains ; assemblez votre pâte légèrement ; ayez soin qu'il n'y ait pas de grumeaux ; il ne faut pas qu'elle soit trop ferme ni trop molle, et faites-la le plus promptement possible, crainte de la brûler dans vos mains. Au bout d'un quart d'heure aplatissez un peu votre pâte, aplatissez aussi une demi-livre de beurre, que vous posez dessus. Ployez les deux bouts de votre pâte l'un sur l'autre, pour renfermer le beurre dedans, laissez-la reposer une demi-heure, ensuite donnez-lui deux tours ; et au bout de vingt minutes, donnez-lui encore deux autres tours ; ensuite servez-vous-en au besoin.

Croûte de pâté chaud.

Vous prendrez deux livres de pâte à dresser, vous la moulerez ou l'assemblerez en lui donnant une forme bien ronde, vous l'abaisserez bien également avec le rouleau ; vous prendrez trois pouces de pâte sur le bord, vous repousserez entre vos doigts la pâte sur elle-même ; évitez de faire des plis, et mettez votre pâte à la hauteur que vous jugez nécessaire, et de la grandeur d'un plat d'entrée ; vous le garnirez, si vous voulez, de ce que vous destinez à mettre dedans ; soit du lapereau, des mauviettes, etc. Autrement vous remplirez de farine l'intérieur du pâté, vous le couvrirez et décorerez ; dorez-le avec un pinceau de plume et un œuf cassé et battu ; vous le mettez au four chaud. Ayez soin qu'il ne prenne pas trop de couleur : quand il sera cuit, vous le viderez, et vous ôterez la pâte qui se trouve dans l'intérieur : ajoutez-y un ragoût. Si vous voulez faire une croûte à soufflé, servez-vous du même procédé, et mettez votre soufflé dans votre croûte.

Pâté froid.

Dressez la pâte comme il est dit à l'article précédent; couvrez le fond de bardes de lard; étendez votre sauce sur le lard, et arrangez la viande sur cette farce; mettez-y du sel, du poivre, des aromates pilés, un peu de quatre épices; vous couvrirez et remplirez les vides de la viande avec votre farce; vous l'envelopperez de bardes de lard; vous ferez monter votre pâte; donnez-lui une forme agréable en la décorant, couvrez ensuite le pâté avec de la pâte : vous décorez le couvercle et vous le dorez. Il faut que votre four soit bien atteint et un peu chaud; vous y mettrez la pâté; prenez garde qu'il ne prenne trop de couleur. La farce que l'on emploie pour le pâté se prépare ainsi : on fait revenir de la viande dans une casserole; puis on la hache et on la pile avec du lard, du sel, du poivre, des quatre épices et des aromates pilés. Il faut une livre et demie de lard pour une livre de viande.

Petits pâtés au naturel.

Abaissez du feuilletage de manière qu'il n'ait que deux lignes au plus d'épaisseur; coupez-le en morceaux avec un coupe-pâte rond, et dans chaque rond, mettez gros comme une aveline de godiveau mêlé avec de la ciboule et du persil hachés bien fin; recouvrez-les d'un rond pareil à celui de dessous; dorez-les à l'aide d'un pinceau de plumes trempé dans un œuf battu; mettez-les au four, et retirez-les au bout d'une demi-heure.

Petits pâtés au jus.

Abaissez de la pâte brisée; donnez-lui une ligne d'épaisseur; coupez-la en morceaux avec un coupe-pâte rond, et faites entrer des abaisses dans de petites timbales de cuivre; mettez une boulette de godiveau dedans, couvrez chaque timbale avec un couvercle à petits pâtés; dorez-les et mettez-les au four; quand ils seront cuits vous ôterez le godiveau, vous le couperez en petits morceaux; vous couperez de même des champignons cuits; vous mettrez le godiveau et les champignons dans une sauce espagnole, et vous emplirez vos petits pâtés avec ce ragoût.

Vol-au-vent.

Quand vous aurez donné quatre tours à votre feuilletage, tenez-le épais de deux tiers de pouce; faites une abaisse de même pâte, de la grandeur que vous voulez faire votre vol-au-vent : il faut qu'elle soit mince comme une pièce de deux liards; mouillez un peu le dessus avec un pinceau trempé dans l'eau : posez votre feuilletage sur la baisse : marquez avec un couvercle de la grandeur de votre vol-au-vent, coupez avec un petit couteau la superficie; cernez aussi la grandeur du milieu; coupez de même et ne retirez pas la pâte, décorez le dessus, dorez et faites cuire à un four, chaleur modérée. Vous y employez des *farces, godiveaux, hachis* ou *boulettes;* vous garnissez de cervelles, ris de veau, culs d'artichauts, champignons, truffes, écrevisses, rognons et crêtes de coqs. On peut aussi garnir les vol-au-vent avec du poisson à la béchamel, tel que saumon, turbot, morue, etc., ou avec du macaroni.

Pâte à brioche.

Pétrissez un litron de farine avec un peu d'eau chaude et un peu plus d'une demi-once de levûre de bière, ou un petit morceau de levûre de pain; enveloppez cette pâte dans un linge et la mettez revenir dans un endroit chaud pendant un quart d'heure l'été, et une heure en hiver; ensuite vous mettrez deux litrons de farine sur une table avec la pâte que vous avez faite en levain, une livre et demie de beurre, dix œufs, un demi-verre d'eau, près d'une once de sel fin; pétrissez le tout ensemble avec le plat des mains jusqu'à trois fois, saupoudrez-la de farine et l'enveloppez d'une nappe pour la laisser revenir neuf ou dix heures; coupez cette pâte suivant la grosseur des gâteaux de brioche que vous voulez faire, mouillez-les en arrondissant avec les mains, aplatissez un peu le dessus, dorez avec de l'œuf battu, et mettez-les au four pendant trois quarts d'heure.

Pâte à baba.

Prenez un litre de farine : faites un trou au milieu : ajoutez presque une demi-once de sel, quatre à cinq œufs entiers, un quarteron et demi de beurre, gros comme une noisette de safran en poudre, un quarteron et demi de raisin confit, un demi quarteron de raisin de Corinthe, un peu de levûre, délayez le tout ensemble avec un peu d'eau tiède : tenez votre pâte un peu molle et bien liée, mettez-la dans une casserole beurrée, et laissez-la reposer cinq à six heures en hiver; quand elle sera gonflée, faites-la cuire au four comme la brioche.

PATISSERIE.

Pâte allemande.

Prenez le quart de votre farine pour le levain des trois autres quarts; mettez la farine dans une terrine avec un tiers de beurre, un sixième de sucre, autant de raisin de Corinthe, et autant d'amandes coupées en tranches longues. Salez cette pâte comme la pâte à brioche, et délayez-la avec un peu de crème et des œufs. Quand cette pâte sera molle, vous y mettrez le levain et le mêlerez bien avec le tout; mettez cette pâte dans un moule beurré; laissez-la revenir pendant plusieurs heures et faites-la cuire au four comme les brioches.

Pâte à la Madelaine.

Mettez dans une terrine une livre de farine, autant de sucre, une demi-livre de beurre, un peu de fleur d'orange, six œufs; délayez le tout; mettez-le dans un moule beurré, et faites-le cuire dans un four doux.

Pâte à la turque.

Pilez ensemble une livre d'amandes douces émondées, autant de farine, une demi-livre de beurre, trois quarterons de sucre, un peu de safran, et mettez des œufs dans cette pâte à mesure que vous pilerez jusqu'à ce qu'elle soit molle. Beurrez un plafond, arrangez cette pâte dessus et faites-la cuire à un four doux.

Pâte à biscuit.

Cassez une douzaine d'œufs, et séparez les jaunes d'avec les blancs; mettez dans les jaunes une livre de sucre en poudre, un peu de fleur d'orange, et battez-les bien; battez ensuite les blancs jusqu'à ce qu'ils soient en neige; mêlez les jaunes avec les blancs; mêlez avec le tout une livre de farine; mettez cette pâte dans des moules beurrés ou dans des caisses, ou étendez-en à la cuillère sur une feuille de papier, et faites cuire à un four doux.

Pâte à Pouplin.

Vous mettez dans une casserole une chopine d'eau, un demi-quarteron de beurre, une écorce de citron, un peu de sel; posez la casserole sur le feu; lorsque l'appareil sera près de bouillir, vous passerez un litron de farine au tamis de soie, et vous en mettrez dans votre casserole autant que l'eau pourra en boire; quand la pâte sera très épaisse, vous la ferez cuire, en la remuant toujours avec une cuillère de bois; vous la laisserez refroidir; après, vous casserez un œuf dedans, vous le mêlerez avec la pâte; vous en mettrez jusqu'à ce que votre pâte soit molle; vous beurrerez une grande casserole pour contenir la pâte; vous la mettrez cuire à un four plus chaud que pour le biscuit; il faut que votre pouplin soit un peu sec. Si elle va au quart de la casserole, elle sera pleine quand votre pâte sera cuite; alors vous la retirerez du vase; vous délayez des confitures, et vous en barbouillez l'intérieur.

Pâte à choux.

Pour une chopine d'eau dans une casserole, vous mettrez plus d'un quarteron de beurre, une écorce de citron, deux onces de sucre, un peu de sel; dès que l'eau sera près de bouillir, vous y mettrez la farine, et vous travaillerez la pâte comme celle dite à pouplin; vous la tiendrez un peu plus ferme, afin qu'elle soit plus maniable; vous donnerez à cette pâte la forme que vous voudrez; vous la glacerez, ou bien vous mettrez dessus des amandes ou des pistaches : s'il n'y a rien dessus, vous mettrez des confitures en dedans.

Pâte d'office.

Prenez un litre de farine, une demi-livre de sucre en poudre, très peu de beurre et de sel, un peu de fleur d'orange et deux œufs, détrempez le tout ensemble, de manière que cette pâte soit très ferme; assemblez-la, et battez-la avec le rouleau. Cette pâte s'emploie dans l'office pour faire des maisonnettes, des rochers, etc.: on la fait cuire au four doux.

Frangipane.

Mettez dans une casserole, plein un verre de farine, quatre œufs, un peu de beurre et de sel et une chopine de lait; faites bouillir le tout pendant dix minutes sans cesser de tourner. Laissez ensuite refroidir cette composition; ajoutez-y quelques amandes douces et une amande amère émondées et pilées, de la fleur d'orange et du sucre râpé, et mêlez bien le tout ensemble. On peut garnir avec la frangipane des gâteaux de toute espèce.

Pâté chaud à la ciboulette.

Prenez une livre de pâte à dresser, moulez-la, formez-en un pâté de la hauteur de quatre doigts, remplissez-le de farce à la ciboulette; faites une seconde abaisse; formez-en un couvercle, soudez-le, rognez le bord de la pâte, pincez votre pâté, recouvrez-le d'un faux couvercle de feuilletage, que vous découperez et goudronnerez; dorez-le, et mettez-le au four; sa cuisson faite, levez-en le couvercle, dégraissez votre pâté, coupez-en la farce en losange, sans la retirer, saucez-le d'une bonne espagnole réduite, ajoutez-y un jus de citron, recouvrez-le de son couvercle, et servez de suite les petits pâtés à la ciboulette : foncez-les dans les moules à dariole, et procédez de même que ci-dessus.

Tourte de godiveau.

Moulez un morceau de pâte brisée, abaissez-la de la grandeur d'un plat d'entrée, mettez votre abaisse sur une tourtière de même grandeur, étendez une pincée de godiveau au milieu de votre abaisse, posez dessus une bonne pincée de champignons passés et égouttés; mettez quelques culs d'artichauts coupés en quatre ou six; ayez du godiveau; roulez-en des andouillettes de la grosseur que vous jugerez convenable; mettez-en au-dessus de vos garnitures et tout à l'entour, en sorte que le tout forme un dôme un peu aplati; faites une seconde abaisse un peu plus grande que la première, mouillez le bord de la première, posez la seconde dessus, pour en former le couvercle; soudez les deux ensemble; videz les bords, mouillez votre tourte, mettez un faux couvercle de feuilletage découpé, dorez-la, mettez-la cuire au four; sa cuisson faite, levez-en le couvercle, dressez-la, saucez-la d'une bonne espagnole réduite, et servez-la.

Pâté de pigeons à l'anglaise.

Ayez trois pigeons, épluchez-les, videz-les, flambez-les; coupez-leur les pattes, les cous et les ailerons; mettez-les dans une casserole avec leurs abattis, tels que foies, gésiers, têtes, ailerons; ajoutez-y un bouquet assaisonné de sel, de gros poivre, une petite pincée de basilic, du petit lard coupé en lames, et un morceau de beurre; mouillez le tout avec un peu de bouillon; faites cuire vos pigeons un peu plus qu'aux trois quarts, retirez-les du feu, laissez-les refroidir, et mettez-les dans un vase creux avec leur assaisonnement, et six jaunes d'œufs que vous aurez fait durcir; couvrez le tout avec un couvercle de pâte, que vous souderez au vase; dorez ce couvercle, et piquez dessus les pattes de vos pigeons; achevez de faire votre pâté, et servez-le tel qu'il est.

PATISSERIE.

Pâté de jambon.

Désossez un jambon de Bayonne; faites-le dessaler pendant plusieurs heures, et mettez-le dans une marmite avec des carottes, ognons, persil, girofle, laurier, thym, ail, basilic; mouillez-le avec du vin blanc et de l'eau par parties égales, et mettez la marmite sur le feu. Lorsque le jambon sera cuit aux trois quarts, vous en ôterez la couenne, vous le parerez et le laisserez refroidir. Hachez les parures du jambon; mêlez-les à une farce de veau, et finissez votre pâté comme il est dit plus haut à l'article *Pâté froid.*

Pâté de perdreaux.

Videz, flambez et épluchez des perdreaux; troussez-leur les pattes dans le corps, et leur cassez un peu les os avec le dos du couperet; faites-les revenir sur la braise; après les avoir essuyés et épluchés, lardez-les partout avec du gros lard manié dans du sel fin, fines épices mêlées, persil et ciboule hachés. Couvrez cette pâte avec une farce de foies de volaille et de perdreaux; fendez vos perdreaux par le dos; garnissez-les avec la même farce, et mettez vos perdreaux sur la farce, bien serrés les uns contre les autres. Coupez ensuite des bardes de lard suffisamment pour couvrir toute votre viande. Prenez moitié de la pâte, que vous arrondissez avec les mains en la roulant sur la table; vous l'abattez ensuite avec le rouleau, jusqu'à ce qu'elle soit de l'épaisseur d'un demi-doigt, mettez cette pâte sur une feuille de papier beurré, et l'assaisonnez de sel fin et fines épices; couvrez de bardes de lard et beaucoup de beurre par-dessus; mettez ensuite une abaisse de pâte aussi épaisse que celle de dessous; mouillez, avec un doroir, les deux endroits qui doivent se toucher, pour qu'ils se collent ensemble; appuyez partout les doigts pour les unir; vous reprenez après le doroir, que vous trempez dans l'eau pour mouiller tout le dessus du pâté; relevez ensuite la pâte qui déborde pour la faire monter le long du pâté, unissez-la sans trop appuyer, crainte de percer la peau.

Quand il est bien façonné, vous faites un trou sur le milieu au-dessus, de la largeur du pouce; faites une cheminée de pâte, où vous mettrez une carte roulée, de crainte que le trou ne se referme en cuisant; vous dorez ensuite partout la pâte avec un œuf battu, blanc et jaune; pour enjoliver le pâté, redorez une seconde fois; un moment avant que de le mettre au four, vous mettrez par la cheminée du pâté, deux cuillerées d'eau-de-vie, cela lui donnera un bon goût.

PATISSERIE.

Pâté de volaille.

(Voyez, plus haut, *Pâté de perdreaux*), et opérez comme il est dit à cet article.

Pâté de gibier.

(Voyez, plus haut, *Pâté de perdreaux*), et opérez comme il est dit à cet article pour tout autre gibier.

Pâté de foies gras de Strasbourg.

Prenez une livre de porc frais maigre, une livre de lard; hachez le tout et pilez-le ensemble; assaisonnez cette farce, de sel, poivre, épices, aromates pilés. Dressez un pâté de deux livres de pâte, et donnez-lui une forme haute et étroite; étendez de la farce dans le fond, et garnissez le tout avec des bardes de lard; assaisonnez des foies gras de sel, poivre, épices; garnissez-les de farce et de truffes; mettez-les dans le fond du pâté, et achevez de le remplir avec de la farce et des truffes; mettez par-dessus un morceau de beurre, des bardes de lard et une feuille de laurier, et achevez le pâté comme il est dit à l'article *Pâté froid*.

Terrine de Nérac.

Préparez des perdreaux rouges comme il est dit plus haut, à l'article *Pâté de perdreaux rouges à la Périgueux*. Toute la différence consiste à remplacer la croûte de pâté par une terrine dans laquelle on arrange les perdreaux farcis et truffés; on les couvre de bardes de lard, et on met deux feuilles de laurier dessus; puis on met le couvercle sur la terrine; on le soude avec de la pâte légère, et l'on met cette terrine au four pendant trois heures.

Darioles.

Mettez dans un vase deux cuillerées de farine, trois cuillerées de sucre en poudre, gros comme la moitié d'un œuf de bon beurre, que vous ferez fondre, la moitié d'une écorce de citron hachée, ou de la fleur d'orange; vous mêlerez le tout ensemble, en y joignant quatre jaunes d'œufs, que vous mettez les uns après les autres, en mêlant bien le tout ensemble; joignez-y une idée de sel; après vous y mettrez plein un bon verre de crème; vous verserez cet appareil dans de petites timbales qui auront été préparées comme pour les petits pâtés au jus. (Voir plus haut cet article.)

Echaudés.

Ayez un quart de farine; vous formez un rond dans le milieu; mettez-y une once de sel, un peu d'eau pour le faire fondre, une livre de beurre; cassez vingt œufs dans le rond de votre farine, maniez le beurre et les œufs; mêlez votre farine, vos œufs et votre beurre ensemble; foulez bien le tout: si la pâte était trop ferme, vous y mettriez des œufs jusqu'à ce qu'elle soit plus ferme que demi-molle; alors vous en ferez un tas devant vous, et le pousserez avec vos poings, en pesant avec force jusqu'à la fin; vous reprenez la pâte devant vous, et faites de même quatre fois de suite; puis vous ramassez la pâte, que vous mettez dans un linge dans lequel vous avez saupoudré de la farine, et la laissez reposer dix à douze heures; ce temps expiré, vous mettez un chaudron aux trois quarts plein d'eau sur le feu; pendant qu'elle chauffera, vous prendrez votre pâte, vous la couperez en morceaux, puis vous la roulerez de la grosseur que vous jugerez à propos; vous les poserez sur un couvercle de casserole que vous saupoudrerez de farine; lorsqu'ils seront tous coupés et arrangés sur les couvercles, vous regarderez si votre eau est chaude: il ne faut pas qu'elle bouille, il faut seulement qu'elle frémisse, alors vous coulez doucement les échaudés dedans; quand ils y auront resté un instant, vous remuerez le chaudron, pour qu'ils montent; ayez toujours soin que l'eau ne bouille pas; avec votre écumoire, vous en retirerez un, vous tâterez s'il est ferme; alors vous aurez un seau d'eau fraîche et les mettrez dedans; vous les laisserez à l'eau froide deux ou trois heures; après ce temps, vous les retirerez et les mettrez égoutter: au bout de deux ou trois heures, plus, s'il est possible, vous les mettrez sur un plafond, et dans un four un peu chaud.

Biscuit de Savoie.

Cassez une douzaine d'œufs; séparez les blancs d'avec les jaunes; mettez les jaunes dans une terrine avec une livre de sucre et le zeste d'un citron que vous aurez râpé sur le sucre avant de le mettre en poudre; battez le tout et y ajoutez une demi-livre de farine de pommes de terre, fleur d'oranger pralinée, hachée fin, en battant encore le tout. Fouettez dans une autre terrine les blancs de telle manière qu'ils soient durs au point de soutenir une pièce de deux francs; mêlez ces blancs avec les jaunes en continuant de fouetter avec une fourchette. Vous avez à l'avance beurré un moule ou une casserole et saupoudré ce beurre de sucre; mettez-y votre pâte, et ayez l'attention qu'elle n'emplisse que la moitié du moule. Placez-le sur un feu très doux, et faites un feu vif sur le couvercle ou sur le four de campagne. Un four est préférable. Quand le biscuit jaunit et que vous sentez qu'il a acquis la fermeté convenable, vous le retirez et le faites sortir doucement du moule. Si on employait de l'eau de fleur d'oranger on empêcherait le biscuit de monter.

Biscuits d'amandes.

Ayez une demi-livre d'amandes douces, une once d'amandes amères, deux onces de farine et deux livres de sucre en poudre. Cassez une douzaine d'œufs; séparez les jaunes d'avec les blancs. Emondez vos amandes; pilez-les en y ajoutant deux blancs d'œufs; battez en neige le reste des blancs d'œufs; battez les jaunes à part avec la moitié du sucre; mêlez les jaunes, les blancs et les amandes que vous avez pilées de manière à en faire une pâte; mélangez le reste du sucre avec de la farine. Préparez des caisses de papier; emplissez-les de pâte, et glacez-les avec votre mélange de sucre et de farine que vous mettrez dans un tamis, et que vous agiterez au-dessus des caisses. Faites cuire vos biscuits dans un four médiocrement chaud. On prépare de la même manière les

Biscuits aux avelines;

Biscuits aux pistaches;

Biscuits au cholocat;

Biscuits aux marrons;

Biscuits au riz;

Biscuits au citron ou à l'orange;

Biscuits à la crème.

Il suffit de remplacer les amandes par l'un de ces ingrédiens que l'on pile s'il y a lieu.

Massepains.

Prenez trois livres de beau sucre, trois livres d'amandes douces et une livre d'amandes amères, pelez les amandes et les faites bien sécher, pilez-les dans un mortier, et faites-en une pâte très fine, en jetant dessus de temps en temps un peu de blanc d'œuf; cela fait, clarifiez le sucre et le faites cuire au petit boulé; retirez ensuite votre bassine de dessus le feu, et y versez votre pâte d'amandes; vous remettez la bassine sur des cendres chaudes, et remuez sans discontinuer, pour que la pâte ne brûle pas. Vous jugerez que votre pâte est bien faite, lorsqu'en ayant mis un peu sur le dos de la main, vous pouvez l'enlever sans qu'elle s'y attache; alors mettez-la sur une table saupoudrée de sucre; vous l'y laissez refroidir, et l'étendez en abaisses de l'épaisseur d'un petit écu; ensuite vous la découpez en différens dessins avec des emporte-pièces de fer-blanc; mettez-les à mesure sur des feuilles de papier, faites-les cuire à une chaleur douce, après quoi, glacez-les comme les biscuits.

Meringues.

Prenez six blancs d'œufs, trois onces de sucre en poudre fine et la râpure d'un citron; fouettez les blancs d'œufs jusqu'à ce qu'ils soient en neige, ajoutez le sucre et la râpure du citron, et remuez le mélange jusqu'à ce qu'il soit entièrement liquide; mettez de cette pâte sur des feuilles de papier, comme ci-devant; vous formez des meringues, rondes ou ovales, de la grosseur d'une noix, et laissez au milieu un vide; vous les saupoudrez et les faites cuire comme celles ci-dessus; lorsqu'elles sont bien levées et ont pris couleur, vous les retirez du four pour mettre dans le milieu un fruit, puis vous recouvrez la meringue pleine avec une autre. On peut aussi garnir les meringues avec des confitures ou de la crème fouettée.

Gaufres ordinaires.

Prenez une livre de farine, une chopine de crême, une livre de sucre et un peu de fleur d'oranger. Délayez la farine avec la crême; ajoutez-y la fleur d'oranger et le sucre. Faites chauffer le gaufrier et graissez-le avec un pinceau trempé dans du beurre fondu; versez dans le gaufrier deux cuillerées de votre préparation, fermez-le, et le posez sur un brasier ardent; la gaufre étant cuite d'un côté, retournez le gaufrier; lorsqu'elle est entièrement cuite, et de belle couleur, on la retire du gaufrier avec un couteau; on la roule sur elle-même, ou on la laisse plate.

Gaufres à l'allemande.

Coupez par tranches une livre d'amandes douces que vous

PATISSERIE.

aurez mondées; mettez-les dans un vase avec un peu de fleur d'oranger pralinée, une livre de sucre et des blancs d'œufs; maniez le tout ensemble, et étendez cette préparation sur des feuilles d'office, frottées d'huile; mettez ces feuilles au four chaud. La préparation étant à moitié cuite, ôtez-la du four, coupez-la par morceaux carrés; remettez ces morceaux au four pour qu'ils achèvent de cuire, et laissez-les refroidir ensuite.

Gaufres à la flamande.

Mettez dans un vase de terre un litron de farine; prenez-en le quart; faites un petit levain avec un quart d'once de levûre de bière et un peu d'eau tiède, laissez revenir votre levain dans le fond de votre vase: étant assez revenu, ajoutez-y un quart d'once de sel, une once de sucre, un quarteron de beurre, six œufs; mêlez bien le tout ensemble, et finissez de mouiller votre appareil avec de la crème chaude: il faut que cela soit liquide comme de la pâte à frire: couvrez votre vase; laissez-la revenir pendant deux heures dans un endroit chaud; au bout d'une heure et demie ajoutez-y deux petits verres de bonne eau-de-vie; maniez bien votre appareil pour le corrompre; faites chauffer votre gaufrier, et au moment de servir, vous ferez cuire vos gaufres. Servez avec du sucre en poudre dessus.

Croquignoles.

Ayez une demi-livre d'amandes douces, une demi-once d'amandes amères; pilez-les; mouillez-les avec des blancs d'œufs; mettez-les sur le tour avec un litre de farine, une demi-livre de sucre en poudre, un peu de beurre, de sel et d'écorce de citron râpé; cassez des œufs et pétrissez tout cela ensemble; cette pâte étant bien pétrie, et ferme, roulez-la, coupez-la par morceaux gros comme des avelines; roulez ces petits morceaux; posez-les sur un plafond beurré, dorez-les et faites-les cuire dans un four un peu chaud.

Génoise.

Mettez dans une terrine un quarteron de farine, cassez dessus six œufs; ajoutez une demi-livre de sucre en poudre, un peu de fleur d'oranger, quatre onces d'amandes douces mondées et pilées; battez-bien le tout ensemble, et étendez cette composition sur un plafond beurré; faites-le cuire à un four bien chaud. Coupez ensuite cette pâte cuite, en morceaux ronds, ou en croissant, et faites-les sécher à l'étuve. Ces morceaux, que l'on nomme *Génoises*, peuvent se décorer avec de la *Glace royale* (Voir ci-après cet article), de la gelée de groseilles, de pommes, etc.

Glace royale.

Vous prenez un blanc d'œuf frais, le mettez dans un vase de terre; vous aurez du sucre blanc en poudre passé au tamis de soie, que vous mêlerez avec le blanc d'œuf, pour faire une glace qui ne soit ni trop liquide ni trop sèche; battez-la bien pour la faire blanchir, ajoutez-y un peu de jus de citron; vous pouvez en faire de différentes couleurs, en vous servant de safran pour le jaune, de carmin pour le rose.

Gâteaux à la reine.

Émondez et pilez une livre d'amandes douces; ajoutez-y une livre de sucre, une bonne pincée de fleur d'oranger pralinée et quatre blancs d'œufs à mesure; cet appareil bien préparé, modelez vos gâteaux de plusieurs manières; posez-les sur un plafond; faites-les cuire à un four doux; masquez-les comme la génoise glacée à l'italienne, et décorez-les comme les génoises. (Voir plus haut cet article.)

Nougat.

Coupez par filets une livre d'amandes douces que vous aurez émondées, et faites-les sécher au four jusqu'à ce qu'elles soient jaunes. Faites fondre une livre de sucre dans un poêlon d'office; jetez vos filets d'amandes dedans; ôtez le poêlon du feu, et mêlez bien le sucre et les amandes; montez cette composition sur un moule; laissez refroidir le nougat, et servez-le.

Fondus.

Mettez dans un vase du beurre fondu, du fromage de Parme râpé, du gros poivre et des jaunes d'œufs; mêlez bien le tout. Fouettez vos blancs d'œufs en neige et mêlez-les avec le reste; dressez cette préparation dans des caisses; mettez ces caisses au four bien chaud, et servez-les aussitôt que vous les en aurez ôtés.

Talmouses.

Ayez une livre et demie de fromage à la pie; ajoutez-y un quarteron de fromage de Brie, bien nettoyé, et un peu de

PATISSERIE.

sel; maniez le tout avec la main : joignez à cela une poignée de belle farine passée au tamis, maniez le tout de nouveau; mettez-y un quarteron de beurre, que vous aurez fait fondre; remaniez cet appareil avec des œufs; couchez et dressez vos talmouses, faites-les cuire au four un peu vif.

Couques.

Prenez une pinte de crème; faites-la bouillir; mettez dans une casserole seize jaunes d'œufs avec deux zestes de citrons, une demi-once de sel, deux onces de sucre; versez votre crème bouillante sur vos jaunes d'œufs, en remuant avec force; faites prendre cet appareil sur le feu, sans le laisser bouillir; passez-le à l'étamine, et laissez-le refroidir; mettez sur le tour deux litrons de farine, prenez-en le quart pour faire un levain, avec une demi-once de levûre de bière et un peu d'eau tiède; détrempez votre levain un peu mou; mettez-le revenir dans un endroit chaud; détrempez le restant de votre farine avec votre appareil et un quarteron de beurre; fraisez votre pâte à cinq ou six fois; mettez votre levain et fraisez-la encore deux fois; relevez votre pâte dans un linge fariné; attachez-le fortement, et laissez revenir votre pâte dans un endroit chaud; au bout de quatre heures, coupez vos couques de la grosseur d'un œuf, moulez-les et donnez-leur la forme d'un œuf; posez-les sur un plafond; laissez revenir une demi-heure; dorez-les, mettez-les cuire au four chaud; leur cuisson faite, fendez-les sur le côté, retirez-en un peu de mie, et mettez en place du beurre manié avec du sel, et servez.

Biscottes.

Mettez sur le tour deux litres de farine; prenez-en le quart pour faire le levain, et mettez-y un peu plus de levûre que pour la pâte à brioche; ajoutez un peu de sel et de sucre, six œufs, quatre onces de beurre; détrempez cette pâte avec de la crème; mettez votre levain dedans, et laissez-la revenir pendant plusieurs heures sur un linge blanc saupoudré de farine; coupez-la en trois ou quatre morceaux; donnez à chacun de ces morceaux la forme d'un pain mollet; mettez-les sur un plafond; dorez-les avec du lait; faites-les cuire au four chaud, et laissez-les refroidir. Coupez-les ensuite par tranches, et faites sécher ces tranches au four doux.

Tourte aux truffes à l'anglaise.

Lavez et brossez deux livres de belles truffes, épluchez-les;

mettez dans une casserole, avec six lames de jambon, un peu de zeste de carotte, un ognon coupé en tranches, une feuille de laurier et un peu d'aromate en poudre, sel en suffisante quantité; mouillez-les avec une demi-bouteille de vin de Champagne, et couvrez vos truffes de bardes de lard; faites cuire vos truffes en sorte que le mouillement soit à glace ; mettez refroidir : mettez-les dans une tourte avec leur assaisonnement, dorez légèrement les bords de la tourte, et faites-la cuire à un four un peu chaud.

Tourte de frangipane.

Prenez un petit plafond de la grandeur que vous jugerez à propos, foncez-le de rognures de feuilletage ou pâte à foncer; donnez à ce morceau de feuilletage cinq tours et demi, en formant une bande allongée, coupée de la largeur d'un pouce et demi; mouillez votre fond, et posez votre bande dessus; appuyez-la bien, et soudez les deux bouts ensemble, de manière que cette bande s'aperçoive le moins possible : mettez dans le milieu de la frangipane d'un pouce d'épaisseur (Voyez, plus haut, l'article *Frangipane*); mettez sur votre frangipane un ou plusieurs fleurons de feuilletage découpés; dorez légèrement le bord de votre tourte, et mettez-la cuire à four un peu chaud; sa cuisson presque achevée, poudrez-la de sucre fin, glacez-la, et servez-la chaude ou froide.

Tourte au rognon de veau.

Hachez un rognon de veau cuit à la broche, mettez ce hachis dans une frangipane, garnissez la tourte, et procédez du reste comme il est dit plus haut à l'article *Tourte à la frangipane.*

Tourte à l'anglaise.

Elle se prépare comme la tourte à la frangipane, avec cette différence que l'on met dans la frangipane du raisin de Corinthe, du cédrat confit coupé en petits morceaux, de la moelle de bœuf, et un peu de vin de Madère.

Tourte aux épinards.

Elle se prépare comme la tourte à la frangipane. On remplace la frangipane par des épinards passés au beurre avec un peu de sel et de muscade.

Tourte aux confitures.

(Voyez plus haut *Tourte à la frangipane*), et remplacez la frangipane par des confitures.

PATISSERIE.

Tourte aux fruits.

Faites une abaisse avec de la pâte à foncer, mettez-la sur un plafond, mouillez-en les bords, mettez-y une bande de tourte comme aux tourtes précédentes; mettez dans l'intérieur de votre tourte un rond de papier beurré avec un rond de pâte commune, piquez-le bien, dorez le dessus de votre bande, faites-la cuire et glacer, retirez le rond de pâte et le papier; vous aurez fait une compote de fruits comme il est indiqué plus loin, garnissez-en votre caisse; faites réduire le sirop, et, à l'instant de servir, glacez-en vos fruits.

Tartelette aux confitures.

(Voyez, plus haut, *Tourte aux confitures*.)

Tartelette aux fruits.

(Voyez, plus haut, *Tourte aux fruits*.)

Tartelette à la frangipane.

(Voyez, plus haut, *Tourte à la frangipane*.)

Petits gâteaux d'amandes.

Mondez une demi-livre d'amandes douces et deux ou trois amandes amères; pilez-les en y ajoutant des blancs d'œufs pour les empêcher de tourner en huile; ajoutez-y une livre de sucre, un peu de fleur d'oranger pralinée, quelques cuillerées de crème; abaissez du feuilletage de l'épaisseur d'une pièce de cinq francs; coupez cette pâte comme pour les petits pâtés; garnissez chaque morceau avec votre préparation d'amandes; faites-les cuire à un four chaud, et poudrez-les de sucre.

Gâteaux fourrés.

Ils se préparent comme le gâteau de Pithiviers; on les garnit de frangipane ou de confitures.

Gâteau d'amandes massif.

Mondez, lavez et pilez deux livres d'amandes douces et une once d'amandes amères, ajoutez des blancs d'œufs, des zestes de citron, de la fleur d'oranger pralinée, un peu de sel, deux livres de sucre, un quarteron de fécule de pommes de terre, et, en dernier lieu, une douzaine d'œufs entiers; le tout étant bien mêlé, beurrez un moule, garnissez-le de papier brouillard également beurré; mettez votre préparation dans ce moule et faites-la cuire à four doux. Le gâteau étant cuit, retirez-le du moule et servez.

Pudding à l'anglaise.

Mettez dans un vase un litron de farine, une demi-livre de raisin de caisse, du sel en suffisante quantité, une pincée de citron vert haché, une pincée de cannelle en poudre, trois quarterons de graisse de bœuf hachée bien fin, huit œufs entiers, une cuillerée à bouche d'eau de fleur d'oranger, un petit verre de bonne eau-de-vie, et une chopine de crème; délayez bien le tout, et finissez-le en y incorporant un demi-setier de lait; beurrez une casserole avec du beurre clarifié, retournez-la pour la laisser égoutter; mettez-y votre appareil, ayant soin de le remuer de suite; faites cuire votre pudding à un four passablement chaud; sa cuisson achevée, renversez-le, poudrez-le de sucre; glacez-le, soit au four, soit avec une pelle rouge, et servez.

Pudding aux fruits.

Mettez un litre de farine sur une table, faites un trou au milieu de cette farine, et mettez dedans un peu d'eau, un peu de sel, une demi-livre de sain-doux et quatre œufs; détrempez cette pâte, abaissez-la, étendez-la sur une serviette beurrée et farinée; mettez vos fruits au milieu, soit cerises, abricots, prunes, etc., un peu de cannelle et de zeste de citron, une demi-livre de sucre; relevez la pâte tout autour, de manière que votre pudding ait la forme d'un ballon; liez-le dans la serviette avec une ficelle en le serrant autant que possible; faites-le cuire une heure et demie dans de l'eau bouillante.

Gâteau de carottes.

Faites cuire une douzaine de grosses carottes dans de l'eau avec un peu de sel; passez-les à l'étamine pour en faire une purée; faites dessécher cette purée sur le feu jusqu'à ce qu'elle ait pris la consistance d'une pâte à choux (Voir cette pâte plus haut); mêlez cette purée avec un demi setier de crème pâtissière, un peu de fleur d'oranger pralinée et pilée, douze onces de sucre et douze jaunes d'œufs; mettez quatre onces de beurre tiède dans les douze blancs d'œufs qui vous restent; battez-les et les mêlez à votre préparation; mettez cette préparation au four dans un moule beurré. Le gâteau étant cuit, renversez-le sur un plat et servez.

PATISSERIE.

Flan de nouilles.

Dressez une croûte de pâté comme il est indiqué à l'article *Croûte de pâté chaud* (Voyez cet article) ; ayez des nouilles ce qu'il en faut pour garnir votre flan, pochez-les dans du lait, égouttez-les, mettez-y des jaunes d'œufs, du sucre, de la fleur d'oranger ou un zeste de citron haché, des macarons amers, des massepains bien écrasés ; ajoutez-y gros comme un œuf de beurre fondu et un peu de sel ; mêlez le tout ; fouettez la moitié des blancs d'œufs que vous aurez employés dans votre appareil, et incorporez-y légèrement ces blancs ; trois quarts d'heure avant de servir, mettez ces nouilles ainsi préparées dans votre flan, que vous ferez cuire à four doux ; lorsqu'elles seront bien montées, fouettez le reste de vos blancs d'œufs, mettez-y du sucre en poudre et un peu de fleur d'oranger pralinée, maniez légèrement vos blancs d'œufs ; recouvrez-en votre flan, glacez-le avec du sucre en poudre, et servez.

Flan de semoule.

Opérez comme il est dit à l'article précédent, en remplaçant les nouilles par de la semoule.

Flan de fruits.

Garnissez avec de la pâte à dresser un moule qui n'ait pas plus de deux pouces de hauteur ; faites en sorte que votre pâte prenne bien la forme du moule ; mettez dans un vase des cerises, prunes ou abricots, dont vous aurez ôté les noyaux ; sautez-les avec du sucre en poudre ; arrangez-les dans la croûte que vous avez moulée, et faites cuire ce flan à four chaud. Cassez les noyaux, épluchez-en les amandes, posez-les sur les fruits, et versez un peu de sirop par-dessus.

Flan à la frangipane.

Faites la croûte du flan comme il est dit à l'article précédent ; garnissez-la de frangipane (Voir, plus haut, *Frangipane*), étendez dessus des petits filets de pâte en forme de grille ; faites cuire au four chaud, et glacez avec du sucre en poudre.

Croque-en-bouche.

Ayez une pâte à choux comme il est indiqué à l'article précédent ; couchez-la sur un plafond de la grosseur de la moitié d'un œuf ; dorez vos choux, trempez le bout du doigt dans la dorure ; faites un trou au milieu de chaque chou, pour en former une gimblette; faites-les cuire; leur cuisson faite, glacez-les l'un après l'autre, avec du sucre au cassé, comme il est indiqué à l'article précédent; dressez-les, et servez.

Gimblettes.

(Voyez l'article précédent.)

Choux à la cuillère.

Ayez une pâte à choux un peu molle; couchez les choux avec une cuillère sur une feuille d'office; dorez-les avec du blanc d'œuf, saupoudrez-les de sucre, et faites-les cuire à four doux.

Gâteau de mille feuilles.

Ayez de la pâte à feuilletage, coupez-la en huit parties, en ayant soin que l'une de ces parties soit beaucoup plus forte que les autres. Abaissez les sept autres parties et ne leur laissez que deux lignes d'épaisseur; posez-les sur un plafond; coupez-les toutes d'égale grandeur; dorez-les; piquez-les. Décorez votre huitième partie qui doit former le dessus, afin de pouvoir garnir ce dessus de confitures; faites-les cuire; glacez votre couvercle; leur cuisson faite, laissez-les refroidir: posez sur un plafond la première abaisse; étalez dessus de la gelée de groseilles; posez-en une seconde; étalez-y de la marmelade d'abricots; mouillez vos abaisses, ainsi de suite, en les garnissant de différentes confitures; posez votre couvercle qui fait le dessus, et garnissez-le de différentes confitures; parez votre gâteau d'une forme bien ronde, et garnissez le tour de petites meringues collées avec du sucre au cassé; dressez-le sur une serviette, et servez.

Sultane à la Chantilly.

Mettez une demi-livre de sucre royal dans un petit poêlon, avec un peu d'eau claire et gros comme une noix de miel de Narbonne; faites bouillir votre sucre; écumez-le bien, faites-le cuire au cassé; au moment qu'il a atteint sa cuisson, mettez-y un peu de jus de citron, remuez bien votre sucre; vous avez préparé un moule et l'huilier, ainsi que deux fourchettes d'argent attachées ensemble; trempez le bout de vos fourchettes dans le sucre; filez ce sucre dans le moule; mettez le cul de votre poêlon sur de la cendre chaude, et filez ainsi votre sultane jusqu'à ce qu'elle ait assez de consistance pour que vous puissiez la détacher du moule; quand elle sera détachée de votre moule, refilez encore du sucre pour lui donner plus de force; vous aurez préparé sur un fond de pâte d'office un socle monté à jour, avec des petits gâteaux décorés de différentes manières; dans le milieu, mettez un fromage à la Chantilly, assaisonné de sucre en poudre, de fleur d'oranger; posez votre sultane sur le bord de vos petits gâteaux, et servez.

Rissoles aux confitures.

Abaissez des rognures de feuilletage; mettez de distance en distance des confitures; repliez la pâte en forme de chausson, et faites-la frire; poudrez ces rissoles, mettez-les un instant sous le four de campagne pour les glacer, et servez.

Rissoles à la frangipane.

Elles se préparent comme les précédentes, en remplaçant les confitures par de la frangipane.

Rissoles aux fruits.

Elles se préparent comme les précédentes, en remplaçant les confitures par des fruits cuits en compote.

Crème frite.

Délayez de la farine avec deux œufs entiers; ajoutez ensuite quatre œufs et un demi setier de lait que vous aurez fait bouillir avec un peu de zeste de citron, et dont vous aurez ôté le citron, un peu de sel, quatre onces de sucre, un peu de beurre; faites cuire cette crème, et ajoutez-y, après sa cuisson, un peu de fleur d'oranger, quatre jaunes d'œufs, quelques macarons et massepains pilés. Versez cette composition sur un plafond beurré, laissez-la refroidir, coupez-la en ronds, couronnes ou losanges, trempez ces morceaux dans des œufs battus, panez-les, faites-les frire, poudrez-les de sucre, et servez.

Beignets de céleri.

Épluchez et lavez de beaux pieds de céleri; faites-les blanchir, puis faites-les cuire dans une casserole avec des bardes de lard, du sel, un bouquet garni, le tout mouillé avec du bouillon non dégraissé et recouvert de bardes de lard et d'un papier huilé. Quand ils seront cuits vous les ferez mariner dans de l'eau-de-vie avec du sucre; mettez-les ensuite dans une pâte à frire, faites-les frire et glacez-les avec du sucre en poudre et une pelle rouge.

Macaroni.

Mettez une livre de macaroni dans de l'eau bouillante, avec un morceau de beurre, du sel et un ognon piqué de clous de girofle. Laissez bouillir le tout pendant trois quarts d'heure; faites ensuite égoutter le macaroni, et mettez-le dans une casserole avec un peu de beurre, quatre onces de fromage de Gruyères râpé, autant de fromage de Parme râpé, un peu de muscade et de gros poivre et quelques cuillerées de crême; faites sauter le tout ensemble; dès que le macaroni filera, dressez-le et servez.

Macaroni au gratin.

Le macaroni étant preparé comme il est dit à l'article précédent, mettez-le sur un plat, saupoudrez-le de mie de pain et de fromage râpé, et faites-lui prendre couleur sous le four de campagne.

Timbale de macaroni.

Abaissez de la pâte brisée, coupez-la par bandes et râclez ces bandes pour en faire des espèces de petites cordes; beurrez un moule; arrangez ces petites cordes sur les parois du moule en forme de colimaçon : remplissez cette timbale avec du macaroni préparé comme il est dit ci-dessus, à l'article *Macaroni*; semez dessus un peu de mie de pain, de fromage râpé; arrosez le tout avec quelques gouttes de beurre fondu; et mettez cette timbale au four chaud.

Petits gâteaux à la Madelaine.

Etendez sur un plafond de la pâte à la Madelaine (Voir cette pâte plus haut), et ne lui laissez que trois lignes d'épaisseur. Mettez-la à un four doux; lorsque cette pâte sera cuite aux trois quarts, vous la couperez par morceaux ronds ou carrés, vous remettrez ces morceaux au four pour qu'ils achèvent de cuire, et vous pourrez les servir.

Gâteau au riz.

Mettez dans une pinte de lait bouillant une demi-livre de riz et autant de sucre. Lorsque le riz sera crevé, vous l'ôterez du feu, et ferez fondre dedans quatre onces de beurre; vous

PATISSERIE.

ajouterez un peu de zeste de citron, et vous le laisserez refroidir; cassez six œufs sur le riz froid, et mêlez bien le tout ensemble. Beurrez un moule, garnissez-le de mie de pain; mettez le riz dedans sans emplir le moule, posez ce moule sur de la cendre chaude, et couvrez-le avec un four de campagne. Le gâteau étant de belle couleur, renversez-le sur un plat et servez.

On fait de la même manière les gâteaux au vermicelle, à la semoule, aux nouilles, etc.

Pets de nonne.

Faites chauffer de la friture; étendez sur un couvercle de la pâte à la duchesse; coupez cette pâte, faites-en de petites boules, et faites-les frire; lorsqu'elles seront de belle couleur vous les ferez égoutter; saupoudrez-les de sucre, et servez.

Omelette aux confitures.

Faites une omelette au naturel, en y ajoutant un peu de sucre en poudre; avant de la dresser, garnissez-la de confitures et dressez-la pliée en chausson; poudrez-la avec du sucre; faites rougir un fer, et formez des dessins sur l'omelette en appuyant ce fer rouge sur le sucre.

Omelette soufflée.

Cassez une douzaine d'œufs; séparez les jaunes d'avec les blancs; mettez dans les jaunes trois quarterons de sucre en poudre, un peu de fleur d'oranger, et battez le tout ensemble; faites-le sauter à la poêle avec un morceau de beurre, puis mettez l'omelette sur un plat d'argent; posez ce plat sur de la cendre chaude, et mettez un four de campagne dessus; glacez l'omelette avec du sucre en poudre, et servez-la promptement quand elle sera bien montée et de belle couleur.

Soufflé de pain à la vanille.

Faites bouillir une chopine de crème avec une demi-livre de sucre et un petit bâton de vanille; ôtez cette crème du feu; mettez dedans la mie d'un pain mollet d'une livre, et laissez refroidir le tout. Passez cette composition dans un linge blanc que vous coudrez fortement; ajoutez-y deux onces de beurre, six jaunes d'œufs et deux blancs; mêlez bien le tout ensemble, et passez-le au tamis en le foulant avec une cuillère de bois; fouettez les blancs d'œufs qui vous restent;

mêlez-les avec votre préparation; versez-la dans une casserole d'argent, mettez cette casserole sur des cendres chaudes, couvrez-la avec un four de campagne; glacez le soufflé et servez-le promptement quand il sera bien monté et de belle couleur.

Soufflé de pommes de terre.

Faites bouillir une chopine de crême, six onces de sucre, plein six cuillères à bouche de fécule de pommes de terre, quatre jaunes d'œufs; vous délayez cette fécule avec les œufs, la crême, du beurre gros comme un œuf, un peu d'écorce de citron hachée; vous mettrez votre appareil sur le feu, et le tournerez jusqu'à ce qu'il ait jeté quelques bouillons; laissez-le refroidir; ensuite vous y joignez six jaunes d'œufs que vous mêlez ensemble; en cas que le soufflé soit trop épais, vous y ajouterez un ou deux œufs entiers; vous fouetterez quatre blancs d'œufs comme pour des biscuits; vous les mêlerez légèrement avec le soufflé, que vous arrangerez dans une petite casserole d'argent; faites cuire votre soufflé comme il est dit plus haut.

Soufflé au chocolat.

Mettez dans une casserole deux onces de chocolat, un peu d'eau; faites fondre votre chocolat, ajoutez-y une demi-cuillerée de fécule de pommes de terre, un quarteron de sucre en poudre, quatre jaunes d'œufs; fouettez six blancs d'œufs; mêlez-les dans votre appareil; versez votre soufflé dans une casserole d'argent; faites-le cuire au four ou au four de campagne: glacez avec du sucre, et servez.

Soufflé au riz.

Prenez deux onces de riz crevé et cuit, comme il est indiqué à l'article *Gâteau au riz*; mettez-le dans une casserole, avec sucre, fleur d'oranger, deux macarons amers, quatre jaunes d'œufs, et six blancs d'œufs fouettés; et suivez, pour le faire cuire, le même procédé qui est indiqué aux autres soufflés.

Charlotte russe.

Ayez du biscuit de différentes couleurs; coupez-le bien mince, décorez-en un moule uni; faites dans l'intérieur du moule plusieurs compartimens; remplissez-les de confitures, comme marmelade d'abricots, pommes, pêches, cerises, groseilles et autres; recouvrez votre charlotte de biscuit: renversez-la sur un plat au moment de servir.

CHAPITRE XIV.

DES CRÈMES ET ENTREMETS DE FRUITS.

Petits pots de crême à la fleur d'oranger. — Petits pots au café vierge. — Petits pots au caramel. — Petits pots aux pistaches. — Crême au naturel. — Crême fouettée. — Crême d'amandes. — Crême au chocolat. — Crême au café blanc. — Crême au thé. — Crême grillée. — Crême minime. — Crême soufflée. — Lait d'amandes. — Œufs à la neige. — Charlotte de pommes. — Marmelade de pommes. — Beignets de pommes. — Beignets d'abricots et de pêches. — Beignets d'oranges.

Petits pots de crême à la fleur d'oranger.

Mettez dans une chopine de lait trois onces de sucre; une cuillerée de fleur d'oranger pralinée. Faites bouillir ce mélange, puis laissez-le refroidir. Ajoutez-y six jaunes d'œufs; mêlez bien le tout ensemble, puis mettez-le dans des petits pots à crême. Faites bouillir de l'eau dans une casserole; mettez vos petits pots dans cette eau, de manière à ce que l'eau ne vienne qu'aux trois quarts de la hauteur des pots; couvrez la casserole; mettez du feu sur le couvercle, et faites bouillir l'eau doucement jusqu'à ce que les petits pots de crême soient pris.

Petits pots au café vierge.

Faites griller deux onces de café; jetez ce café tout brûlant dans une chopine de lait que vous aurez fait bouillir avec quatre onces de sucre; couvrez le vase, et laissez refroidir la crême; passez-la ensuite pour en ôter le grain du café; vous mettrez six jaunes d'œufs dans une casserole, vous les délayerez avec votre crême; vous passerez le tout quatre fois à travers une étamine: faites bouillir de l'eau; vous mettrez votre crême dans des petits pots, et vous les ferez prendre au bain-marie.

Petits pots au caramel.

Vous mettez gros comme la moitié d'un œuf de sucre dans une casserole, un peu d'eau, le dessus d'une écorce de citron;

vous ferez bouillir jusqu'à ce que votre caramel soit fait; il faut qu'il ait une couleur un peu brune; vous mesurerez plein huit petits pots d'eau, vous y mettrez un quarteron de sucre, un peu d'écorce de citron; vous ferez bouillir votre appareil, et vous le laisserez refroidir; ensuite vous casserez six jaunes d'œufs; délayez-les avec le tout; vous le passerez quatre fois à travers l'étamine; quand votre eau bouillira, vous remplirez vos petits pots, et vous les ferez prendre au bain-marie.

Petits pots aux pistaches.

Remplissez dix petits pots de crème, que vous verserez dans une casserole; vous la ferez bouillir; mettez-y un quarteron de sucre; lorsque la crème aura bouilli, vous émondez un quarteron de pistaches; vous les pilez bien fin; délayez-les avec votre crème bouillante, et faites-leur jeter un bouillon, puis vous les laisserez refroidir; vous mettrez dans une casserole un œuf entier et quatre jaunes; vous les délayerez avec votre appareil; vous y mettrez plein une cuillère à café de vert d'épinards; passez-le cinq ou six fois à l'étamine; quand l'eau bouillira, vous remplirez les petits pots, et vous les ferez prendre au bain-marie.

Crème au naturel.

Mettez de la crème dans une terrine; posez cette terrine sur de la glace pilée; mettez dans la crème du sucre en poudre, remuez-la pendant quelques instans, et servez.

Crème fouettée.

Mettez dans une terrine de la crème, du sucre en poudre, un peu de gomme adragant et d'eau de fleur d'oranger; fouettez le tout pendant quelques instans, puis laissez-le reposer; enlevez le dessus de cette préparation qui a acquis de la consistance; dressez-le en rocher, et décorez le avec de l'écorce d'orange confite.

Crème d'amandes.

Emondez deux onces d'amandes douces et deux amandes amères; pilez-les; délayez-les avec de la crème bouillante; passez cette composition à l'étamine; ajoutez-y des œufs, et faites-la prendre au bain-marie.

Crème au chocolat.

Prenez une chopine de crème, trois jaunes d'œufs, deux

CRÈMES ET ENTREMETS DE FRUITS.

onces de chocolat et cinq onces de sucre; mêlez ensemble le lait, la crême, le sucre et les jaunes d'œufs; mettez sur le feu, remuez toujours avec la spatule, et faites bouillir le mélange jusqu'à ce qu'il soit réduit d'un quart; alors vous ajoutez le chocolat râpé fin, et lorsque vous lui avez donné quelques bouillons, vous passez au tamis, et lorsqu'il est refroidi, vous servez.

Crême au café blanc.

(Voyez plus haut, *Petits Pots au café vierge*); la crême au café blanc se prépare de la même manière; seulement, au lieu de mettre la préparation dans des petits pots, on la met dans des moules à darioles que l'on a garnis de sucre *au grand cassé* (Voir au chapitre *de l'Office*); on fait prendre les moules comme les petits pots, puis on les renverse sur un plat, et on verse sur la crême du café à l'eau bien sucré.

Crême au thé.

Faites une tasse de thé extrêmement fort; jetez-le dans une chopine de crême réduite, et opérez du reste comme il est dit au chapitre précédent, en remplaçant le café par le thé.

Crême grillée.

Faites praliner deux onces d'amandes douces et deux ou trois amandes amères; pilez-les ainsi qu'un peu de fleur d'oranger pralinée, et jetez le tout dans une pinte de crême bouillante; passez ensuite cette crême au tamis; ajoutez-y huit onces de sucre, quatre jaunes d'œufs et deux œufs entiers; mêlez bien le tout; passez-le à l'étamine; mettez cette préparation dans de petits pots, et faites-la prendre au bain-marie.

Crême minime.

Faites pocher des œufs dans du lait bouillant et sucré; faites égoutter ces œufs; ajoutez au lait, du sucre, des jaunes d'œufs, de la fleur d'oranger, un peu de farine, un peu d'huile d'olive; faites chauffer ce mélange; dressez vos œufs pochés, et versez cette préparation dessus.

Crême soufflée.

Préparez un même appareil que celui indiqué à l'article *Crême grillée* (Voyez cet article); faites refroidir cette crême;

fouettez six blancs d'œufs comme il est indiqué à l'article *Biscuit* ; mêlez-les légèrement avec votre crème ; faites-la prendre dans un moule beurré, comme il est indiqué à l'article *Crême renversée.*

Lait d'amandes.

Prenez six onces d'amandes douces, une pinte de lait, quatre gros d'eau de fleur d'oranger et cinq onces de sucre ; pelez les amandes et pilez-les en pâte très fine, en jetant de temps en temps quelques gouttes de lait dans le mortier ; lorsque votre pâte est friable, vous la jetez dans le lait, et la délayez bien ; puis vous passez à travers un linge ; mettez sur le feu, et faites bouillir jusqu'à réduction de moitié : vous ne donnez à cette réunion qu'un bouillon ; puis, après avoir passé au tamis serré, vous laissez refroidir, et vous servez.

OEufs à la neige.

Cassez dix œufs, mettez les jaunes à part, et fouettez les blancs dans une terrine avec un petit balai jusqu'à ce qu'ils soient en neige, ajoutez-y quatre cuillerées de sucre en poudre. Ayez dans une casserole une demi pinte de lait avec moitié crême ; faites bouillir avec un quarteron de sucre et un peu de fleur d'oranger. Mettez ensuite vos blancs d'œufs cuire dans cette crême, ratissez-les et ajoutez les jaunes bien délayés. Servez sur un plat creux, la crême sur laquelle vous mettrez les blancs par mottes. On peut saupoudrer le dessus de la crême avec des petit bonbons, si on en a. On peut aussi se dispenser de passer à l'étamine.

Charlotte de pommes.

Faites une marmelade de pommes ; ajoutez-y un peu de marmelade d'abricots, un peu de cannelle. Beurrez le fond et le tour d'une casserole, appliquez-y des morceaux de mie de pain disposés en lames minces et d'égale grosseur, de manière à garnir entièrement. Versez-y votre marmelade froide, et couvrez de mie de pain beurrée. Mettez le tout un quart-d'heure au four ou sur la cendre chaude avec un four de campagne dessus. Lorsque la charlotte sera prise, et de belle couleur, vous renverserez le moule sur un plat, et vous servirez.

Marmelade de pommes.

Pelez des pommes, ôtez-en le cœur ; coupez-les par petites

CRÊMES ET ENTREMETS DE FRUITS.

tranches bien minces ; mettez-les dans une casserole avec du sucre, dans la proportion d'une demi-livre de sucre pour une livre de pommes, un peu de cannelle, un jus de citron ; mettez la casserole sur le feu ; lorsque les pommes seront bien fondues, vous les remuerez bien, vous mettrez cette marmelade dans un compotier.

Beignets de pommes.

Pelez des pommes ; ôtez-en le cœur avec un vide-pomme ; coupez-les en tranches minces. Mettez dans une terrine un peu d'eau-de-vie et de sucre en poudre ; laissez-y les morceaux de pommes pendant une heure ; égouttez-les ensuite ; mettez-les dans la pâte, et faites-les frire, de manière qu'ils soient bien croquans. Égouttez sur un linge ; couvrez-les de sucre en poudre, et glacez-les avec le four de campagne ou une pelle rouge.

Pommes meringuées.

Mettez de la marmelade de pommes sur un plat, dressez-la en pyramide ; fouettez deux blancs d'œufs ; mettez-y deux cuillerées de sucre en poudre, et un peu de zeste de citron haché ; décorez vos pommes avec cet appareil de meringues ; glacez-les de sucre en grains ; faites-leur prendre une belle couleur au four et servez.

Beignets d'abricots et de pêches.

On se contente de fendre les abricots en deux, sans leur ôter la pelure. Pour la pêche, on la fend de même en deux ; on en ôte la peau, et on la coupe suivant sa grosseur. On la met mariner comme les beignets de pommes, et on les finit de même. Il faut que la friture soit bien chaude, et éviter que les beignets ne s'attachent l'un à l'autre.

Beignets d'oranges.

Prenez quatre ou cinq oranges ; ôtez la superficie de l'écorce en les tournant avec un petit couteau pour couper à mesure l'écorce de l'épaisseur d'une petite pièce ; coupez les oranges par quartiers pour en ôter les pepins, et les mettez cuire avec un peu de sucre ; faites une pâte avec du vin blanc, de la farine, une cuillerée de bonne huile, un peu de sel ; délayez cette pâte, qu'elle ne soit ni trop claire ni trop épaisse, qu'elle file en la versant avec la cuillère ; trempez vos quartiers d'orange dedans pour les faire cuire dans une friture jusqu'à ce qu'ils soient de belle couleur ; servez-les glacés de sucre fin.

CHAPITRE XV.

DES LÉGUMES.

Fécule de pommes de terre. — Pommes de terre à la maître-d'hôtel. — Pommes de terre à l'anglaise. — Pommes de terre à la crême. — Pommes de terre à l'allemande. — Pommes de terre à la provençale. — Pommes de terre sautées au beurre. — Quenelles de pommes de terre. — Topinambours. — Carottes au beurre. — Céleri à l'espagnole. — Céleri frit. — Cardons. — Salsifis. — Artichauts. — Artichauts au velouté. — Artichauts aux fines herbes. — Artichauts à la lyonnaise. — Artichauts sauce hollandaise. — Artichauts frits. — Artichauts à la barigoule. — Artichauts à la provençale. — Concombres à la crême. — Concombres farcis. — Epinards à l'anglaise. — Epinards au velouté. — Oseille, cerfeuil, poirée, etc. — Choux-fleurs à la sauce blanche. — Choux-fleurs au fromage. — Choux farcis. — Choux à la crême. — Laitues hachées. — Laitues à l'espagnole. — Laitues farcies. — Romaines hachées. — Lentilles fricassées. — Haricots blancs. — Petits pois au beurre. — Petits pois à l'anglaise. — Asperges. — Fèves de marais. — Haricots verts à la poulette. — Haricots verts à l'anglaise. — Haricots verts en salade. — Aubergines. — Macédoine à la béchamel. — Choux de Bruxelles. — Choux brocolis. — Choux rouges à la hollandaise. — Choux rouges à l'allemande. — Croûte aux champignons. — Champignons aux fines herbes. — Champignons grillés. — Croûte aux morilles. — Mousserons. — Truffes au vin de Champagne. — Truffes à l'espagnole. — Truffes à la piémontaise. — Truffes à la Périgueux. — Patates. — Houblon. — Giromon. — Artichauts de Barbarie. — Tomates farcies. — Chicorée conservée pour l'hiver. — Haricots verts conservés pour l'hiver. — Cornichons confits. — Manière de conserver les petits pois et autres légumes, d'après M. Appert. — Artichauts conservés pour l'hiver.

Fécule de pommes de terre.

Il faut les bien éplucher et les laver, ensuite vous les râpez. Ce que vous en aurez obtenu, mettez-le dans une terrine avec de l'eau claire; agitez-le fortement, laissez reposer, et retirez l'eau qui s'est éclaircie; remettez-en de la nouvelle, et recommencez de l'agiter; puis vous versez le tout sur un tamis de soie posé sur une terrine. Au bout de quelques momens, vous épanchez l'eau claire, et trouvez la fécule au fond du vase. Vous pouvez l'employer ou la faire sécher.

Pommes de terre à la maître-d'hôtel.

Les pommes de terre étant lavées, vous les mettez dans une marmite que vous recouvrez de son couvercle, ou dans un chaudron avec de l'eau, et vous les faites bouillir. Les pommes de terre étant cuites et épluchées, on les coupe en liard et on les met dans une casserole avec un morceau de beurre, du persil et de la ciboule hachés, sel et gros poivre. Vous les sautez et y mettez une idée de bouillon pour lier le beurre, puis vous les servez avec un jus de citron.

Pommes de terre à l'anglaise.

Elles se préparent comme les pommes de terre à la maître-d'hôtel; seulement on y ajoute de la muscade, et l'on n'y met ni citron ni fines herbes.

Pommes de terre à la crème.

Vous mettez un bon morceau de beurre dans une casserole, plein une cuillère à bouche de farine, du sel, du gros poivre, un peu de muscade râpée, du persil, de la ciboule bien hachée; vous mêlerez le tout ensemble, vous y mettrez un verre de crème, vous placerez la sauce sur le feu, et vous la tournerez jusqu'à ce qu'elle bouille; coupez les pommes de terre en tranches, et mettez-les dans votre sauce; servez-les bien chaudes.

Pommes de terre à l'allemande.

Faites une purée de pommes de terre (voir, pour les purées, les chapitres I et III); ajoutez-y des œufs entiers, du persil haché, du beurre, poivre, sel et muscade râpée; remuez bien le tout, laissez-le refroidir. Cette composition formant une pâte, vous la diviserez par cuillerées, et vous les sauterez au beurre. Servez-les de belle couleur.

Pommes de terre à la provençale.

Vous mettez un bon morceau de beurre dans une casserole, vous le coupez en plusieurs morceaux; versez dessus trois cuillerées à bouche d'huile avec le zeste de la moitié d'une écorce de citron, du persil, de la ciboule bien hachée, un peu de muscade râpée, une petite pincée de farine, du sel, du gros poivre; vous épluchez les pommes de terre sortant de l'eau bouillante; vous les couperez en quatre ou en six, si elles sont trop grosses; vous les remuerez sur le feu dans l'assaisonnement sans les faire bouillir; au moment de servir, vous y mettrez un jus de citron.

Pommes de terre sautées au beurre.

Pelez des pommes de terre, coupez-les par tranches, et mettez-les dans une casserole avec un fort morceau de beurre ; faites-les sauter sur un feu très ardent jusqu'à ce qu'elles soient bien jaunes ; égouttez-les et saupoudrez-les de sel fin.

Quenelles de pommes de terre.

Faites cuire des pommes de terre dans de la cendre rouge, épluchez-les et pilez-les avec un morceau de beurre, sel, poivre, muscade, persil et ciboule hachés, et des jaunes d'œufs en proportion de la quantité de pommes de terre. Fouettez des blancs d'œufs en neige, mêlez-les avec le reste, et opérez du reste comme pour les quenelles de volaille. (Voir au chapitre *de la Volaille*.)

Topinambours.

On fait peu usage de ce légume, si ce n'est pour remplacer, dans les ragoûts, les pommes de terre ou les navets. On peut aussi servir des topinambours à la sauce espagnole ; pour cela, on les épluche et les fait bouillir pendant une heure dans un mélange de consommé et de sauce espagnole.

Carottes au beurre.

Coupez des carottes, qu'elles soient de l'épaisseur d'un double sou ; faites-les blanchir pendant cinq minutes, et mêlez-les dans une casserole avec un peu de beurre et un verre de bouillon, de sel, une idée de sucre. Lorsque vous apercevez qu'elles sont presque cuites, faites réduire à glace ; mettez-y de nouveau un morceau de beurre, des fines herbes, une cuillerée de velouté ; faites faire un bouillon pour que le tout soit bien amalgamé, et servez avec une garniture de croûtons.

Céleri à l'espagnole.

Coupez et parez des pieds de céleri de manière à ce qu'ils soient tous de même hauteur et d'égale grosseur ; faites-les blanchir dans une eau de sel un peu forte, puis faites-les rafraîchir et égoutter, et les faites cuire dans de la sauce espagnole (Voir cette sauce au chapitre III) mêlée de consommé ; ajoutez-y un peu de beurre et de gros poivre, et servez.

Céleri frit.

Après avoir fait blanchir le céleri comme il est dit à l'article précédent, faites-le cuire dans un roux blanc mouillé avec du consommé, puis mettez-le dans une pâte à frire et faites-le frire; saupoudrez-le de sucre, glacez-le avec une pelle rouge, et servez.

Cardons.

Prenez des côtes de cardons les plus tendres et les plus blanches; il faut que l'intérieur soit plein et ferme; épluchez-les, coupez-les toutes de la même longueur; faites-les cuire dans un blanc après les avoir fait blanchir et rafraîchir, puis faites-les bouillir dans un bon consommé, dressez-les, faites réduire le consommé et le versez sur les cardons. On prépare de la même manière les cardons au velouté, à l'espagnole, à la béchamel, etc., en remplaçant le consommé par l'une de ces sauces préparées comme il est dit au chapitre III.

Salsifis.

Ratissez les salsifis jusqu'à ce qu'ils soient bien blancs; faites-les cuire à l'eau avec du sel, du vinaigre et un peu de beurre; dressez-les et versez dessus une sauce blanche, ou bien, étant cuits de cette manière, trempez-les dans une pâte à frire et faites-les frire; servez-les de belle couleur, et légèrement saupoudrés de sel fin.

Artichauts.

Otez des artichauts les feuilles dures et la superficie du cul; coupez l'extrémité des bonnes feuilles, et faites cuire les artichauts ainsi parés dans de l'eau bien salée; dès qu'ils seront cuits, vous ôterez le foin et les servirez avec une sauce blanche à part.

Artichauts au velouté.

Les artichauts étant parés comme il est dit à l'article précédent, coupez-les en six ou huit morceaux; ôtez-en le foin, et faites-les cuire dans une casserole avec quelques cuillerées de consommé, autant de velouté, un peu de beurre et de gros poivre; dressez ces artichauts et versez dessus du velouté réduit.

Les artichauts à l'espagnole se préparent de la même manière, en substituant la sauce espagnole au velouté.

Artichauts aux fines herbes.

Les artichauts étant parés et coupés comme les précédens, vous faites un roux léger que vous mouillez avec du bouillon et un peu de jus; vous mettez beaucoup de fines herbes sur les artichauts, du gros poivre, un peu de muscade râpée, et vous versez la sauce dessus; vous les faites cuire comme ceux au velouté.

Artichauts à la lyonnaise.

Si les trois artichauts sont gros, vous les couperez en huit; vous ôterez le dur qui se trouve au cul, le foin et les feuilles, jusqu'à ce qu'il n'en reste que trois ou quatre; vous diminuerez de leur largeur; vous les mettrez dans l'eau à mesure que vous les parerez; vous les laverez bien, laissez-les égoutter; vous mettrez dans le fond de votre casserole une demi-livre de beurre que vous étalerez bien, et vous placerez le cul de l'artichaut dessus; vous saupoudrez du sel et du poivre sur les artichauts. Une demi-heure avant de servir, vous les mettrez sur un feu un peu ardent, et vous en placerez aussi sur le couvercle; il faut prendre garde qu'ils ne brûlent; lorsqu'ils sont cuits, vous les dressez sur le plat et vous versez le beurre dessus. Vous pouvez les sauter dans le beurre sur un feu ardent; quand ils seront blonds, vous les servirez.

Artichauts, sauce hollandaise.

Coupez un artichaut en six morceaux, ôtez-en le foin et la partie dure qui se trouve au cul, parez les feuillets, faites bouillir de l'eau, mettez un peu de beurre dedans et un peu de sel, mettez-y vos morceaux d'artichauts; quand ils sont cuits, égouttez-les, dressez-les sur le plat, masquez-les d'une sauce hollandaise.

Artichauts frits.

On commence par les couper par quartiers, et on en ôte le foin; coupez l'extrémité des feuilles et parez le fond. Vous divisez chaque quartier d'artichaut en quatre ou cinq morceaux suivant leur grosseur, et vous les mettez dans l'eau. Vous mêlez dans une terrine trois œufs entiers, de la farine, dont vous faites une pâte, en y ajoutant du sel, un filet de vinaigre et une cuillerée à bouche d'huile. Vos artichauts étant bien égouttés, vous les remuez dans la pâte pour que toutes les feuilles en soient imprégnées. Il ne faut pas que la pâte soit ni trop claire ni trop épaisse. N'étant pas assuré si elle est bien, vous mettez un morceau d'artichaut dans la farine et remédiez à ce qui peut manquer. Vous avez soin de mettre les morceaux l'un après l'autre pour qu'ils ne se mêlent pas. Etant de belle couleur, vous les dressez sur le plat avec du persil frit. On peut mettre mariner les morceaux d'artichaut pendant une heure avec un peu de sel et vinaigre, les égoutter et les mettre dans la pâte.

Artichauts à la barigoule.

Faites blanchir et égoutter des artichauts, puis vous les mettez à la friture chaude pour faire prendre couleur à l'extrémité des feuilles. Hachez et pilez des parures de lard; ajoutez-y des champignons, persil, échalotes hachées; du sel et gros poivre, à peu près un quarteron de beurre ou d'huile, que vous mettrez avec cet appareil. Vous ôterez le foin de vos trois ou quatre artichauts; vous le remplacerez par cette préparation; vous les ficellerez pour qu'ils ne s'effeuillent pas, et les placerez dans une casserole avec un peu de bouillon et un verre de vin blanc. Faites-les mijoter sur le feu, mettez un rond de papier beurré sur les artichauts, et du feu sur le couvercle de la casserole. Étant cuits, déficelez-les et mettez dedans une sauce italienne bien finie.

On peut aussi se dispenser de faire blanchir les artichauts pour les préparer à la barigoule; pour cela, après avoir dégagé le cul de l'artichaut et coupé la pointe des feuilles, vous enlevez le foin avec une cuillère à bouche. Étant bien nettoyé, vous avez de la friture; vous faites prendre couleur aux feuilles et au cul de l'artichaut; vous y mettez le même appareil que ci-dessus; vous le faites cuire avec le même soin, et le servez avec la sauce italienne.

Artichauts à la provençale.

Après avoir paré et ôté le foin des artichauts, vous les mettez dans une casserole avec de l'huile et du sel fin. Vous disposez le feu dessus et dessous, de manière que vos artichauts prennent couleur en cuisant. Étant de belle couleur et cuits à leur point, vous les servez les feuilles en bas, et l'huile dans laquelle ils sont cuits leur sert de sauce.

Concombres à la crème.

(Voir cet article au chapitre III.)

Concombres farcis.

Prenez trois ou quatre concombres de moyenne grosseur, et égaux en longueur; enlevez-en la peau légèrement et le plus uniment possible; videz-les par un des bouts avec le gros bout d'une lardoire. Assuré qu'il n'y reste plus rien, faites-leur faire un bouillon dans de l'eau et du sel. Etant rafraîchis et bien égouttés, vous les remplissez d'une farce cuite; puis vous boucherez l'ouverture avec un morceau de navet tourné en bouchon, et les déposerez dans une casserole avec des bardes de lard, un bouquet garni; mouillez-les avec de bon bouillon, et de préférence avec un fond où aurait cuit de la volaille. Au moment de servir, vous les égouttez, vous ôtez le bouchon de navet, et mettez dessous une espagnole ou sauce tomate bien finie.

Epinards à l'anglaise.

Epluchez de jeunes épinards, et jetez-les dans l'eau bouillante, avec une poignée de sel; laissez-les bouillir jusqu'à ce qu'ils fléchissent sous le doigt. Faites-les rafraîchir; hachez-les; mettez dans une casserole avec du poivre, du sel, un fort morceau de beurre; faites chauffer le tout sans le faire bouillir, et dressez vos épinards avec des croûtons à l'entour.

Epinards au velouté.

(Voyez, ci-dessus, *Chicorée au velouté*), et servez-vous du même procédé pour les épinards.

Oseille, Cerfeuil, Poirée, etc.

Prenez de l'oseille, cerfeuil, poirée, bonne-dame, pourpier, des concombres, si vous êtes dans le temps, persil, ciboule; après les avoir épluchés et lavés plusieurs fois, mettez-les égoutter; après, vous les hachez et les pressez dans vos mains pour qu'il ne reste pas tant d'eau. Mettez dans un chaudron un bon morceau de beurre et vos herbes dessus, du sel autant qu'il est besoin pour bien saler les herbes; faites-les cuire à petit feu jusqu'à ce qu'elles soient bien cuites, et qu'il n'y reste point d'eau; après qu'elles sont un peu refroidies, mettez-les dans les pots qui leur sont destinés, qui doivent être bien propres. Moins l'on en fait de consommation, plus les pots doivent être petits, parce que, quand ils sont une fois entamés, les herbes ne se gardent au plus que trois semaines. Quand les herbes sont entièrement refroidies dans les pots, vous prenez du beurre que vous faites fondre, et le laissez jusqu'à ce qu'il soit tiède; vous le mettez ensuite sur les herbes. Après que le beurre est bien pris, vous couvrez de papier les pots, et les mettez dans un endroit ni trop chaud, ni trop frais; ces sortes d'herbes se conservent jusqu'à Pâques, et sont d'une grande utilité dans l'hiver. Quand vous voulez vous en servir, vous en mettez dans du bouillon qui ne doit pas être salé, et vous avez de la soupe faite dans un moment. Si vous voulez faire de la farce avec, vous les mettez dans une casserole avec un morceau de beurre; faites-les bouillir un instant, et y mettez une liaison de quelques jaunes d'œufs avec du lait, et vous en servez soit pour mettre sous des œufs durs, ou quelques plats de poissons cuits sur le gril. Le temps le plus convenable pour confire des herbes est sur la fin de septembre.

Choux-fleurs à la sauce blanche.

On prend deux ou trois têtes de choux-fleurs, suivant leur grosseur; on les sépare avec le couteau par morceaux qui réunissent deux ou trois tiges, et, avec la pointe, vous enlevez les feuilles et la première peau ou enveloppe. Il faut donner des soins à cette manière d'éplucher, car il arrive souvent que des chenilles blanches sont placées dans les différens pédicules du chou-fleur. On les met dans l'eau à mesure. Étant bien épluchés, vous les faites cuire dans une casserole ou marmite avec de l'eau, un morceau de beurre et du sel: vous évitez qu'ils ne soient trop cuits, en les sondant avec la pointe du couteau.

Étant cuits et bien chauds, vous les égouttez, et les dressez sur le plat, de sorte qu'ils aient la forme d'un chou-fleur entier. Vous mettez les petits morceaux au milieu. Ayez soin, en épanchant le plat, d'en retirer l'eau qu'ils auraient pu rendre, et servez ou dessus, ou dans une saucière, une sauce blanche ou une sauce au jus.

Choux-fleurs au fromage.

Les choux-fleurs étant égouttés, faites une sauce blanche, dans laquelle vous aurez mis du parmesan et Gruyères râpés; trempez les plus gros morceaux de vos choux-fleurs, et dressez-les sur le plat. Les débris de choux doivent être imprégnés le mieux possible de cette sauce. Arrangez le tout comme les précédens. Vous mettez une légère couche du reste de votre sauce par-dessus, et là saupoudrez des deux fromages; puis vous y répandez du beurre fondu avec un pinceau, et y mettez de la mie de pain. Étant bien panés, vous mettez prendre couleur au four ou sous le four de campagne.

Choux farcis.

Vous ferez blanchir deux choux moyens dans de l'eau et du

sel; quand ils auront été vingt minutes dans l'eau bouillante, vous les rafraîchirez, et vous les ferez égoutter; ôtez-en les cœurs; vous hacherez une demi-livre de veau, vous y joindrez une livre de gras de lard, du sel, du gros poivre, un peu de quatre épices, un peu d'aromates pilés; quand le tout sera bien haché, vous y ajouterez sept ou huit jaunes d'œufs, que vous mêlerez bien avec votre farce; vous la mettrez dans l'intérieur de chaque chou, vous les ficellerez bien, vous arrangerez des bardes de lard dans le fond d'une casserole, quelques tranches de veau, un peu de jambon, quelques carottes et ognons, un bouquet garni; mettez les choux sur ces ingrédiens, et mouillez le tout avec du bouillon non dégraissé, et faites-le cuire à petit feu pendant une heure et demie; faites égoutter les choux, pressez-les un peu; ôtez-en la ficelle, et dressez-les avec une sauce espagnole dessous.

Choux à la crême.

Emincez des choux; faites-les blanchir comme la chicorée (Voir plus haut); mettez-les ensuite dans une casserole avec du beurre, du sel, du poivre et de la muscade; ajoutez après quelques instans un peu de farine, versez dessus de la crême en proportion de la quantité de choux; laissez bouillir le tout, et servez.

Laitues hachées.

Vous épluchez des laitues, c'est-à-dire que vous supprimez les côtes des grosses feuilles. Etant bien lavées, vous les faites blanchir comme la chicorée: vous les hachez et les fricassez de même, soit au gras, soit à la crême. On peut, ainsi préparées, les servir sous telle entrée que ce soit.

Laitues à l'espagnole.

(Voyez, au chapitre III, *Laitues pour garniture*). Opérez comme il est dit à cet article; et servez ces laitues avec une sauce à l'espagnole.

Laitues farcies.

(Voyez, plus haut, *Choux farcis*), et servez-vous du même procédé pour les laitues.

Romaines hachées.

(Voyez, ci-dessus, *Laitues hachées.*)

Lentilles fricassées.

Vous faites un roux léger, vous y mettrez des fines herbes

ou de l'ognon coupé en petits dés, vous les passerez dans le roux, que vous mouillerez avec un peu de bouillon ou de l'eau; quand il sera délayé, vous mettrez les lentilles dedans avec du sel, du gros poivre; vous les servirez bien chaudes.

Haricots blancs.

Les premiers haricots blancs qui paraissent au mois de juillet, sont recherchés en raison de leur nouveauté : ils se font cuire ainsi que ceux que l'on emploie dans une saison plus avancée. On les lave et les retire de l'eau, et on les met dans une marmite ou casserole, avec de l'eau, et gros comme une noix de beurre. Etant cuits de cette manière, on peut les mettre à la maître-d'hôtel en les sautant dans une casserole avec du sel, du poivre, du beurre et un peu de ciboule et persil hachés; on peut aussi les servir au jus, à la purée d'ognons, etc.

Petits pois au beurre.

Mettez deux litrons de pois dans une casserole avec de l'eau, environ un quarteron de beurre; vous les maniez bien, en égouttez l'eau, et les mettez sur le feu avec un bouquet de persil, ciboules et un peu de sel; vous les sautez jusqu'à ce qu'ils ne rendent plus de mouillement; vous les mouillerez à l'eau bouillante, et les ferez aller à petit feu. Etant cuits et réduits, on a gros comme une noix de beurre, dans lequel on a mêlé une demi-cuillerée à bouche de farine; vous en mettez la moitié ou les deux tiers, et les remuez fortement, sans les remettre sur le feu; s'ils ne sont pas suffisamment liés, vous y mettez le reste de votre beurre manié; vous avez eu soin de mettre le sucre nécessaire, et vous les servez.

Petits pois à l'anglaise.

Il faut les mettre à l'eau bouillante, dans laquelle on a mis du sel. Faites-les aller à grand feu, pour qu'ils se conservent verts; lorsque vous les jugez cuits, jetez-les dans une passoire. Etant bien égouttés, ayez sur un plat un morceau de beurre, du sel et du persil haché ; versez vos pois dessus et servez.

Asperges.

Ratissez les asperges depuis le bouquet jusqu'à l'extrémité du blanc; enlevez une partie de ce blanc, de manière que vos asperges soient toutes de la même longueur; liez-les par paquets, et mettez-les dans de l'eau bouillante bien salée; un quart d'heure de cuisson suffit. Dressez-les, et servez-les avec une sauce blanche à part, ou un huilier.

Fèves de marais.

Si elles sont petites, on en ôte la tête; si elles sont grosses, on les dérobe; on les fait blanchir dans l'eau de sel; quand elles le sont assez, c'est-à-dire qu'elles sont mangeables; on les met à l'eau froide pour les tenir vertes; on les égoutte, on met un morceau de beurre dans une casserole, les fèves par-dessus, avec un peu de sariette hachée, du sel, du poivre; on les met sur le feu, et lorsqu'elles sont un peu revenues dans le beurre, on y met une pincée de farine, on les mouille avec un peu de bouillon; quand elles ont jeté quelques bouillons, on y met une liaison de trois jaunes d'œufs (plus, selon la quantité); quand elles sont jaunes, on y met un petit morceau de sucre.

Haricots verts à la poulette.

La bonté des haricots verts dépend de la grosseur qu'ils peuvent avoir, jointe aux soins qu'ils exigent pour les faire blanchir et les fricasser. Il faut les choisir, autant que possible, d'égale grosseur. Lorsqu'il s'en trouve de plus gros, on y remédie en les coupant en filets et dans leur longueur. Après avoir cassé les deux bouts pour en extraire les parties filandreuses, retirez-les de l'eau fraîche, où vous les aurez mis en les épluchant, et faites-les blanchir dans un chaudron à grande eau, où vous mettez une poignée de gros sel, et à un feu vif, pour conserver leur verdure. Il faut éviter qu'ils soient trop cuits. Mettez ensuite les haricots dans une casserole avec un morceau de beurre, du sel et du poivre, un peu de farine délayée dans du bouillon, et liez-les avec des jaunes d'œufs et un jus de citron.

Haricots verts à l'anglaise.

Ayez dans une casserole un morceau de beurre, persil et échalotes hachés, sel et gros poivre. Votre beurre étant fondu, égouttez les haricots verts que vous aurez mis un instant avant dans de l'eau bouillante, et sautez-les dans votre casserole; ajoutez-y une idée de sauce tournée, pour que le beurre se lie plus facilement; servez, en ajoutant un jus de citron.

Haricots verts en salade.

Vous égouttez des haricots verts, et les dressez sur le plat.

L'on peut ajouter des filets d'anchois, des cornichons, des betteraves, des petits ognons, qui, placés avec soin en bordure, ou disposés autrement, peuvent décorer cet autre met; du persil et des échalotes hachés mis par intervalles, et servez avec un huilier ou un assaisonnement à l'huile dans une saucière.

Aubergines.

Coupez en deux des aubergines dans toute leur longueur, et garnissez-les avec une farce cuite à laquelle vous aurez ajouté des fines herbes et des champignons hachés et que vous aurez fait revenir dans un mélange de beurre, d'huile et de lard râpé; hachez aussi quelques anchois, et mêlez-les avec la farce. Les moitiés d'aubergines étant bien garnies, trempez-les dans des œufs battus, panez-les, dressez-les sur une tourtière; posez la tourtière sur un feu doux et mettez un four de campagne par-dessus.

Macédoine à la béchamel.

(Voyez, au chapitre III, *Macédoine de légumes*.)

Choux de Bruxelles.

Ils ne viennent qu'aux approches de l'hiver; ils sont verts, de la grosseur d'une noix. On supprime les feuilles jaunes; on les fait cuire dans de l'eau et du sel. Étant rafraîchis et bien égouttés, vous les mettez avec un morceau de beurre, du sel et du poivre. On peut pour lier le beurre y ajouter une cuillerée de velouté.

Choux brocolis.

C'est une espèce de choux que l'on cultive en Italie. Les branches étant effeuillées, elles ressemblent à des asperges. On les met en petites bottes; on les fait cuire avec de l'eau et du sel, et on les mange à l'huile ou à la sauce blanche.

Choux rouge à la hollandaise.

Lavez et émincez un choux rouge, et mettez-le dans une casserole avec six pommes de reinette bien épluchées, un quarteron de beurre, du sel et du poivre et un verre d'eau; faites cuire le tout à petit feu pendant trois heures, et servez.

Choux rouge à l'allemande.

Emincez un choux rouge et mettez-le dans une casserole avec

sel, poivre, muscade, une once de sucre ; mouillez avec un peu de bouillon, et faites cuire pendant trois heures. Un peu avant de servir, ajoutez un peu de vinaigre.

Croûte aux champignons.

Tournez des champignons, passez-les au beurre, mouillez-les avec du velouté, et liez-les avec des jaunes d'œufs. Prenez la croûte du dessus d'un pain mollet ; ôtez-en la mie ; beurrez cette croûte en dessus et en dedans, et faites-la griller ; posez cette croûte sur un plat, le côté bombé en dessus, et versez dessus votre ragoût de champignons.

Champignons aux fines herbes.

Prenez des champignons fort gros et fraîchement cueillis ; coupez-en le dessus ; lavez-les et faites-les égoutter ; ciselez-les en dessous, et faites-les mariner pendant deux heures dans de bonne huile, avec du sel, du poivre et de l'ail. Hachez les queues des champignons, passez-les au beurre avec de la ciboule, du persil et un peu d'ail également hachés ; dressez les champignons sur un plat qui puisse supporter le feu ; mettez dans chaque champignon une partie de cette préparation ; poudrez-les de chapelure ; arrosez-les avec un peu d'huile, puis vous poserez le plat sur un feu doux, et vous le couvrirez avec un four de campagne ; au moment de servir, mettez sur les champignons un jus de citron.

Champignons grillés.

On choisit de gros et grands champignons ; après les avoir épluchés et lavés, on en supprime la queue ; vous les ciselez en-dessous, et les saupoudrez de sel et de gros poivre ; vous les mettez mariner dans de l'huile, et les faites griller des deux côtés. Vous connaîtrez qu'ils sont cuits, en appuyant le doigt dessus : ils doivent être flexibles. Vous les servirez avec de la bonne huile, dans laquelle vous aurez mis du persil et de l'échalote hachés, du sel et du gros poivre.

Croûte aux morilles.

Vous les épluchez et fendez en deux, et lorsqu'elles sont fortes, vous les coupez en plusieurs morceaux. Etant lavées avec soin pour ôter le sable qui s'y trouve, vous les faites blanchir : bien égouttées, vous les passez avec un morceau de beurre ; vous y mêlez de la farine et mouillez avec du bouil-

LÉGUMES.

lon, un bouquet simple ; finissez comme il est dit plus haut à l'article *Croûte aux champignons*.

Mousserons.

Les mousserons se préparent en général comme les champignons et les morilles.

Truffes au vin de Champagne.

Faites une marinade cuite, que vous mouillerez avec du vin blanc et un fond de cuisson quelconque. Étant cuite et de bon goût, passez-la au tamis, et faites cuire vos truffes dedans ; une demi-heure suffit. Vous les égouttez, les essuyez bien, et les servez dans une serviette.

Truffes à l'espagnole.

Prenez une poignée de truffes, ou davantage ; coupez-les en lames ou en dés ; mettez-les dans une casserole sur un feu doux, avec un morceau de beurre ; faites-les suer, mouillez-les avec un demi-verre de vin de Champagne, deux cuillerées d'espagnole réduite ; faites-les aller sur un feu doux, jusqu'à ce qu'elles soient cuites ; dégraissez votre sauce, et finissez-la avec un petit morceau de beurre.

Truffes à l'italienne.

Il faut enlever la peau de la truffe le plus légèrement possible, puis couper les truffes en tranches, et les sauter dans une casserole avec un morceau de beurre ; mouillez avec une sauce italienne ou espagnole, un verre de bon vin blanc ; faites dégraisser et réduire à son point, et servez avec une garniture de croûtons.

Truffes à la piémontaise.

Opérez comme il est dit à l'article précédent, en vous servant d'huile au lieu de beurre.

Truffes à la Périgueux.

Elles se préparent comme les truffes à l'espagnole ; seulement il faut les couper en dés, et non en tranches.

Patates.

Les patates sont une variété de pommes de terre ; elles se préparent comme ces dernières, mais on les mange le plus ordinairement sautées au beurre. On peut aussi en faire des beignets après les avoir fait mariner dans de l'eau-de-vie.

Houblon.

Les premières pousses du houblon, au printemps, ont à peu près le même goût que les asperges; on les prépare comme ces dernières.

Giromons.

Enlevez la peau et l'intérieur d'un giromon; coupez-le par petits morceaux carrés; faites blanchir ces morceaux dans de l'eau bien salée, puis faites-les sauter dans une casserole avec du beurre, du poivre et du sel, et des fines herbes hachées.

Artichauts de Barbarie.

Ils se préparent comme le giromon.

Tomates farcies.

Ayez vingt-quatre tomates bien mûres et bien rondes; ôtez-en les queues, coupez-les en deux; retirez-en les graines; le côté de la fleur qui doit être le beau côté, posez-le sur un plafond, sans qu'elles se touchent, et le côté de la queue, pressez-le bien; mettez-les dans une casserole avec un morceau de beurre, deux lames de jambon; assaisonnez de sel, poivre, une feuille de laurier, un peu de thym et d'ail; posez votre casserole sur un feu modéré; remuez vos tomates jusqu'à ce qu'elles soient en purée; durant leur cuisson, mettez un verre de vin blanc et persil en branches; lorsqu'elles seront au degré de purée, passez-les à l'étamine à force de bras; ratissez le dehors de votre étamine avec le dos de votre couteau; mettez cette purée dans une casserole, avec un peu de mie de pain râpée, du fromage de parmesan et un peu de gros poivre; mêlez dans cet appareil un peu d'huile d'olive, remplissez-en vos tomates, et poudrez le dessus de mie de pain avec un peu de fromage de parmesan; arrosez-les de bonne huile; faites-les cuire à four chaud; leur cuisson étant achevée, dressez-les sur un plat; saucez-les de leur assaisonnement, et servez.

Chicorée conservée pour l'hiver.

Epluchez et lavez à grande eau des chicorées que vous laisserez entières; faites-les blanchir, puis jetez-les dans de l'eau fraîche, et faites-les ensuite infuser dans de l'eau salée pendant vingt-quatre heures; ôtez cette eau, remplacez-la par une plus salée, et couvrez la chicorée avec du beurre fondu. Lors-

LÉGUMES.

que vous voudrez vous en servir, il faudra la laver à grande eau.

Haricots verts conservés pour l'hiver.

On choisit ceux provenant de semence de haricots gris, comme plus tendres lorsqu'ils sont parvenus à une grosseur moyenne; on les épluche sans les casser, mais en enlevant seulement les extrémités; puis on les fait blanchir, en ayant le soin de ne pas les laisser trop bouillir, afin qu'ils ne perdent ni leur fermeté ni leur verdeur; on les fait égoutter; on les place dans des pots de grès contenant trois pintes, sans être trop pressés, pour qu'ils puissent baigner dans l'eau. On met dans cette première eau une poignée de sel; le lendemain on jette cette eau et on la remplace par une saumure composée de deux tiers d'eau et d'un tiers de vinaigre; on l'assaisonne ensuite avec trois ou quatre fortes poignées de sel. On couvre d'une couche de beurre fondu. Les haricots conservent de cette façon tout leur goût et leur fraîcheur jusqu'au printemps, et ils ne contractent point un goût de foin, ordinaire dans ceux que l'on conserve en les enfilant par chapelets et les exposant à l'air.

Cornichons confits.

Après avoir bien brossé des cornichons, vous les mettrez dans un vase et les couvrirez de sel. Laissez-les ainsi pendant vingt-quatre heures, puis faites-les égoutter, mettez-les dans des pots de grès avec du poivre-long, de la passe-pierre, de l'estragon, des clous de girofle, des petits ognons; faites bouillir du vinaigre très fort dans lequel vous aurez mis du sel, et versez-le bouillant sur les cornichons; laissez refroidir le tout, et couvrez le pot avec du parchemin.

Manière de conserver les petits pois et autres légumes, d'après M. Appert.

Les substances se renferment fraîches dans des bouteilles ou bocaux de verre. Les bouteilles doivent être faites exprès pour cet usage, d'une bonne épaisseur, et porter un goulot d'un pouce et demi de diamètre, afin de donner la facilité d'y faire entrer les objets que l'on veut conserver, et de les en faire sortir. On trouve présentement de ces bouteilles dans le commerce. Les demi-bouteilles sont préférables aux bouteilles, en ce que l'on est moins dans le cas de les laisser en vidange.

Ce qui concourt avec le plus d'efficacité à la conservation, c'est le bouchage parfait. Il faut donc se procurer des bouchons du liége le plus fin, et sans défauts. Il faut les employer très secs et les battre pour les comprimer.

On place sur un billot de bois la bouteille que l'on emplit de légumes ou fruits; on les tasse à plusieurs reprises afin qu'il y ait le moins de vide possible. On prend ensuite le bouchon que l'on trempe dans l'eau pour qu'il glisse mieux, et on le fait entrer en le frappant sur le billot avec une forte palette de bois propre à boucher les bouteilles. Si le bouchon a été bien choisi il doit entrer jusqu'aux trois quarts; le quart en sus est nécessaire pour soutenir le fil de fer ou la ficelle avec lesquels on l'arrête solidement.

Le bouchage fait, on place les bouteilles dans un chaudron, ou tout autre vase qui aille au feu. La meilleure manière de les placer est de les mettre debout de façon que l'eau dont on remplira le chaudron, atteigne l'anneau du goulot de chaque bouteille. Si on n'a pas un vase assez grand, on couche les bouteilles, que l'on recouvrira d'eau. En tous cas on doit remplir de foin les intervalles.

Les bouteilles ainsi placées, on remplit le vase d'eau froide, et on le met sur le feu. Il est bon de le couvrir avec soin pour éviter l'évaporation. Si on ne peut couvrir, il faut remplir d'eau bouillante à mesure qu'elle tarit, afin qu'elle reste constamment à la même hauteur tout le temps de l'ébullition. On soutiendra le bouillon de ce bain-marie plus ou moins long-temps, ainsi qu'il va être indiqué à chaque espèce de comestible. Quand le bouillon a eu lieu pendant le temps nécessaire, on cesse le feu et on retire le chaudron; il faut laisser refroidir avant de retirer les bouteilles. On les goudronne, et on les couche à la cave.

Artichauts conservés pour l'hiver.

Lavez des artichauts, ôtez-en les mauvaises feuilles et parez-en le cul, puis jetez-les dans de l'eau bouillante bien salée, et laissez-les bouillir pendant vingt minutes; ensuite jetez-les dans l'eau froide, faites-les égoutter, arrangez-les dans des pots de grès; versez de la saumure dessus, et par-dessus cette saumure une certaine quantité d'huile. Il faut que les artichauts baignent dans la saumure. Lorsque vous voudrez vous en servir, vous les ferez cuire comme les artichauts verts et les assaisonnerez de même. (Voir, plus haut, *Artichauts.*)

CHAPITRE XVI.

DES ŒUFS.

Omelettes aux fines herbes, etc. — Œufs brouillés. — Œufs pochés. — Œufs sur le plat. — Œufs au beurre noir. — Œufs à la crême. — Œufs frits. — Œufs à la tripe. — Œufs à l'aurore. — Œufs farcis.

Omelettes aux fines herbes, etc.

Prenez des œufs la quantité que vous voulez mettre; mettez-les dans une casserole avec du sel fin et des fines herbes; battez bien les œufs; vous faites fondre du beurre dans une poêle; mettez dedans les œufs, faites cuire l'omelette, ayez soin qu'elle soit d'une belle couleur en dessous, et la renversez dans le plat que vous voulez servir. Si vous voulez faire des omelettes au lard, au rognon de veau, aux pointes d'asperges, aux truffes, aux champignons, morilles et mousserons, de telle espèce que vous voulez les faire, il faut toujours que votre ragoût soit cuit et assaisonné comme si vous vouliez le servir. Quand il est froid, vous le hachez pour qu'il se mêle bien dans les œufs, vous battez tout ensemble, et faites ces omelettes comme celles aux fines herbes. Vous vous réglerez sur l'assaisonnement qu'il y a dans le ragoût pour saler l'omelette, pour ne la point faire de trop haut goût.

Œufs brouillés.

Si vous voulez les faire au naturel, mettez simplement les œufs dans une casserole avec un peu de beurre, deux cuillerées à ragoût de velouté, et assaisonnez; faites-les cuire sur un fourneau, en les remuant toujours avec un petit bâton à deux ou trois branches. Quand ils sont cuits, servez-les promptement. En maigre, à la place de velouté, mettez-y une cuillerée de crême et les faites de la même façon. Si vous voulez les faire avec quelque ragoût de légumes, soit céleri, laitue, chicorée, pointes d'asperges, truffes, il faut que votre ragoût soit fini, comme si vous étiez prêt à le servir; hachez-les fort menu et en mettez deux cuillerées à ragoût dans vos œufs, et les brouillerez comme il est dit à l'article précédent.

OEufs pochés.

Mettez de l'eau aux trois quarts d'une moyenne casserole, avec du sel et un peu de vinaigre; quand elle bouillira, vous la placerez sur le bord du fourneau, en cassant l'œuf; prenez garde, en ouvrant les coquilles, d'endommager le jaune; vous verserez doucement l'œuf dans l'eau, vous en mettrez quatre, vous les laisserez prendre; tenez toujours l'eau bouillante; vous les retirez de l'eau avec une cuillère percée, vous posez le doigt dessus : s'ils ont un peu de consistance, vous les mettez à l'eau froide. Pochez-en douze ou quinze pour un entremets; vous les parerez et vous les changerez d'eau : un instant avant de servir, vous les ferez chauffer; égouttez-les sur un linge blanc, et dressez-les sur un plat; mettez un peu de gros poivre sur chaque œuf et du jus dessous, ou de la chicorée, ou une purée quelconque, ou toute autre sauce ou garniture qui vous conviendra.

OEufs sur le plat.

On étend du beurre sur un plat, on le saupoudre de sel, puis on casse les œufs, avec la précaution de ne point écraser le jaune; vous mettez un peu de sel et de muscade râpée, une ou deux cuillerées de crème, un peu de beurre que vous faites fondre et que vous répartissez sur les œufs, puis vous les mettez sur un feu très doux; vous les achevez de cuire en présentant une pelle rouge dessus.

OEufs au beurre noir.

Cassez des œufs sur une assiette, assaisonnez-les d'un peu de sel, de poivre et muscade; faites chauffer du beurre jusqu'à ce qu'il soit presque noir; versez une petite partie de ce beurre chaud sur la superficie des œufs, et glissez-les dans la poêle; remettez la poêle sur le feu; glissez les œufs sur un plat, faites chauffer un peu de vinaigre et versez-le dessus. Si le dessus n'était pas assez cuit, il faudrait l'achever avec une pelle rouge.

OEufs à la crème.

Coupez des œufs durs par rouelles; mettez-les dans une sauce béchamel maigre (Voir cette sauce au chapitre III); faites chauffer le tout sans le laisser bouillir; dressez avec des croûtons, et servez.

OEufs frits.

Mettez dans une petite casserole, soit huile ou beurre clarifié, ou friture neuve. Etant bien chaude, cassez un œuf à la fois, et facilitez son enveloppement avec une cuillère percée, qui vous servira à le retourner et à le retirer de la casserole. Il faut éviter qu'ils ne soient trop cuits; le jaune doit être moelleux comme dans un œuf poché; vous les égouttez sur un linge et les tenez chaudement; vous les parez sur le plat avec un croûton frit entre chaque œuf; vous les servez avec une sauce poivrade, italienne ou aux tomates.

OEufs à la tripe.

Vous ferez durcir douze œufs, coupez-les en tranches, mettez-les dans une casserole; vous jetez un bon morceau de beurre dans une autre casserole; vous coupez douze ognons en tranches, vous les passerez à blanc dans le beurre; quand ils seront fondus, vous y mettrez plein une cuillère à bouche de farine, que vous mêlerez avec les ognons; mettez-y deux verres de crème, du sel, du poivre; faites mijoter vos ognons et laissez-les réduire; vous les versez sur vos œufs; sautez-les et servez bien chaud.

OEufs à l'aurore.

Coupez en deux dix ou douze œufs durs, retirez-en les jaunes; émincez les blancs et mettez-les dans une sauce béchamel maigre. Vous les dressez dans le fond d'un plat; pilez les jaunes d'œufs avec un morceau de beurre; mettez-y du sel et un peu de muscade râpée; passez-les au tamis ou dans une passoire très fine au-dessus du plat où sont les blancs d'œufs, nettoyez-en les bords, garnissez-les de croûtons, et mettez-les sur le feu avec un four de campagne. Au moment de servir, ôtez les croûtons, et mettez en place une nouvelle garniture.

OEufs farcis.

Coupez une douzaine d'œufs durs un peu au-dessus de la moitié et dans leur longueur; ôtez-en les jaunes et pilez-les;

ayez de la panade comme pour les quenelles; faites cette farce de même par portions égales de jaunes d'œufs, de panade et de beurre; ajoutez-y deux ou trois jaunes d'œufs crus, du sel et un peu d'épices; commencez par remplir les blancs d'œufs avec cette farce, en leur donnant la forme d'œufs entiers. Etant bien unis, vous les saupoudrez de mie de pain, et les arrosez d'un peu de beurre, puis mettez le reste de la farce dans le fond d'un plat, sur lequel vous arrangez les œufs, et vous les mettez au four ou sous le four de campagne pour prendre couleur; mettez-y une idée de velouté.

CHAPITRE XVII.

DE L'OFFICE.

Du sucre; manière de le clarifier; ses différens degrés de cuisson. — Abricots confits. — Pêches confites. — Prunes confites. — Poires confites. — Oranges confites. — Citrons confits. — Conserves de fleurs d'oranger. — Conserves de groseilles. — Conserves de cerises. — Conserves de framboises. — Conserves d'épine-vinette. — Conserves de fraises. — Compote de framboises. — Compote de groseilles. — Compote de cerises. — Compote de fraises. — Compote d'abricots entiers. — Compote de pêches. — Compote de prunes. — Compote de pommes. — Compote de poires de martin-sec. — Compote de bon-chrétien. — Compote de rousselet. — Compote de catillard. — Compote de coings. — Compote de verjus. — Compote d'oranges. — Marmelade d'abricots. — Marmelade de pêches. — Marmelade de coings. — Marmelade de poires. — Marmelade de prunes. — Marmelade de cerises. — Marmelade de framboises. — Marmelade de fraises. — Marmelade de cerises. — Marmelade d'épine-vinette. — Marmelade de verjus. — Gelée d'oranges pour entrée. — Gelée de fraises pour entrée. — Gelée de fleurs d'oranger pour entrée. — Gelée d'ananas pour entrée. — Gelée de marasquin pour entrée. — Gelée au rhum. — Gelée au vin de Madère. — Gelée au vin de Malaga. — Gelée au café. — Gelée de cassis pour dessert. — Gelée de groseilles framboisées pour dessert. — Gelée d'épine-vinette. — Gelée de prunes pour dessert. — Gelée de coings. — Gelée de roses pour dessert. — Confitures de cerises. — Abricots à l'eau-de-vie. — Pêches à l'eau-de-vie. — Poires à l'eau-de-vie. — Prunes de reine-claude à l'eau-de-vie. — Prunes de mirabelle à l'eau-de-vie. — Cerises à l'eau-de-vie. — Confitures de verjus. — Fleurs d'oranger pralinées. — Amandes pralinées. — Pistaches pralinées. — Avelines pralinées. — Glace de cerises. — Glace de fraises. — Glace de framboises. — Glace de groseilles. — Glace d'abricots. — Glace de pêches. — Glace aux citrons. — Glace aux oranges. — Glace aux bigarades. — Glace aux cédrats. — Glace de crème à la fleur d'oranger. — Glace de crème à la rose. — Glace de crème aux pistaches. — Glace aux avelines. — Glace de crème au chocolat. — Glace de crème au café. — Fromage glacé. — Sirop de violettes. — Sirop de capillaire. — Sirop d'orgeat. — Sirop de guimauve. — Sirop de mûres. — Sirop de groseilles. — Sirop de fraises. — Sirop de framboises. — Sirop de vinaigre framboisé. — Ratafia des quatre-fruits. — Ratafia de groseilles. — Ratafia de cassis. — Ratafia de framboises. — Ratafia de mûres. — Ratafia d'abricots. — Ratafia de pêches. — Ratafia de coings. — Ratafia de brou de noix. — Ratafia de genièvre. — Ratafia de noyaux. — Ratafia d'angélique. — Ratafia de citronnelle. — Ratafia d'oranges. — Ratafia de raisin muscat. — Crème de cédrats. — Parfait amour. — Huile de girofle. — Anisette de Bordeaux. — Crème de noyaux. — Café à l'eau et à la crème.

OFFICE.

Du Sucre; manière de le clarifier; ses différens degrés de cuisson.

Plus le sucre est dur et blanc, plus il est facile de le clarifier, et moins il donne de déchet. C'est donc à tort qu'un grand nombre de personnes emploient du sucre brut pour l'office : c'est une économie mal entendue.

Pour quatre livres de sucre que l'on casse par morceaux, il faut environ une pinte d'eau dans laquelle on met un blanc d'œuf que l'on fait mousser ; on met les deux tiers de cette eau blanche avec le sucre dans une poêle d'office. Etant sur le feu, on remue avec une écumoire, et lorsque le sucre commence à bouillir, on y mêle un peu d'eau blanche : lorsque l'écume est formée, on l'enlève avec l'écumoire. On continue de mettre un peu d'eau et d'écumer jusqu'à ce que l'on s'aperçoive qu'il est clair. On peut donner au sucre différens degrés de cuisson, que l'on nomme *la nappe, le lissé, le perlé, le petit boulé, le grand boulé, le petit cassé* et *le grand cassé*.

Le sucre est cuit à la nappe lorsqu'en trempant une écumoire dedans, la retirant et donnant un tour de main, il s'étend le long de l'écumoire ; vous reconnaîtrez qu'il est au lissé en trempant le bout du doigt dedans ; vous l'appliquez ensuite sur le pouce, et ouvrant aussitôt un peu les doigts, il se fait de l'un à l'autre un petit filet qui se rompt d'abord, et qui reste en goutte sur le doigt. Quand ce filet est presque imperceptible, ce n'est que le petit lissé, et quand il s'étend davantage avant que de se défaire, c'est le grand lissé.

Lorsque le sucre a bouilli davantage, vous réitérez le même essai ; et si, en séparant vos deux doigts, le filet qui se fait se maintient de l'un à l'autre, alors il est au perlé. Le grand perlé est lorsque le filet se continue de même quoiqu'on ouvre davantage les doigts, en dilatant entièrement la main ; le bouillon forme aussi des manières de perles rondes et élevées, à quoi l'on peut encore connaître cette cuisson.

Vous laissez jeter quelques bouillons au sucre ; prenez une écumoire à la main, et secouez-la un peu, comme il est dit ci-dessus, en battant sur le bord de la poêle ; soufflez aux trous en allant et revenant d'un côté à l'autre, et s'il en sort des étincelles ou petites bouteilles, votre sucre est au point qu'on appelle au petit boulé.

Après quelques bouillons, vous soufflez de nouveau à travers une écumoire, ou, lorsqu'en le secouant d'un revers de main, il en part de plus grosses étincelles ou boules qui s'élèvent en haut, alors il est à la plume; ensuite vous le laissez un peu de temps sur le feu; vous le soufflez encore, et vous voyez ces bouteilles plus grosses et en plus grande quantité, en sorte qu'il y en a plusieurs qui se tiennent ensemble et qui font comme une filasse volante : c'est ce qu'on appelle au grand boulé.

Pour connaître quand le sucre est cuit au cassé, il faut avoir un pot avec de l'eau fraîche dedans; vous mouillez le bout du doigt dans cette eau, et vous le trempez adroitement dans le sucre; vous le plongez aussitôt dans cette eau fraîche pour empêcher que vous ne vous brûliez. Ayant ainsi le doigt dans l'eau, vous en détachez le sucre avec les autres, et s'il se casse sans bruit et en s'attachant assez fortement aux dents, il est à la cuisson que l'on appelle petit cassé; mais quand il est au grand cassé, il se casse et craque nettement sans s'attacher aux dents. Or, il faut prendre garde de moment en moment quand il est parvenu à cette dernière cuisson, en pratiquant ce qu'on a dit pour savoir quand il est au cassé; car quelques bouillons au-delà, le sucre serait brûlé et ne pourrait plus être employé.

Abricots confits.

Choisissez des abricots qui soient déjà colorés, mais qui ne soient pas entièrement mûrs; faites-leur un incision à la tête, puis vous pousserez la pointe de votre couteau du côté de la queue, pour extraire le noyau. Vous mettrez ces abricots dans de l'eau fraîche à mesure que vous les préparerez, puis vous les mettrez sur le feu, et lorsque l'eau commencera à bouillir, et que les abricots fléchiront sous le doigt, vous les ôterez avec une écumoire, vous les mettrez dans de l'eau fraîche, et vous les ferez égoutter. Clarifiez alors la quantité de sucre convenable; faites-le cuire au lissé; mettez vos abricots dedans, et laissez-leur faire quelques bouillons; puis laissez-les refroidir dans le sucre pendant vingt-quatre heures. Le lendemain vous ôtez les abricots, vous faites cuire le sucre à la nappe; vous le versez tout bouillant sur les abricots, puis laissez encore refroidir le tout pendant vingt-quatre heures; le troisième jour vous faites cuire le sucre au perlé, vous mettez les abricots dedans et les laissez bouillir pendant quelques instans; le quatrième jour, vous ôtez les abricots du sucre, vous les faites égoutter, les saupoudrez de sucre en poudre, et les faites sécher à l'étuve. Lorsque les abricots sont bien secs, vous les saupoudrez de sucre une seconde fois, et vous les arrangez dans des boîtes. On opère de la même manière pour les

Pêches confites;

Prunes confites;

Poires confites.

Oranges confites.

Prenez de belles oranges dont l'écorce soit épaisse ; marquez-leur quatre séparations, sans que les quartiers se détachent ; vous les tournez ensuite, et les mettez à mesure dans l'eau fraîche ; après, vous les mettez dans l'eau bouillante, où vous les laissez jusqu'à ce que la tête d'une épingle y entre en ne pressant que légèrement, puis vous les remettez dans de l'eau fraîche.

Vous avez du sucre clarifié et cuit au lissé ; vous le faites bouillir, et y mettez vos oranges, auxquelles vous donnez quelques bouillons ; ensuite vous écumez le mélange et le versez dans une terrine ; le lendemain vous égouttez les fruits, donnez quelques bouillons à votre sucre et le versez sur les oranges ; le troisième jour, vous égouttez de même, mettez votre sucre à la nappe, et après y avoir jeté un peu de sucre clarifié, vous y réunissez les oranges, auxquelles vous donnez un bouillon couvert ; vous opérez de même les deux jours suivans ; le dernier jour, lorsque votre sucre est au perlé, vous y mettez les oranges ; vous les faites bouillir pendant quelques instans, puis vous les faites sécher à l'étuve, et les arrangez dans des boîtes.

Citrons confits.

Le procédé est le même que pour les oranges.

Conserves de fleurs d'oranger.

Prenez deux livres de beau sucre, et une demi-livre de fleur d'oranger fraîche et épluchée. Faites fondre le sucre dans une quantité d'eau suffisante, et écumez-le, puis y jetez la fleur d'oranger. Faites cuire le sucre au petit cassé, ensuite le retirez et remuez vite avec une spatule. Lorsque le mélange commence à boursoufller, vous le versez dans des caisses de papier.

Conserves de groseilles.

Prenez deux livres de groseilles rouges égrenées, et trois

livres de sucre. Mettez les groseilles sur le feu dans une bassine d'argent, afin que la plus grande partie de l'humidité qu'elles contiennent s'évapore; pressez-les ensuite sur un tamis, pour en extraire la pulpe, que vous remettez dessécher sur le feu, en remuant toujours jusqu'à ce que vous découvriez aisément le fond de la bassine; pendant ce temps là faites fondre le sucre, et faites-le cuire au cassé; vous le versez sur les groseilles, et remuez assez bien pour les empêcher de s'attacher à la bassine; vous la retirez du feu, en continuant de remuer jusqu'à ce que le mélange se boursouffle : vous le versez alors dans des moules. On procède de la même manière pour les

Conserves de cerises;

Conserves de framboises;

Conserves d'épine-vinette;

Conserves de fraises.

Compote de framboises.

Choisissez et épluchez une livre de belles framboises; faites cuire une demi-livre de sucre au petit boulé; jetez les framboises dans le sucre; faites-leur faire un bouillon, retirez la bassine du feu; laissez refroidir la compote, et versez-la dans le compotier. On fait de la même manière les

Compote de groseilles;

Compote de cerises;

Compote de fraises.

Compote d'abricots entiers.

Prenez de beaux abricots bien jaunes et pas trop avancés dans leur maturité; ôtez-leur la queue, et faites-leur, avec la pointe d'un couteau, une incision suffisante pour pouvoir faire sortir les noyaux, et piquez-les avec une épingle de chaque côté de la queue; mettez-les ensuite sur le feu dans la quantité d'eau nécessaire pour les couvrir; lorsqu'elle est près de bouillir, voyez s'ils sont assez ramollis; dans ce cas jetez-les dans de l'eau fraîche, et s'il en restait quelques uns qui fussent un peu fermes, vous les laisseriez dans la bassine jusqu'à ce qu'ils fussent aussi tendres que les autres. Réunissez-les alors, et faites égoutter sur une claie : pendant ce temps là, vous avez bien clarifié, écumé, et suffisamment cuit votre sucre, sur lequel vous versez un peu d'eau; vous le mettez sur le feu, s'il n'y est pas, et, lorsqu'il bout, vous le retirez et mettez vos abricots dedans; vous leur donnez quelques bouillons sur un feu doux, et les laissez refroidir, puis vous les égouttez et les mettez dans des compotiers.

Lorsqu'on veut faire une compote avec des abricots bien mûrs, on s'abstient de les faire blanchir; on leur donne, sur un feu doux, quelques bouillons dans le sucre cuit au petit lissé, et on les pique partout pour que le sucre les pénètre. On se sert du même procédé pour les

Compote de pêches;

Compote de prunes.

Compote de pommes.

Prenez sept belles pommes de reinette; avec un vide-pomme vous en ôterez le cœur et la pelure; vous les mettrez dans de l'eau et un jus de citron; clarifiez une demi-livre de sucre; laissez votre sirop un peu long; jetez-y les pommes, faites-les cuire à petits bouillons; tâtez-les souvent : aussitôt que les dents de la fourchette entreront dedans, retirez-les, et posez-les sur votre compotier : faites réduire votre sirop, et versez-le sous les pommes.

Compote de poires de martin-sec.

Ayez quinze poires de martin-sec; creusez un peu la tête, et raccourcissez la queue, en dégageant un peu de la poire; clarifiez une demi-livre de sucre; alongez le sirop; vous mettez les poires dedans; faites-les mijoter pendant une bonne demi-heure : quand elles seront presque cuites, laissez-les jeter quelques gros bouillons; retirez-les ensuite de dessus le feu pour les dresser sur le compotier; lorsque le sirop sera assez réduit, vous le verserez sur les poires.

On procède de la même manière pour les

Compote de bon-chrétien;

Compote de rousselet;

Compote de catillard;

Compote de coings.

Compote de verjus.

Prenez quatre livres de beau verjus et deux livres de sucre; fendez le verjus par le côté pour en extraire les grains, au moyen d'un cure-dent arrondi par le bout, et jetez à mesure les grains dans de l'eau fraîche. Faites bouillir de l'eau dans une bassine d'argent, et jetez-y le verjus; retirez la bassine dès qu'il monte, et couvrez-la d'un linge; lorsque le verjus est refroidi, mettez-le mijoter sur un feu très doux, ayant soin de l'empêcher de bouillir: lorsqu'il est bien reverdi, vous l'égouttez; pendant ce temps là, vous avez clarifié le sucre et l'avez fait cuire au lissé; alors vous y mettez le verjus, que vous retirez après quelques bouillons, et l'écumez; lorsque le mélange est refroidi, vous le passez et mettez le fruit dans des compotiers. Vous donnez encore quelques bouillons au sucre, vous l'écumez et le versez ensuite sur le verjus.

Compote d'oranges.

Prenez de belles oranges, tournez-les avec propreté; coupez-les par quartiers, et ôtez les pepins; mettez-les à mesure dans l'eau fraîche; puis faites-les blanchir sur le feu, avec une suffisante quantité d'eau. Lorsqu'elles vous paraissent assez tendres, mettez-les encore dans l'eau fraîche; pendant ce temps, vous avez préparé du sucre au petit lissé; mettez-y vos oranges, et après quelques bouillons, vous les retirez, et les laissez refroidir; vous mettez une fois la bassine sur le feu, vous donnez quelques bouillons, et les laissez refroidir. Vous retirez alors vos oranges du sirop, et les mettez dans vos compotiers; vous donnez encore quelques bouillons au sirop, le retirez lorsqu'il vous paraît avoir assez de consistance, et le versez sur vos fruits lorsqu'il est refroidi.

Marmelade d'abricots.

Il faut prendre des abricots qui soient mûrs, les ouvrir en deux, en ôter la peau qui est tachée. On les émince. Pour chaque livre d'abricots, il faut trois quarterons de sucre. On mêle le tout ensemble, et on les met cuire dans une poêle à confitures; on ne cesse de la remuer, de crainte qu'elle ne s'attache. On s'aperçoit qu'elle est cuite, en en prenant sur le doigt, en appuyant le pouce dessus, et le relevant; si elle forme un filet, il faut la retirer et la mettre dans les pots. Il faut casser une partie des noyaux, en retirer les amandes, et les mettre à l'eau bouillante, pour en enlever la peau. Un instant avant que la marmelade soit cuite on les jette dedans.

Il est préférable d'employer du sucre, parce qu'il faudrait

clarifier la cassonade, et ce serait une bien faible économie. Quelques personnes ne mettent qu'une demi-livre de sucre par livre de fruit; alors cela produit moins de confiture; elle est obligée de cuire plus long-temps, et se trouve moins belle. On emploie le même procédé pour la

Marmelade de pêches.

Marmelade de coings.

On a des coings bien mûrs; on les coupe en quatre; on en ôte la pelure et les pepins; on les met dans l'eau, au point de pouvoir les écraser; on les égoutte, puis on les pile et on les passe au tamis. On a du sucre clarifié, et au degré du petit cassé; on y met la purée de coings. Etant cuite à son point, on la verse dans des pots.

Il faut presque autant de sucre que de purée de coings.
On fait de la même manière la

Marmelade de poires.

Marmelade de prunes.

On fend en deux des prunes bien mûres; on en ôte le noyau; on les écrase; on les passe au tamis ou à la passoire. Il faut une demi-livre de sucre par livre de fruit. Etant cuit au petit cassé, on y met les prunes, et l'on finit comme la marmelade d'abricots. On peut s'exempter de passer les prunes en marmelade.

Marmelade de cerises.

Prenez les plus belles cerises, les plus mûres et les plus vermeilles que vous pouvez trouver, le double du poids de sucre. Otez les queues et les noyaux des cerises; mettez le fruit dans une bassine sur un feu doux, afin d'en faire sortir l'humidité; ayez soin de remuer avec la spatule, jusqu'à ce qu'il soit réduit à moitié. Lorsque votre sucre est clarifié et cuit au petit cassé, vous y versez le fruit et remuez le mélange jusqu'à ce que vous voyiez le fond de la bassine, car alors vous êtes sûr que votre marmelade est bien cuite; vous la retirez du feu, et la versez dans des pots.

On prépare de la même manière les

Marmelade de framboises;

Marmelade de fraises;

Marmelade d'épine-vinette.

Marmelade de verjus.

Mettez dans une eau prête à bouillir quatre livres de verjus presque mûr dont vous aurez ôté la grappe; lorsqu'il est près de bouillir, vous l'ôtez du feu et le couvrez pour le faire reverdir; laissez dans la même eau jusqu'à ce qu'elle soit froide; retirez-le pour le passer au tamis et en tirer le plus de marmelade que vous pourrez, en le pressant fort avec une cuillère; mettez cette marmelade dans une poêle pour la faire dessécher sur le feu jusqu'à ce qu'elle soit bien épaisse; sur une livre vous ferez cuire une livre de sucre à la grande plume; mettez-y la marmelade pour la bien délayer avec le sucre; remettez sur le feu seulement pour faire chauffer en remuant toujours jusqu'à ce qu'elle soit prête à bouillir, et la mettrez en pots.

Gelée d'oranges pour entrée.

Zestez cinq oranges et un citron; mettez les zestes dans une casserole; coupez en deux les oranges et le citron, et exprimez-en le jus sur les zestes; faites cuire une demi-livre de sucre au cassé; mettez dedans le jus et les zestes, et faites faire un bouillon à ce mélange; passez-le dans un linge fin. D'autre part vous aurez fait bouillir dans un verre d'eau deux petits bâtons de colle de poisson concassés; passez cette colle à l'étamine; mêlez-la à votre préparation; mettez cette préparation dans de petits pots, et mettez ces derniers sur de la glace pilée pour que votre gelée prenne promptement.

Gelée de fraises, pour entrée.

Épluchez des fraises, écrasez-les; jetez dessus un peu d'eau bouillante; passez le jus jusqu'à ce qu'il soit clair, et procédez du reste comme il est dit à l'article précédent.

Gelée de fleurs d'oranger, pour entrée.

Jetez une poignée de fleurs d'oranger dans de l'eau bouillante; laissez bouillir le tout pendant quelques instans; faites égoutter les fleurs, mettez-les dans du sucre que vous aurez clarifié, et faites cuire ce mélange au perlé; ôtez-le du feu; ajoutez-y du vin de Champagne, de la colle de poisson, et finissez comme il est dit plus haut à l'article *Gelée de groseilles.*

Gelée d'ananas pour entrée.

Pelez des ananas, coupez-les par tranches minces et faites-les infuser dans de l'eau bouillante. Passez cette infusion, et opérez du reste comme il est dit plus haut à l'article *Gelée d'oranges pour entrée.*

Gelée de marasquin pour entrée.

Faites cuire deux onces de colle de poisson, comme il est indiqué à l'article *Gelée de groseilles*, ainsi que trois quarterons de sucre clarifié et cuit de même ; votre sucre et votre colle étant presque froids, ajoutez cinq verres de marasquin et un petit verre de kirchwaser ; passez le tout au travers d'un tamis de soie, en y ajoutant un verre d'eau filtrée ; remplissez votre moule, et faites-le prendre sur de la glace pilée. On prépare de la même manière les

Gelée au rhum ;

Gelée au vin de Madère ;

Gelée au vin de Malaga ;

Gelée au café.

Gelée de cassis pour dessert.

Écrasez vingt livres de cassis ; passez le jus ; ajoutez-y une égale quantité de sucre ; faites bouillir ce mélange pendant quelques instans, et mettez cette gelée dans des pots.

Gelée de groseilles framboisée, pour dessert.

Prenez une quantité quelconque de belles groseilles rouges avec un quart de blanches ; ajoutez-y le demi-quart de framboises ; mettez le tout dans une bassine sur le feu, avec un grand verre d'eau pour les empêcher de s'attacher au fond et de brûler, et remuez-les avec la spatule ; lorsqu'elles sont bien crevées on fait faire quelques bouillons ; puis vous les retirez et les passez dans un tamis que vous tenez au-dessus des terrines, et les laissez égoutter pendant trois ou quatre heures ; alors vous jetez le marc et passez le jus à la manche ; puis après l'avoir mesuré, vous versez dessus une égale quantité de sucre que vous avez clarifié et fait cuire au cassé ; vous remettez le mélange sur le feu en remuant bien avec l'écumoire ; lorsqu'il monte, vous trempez l'écumoire dans la bassine, ce qui empêche le jus de s'élever au-dessus des bords. Votre gelée sera faite, lorsqu'en l'étendant sur l'écumoire, elle formera ce qu'on appelle la nappe ; vous la retirerez alors du feu, et la verserez dans des pots. Lorsqu'elle est refroidie, vous découpez du papier blanc dans la dimension de l'ouverture de vos pots, vous le trempez dans de bonne eau-de-vie, l'appliquez sur votre gelée, et recouvrez ensuite vos pots d'un double papier blanc. On prépare de même la

Gelée d'épine-vinette.

Gelée de pommes pour dessert.

Elle se fait de même que celle de groseilles, à cette différence près qu'il faut tirer le jus de la pomme en la faisant bouillir dans un peu d'eau et la passer après dans un linge; pressez-la un peu; vous vous servirez de ce jus pour mettre dans votre sucre; la cuisson est la même que celle des groseilles; vous connaîtrez quand elle sera faite en mettant votre écumoire dans la poêle : si, en la tirant et la tenant un peu penchée, votre gelée tombe en perles, cela marque que vous pouvez la mettre en pots. On prépare de même la

Gelée de coings.

Gelée de roses pour dessert.

La gelée de roses n'est autre chose que de la gelée de pommes dans laquelle on met de l'eau de roses, et que l'on colore avec de la teinture de cochenille.

Confitures de cerises.

Vous ôterez les queues et les noyaux de cerises, vous mettrez une livre de sucre pour une livre de cerises, vous les mêlerez : quand le sucre sera à son degré de cuisson, vous aurez bien soin de les écumer; laissez-les un peu refroidir dans votre bassine avant de les mettre dans les pots.

Abricots à l'eau-de-vie.

Choisissez des abricots qui ne soient pas tout-à-fait mûrs; vous les mettez dans une poêle avec de l'eau froide; vous les posez ensuite sur le feu; dès que l'eau frémira et que les abricots monteront dessus, vous les retirerez soigneusement avec une écumoire et vous les jetterez dans l'eau froide, à laquelle vous laisserez encore jeter un bouillon; vous les ferez rafraîchir; ensuite vous les mettrez égoutter sur un tamis. Sur douze livres de fruits, vous clarifierez trois livres de sucre; quand il sera cuit au perlé, vous y mettrez les abricots, vous les ferez jeter cinq ou six bouillons, vous les retirerez du sirop et les ferez égoutter; quand ils seront froids, vous les mettrez, sans les endommager, dans un bocal; si votre sucre n'est pas assez réduit, vous lui ferez jeter quelques bouillons; dès que vous verrez que le sirop perlera, vous le retirerez du feu et vous en ôterez l'écume; vous y verserez neuf pintes de bonne eau-de-vie à vingt-deux degrés; quand le sirop sera bien lié avec l'eau-de-vie, vous le verserez sur vos abricots; vous mettrez un bouchon de liége sur le bocal, et le couvrirez d'un parchemin mouillé, puis le ficellerez.

On prépare de la même manière les

Pêches à l'eau-de-vie;

Poires à l'eau-de-vie;

Prunes de reine-claude à l'eau-de-vie;

Prunes de mirabelle à l'eau-de-vie.

Cerises à l'eau-de-vie.

Prenez de belles cerises, bien saines et pas trop mûres; vous leur coupez la queue à moitié, et vous les mettez dans un bocal avec quelques clous de girofle et un peu de bois de cannelle; vous faites clarifier un quarteron de sucre pour une livre de cerises et une pinte d'eau-de-vie. Lorsque le sucre est au cassé, vous versez dessus de l'eau-de-vie à vingt-deux degrés; vous mêlez le sirop avec l'eau-de-vie : quand il est froid, vous le versez sur les cerises, puis bouchez-les avec le même soin que vous avez pris pour les abricots ci-dessus.

Fleurs d'oranger pralinées.

Epluchez une livre de fleurs d'oranger, et faites-les tremper dans de l'eau fraîche; faites cuire deux livres de sucre au soufflé; jetez la fleur d'oranger dedans; laissez bouillir le tout pendant quelques instans, puis ôtez-le du feu et le remuez avec une spatule jusqu'à ce que le sucre soit en poudre et se sépare de la fleur; faites sécher cette fleur à l'étuve, et conservez-la dans un endroit sec.

Amandes pralinées.

Mettez dans un poêlon d'office une livre d'amandes, une livre de sucre, un verre d'eau, et faites bouillir le tout jusqu'à ce que les amandes pétillent; ôtez alors le poêlon de dessus le feu, et remuez bien le sucre jusqu'à ce qu'il se sépare des amandes. Otez une partie du sucre et remettez l'autre partie sur le feu avec les amandes, et continuez de remuer jusqu'à ce que les amandes aient repris le sucre; ôtez les amandes et conservez-les dans un endroit sec. On prépare de la même manière les

Pistaches pralinées;

Avelines pralinées.

Glace de cerises.

Choisissez des cerises bien mûres et bien fraîches, ôtez-en les queues et les noyaux, et mettez-les dans un poêlon avec du sucre dans la proportion de deux onces de sucre pour une livre de cerises; faites-leur faire un bouillon, puis écrasez-les sur un tamis, et pressez-les jusqu'à ce qu'il ne reste sur le tamis que les peaux que vous jetterez. Pilez une poignée de noyaux de cerises, faites-les infuser dans un verre d'eau; joignez cette infusion à votre jus de cerises; ajoutez-y du sucre cuit au lissé dans la proportion d'une demi-livre de sucre pour une livre de cerises; mêlez bien cette préparation et mettez-la dans une salbotière. Pilez ensuite de la glace, jetez du salpêtre dessus; mettez cette glace dans un seau, et placez la salbotière dedans, de manière qu'elle soit bien entourée de glace pilée, et faites tourner rapidement la salbotière pendant dix minutes; ouvrez ensuite la salbotière, travaillez et détachez votre composition avec la houlette jusqu'à ce qu'il n'y reste plus de glaçons et qu'elle ne soit plus grenue. Vous pouvez alors dresser vos glaces dans des gobelets et servir.

Glace de fraises.

Vous prendrez des fraises fraîchement cueillies, bien mûres et d'un bon parfum; vous les éplucherez et les passerez sur un tamis de crin serré pour que les grains ne passent pas au travers; pour une livre de chair de fruit passé, vous mettrez une livre de sucre clarifié, cuit au petit lissé, et deux jus de citrons; vous mêlerez bien le tout ensemble et le mettrez dans la salbotière; opérez, du reste, comme il est dit à l'article précédent. On prépare de la même manière les

Glace de framboises;

Glace de groseilles,

en ajoutant dans la composition de cette dernière un peu de framboises.

Glace d'abricots.

Vous prendrez trente abricots plein-vent bien mûrs; vous les séparerez en deux pour en tirer les noyaux; vous les passerez au tamis de crin; pour une livre de chair de fruit, mettez une livre de sucre cuit au petit lissé; vous y joindrez une douzaine d'amandes d'abricots bien pilées, que vous mettrez infuser dans un verre d'eau avec deux jus de citrons; vous les passerez au tamis de soie, les mêlerez dans votre glace d'abricots, et vous finirez comme il est dit à l'article *Glace de cerises*. On prépare de la même manière la

Glace de pêches.

Glace aux citrons.

Prenez neuf citrons pour une livre de sucre clarifié; zestez quelques citrons dans le sucre, puis coupez tous les citrons, pressez-les fortement et mêlez-en le jus avec le sucre; passez cette préparation au tamis, mettez-la dans une salbotière, et finissez comme il est dit plus haut à l'article *Glace aux cerises*. On prépare de la même manière les

Glace aux oranges;

Glace aux bigarades;

Glace aux cédrats.

Glace de crême à la fleur d'oranger.

Pour une pinte de crême double, vous mettrez neuf jaunes d'œufs bien frais que vous délaierez avec votre crême; mettez-y environ trois quarterons de sucre en poudre avec une poignée de fleur d'oranger pralinée; vous la ferez cuire aussi à petit feu, en la remuant jusqu'à ce qu'elle soit à son point; la passer à l'étamine, la laisser refroidir, la glacer comme les précédentes. On prépare de même la

Glace de crême à la rose,

en donnant à cette dernière de la couleur avec un peu de carmin.

Glace de crême aux pistaches.

Pour une pinte de crême double, vous prendrez une demi-livre de pistaches que vous émonderez et laverez bien; quand elles seront égouttées, pilez-les le plus fin possible, avec un peu de crême et un zeste de citron; les pistaches étant bien pilées, vous les mettrez dans une poêle avec neuf jaunes d'œufs bien frais, trois quarterons de sucre en poudre que vous délayez bien avec; mouillez-la peu à peu avec votre pinte de crême, et mettez-la cuire doucement; lorsqu'elle sera à son point, vous y ajouterez un peu de vert d'épinards, pour que vos glaces aient un plus beau coup-d'œil; vous passerez votre appareil à l'étamine, et lorsqu'elle sera froide, vous la pourrez mettre glacer comme il est dit ci-dessus à l'article *Glace aux cerises*. On prépare de la même manière la

Glace aux avelines,

mais on n'y met point de vert d'épinards.

Glace de crême au chocolat.

Pour une pinte de crême double, vous mettez neuf jaunes d'œufs bien frais, que vous délayerez avec la crême et une demi-livre de sucre en poudre, et la mettrez cuire doucement; lorsqu'elle sera à son point, vous ferez fondre une demi-livre de chocolat dans un verre d'eau; lorsqu'il sera bien fondu, vous le mêlerez avec la crême, passerez le tout à l'étamine, et mettez-la glacer comme les précédentes.

Glace de crême au café.

Prenez une pinte de crême double, faites-la bouillir dans une casserole, et tenez-la chaude sur un coin du fourneau; vous aurez un quarteron de café, que vous ferez brûler comme on le brûle ordinairement, sans cependant qu'il soit trop noir; vous le mettrez dans votre crême, qui a bouilli; couvrez-la et laissez-la infuser pendant deux heures; prenez neuf œufs frais, séparez-en les blancs d'avec les jaunes et ne vous servez que des blancs, que vous fouetterez à moitié; vous passerez votre crême au travers d'un tamis, pour séparer le café; mêlez-la bien avec les blancs d'œufs; mettez-y une demi-livre de sucre, et faites-la cuire à petit feu; lorsqu'elle épaissira, vous l'ôterez du feu, la passerez à l'étamine et la laisserez refroidir; glacez-la ensuite comme il est dit plus haut à l'article *Glace de cerises.*

Fromage glacé.

Ayez quatre sortes de glaces, deux de crême et deux de fruits; mettez un quart de chacune dans un moule à fromage glacé; emplissez bien ce moule, mettez-le dans un seau avec de la glace pilée et du salpêtre. Lorsque vous voudrez dresser ce fromage, vous tremperez le moule dans de l'eau tiède, vous l'essuierez, vous en ôterez le couvercle, vous mettrez un plat sur le moule et vous le renverserez.

Sirop de violettes.

Sur un quarteron de violettes épluchées que vous mettez dans une terrine, versez dessus un demi-setier d'eau bouillante; mettez quelque chose de propre sur les violettes pour les tenir enfoncées dans l'eau, couvrez-les et les mettez sur de la cendre chaude pendant deux heures; ensuite vous passez les violettes au travers d'un linge, que vous pressez fort pour faire sortir l'eau; cette quantité de violettes doit vous rendre près d'une pinte; si vous l'avez, vous mettrez deux livres et demie de sucre dans une poêle avec un demi-setier d'eau; faites-le bouillir et écumer; continuez de le faire bouillir jusqu'à ce que, trempant les doigts dans l'eau et les mettant dans le sucre, vous les retrempez dans l'eau, le sucre qui tient à vos doigts se casse net; alors vous y versez votre eau de violettes; ayez soin que votre sirop ne bouille pas; quand ils seront bien incorporés ensemble, mettez le sirop dans une terrine, couvrez-la et la mettez sur une cendre chaude pendant trois jours; entretenez la chaleur la plus égale que vous pourrez, sans qu'elle soit trop forte; vous connaîtrez que le sirop sera fait en mettant deux doigts dedans et les retirant écartés; s'il se forme un fil qui ne se rompe pas, vous le mettrez dans les bouteilles. On prépare de même le

Sirop de capillaire,

en substituant des feuilles de capillaire aux fleurs de violettes.

Sirop d'orgeat.

Prenez une demi-livre d'amandes douces; vous y mettrez deux onces de graines des quatre semences froides et une demi-once d'amandes amères; mettez les amandes dans de l'eau bouillante et les retirez du feu; vous les ôterez quand la peau s'ôtera facilement; à mesure que vous ôtez les peaux, jetez-les dans l'eau fraîche; faites-les égoutter pour les mettre dans un mortier avec les semences froides; pilez le tout ensemble jusqu'à ce qu'elles soient très fines; pour empêcher qu'elles ne tournent en huile, vous y mettrez de temps en temps une demi-cuillerée d'eau, ensuite vous les délayez dans un bon demi-setier d'eau tiède; mettez-les sur la cendre chaude pour les faire infuser pendant trois heures; passez-les dans une serviette ouvrée, en les bourrant avec une cuillère de bois pour faire sortir toute l'expression des amandes; ensuite vous prenez une livre de sucre que vous faites cuire comme celui du sirop de violettes, et vous finissez de la même manière.

Sirop de guimauve.

Vous prendrez une demi-livre de racine de guimauve que vous ratisserez et laverez bien; vous la couperez par petits morceaux et la mettrez sur le feu dans trois demi-setiers d'eau; lorsqu'elle aura bien bouilli, et que l'eau sera gluante, vous la jetterez sur un tamis pour en retirer la décoction; vous mettrez quatre livres de sucre; versez votre décoction de guimauve sur votre sucre, faites clarifier votre sirop comme celui de capillaire; lorsqu'il sera cuit au lissé, passez-le à la chausse; puis vous le mettrez en bouteilles lorsqu'il sera froid.

Sirop de mûres.

Prenez un panier de mûres pour en retirer à peu près trois demi-setiers de jus; vous les mettrez dans un poêlon sur le feu, avec trois demi-setiers d'eau pour qu'ils prennent plusieurs bouillons, jusqu'à ce que les trois demi-setiers soient réduits à une chopine; vous jetterez vos mûres sur un tamis pour qu'elles s'égouttent bien; vous clarifierez trois livres de sucre que vous ferez cuire au boulé; lorsque votre sucre sera cuit, vous y jetterez votre jus de mûres; vous lui donnerez un bouillon, et l'écumerez; vous le viderez dans une terrine; laissez-le refroidir, et mettez-le en bouteilles. On prépare de la même manière les

Sirop de groseilles;
Sirop de fraises;
Sirop de framboises.

Sirop de vinaigre framboisé.

Epluchez quatre paniers de framboises; mettez-les dans une terrine, et versez dessus trois pintes de bon vinaigre; ajoutez-y deux livres de groseilles égrenées; vous laisserez le tout infuser pendant deux jours, en les remuant souvent avec une cuillère de bois; au bout de ce temps, vous égoutterez vos framboises sur un tamis pour en tirer tout le vinaigre, ainsi que le jus que le fruit a rendu; lorsque tout sera bien égoutté, vous clarifierez neuf livres de sucre, que vous ferez cuire au fort soufflé; lorsqu'il sera cuit, vous y mettrez votre vinaigre, qui aura passé à la chausse, et au premier bouillon vous aurez soin de le retirer du feu, de le bien écumer, et de le verser dans une terrine, pour qu'il ne séjourne pas du tout dans la poêle, et vous le mettrez en bouteilles quand il sera froid.

Ratafia des quatre fruits.

On prend douze livres de cerises, trois de griottes, trois de merises, trois de groseilles et trois de framboises; il faut que ces fruits soient bien mûrs. On épluche les groseilles et les framboises; on écrase le tout, et après quelques heures d'infusion, on en exprime le jus, en le passant dans un linge neuf. On le mesure, et par pinte de jus, on met les deux tiers d'une pinte d'eau-de-vie à vingt degrés, et sur chaque pinte de ce mélange, on met un quarteron de sucre; on le dépose dans des cruches de grès, et au bout d'un mois ou six semaines, on passe le fond à la chausse ou au filtre. On mêle le tout ensemble, et on le met dans des bouteilles.

Ratafia de groseilles.

Mettez dans une terrine quatre pintes d'eau-de-vie, deux pintes de jus de groseilles, deux livres de sucre, un peu de cannelle et de girofle; mêlez bien le tout; laissez-le reposer pendant un mois, puis on le tire à clair et on le met en bouteilles. On prépare de la même manière les

Ratafia de cassis;
Ratafia de framboises;
Ratafia de mûres.

Ratafia d'abricots.

Coupez par petits morceaux un quarteron d'abricots, cassez les noyaux pour en tirer les amandes, que vous pelez et concassez; mettez-les dans une cruche avec les abricots et deux pintes d'eau-de-vie, une demi-livre de sucre, un peu de cannelle, huit clous de girofle, très peu de macis; bouchez bien la cruche, laissez infuser quinze jours ou trois semaines, ayez soin de remuer souvent la cruche; après, vous le passerez à la chausse, pour le mettre dans des bouteilles, que vous porterez à la cave. On prépare de la même manière le

Ratafia de pêches.

Ratafia de coings.

Il faut les prendre le plus mûrs possible, les essuyer et les râper : on les laisse macérer pendant deux jours; après quoi on exprime le jus au travers d'un linge neuf, en les pressant fortement : on le mesure, et l'on met par pinte de jus les trois quarts d'une pinte d'eau-de-vie à vingt-deux degrés; on calcule la quantité de jus et d'eau-de-vie : on met cinq onces de sucre par pinte. Au bout de six semaines, on le tire à clair, et on le met en bouteilles.

Ratafia de brou de noix.

Pilez un cent de noix vertes avant que le bois ne soit formé, et mettez-les dans une cruche de grès avec quatre pintes d'eau-de-vie, deux livres de sucre, un peu de girofle et de muscade; au bout d'un mois faites fondre le sucre; filtrez le ratafiat et le mettez en bouteilles.

Ratafia de genièvre.

Mettez dans une cruche deux pintes d'eau-de-vie avec une bonne poignée de genièvre, une livre et demie de sucre que vous faites bouillir auparavant avec une chopine d'eau, jusqu'à ce qu'il soit bien écumé et bien clair; bouchez bien la cruche et la tenez dans un endroit chaud, environ cinq semaines avant que de le passer à la chausse ou dans une serviette; quand il est bien clair, vous le mettez dans les bouteilles.

Ratafia de noyaux.

Pour faire le ratafia de noyaux, il faut prendre une livre d'amandes d'abricots, en choisir les plus beaux et les meilleurs; vous les mettrez infuser dans deux pintes d'eau-de-vie et une pinte d'eau, avec une livre de sucre, une poignée de coriandre, un peu de cannelle, pendant huit jours; vous le passerez ensuite à la chausse afin qu'il soit bien clair, et le mettrez après en bouteilles.

Ratafia d'angélique.

Il ne faut prendre que la branche de l'angélique; on en supprime les feuilles; on les coupe par petits morceaux, et pour une demi-livre de cette plante, on met deux pintes d'eau-de-vie, deux livres de sucre, quelques clous de girofle, un peu de cannelle. Au bout de six semaines ou deux mois, on retire des cruches l'infusion; on la passe à la chausse, et on la met en bouteilles.

Ratafia de citronnelle.

Jetez douze citrons dans quatre pintes d'eau-de-vie, ajoutez-y deux livres de sucre, de la cannelle et de la coriandre. Au bout de deux mois, filtrez l'infusion, et la mettez en bouteilles.

Ratafia d'oranges.

(Voyez, ci-dessus, *Ratafia de citronnelle*), et opérez de la même manière en substituant des oranges aux citrons.

Ratafia de raisin muscat.

On égrène du raisin muscat bien mûr; on en exprime le jus. Si on en a quatre pintes, il faut y ajouter autant d'eau-de-vie, et à peu près trois livres de sucre; on laisse le tout infuser pendant vingt jours, et on filtre comme les autres liqueurs.

Crème de cédrats.

Zestez quatre gros cédrats, et mettez-les infuser dans six

pintes d'eau-de-vie qui n'ait pas moins de vingt-deux degrés; ajoutez une pinte d'eau; mettez le tout dans une cruche; bouchez-la bien, et laissez-la ainsi pendant plusieurs jours; distillez alors cette préparation au bain-marie, mêlez l'esprit que vous obtiendrez à trois pintes d'eau, trois livres de sucre clarifié; filtrez votre crême, et mettez-la en bouteilles.

Parfait amour.

Opérez comme il est dit à l'article précédent, en ajoutant un peu de cannelle et de coriandre.

Huile de girofle.

Faites infuser une once de clous de girofle dans six pintes d'eau-de-vie, et opérez comme il est dit à l'article *Crême de cédrats*, en mettant quatre livres de sucre au lieu de trois.

Anisette de Bordeaux.

Faites infuser dans six pintes d'eau-de-vie une demi-livre d'anis vert, le zeste de deux ou trois citrons et un peu de cannelle, et opérez avec cette infusion comme il est dit à l'article *Crême de cédrats*.

Crême de noyaux.

Coupez par petits morceaux une demi-livre d'amandes d'abricots; faites-les infuser dans six pintes d'eau-de-vie pendant huit jours; distillez le tout; pour le mélange, vous ajouterez une chopine d'eau de fleur d'oranger, trois livres de sucre et trois pintes d'eau : passez le tout à la chausse.

Café à l'eau et à la crême.

Faites brûler également du café Moka et du café Martinique vert, par égales parties; le café étant refroidi et moulu, mettez-en quatre onces dans une cafetière à filtre; jetez dessus un litre d'eau bouillante; la décoction se fait à l'instant, et l'on obtient d'excellent café à l'eau. Pour le café à la crême on opère de la même manière, avec cette différence qu'il faut six onces de café pour un litre d'eau bouillante. On sert ce café avec de la crême chaude à part.

LISTE ALPHABÉTIQUE
DES VINS
QUI DOIVENT MEUBLER UNE BONNE CAVE.

Aï, Champagne.
Alicante, Espagne.
Anjou.
Arbois, Franche-Comté.
Auxerre.
Avallon, Bourgogne.
Barsac, Bordeaux.
Beaugency, Orléanais.
Beaune, Bourgogne.
Bellay.
Béni-Carlos, Espagne.
Bordeaux.
Bougy, Champagne.
Brue.
Bucella, Portugal.
Cavello, *idem*.
Cahors, Bordeaux.
Calabre, Italie.
Calon-Ségur.
Canaries (des), Afrique.
Cap de Bonne-Espérance (du).
Carbonnieux, Bordeaux.
Chablis, Champagne.
Chambertin, Bourgogne.
Chambolle.
Champagne rouge.
— Blanc-Tisane.
Chassagne, Bourgogne.
Château-Grillé.
Château-Margaux, Bordeaux.
Château-Neuf du Pape, Avignon.
Chio, Grèce.
Chypre, *idem*.
Clos-Vougeot, Bourgogne.
Constance, Afrique.
Cortone.
Coteaux de Saumur.

Côte-Rôtie, rouge et blanc, Dauphiné.
Côte Saint-Jacques.
Coulange, Auxerre.
Falerne, Italie.
Fley, Bourgogne.
Florence, Italie.
Frontignan, Languedoc.
Grave du Lomon, Bordeaux.
Grenache, Roussillon.
Guigne, Bourgogne.
Hautbrion, Bordeaux.
Hautvillers, Champagne.
Hermitage (l'), Dauphiné.
Iranci, Bourgogne.
Joigny, Auxerre.
Julna.
Jurançon, rouge et blanc, Béarn.
Lachainette, Auxerre.
Lachryma-Christi, Italie.
La Ciotat, près de Toulon.
Lafitte-Mouton, Bordeaux.
Lafitte-Ségur, *idem*.
Lagaude.
Lamalgue, Toulon.
La Neithe.
Langon, Bordeaux.
Lunel, Languedoc.
Mâcon, Bourgogne.
Madère, Afrique.
Malaga, Espagne.
Malvoisie de Madère, Afrique.
— de Ténériffe, *idem*.
Médoc, Bordeaux.
Mercurey, Bourgogne.
Meursault, *idem*.
Miès, Provence.

Monte-Fiascone, Italie.
Monte-Pulciano, *idem*.
Montilla, Espagne.
Montrachet, Bourgogne.
Moulin-à-Vent.
Nuits, Bourgogne.
OEil de Perdrix, Champagne.
OEras, Portugal.
Orléans.
Pacaret.
Paille, Colmar.
Paphos, Grèce.
Pedro Ximénès, Espagne.
Picoli, Italie.
Pierry, Champagne.
Pomard, Bourgogne.
Porto, Portugal.
Pouilly-Fuissé, Bourgogne.
— Sancerre, *idem*.
Rancio, Espagne.
Reuilly, Champagne.
Richebourg, Bourgogne.
Rivesaltes, Roussillon.
Romanée-Conti, Bourgogne.
Rosées.
Rota, Espagne.
Roussillon.
Samos, Grèce.
Saint-Amour.
Saint-Emilion, Bordeaux.

Saint-Estèphe, Bordeaux.
Saint-Georges, Bourgogne.
Saint-Georges, Espagne.
Saint-Julien, Bordeaux.
Saint-Julien-du-Sault, Champ.
Saint-Martin.
Saint-Perray.
Sauterne.
Savigny.
Schiras, Perse.
Sercial.
Setuval.
Sillery, côte de Rheims.
Syracuse, Sicile.
Stancho, Grèce.
Tavel, Languedoc.
Thorins, Bourgogne.
Tokai, Hongrie.
Tonnerre, Champagne.
Tormilla, Espagne.
Val de Peguos, *idem*.
Vanvert, Languedoc.
Vermouth.
Verzi-Verzenay, Champagne.
Volnay, Bourgogne.
Vosne, *idem*.
Vougeot, *idem*.
Vouvray blanc, Touraine.
Xérès, Espagne.

Explication de la planche représentant les nouveaux ustensiles de cuisine.

Fig. 1, et fig. 1 bis. — Gril couvert.

AA. Capsules rondes de fer-blanc.
B. Charnière qui réunit les deux capsules.
CC. Manches qui servent à les ouvrir et à les fermer.

Fig. 1 bis. — Les deux capsules entièrement ouvertes.

Ce gril couvert sert à faire cuire, dans leur jus, les côtelettes, saucisses, etc., à l'aide du fourneau, *fig.* 4; il ne faut pour cuire les côtelettes qu'une feuille de papier.

Fig. 2 et 3. — Gril.

A. Gril en tôle de forme circulaire.
B. Tube par lequel on verse la graisse ou le jus.
C. Rigole.
D. Manche du gril.

Ce gril ne laisse tomber ni jus ni graisse sur le feu, quelles que soient les viandes que l'on fasse cuire dessus.

Fig. 4, 5, 6 et 7. — Fourneau a papier.

AA. Fourneau en tôle.
B. Casserole.
C. Porte du cendrier.
D. Trous pratiqués dans l'intérieur du fourneau pour donner issue à la fumée du papier.
EE. *Fig.* 5 et 6. Saillie circulaire de la casserole.
FF. *Fig.* 6 et 7. Capsule de tôle que l'on introduit dans le fourneau quand on veut y brûler du charbon.
GG. *Fig.* 6 et 7. Grille qui forme le fond de la capsule de tôle.
H. Trous pour donner issue à la vapeur du charbon.

Fig. 8. — Nouvelle bassine a faire des confitures.

Fig. 9. — Casserole de faïence revêtue.

A. Capsule en faïence.
B. Enveloppe de cuivre.
CC. Rebord de la capsule.
D. Manche de la casserole.

Fig. 10. — Coupe du fourneau Lambert.

AA. Corps du fourneau en tôle.
B. Porte du fourneau.
CC. Cendrier mobile.
D. Trous pratiqués pour introduire l'air.
E. Foyer en fonte.

Fig. 11. — Casserole dont on se sert sur le fourneau Lambert.

A. Vase en faïence.
B. Enveloppe en tôle.
C. Enveloppe en cuivre.
DD. Echancrure du bord inférieur de l'enveloppe en tôle.
EE. Rebord du vase de faïence.

TABLE DES MATIÈRES.

CHAPITRE I. — DES POTAGES AU GRAS.

	Pag.		Pag.
Du Bouillon.	1	Chapon au riz.	13
Manière de conserver le bouillon.	4	Chapon à la Grimod de la Reynière.	14
Potage au pain ou au naturel.	4	Potage à la turque.	14
aux carottes nouvelles.	5	à la reine.	14
aux navets.	5	à la Condé.	14
aux ognons blancs.	5	aux quenelles de pommes de terre.	15
aux poireaux.	5	au macaroni.	15
à la pointe d'asperges.	5	Croûtes au pot.	15
aux petits pois.	5	Potage à la Crécy.	15
aux laitues.	5	à la Kusel.	16
au riz.	6	à la languedocienne.	16
printanier à l'allemande.	6	aux concombres.	16
au vermicelle.	6	à la Geaufret.	16
à la semoule.	7	à la polacre.	17
aux lazagnes.	7	à la raiette.	17
aux nouilles.	7	à la purée de gibier	17
aux choux.	7	à la tortue.	17
aux herbes.	8	Jus à l'étouffade.	18
à la julienne.	8	Potage à la russe.	18
à la moelle.	9	aux rabioles.	18
à la purée de racines.	9	au macaroni à la napolitaine.	19
à la purée de pois, lentilles, haricots, etc.	9	aux quenelles de volaille.	19
à la purée de marrons.	9	printanier.	19
à la purée de pois nouveaux.	10	à la purée de tomates.	20
à la purée d'écrevisses.	10	à la purée d'oseille.	20
à la purée d'huîtres.	10	Oille à l'espagnole.	20
aux œufs.	11	Potage au chasseur.	21
Garbure aux marrons ou à la Polignac.	11	au mouton.	21
		Consommé.	21
aux ognons.	11	Potage au salep (1).	22
aux laitues.	11	au sagou.	22
aux choux.	12	à la fécule de pommes de terre.	22
à la Villeroy.	12		
au fromage.	12	au gruau d'avoine.	22
à la béarnaise.	13	à l'orge perlé.	22
au hameau de Chantilly.	13		

CHAPITRE II. — DES POTAGES AU MAIGRE.

Bouillon maigre.	23	Potage à la Monaco.	25
Potage aux herbes.	23	à la Détiller.	25
aux choux.	23	aux ognons et à la fécule de pommes de terre.	26
à l'ognon.	24		
aux poireaux.	24	Riz au lait.	26
à la chicorée.	24	au lait d'amandes.	26
au riz faubonne.	24	Vermicelle au lait.	26
à la purée de pois.	24	au lait d'amandes.	26
Vermicelle à la jardinière.	24	Semoule au lait.	26
Panade.	25	Potage aux grenouilles.	27
Potage au potiron.	25	Garbure de giromon.	27
au lait.	25	au potiron.	27

(1) Ce potage et les quatre suivans conviennent particulièrement aux malades et aux convalescens.

TABLE DES MATIÈRES.

	Pag.		Pag.
Potage à la provençale.	27	Lait de poule.	28
aux concombres.	28	Potage aux choux-fleurs.	28
au laurier d'amandes.	28	au poisson.	29
au céleri.	28	aux huîtres, aux moules, etc.	29

CHAPITRE III.

DES SAUCES, RAGOUTS ET GARNITURES.

Sauce romaine.	31	Velouté maigre.	46
Grande espagnole.	31	Jus maigre.	46
Blond de veau.	31	Blond maigre.	46
Glace de racines.	32	Sauce pluche maigre.	46
Glace de cuisson.	32	Beurre d'écrevisses.	46
Glace de veau.	32	d'anchois.	47
Grande sauce.	32	à l'ail.	47
Roux blond.	33	Vert d'épinards.	47
Roux blanc.	33	Purée d'ognons brune.	47
Velouté.	33	Sauce à la Soubise.	48
Sauce brune.	34	Robert.	48
Velouté économique.	34	Purée aux racines et aux légumes	
Empotage.	34	en général.	48
Essence de gibier.	35	de champignons.	49
Essence de légumes.	35	de cardons.	49
Jus.	35	de chicorée.	49
Aspic.	35	Garnitures de foies, crêtes et rognons de coqs.	49
Béchamel.	36		
Petite béchamel.	36	Garnitures au ragoût.	50
Italienne.	37	Poêlée.	50
Sauce espagnole travaillée.	37	Blanc.	50
Velouté travaillé.	37	Quenelles de volaille.	50
Sauce hollandaise.	37	Farce cuite.	51
Autre hollandaise.	38	Marinade cuite.	51
Sauce blanche.	38	Pâte à frire.	51
portugaise.	38	Fines herbes pour papillotes.	52
allemande.	38	Ognons glacés.	52
à la Grimod.	39	Ragoût de navets.	52
indienne.	39	Petites racines.	52
au beurre d'anchois.	39	Rocamboles.	53
au beurre et à l'ail.	39	Concombres.	53
au beurre d'écrevisses.	39	Concombres à la crème.	53
hachée.	40	Beurre noir.	53
poivrade.	40	Sauce Mirepoix.	53
piquante.	40	Consommé de volailles.	54
au fumet de gibier.	41	Sauce au beurre.	54
suprême.	41	Beurre de Montpellier.	55
tomate.	41	Sauce hollandaise au vinaigre.	55
tomate à l'italienne.	41	à la matelote.	55
à la d'Orléans.	42	Aspic clair.	55
aux truffes.	42	Mayonnaise.	56
à la crème.	42	Sauce provençale chaude.	56
ravigote hachée.	43	bigarade.	56
Ravigote à l'huile.	43	au homard.	56
Vert de ravigote.	43	aux huîtres.	56
Sauce à l'aurore.	43	Béchamel maigre.	57
Rémolade.	44	Sauce bretonne.	57
Rémolade verte.	44	à l'huile.	57
Rémolade indienne.	44	nivernaise.	57
Sauce pluche.	44	aux olives farcies.	57
Maître-d'hôtel liée.	45	Pâte à frire à l'italienne.	58
Maître-d'hôtel froide.	45	Chicorée au jus.	58
Sauce de Kari.	45	Purée aux pommes de terre.	58
brune maigre.	45	Sauce genevoise.	58

	Pag.		Pag.
Sauce génoise.	59	Persil haché, fines herbes, etc.	65
Ragoût à la financière.	59	Poivre de Cayenne.	65
à la Toulouse.	59	Kari.	65
de navets vierges.	59	Bouquet garni.	65
Demi-glace de volaille.	60	Brûle-sauce.	66
Pommes de terre sautées au beurre pour garnitures.	60	Manière de préparer la choucroûte et de la faire cuire.	66
Ognons farcis.	60	Des Champignons.	66
Sauce escalope de lièvre au sang.	61	Ket-chop.	67
Ragoût à la Providence.	61	Sauce à la Durcelle.	67
chipolata.	61	Du verjus et des différentes sortes de vinaigre.	67
Culs d'artichauts pour garnitures.	61		
Sauce aux échalotes.	62	Salpicon.	69
Was tréfiche.	62	Sauce à la diable.	69
Macédoine de légumes.	62	au fenouil.	70
Garniture à la flamande.	62	Ragoût de morilles.	70
Beurre de homard.	63	de mousserons.	70
Purée de homard.	63	Truffes à la piémontaise.	70
Sauce au vin de Madère.	63	Croustade.	70
Sauce aux moules.	63	Casserole au riz.	70
Garniture de tomates.	63	Bords de plats.	71
Beurre de piment.	64	Gratin.	71
Garniture de raifort.	64	Chair de pâté à la ciboulette.	72
Garniture de foies gras.	64	Sauce aux groseilles à maquereau.	72
Ragoût de laitances de carpes.	64		

CHAPITRE IV. — DU BŒUF.

Bœuf bouilli.	74	Queue de bœuf aux champignons.	82
à la persillade.	74	à la Sainte-Ménéhould.	82
en miroton.	74	à la purée de racines.	82
frit.	74	aux ognons glacés.	82
en matelote.	75	Côte de bœuf braisée.	82
à la poulette.	75	à la bonne femme.	83
Langue de bœuf à la sauce hachée.	75	à la provençale.	83
aux cornichons.	75	Entre-côte à la sauce piquante.	83
en matelote.	76	au jus.	83
aux épinards.	76	à la sauce au beurre d'anchois.	84
aux champignons.	76		
en hochepot.	76	à la sauce hachée.	84
en papillotes.	77	Filet d'aloyau braisé.	84
en atelet.	77	aux cornichons.	84
à l'écarlate.	77	aux laitues.	84
en cartouches.	78	aux ognons glacés.	85
Palais de bœuf.	78	aux concombres.	85
à la lyonnaise.	78	au vin de Malaga.	85
à l'allemande.	79	à la Mauglat.	85
à la béchamel.	79	Filet de bœuf, sauce tomate.	85
au beurre d'anchois.	79	à la Conti.	86
Atreaux de palais de bœuf.	79	Sauté de filet de bœuf.	86
Croquettes de palais de bœuf.	79	Beef-steak de filet de bœuf.	86
Palais de bœuf au gratin.	80	Filet de bœuf à la broche.	87
Paupiettes de palais de bœuf.	80	Pièce d'aloyau.	87
Cervelles de bœuf à la sauce piquante.	80	Aloyau à la Godard.	87
		Filet mignon à la Godard.	88
au beurre noir.	80	Filet de bœuf sauté aux truffes.	88
en marinade.	80	aux champignons.	88
en matelote.	81	au vin de Madère.	88
Queue de bœuf en hochepot.	81	à la provençale.	88
aux navets.	81	Noix de bœuf à l'étouffade.	89
aux choux.	81	Bœuf de Hambourg.	89
à la sauce tomate.	82	Roast-beef à l'anglaise.	89
		Roll pince.	89

	Pag.		Pag.
Aloyau à la bretonne.	90	Palais de bœuf à l'italienne.	94
à la cuisinière.	90	Cromesquis de palais de bœuf.	94
Beef-steak sauté au vin de Madère.	90	Cromesquis de cervelle et d'amourettes de bœuf.	94
dans la glace.	90	Côte de bœuf à la milanaise.	94
aux olives.	90	aux épinards.	95
Coquilles de palais de bœuf.	90	Queue de bœuf à la flamande.	95
Beef-steak à l'anglaise.	91	Plunk fink.	95
Filet de bœuf en façon de chevreuil.	91	Amourettes de bœuf en marinade.	95
à la polonaise.	91	Palais de bœuf aux fines herbes.	95
Côtes de bœuf à la gelée.	91	Rognon de bœuf à la Chapsal.	96
Hachis de filet de bœuf.	92	sauté.	96
Dolpettes à l'italienne.	92	Gras-double à la provençale.	96
Coquilles de cervelle de bœuf.	92	à la milanaise.	96
Crépinettes de palais de bœuf.	92	en caisse.	97
Cervelles de bœuf en crépinettes.	93	à la poulette.	97
à la sauce aurore.	93	à la lyonnaise.	97
au soleil.	93	Atelets de gras-double.	97
à la poulette.	93	Gras-double en crépinettes.	98
à la mayonnaise.	93	Langue de bœuf fourrée.	98
Emincé de palais de bœuf à l'ognon.	93	au parmesan.	98
aux champignons.	94	De la tétine de vache.	99

CHAPITRE V. — DU VEAU.

Tête de veau au naturel.	101	Tendrons de veau à la jardinière.	114
à la tortue.	102	aux tomates.	114
à la Détiller.	103	en chartreuse.	114
à la poulette.	103	au blanc.	115
frite.	104	au soleil.	115
farcie.	104	en terrine.	115
Pieds de veau.	105	Kari de tendrons de veau à l'indienne.	116
Fraise de veau.	105		
Oreilles de veau à l'italienne.	105	Tendrons de veau en marinade.	116
farcies.	105	aux petits pois.	117
en marinade.	106	Ragoût de veau à la bourgeoise.	117
aux champignons.	106	Côtelettes de veau sautées.	117
Langue de veau à la sauce piq.	106	à la Drue.	118
Cervelles de veau à la maître-d'hôtel.	106	piquées, glacées.	118
poêlées.	107	Wil côtelettes.	118
à la hollandaise.	107	Côtelettes de veau en lorgnette.	119
au beurre noir.	107	en papillotes.	119
frites.	107	panées, grillées.	119
à la sauce tomate.	108	à la Saint-Garat.	120
en matelote.	108	Carré de veau rôti.	120
Queues de veau en terrine.	108	piqué, glacé.	120
au blanc.	108	à la crème.	121
Ris de veau en garniture.	109	Cuisse de veau marinée.	121
glacés.	109	Longe de veau à la broche.	121
Sauté de ris de veau.	109	étouffée.	121
Atreaux de ris de veau.	110	Quasi de veau.	122
Ris de veau en caisse.	110	Rond de cuisse de veau à la hollandaise.	122
Epaule de veau.	110		
en galantine.	110	Fricandeau.	122
aux petites racines.	111	Noix de veau à la bourgeoise.	123
Poitrine de veau glacée.	112	à la Conti.	123
aux laitues.	112	piquée, glacée.	123
à la purée de champig.	112	en ballotine.	123
aux ognons glacés.	112	en surprise.	124
farcie.	113	Sauté de noix de veau.	125
Tendrons de veau poêlés.	113	Noix de veau en aspic.	125
		Godiveau.	125

	Pag.		Pag.
Blanquette de veau.	126	aux champignons.	134
Foie de veau étouffé.	126	Jarrets de veau glacés.	134
piqué à la broche.	127	Foie de veau à l'italienne.	134
sauté.	127	Gâteau de foie de veau.	134
Mou de veau à la poulette.	127	Foie de veau frit à l'italienne.	135
au roux.	128	Atelets de veau à l'italienne.	135
Tête de veau au Puits-Certain.	128	Saucisses de foie de veau.	135
en matelote.	128	Amourettes de veau.	135
Cervelles de veau à la provençale.	129	Rognons de veau sautés.	136
Coquilles de cervelles de veau.	129	Longe de veau.	136
Crépinettes de cervelles de veau.	129	Musette d'épaule de veau.	136
Cromesquis de cervelles de veau.	129	Filets mignons de veau bigarés.	136
Queues de veau en macédoine.	130	Escalopes de filets mignons de veau.	136
Cassolettes au beurre, garnies de ris de veau.	130	Carré de veau en papillotes.	137
Carré de veau piqué et rôti.	130	Tendrons de veau en casserole, au riz.	137
Coquilles de ris de veau.	131	Ris de veau à l'allemande.	137
Tendrons de veau à la milanaise.	131	à l'espagnole.	138
en mayonnaise.	131	à l'anglaise.	138
à la provençale.	131	en bigarrure.	138
Côtelettes de veau à la Bellevue.	131	à la Saint-Cloud.	138
Aspic de tendrons de veau.	132	à la Marengo.	138
Côtelettes de veau à la milanaise.	132	Atelets de ris de veau à la gelée.	138
en crépinettes.	132	Ris de veau au gratin.	139
Poitrine de veau à l'anglaise.	132	en papillotes.	139
Carré de veau à la gelée.	133	Côtelettes de veau à l'écarlate.	139
Longe de veau à la flamande.	133	Petites noix d'épaule de veau.	140
Filet de veau piqué.	133	Noix de veau à la gendarme.	140
Quenelles de noix de veau.	133	Pieds de veau farcis, frits.	140
Blanquette de veau à la Périgueux.	134	Ris de veau en crépinettes.	140
Coquilles de blanquette de veau			

CHAPITRE VI. — DU MOUTON.

Langues de mouton braisées,	142	Gigot de mouton rôti.	148
aux navets.	142	Emincé de gigot à la chicorée.	149
aux petites racines.	142	Emincé de mouton aux ognons.	149
au gratin.	142	aux concombres.	149
en atelets.	142	à l'anglaise.	149
à la gasconne.	143	aux cornichons.	150
en papillotes.	143	Hachis de mouton.	150
en cartouches.	143	aux fines herbes.	150
sauce tomate.	144	aux champignons.	150
à la nivernaise.	144	Queues de moutons braisées.	151
en crépinettes.	144	à la purée d'oseille.	151
aux fines herbes.	144	à la chicorée.	151
Emincé de langues de mouton.	144	aux purées.	151
Cou de mouton aux choux.	144	panées à l'anglaise.	151
à la Sainte-Ménéhould.	145	Ragoût de queues de mouton.	151
aux petites racines.	145	Queues de mouton frites.	152
à la purée de lentilles.	145	en hochepot.	152
Epaule de mouton braisée.	145	Côtelettes de mouton sautées.	152
aux ognons glacés.	145	panées et grillées.	153
Haricot de mouton.	145	aux concombres.	153
Poitrine de mouton en carbonnades.	146	à la Soubise.	153
		aux navets.	153
à la Sainte-Ménéhould.	146	aux laitues.	154
aux petites racines.	147	à l'écarlate.	154
Selle de mouton braisée.	147	à la financière.	154
pour relevée.	147	en crépinettes.	154
Gigot de mouton braisé.	148	à la Maintenon.	154
à l'anglaise.	148	Carbonnades aux concombres.	155
à l'eau.	148	à la jardinière.	155

Carbonnades à la purée de champignons.	155
panées à l'anglaise.	155
Pieds de mouton au blanc.	155
à la purée d'ognons.	156
à la provençale.	156
farcis.	157
en marinade.	157
à la poulette.	157
Musette d'épaule de mouton.	158
Roast-beef de mouton.	158
à la flamande.	158
Dolpettes de mouton.	158
Terrine de queues de mouton.	158
Rognons de mouton à la brochette.	159
au vin de Champagne.	159
sautés.	159
Animelles de mouton.	159
Amourettes de mouton.	160
Noix de mouton en papillotes.	160
Carré de mouton piqué de persil.	160
piqué de lard.	160
en fricandeau.	160
Oreilles de mouton à la ravigote.	160
farcies.	160
Quartier de mouton en chevreuil.	161
Rouchis de mouton.	161

CHAPITRE VII. — DE L'AGNEAU.

Tête d'agneau.	162
Oreilles d'agneau.	162
Pieds d'agneau à la poulette.	163
en cartouches.	163
Epaule d'agneau à la polonaise.	163
aux concombres.	163
Côtelettes d'agneau sautées.	164
à la Constance.	164
en lorgnette.	164
à la sauce à atelets.	164
à la Toulouse.	165
à la maréchale.	165
en aspic.	165
à la provençale.	165
à la milanaise.	166
Ris d'agneau.	166
Epigramme d'agneau.	166
Poitrine d'agneau à la Sainte-Ménéhould.	166
en crépinettes.	166
Blanquette d'agneau.	167
aux petits pois.	167
à la Périgueux.	167
Croquettes d'agneau.	167
Roast-beef d'agneau.	168
Cervelles d'agneau.	168
Langues d'agneau.	168
au parmesan.	168
Rissoles d'agneau.	169
Tendrons d'agneau à la Villeroi.	169
aux pointes d'asperges.	169
Fressure d'agneau.	169
à la provençale.	169
Agneau rôti.	169
Pascaline d'agneau.	170
Quartier d'agneau rôti.	170
Agneau en galantine.	170
Coquilles de gorges d'agneau.	171
Cromesquis d'agneau.	171

CHAPITRE VIII. — DU COCHON.

Du Lard.	172
Manière de tailler le lard pour piquer.	173
Manière de piquer.	173
Boudin.	174
blanc.	174
d'écrevisses.	174
de lapereau.	175
de faisan.	175
de foies gras.	175
Saucisses.	175
Andouilles.	176
à la béchamel.	176
de bœuf.	176
de fraise de veau aux truffes.	176
Hure de cochon.	177
à la manière de Troyes.	178
Oreilles de cochon braisées.	178
à la purée de lentilles.	178
à la Choisi.	178
Pieds de cochon à la Sainte-Ménéhould.	178
aux truffes.	179
Foie de cochon en fromage.	179
sauté.	179
Carré de porc frais en couronne.	180
Côtelettes de cochon.	180
en crépinettes.	180
à la milanaise.	180
Echine de cochon.	180
Grosse pièce.	180
Filets mignons de cochon.	181
à la broche.	181
Escalopes de filets mignons.	181
Queues de cochon à la Villeroi.	181
à la purée.	181
Rognons de cochon au vin de Champagne.	182
Cochon de lait rôti.	182
farci.	182
à l'anglaise.	182
en forme de marcassin.	182
Jambon au naturel.	183
glacé.	183
aux épinards.	184
à la Porte-Maillot.	184
au vin de Madère.	184

Jambon mariné et demi-sel.	184
Petit salé.	185
Sain-doux.	185
Langues de cochon fourrées.	185
Emincé de cochon à l'ognon.	186
sauce poivrade.	186
Saucissons de Bologne.	186
Saucissons à l'ail.	186
Epaule de cochon de lait à la tartare.	186
Cervelas fumés.	187
Cervelles de cochon en crépinettes.	187

CHAPITRE IX. — DU GIBIER.

Hure de sanglier.	189
Côtelettes de sanglier sautées.	189
Filet de sanglier piqué.	190
Cuisse de sanglier.	190
Boudin de sanglier.	190
Jambon de sanglier.	191
Du Marcassin.	191
Manière de donner au cochon le goût du sanglier.	191
Du Chevreuil.	191
Filets de chevreuil.	191
sautés à la minute.	192
Côtelettes de chevreuil braisées	192
sautées.	192
Quartier de chevreuil.	193
Epaule de chevreuil.	193
Civet de chevreuil.	193
Cervelles de chevreuil.	193
Carré de chevreuil rôti.	193
Emincé de chevreuil.	194
à l'ognon.	194
Crépinettes de chevreuil.	194
Hachis de chevreuil.	194
Saucisses de chevreuil.	194
Du Lièvre.	195
Civet de lièvre.	195
à l'allemande.	195
Sauté de filets de lièvre.	195
Filets de lièvre piqués.	196
Filets de lièvre marinés.	197
Lièvre à la Saint-Denis.	197
Lièvre en daube.	197
Boudin de lièvre.	198
Pain de lièvre.	198
Lièvre rôti.	198
à l'allemande.	198
à l'anglaise.	199
Levraut à la minute.	199
en caisse.	199
Cuisses de levraut en papillotes.	200
Escalopes de levraut au sang.	200
Filets de levraut bigarrés.	200
en serpent.	200
à la provençale.	201
farcis, frits.	201
Côtelettes de levraut.	201
Levraut à la tartare.	201
Quenelles de levraut.	201
Du Lapin.	201
Gibelotte de lapin.	202
Cuisses de lapin à la purée.	202
Quenelles de lapin.	202
Croquettes de quenelles de lapin.	202
Boudin de lapin à la Sainte-Ménéhould.	203
Pain de lapin à la Saint-Ursin.	203
Terrine de quenelles de lapin.	203
Lapin en galantine.	204
Lapereau au blanc.	204
à la minute.	204
sauté au vin de Champ.	204
Cuisses de lapereau en chipolata.	204
au soleil.	205
en papillotes.	206
à la chicorée.	206
panées et grillées.	206
Filets de lapereau en couronne.	206
aux concombres.	206
à la Polignac.	207
Sauté de filets de lapereau aux truffes.	207
aux champignons.	207
à la Périgueux.	207
à la reine.	208
Filets de lapereau en cartouches.	208
Croquettes de lapereau.	209
Hachis de lapereau.	209
Kari de lapereau.	209
Lapereau rôti.	210
en caisse.	210
à la bourguignonne.	210
à l'anglaise.	211
Atelets de lapereau.	211
Cromesquis de lapereau.	211
Escalopes de lapereau.	211
Lapereau à la tartare.	212
Coquilles de lapereau.	212
Friteau de lapereau.	212
Lapereau à la Marengo.	212
Marinade de lapereau.	212
Mayonnaise de lapereau.	213
Salade de lapereau.	213
Lapereau en caisse.	213
Turban de filets de lapereau.	213
Côtelettes de lapereau.	213
Purée de lapereau.	213
Soufflé de lapereau.	214
Salpicon de chair de lapereau.	214
Coquilles de cervelles de lapereau.	214
Filets de lapereau à la maréchale.	214
à la milanaise.	214
à la broche.	215
Timbale de lapereau.	215
Conserve de lapereau.	215
Saucisses de lapereau.	216
Du Faisan.	216

DES MATIÈRES.

	Pag.		Pag.
Faisan à l'étouffade.	216	Escalope de perdreaux.	233
aux choux.	217	Croustade à la purée de perdreaux.	233
à la purée.	217	De la Caille.	233
Filets de faisan à la chevalier.	217	Caille au fumet de gibier.	233
aux truffes.	218	à l'espagnole.	233
Sauté de filets de faisan.	218	au chasseur.	234
aux truffes.	218	aux truffes.	234
Cuisses de faisan à la purée.	218	au gratin.	235
Faisan à la Périgueux.	219	au laurier.	235
Quenelles de faisan.	219	Sauté de filets de cailles.	235
Salmis de faisan.	219	Cailles aux pois.	235
à la provençale.	220	aux laitues.	236
Soufflé de faisan.	220	à l'anglaise.	236
Croquettes de faisan.	220	à la financière.	236
Mayonnaise de faisan.	220	en caisse.	237
Boudin de faisan à la Richelieu.	220	en papillotes.	237
Faisan à la choucroûte.	220	en prunes.	237
Cuisses de faisan en papillotes.	221	au riz.	237
Galantine de faisan.	221	à la milanaise.	238
Cuisses de faisan en ballotine.	221	Pâté chaud de cailles en caisse.	238
Filets de faisan bigarrés.	222	De la Bécasse.	238
Saucisses de faisan.	223	Salmis de bécasses.	238
Purée de faisan.	223	de table à l'esprit-de-vin.	239
Hachis de faisan.	223	Bécassines à la minute.	239
Escalope de faisan.	223	Filets de bécasses en canapés.	239
Coqs de bruyères.	223	Sauté de filets de bécasses.	240
Pintades.	223	à la provençale.	240
De la Perdrix.	223	Croûtons de purée de bécasses.	240
Perdrix à l'étouffade.	224	Bécasses rôties à l'anglaise.	241
aux choux.	224	Soufflé de bécasses.	241
Perdreaux aux truffes.	224	Hachis de bécasses en croustades.	241
à l'espagnole.	225	Du Pluvier et du Vanneau.	241
poêlés.	225	Pluviers à la broche pour entrée.	242
Filets de perdreaux aux bigarades.	225	au gratin.	242
Sauté de filets de perdreaux.	226	à la Périgueux.	242
aux truffes.	226	De la Sarcelle.	242
Salmis de perdreaux.	226	Sarcelles à la broche pour entrée.	243
de table à l'esprit de vin.	227	Sauté de filets de sarcelles à la Viard.	243
Perdreaux à la Monglas.	227	Sarcelles à la batelière.	243
Filets de perdreaux à la Monglas.	227	De la Grive.	244
Manselle de perdreaux.	227	Grives en prunes.	244
Hachis de perdreaux.	228	au gratin.	244
Purée de perdreaux.	228	à la flamande.	244
Soufflé de perdreaux.	228	à l'anglaise.	244
Perdreau à la Saint-Laurent.	228	Du Canard sauvage.	244
à la tartare.	228	Canards sauvages à la broche.	244
sauté.	229	Filets de canards sauvages à l'orange.	245
en papillotes.	229		
Chartreuse de perdreaux.	229	Salmis de canards sauvages.	245
Pain de perdreaux.	230	au chasseur.	245
Salade de perdreaux.	230	Escalopes de filets de canard sauvage.	245
Perdreaux au charbon.	230		
Mayonnaise de perdreaux.	231	De la Mauviette.	245
Perdreaux à la broche.	231	Mauviettes aux fines herbes.	246
panés et grillés.	231	en chipolata à la minute.	246
à l'anglaise.	231		
en bigarrure.	231	en croustades.	246
Salmis de perdreaux froid.	231	Sauté de filets de mauviettes aux truffes.	247
au chasseur.	232		
Perdreaux en surprise.	232	Caisse de mauviettes.	247
Côtelettes de perdreaux.	232	Mauviettes en cerises.	247
Filets de perdreaux à la Chingara.	232		

CHAPITRE X. — DE LA VOLAILLE.

	Pag.		Pag.
Du Canard.	249	Poularde aux truffes.	265
Canard poêlé.	249	à la reine.	266
à la purée de lentilles.	250	Galantine de poularde.	266
aux navets.	250	Poularde à la chevalière.	266
à la purée de navets.	250	Blanquette de poularde.	267
aux olives.	251	Croquettes de poularde.	267
en aiguillettes.	251	Hachis de poularde à la turque.	267
Filets de canard à l'orange.	251	Cuisses de poularde en caneton.	267
Cuisse de canard en macédoine.	251	Soufflé de purée de volaille.	267
Caneton aux petits pois.	251	Poulardes en bigarrure.	268
au beurre d'écrevisses.	252	Cuisses de poularde ou sauté de	
au vert-pré.	252	champignons.	269
aux petites racines.	252	Filets de poularde au suprême.	269
aux concombres.	252	Débris de volaille en kari.	269
au verjus.	252	Capilotade de volaille.	269
Canard à la choucroûte.	252	Purée de volaille.	270
aux choux.	253	Chapon au gros sel.	270
farci.	253	Poularde à la flamande.	270
Du Dindon.	253	à la broche pour entrée.	270
Dindon en daube.	253	à l'estragon.	271
Galantine de dindon.	254	à la sauce tomate.	271
Ailerons de dindon en haricot.	255	au beurre d'écrevisses.	271
en haricot vierge.	255	à la Chivri.	271
à la chicorée.	256	à la hollandaise.	271
en chipolata.	256	à l'étouffade.	271
au soleil.	256	à la Marengo.	272
Blanquette de dindon.	257	à la provençale.	272
Hachis de dindon.	257	à l'anglaise.	272
Capilotade de dindon.	257	au feu d'enfer.	272
Quenelles de dindon.	258	panée et grillée.	273
Croquettes de dindon.	258	Filets de poularde à la maréchale.	273
Cuisses de dindon à la sauce Robert.	258	en demi-deuil.	273
		à la vénitienne.	273
Ailerons de dindon aux truffes.	258	à la béchamel.	274
à la maître-d'hôtel.	258	à la Chingara.	274
aux olives.	258	Cuisses de poularde en ballotine.	274
aux petits pois.	258	aux truffes.	275
farcis à la maréchale.	258	à la nivernaise.	275
Dinde aux truffes.	259	à la bayonnaise.	275
Dindonneau à l'estragon.	259	Friteau de poularde.	275
au beurre d'écrevisses.	259	Emincé de poularde aux concombres.	275
à la régence.	259	aux truffes.	276
peau de goret.	260	aux champignons.	276
en tortue.	260	Béchamel de volaille au gratin.	276
en mayonnaise.	260	Coquilles de volaille.	276
en salade.	260	Rissoles de volaille.	276
Dinde à la Providence.	260	à l'italienne.	277
à la flamande.	261	Boudin de volaille.	277
à la Godard.	261	Cromesquis de volaille.	277
Dindon en surprise.	261	Casserole au riz à la reine.	277
Atelets de dindon.	262	Terrine d'ailerons de poularde.	277
Du Chapon et de la Poularde.	262	Ailerons de poularde à la pluche verte.	278
Chapon poêlé.	262		
Poularde à la Saint-Garat.	262	Crêtes et rognons de coqs au velouté.	278
en petit deuil.	263		
aux moules.	263	Aspic de crêtes et rognons de coqs.	278
aux huîtres.	264	Foies gras à la Périgueux.	279
au riz.	264	en matelote.	279
en campine.	265	au gratin.	279

DES MATIÈRES.

	Pag.		Pag.
Foies gras en caisse.	279	Poulet aux truffes.	291
Atelets de foies gras.	280	à l'anglaise.	291
Pain de foies gras à l'espagnole.	280	en lézard.	291
à la gelée.	280	Salade de volaille.	292
Coquilles de foies gras.	281	Marinade de poulet.	292
Escalopes de foies gras.	281	Poulet à la paysanne.	292
De l'Oie.	281	Côtelettes de poulet.	293
Oie en daube.	281	Fricassée de poulet à la gelée.	293
à l'allemande.	282	à la bourguignonne.	293
Cuisses d'oie à la purée.	282	Poulet à la Mauduit.	293
Aiguillettes d'oie.	282	Friteau de poulets à la Saint-Florentin.	294
Oie à l'anglaise.	282		
aux marrons.	282	Fricassée de poulet à la Bardoux.	294
à la Providence.	283	à la Saint-Lambert.	294
Ailes et cuisses d'oies à la façon de Bayonne.	283	Du Pigeon.	295
		Pigeons rôtis.	295
Oie à la chipolata.	284	à la Saint-Laurent.	295
Cuisses d'oies à la lyonnaise.	284	à la crapaudine.	295
Oie à la flamande.	284	Compote de pigeons.	296
Du Poulet.	284	Pigeons à la casserole.	296
Poulet poêlé.	284	Côtelettes de pigeons.	296
au riz.	285	Pigeons aux petites racines.	297
à la Monglas.	285	Côtelettes de pigeons sautées.	297
à la Montmorency.	286	Pigeons aux pois.	297
à l'estragon.	286	en chipolata.	298
à la Marengo.	286	en papillotes.	298
à la broche pour entrée.	287	à la cuillère.	298
Fricassée de poulet.	287	Pigeons gautiers à la financière.	298
Poulet à la tartare.	288	à l'aurore.	299
à la reine.	288	Pigeons en ortolans.	299
Fricassée de poulet à la chevalière.	288	à la monarque.	299
		en macédoine.	299
à la minute.	289	Chartreuse de pigeons.	299
Sauté de filets de poulet au suprême.	289	Pigeons en caisse.	300
		Ramereaux en marinade.	300
Orly de poulet.	289	poêlés.	300
Cuisses de poulet au soleil.	289	à l'étouffade.	301
à la Périgueux.	290	Des Tourtereaux.	301
Aspic de blanc de poulet.	290	Ortolans, Rouges-Gorges, etc.	301
Poulet en mayonnaise.	291		

CHAPITRE XI. — DU POISSON.

Esturgeon au court-bouillon.	303	Coquilles de turbot.	307
à la broche.	304	Mayonnaise de turbot.	307
au four.	304	Flotte.	308
Côtelettes d'esturgeon en papillotes.	304	Barbue grillée.	308
		Cabillaud à la hollandaise.	308
Esturgeon en fricandeau.	304	à la crème.	308
Kavia.	304	aux huîtres.	309
Du Thon.	305	en dauphin.	309
Du Turbot.	305	farci.	309
Turbot au court-bouillon.	305	à la hambourgeoise.	309
à la béchamel.	305	aux fines herbes.	310
à la crème.	306	De la Raie.	310
sauce aux câpres.	306	Raie à la sauce de son foie.	311
en croquettes.	306	Carrelets à la bonne eau.	311
en salade.	306	grillés.	311
sauce hollandaise.	306	à la bonne femme.	311
en matelote.	306	sauce aux câpres.	311
au gratin.	307	Plies.	311
Filets de turbot frits.	307	Alose grillée.	312
à l'anglaise.	307	Filets d'alose sautés.	312

TABLE

	Pag.
Stock-fish.	312
Vol-au-vent de stock-fish.	312
Stock-fish au gratin.	312
à la lyonnaise.	313
au beurre noir.	313
à la provençale.	313
Morue à la maître-d'hôtel.	313
à la provençale.	313
à la béchamel.	314
fraiche.	314
Croquettes de morue.	314
Morue à la bourguignonne.	314
Queues de morue à l'anglaise.	315
Morue au gratin.	315
au parmesan.	315
Anguille de mer.	315
Sauté d'anguille de mer.	315
Anguille de mer à la poulette.	316
sauce aux anchois.	316
sauce hollandaise.	316
Saumon au bleu.	316
à la génoise.	317
sauce aux câpres.	317
Sauté de filets de saumon.	317
Filets de saumon en baril.	317
Croquettes de saumon.	318
Saumon en mayonnaise.	318
en salade.	318
à la hollandaise.	318
fumé.	318
salé.	318
au beurre de Montpellier.	318
Pâté chaud de saumon.	318
froid de saumon.	319
Escalopes de saumon.	319
Coquilles de saumon.	319
Galantine de saumon.	319
Truite au court-bouillon.	319
à la génoise.	320
Aiguillettes de truite à la Saint-Florentin.	320
Petits pâtés de truite.	320
Truites farcies.	320
à la Chambord.	321
frites.	321
Soles sur le plat.	321
Filets de soles sautés.	321
en mayonnaise.	321
Soles à l'eau de sel.	322
Filets de soles en salade.	322
Soles en matelote.	322
Filets de soles en turban.	322
à la Orly.	323
au gratin.	323
à la hollandaise.	323
à la chevalière.	323
Soles frites.	323
à la provençale.	323
Limandes sur le plat.	324
Éperlans à la bonne eau.	324
frits.	324
au gratin.	324
Maquereaux à la maître-d'hôtel.	324

	Pag.
Maquereaux à l'eau de sel.	324
Sauté de filets de maquereaux.	324
Maquereaux en papillotes.	325
Laitances de maquereaux.	325
Maquereaux à l'anglaise.	325
au beurre noir.	325
Merlans, sauce ravigote.	325
à la bonne eau.	326
grillés.	326
Sauté de filets de merlans.	326
Quenelles de filets de merlans.	326
Merlans frits.	326
à la hollandaise.	326
Filets de merlans à la Orly.	327
Merlans au gratin.	327
Filets de merlans aux truffes.	327
Atelets de filets de merlans.	327
Filets de merlans en turban.	327
à l'anglaise.	327
à la Conti.	327
Plies à l'italienne.	327
grillées, sauce aux câpres.	327
Grondins à l'italienne.	328
Rouget.	328
Poule de mer.	328
Vives, sauce aux câpres.	328
à la maître-d'hôtel.	328
à l'allemande.	328
Brochet au court-bouillon.	329
sauce à la portugaise.	329
Sauté de filets de brochet.	329
Brochet à la Chambord.	329
au raifort.	329
Filets de brochet à la béchamel.	329
Coquilles de brochet.	329
Brochet frit.	330
Grenadin de brochet.	330
Côtelettes de brochet en papillotes.	330
Salade de brochet.	330
Carpe au bleu.	330
au court-bouillon.	330
grillées, sauce aux câpres.	330
à la Chambord.	331
Matelotes.	331
à la marinière.	331
Quenelles de carpes.	331
Carpe à l'allemande.	331
Sauté de filets de carpe.	332
Carpe frite.	332
farcie.	332
Laitances de carpes frites.	332
Aspic de laitances de carpes.	332
Croquettes de laitances de carpes.	332
Coquilles de laitances de carpes.	333
Fricandeau de carpes.	333
Anguille à la broche.	333
à la tartare.	333
Roulade de filets d'anguilles.	333
Anguille au soleil.	334
à la poulette.	334
piquée.	334
à l'anglaise.	334

DES MATIÈRES.

	Pag.		Pag.
Tanche à la poulette.	335	Goujons frits.	337
en matelote.	335	Homard.	337
frite.	335	Langouste.	338
Barbillon grillé.	335	Ecrevisses à la crême.	338
Moules crues.	335	en matelote.	338
au naturel.	335	Des Crevettes.	338
en atelets.	335	Croquettes de crevettes.	338
au soleil.	335	Huîtres en coquilles.	338
en marinade.	336	en atelets.	338
à la poulette.	336	au soleil.	339
Lamproie à la tartare.	336	en marinade.	339
Perches au beurre.	336	sur le gril.	339
à la pluche verte.	336	Harengs grillés.	339
à la hollandaise.	336	pecs.	339
frites.	336	saurets.	339
au vin.	337	Anchois.	340
à la polonaise.	337	Sardines fraîches.	340
Tanches.	337	salées.	340
Lotte.	337	De la Tortue.	340

CHAPITRE XII. — DU ROTI.

	Pag.		Pag.
Pièce d'aloyau.	341	Oie.	343
Poitrine de veau.	341	Poularde.	343
Mouton entier à la broche.	341	aux truffes.	343
Roast-beef de mouton.	341	Caneton.	343
Quartier de mouton.	342	Poule de bruyères.	344
Roast-beef d'agneau.	342	Faisan.	344
Quartier de sanglier.	342	Sarcelle.	344
Quartier de chevreuil.	342	Perdreaux rouges et gris.	344
Cochon de lait.	342	Bécasses.	344
Levraut.	342	Grives.	344
Lapereau.	342	Cailles.	344
Dindon.	342	Mauviettes.	344
Dinde aux truffes.	343		

CHAPITRE XIII. — DE LA PATISSERIE.

	Pag.		Pag.
Pâte à dresser.	345	Pâté de foies gras de Strasbourg.	353
brisée.	346	Terrine de Nérac.	353
Feuilletage.	346	Darioles.	353
Croûte de pâté chaud.	346	Echaudés.	354
Pâté froid.	347	Biscuit de Savoie.	354
Petits pâtés au naturel.	347	Biscuits d'amandes.	355
au jus.	347	aux avelines.	355
Vol-au-vent.	347	aux pistaches.	355
Pâte à brioche.	348	au chocolat.	355
à baba.	348	aux marrons.	355
allemande.	349	au riz.	355
à la Madeleine.	349	au citron ou à l'orange.	355
à la turque.	349	à la crême.	355
à biscuit.	349	Massepains.	355
à Pouplin.	349	Meringues.	356
à choux.	350	Gaufres ordinaires.	356
d'office.	350	à l'allemande.	356
Frangipane.	350	à la flamande.	357
Pâté chaud à la ciboulette.	350	Croquignoles.	357
Tourte de godiveau.	351	Génoises.	357
Pâté de pigeons à l'anglaise.	351	Glace royale.	358
de jambon.	352	Gâteau à la reine.	358
de perdreaux.	352	Nougat.	358
de volaille.	353	Fondus.	358
de gibier.	353	Talmouses.	358

Couques.	359	Gimblettes.	364
Biscottes.	359	Choux à la cuillère.	364
Tourte aux truffes à l'anglaise.	359	Gâteau de mille feuilles.	364
de frangipane.	360	Sultane à la Chantilly.	364
au rognon de veau.	360	Rissoles aux confitures.	365
à l'anglaise.	360	à la frangipane.	365
aux épinards.	360	aux fruits.	365
aux confitures.	360	Crème frite.	365
aux fruits.	361	Beignets de céleri.	365
Tartelettes aux confitures.	361	Macaroni.	366
aux fruits.	361	au gratin.	366
à la frangipane.	361	Timbale de macaroni.	366
Petits gâteaux d'amandes.	361	Petits gâteaux à la Madeleine.	366
Gâteaux fourrés.	361	Gâteau au riz.	366
Gâteau d'amandes massif.	361	Pets de nonne.	367
Pudding à l'anglaise.	362	Omelette aux confitures.	367
aux fruits.	362	soufflée.	367
Gâteau de carottes.	362	Soufflé de pain à la vanille.	367
Flan de nouilles.	363	de pommes de terre.	368
de semoule.	363	au chocolat.	368
de fruits.	363	au riz.	368
à la frangipane.	363	Charlotte russe.	368
Croque-en-bouche.	363		

CHAPITRE XIV.
DES CRÈMES ET ENTREMETS DE FRUITS.

Petits pots de crème à la fleur d'oranger.	369	Crème grillée.	371
		minime.	371
au café vierge.	369	soufflée.	371
au caramel.	369	Lait d'amandes.	372
aux pistaches.	370	Œufs à la neige.	372
Crème au naturel.	370	Charlotte de pommes.	372
fouettée.	370	Marmelade de pommes.	372
d'amandes.	370	Beignets de pommes.	373
au chocolat.	370	Pommes meringuées.	373
au café blanc.	371	Beignets d'abricots et de pêches.	373
au thé.	371	d'oranges.	373

CHAPITRE XV. — DES LÉGUMES.

Fécule de pommes de terre.	374	Concombres à la crème.	379
Pommes de terre à la maître-d'hôtel.	374	farcis.	379
		Épinards à l'anglaise.	380
à l'anglaise.	375	au velouté.	380
à la crème.	375	Oseille, cerfeuil, poirée, etc.	380
à l'allemande.	375	Choux-fleurs à la sauce blanche.	381
à la provençale.	375	au fromage.	381
sautées au beurre.	375	Choux farcis.	381
Quenelles de pommes de terre.	376	à la crème.	382
Topinambours.	376	Laitues hachées.	382
Carottes au beurre.	376	à l'espagnole.	382
Céleri à l'espagnole.	376	farcies.	382
frit.	376	Romaines hachées.	382
Cardons.	377	Lentilles fricassées.	382
Salsifis.	377	Haricots blancs.	383
Artichauts.	377	Petits pois au beurre.	383
au velouté.	377	à l'anglaise.	383
aux fines herbes.	377	Asperges.	383
à la lyonnaise.	378	Fèves de marais.	384
sauce hollandaise.	378	Haricots verts à la poulette.	384
frits.	378	à l'anglaise.	384
à la barigoule.	379	en salade.	384
à la provençale.	379	Aubergines.	385

DES MATIÈRES.

	Pag.		Pag.
Macédoine à la béchamel.	385	Truffes à la Périgueux.	387
Choux de Bruxelles.	385	Patates.	387
brocolis.	385	Houblon.	388
rouges à la hollandaise.	385	Giromon.	388
rouges à l'allemande.	385	Artichauts de Barbarie.	388
Croûte aux champignons.	386	Tomates farcies.	388
Champignons aux fines herbes.	386	Chicorée conservée pour l'hiver.	388
grillés.	386	Haricots verts conservés pour l'hiver.	389
Croûte aux morilles.	386	Cornichons confits.	389
Mousserons.	387	Manière de conserver les petits pois et autres légumes d'après M. Appert.	389
Truffes au vin de Champagne.	387		
à l'espagnole.	387		
à l'italienne.	387		
à la piémontaise.	387	Artichauts conservés pour l'hiver.	390

CHAPITRE XVI. — DES ŒUFS.

Omelette aux fines herbes, etc.	391	Œufs à la crême.	393
Œufs brouillés.	391	frits.	393
pochés.	392	à la tripe.	393
sur le plat.	392	à l'aurore.	393
au beurre noir.	392	farcis.	393

CHAPITRE XVII. — DE L'OFFICE.

Du sucre : manière de le clarifier; ses différens degrés de cuisson.	396	Gelée d'oranges pour entrée.	403
		de fraises pour entrée.	403
Abricots confits.	397	de fleurs d'oranger pour entrée.	403
Pêches confites.	398	d'ananas pour entrée.	403
Prunes confites.	398	de marasquin pour entrée.	404
Poires confites.	398	au rhum.	404
Oranges confites.	398	au vin de Madère.	404
Citrons confits.	398	au vin de Malaga.	404
Conserves de fleurs d'oranger.	398	au café.	404
de groseilles.	398	de cassis pour dessert.	404
de cerises.	399	de groseilles framboisée pour dessert.	404
de framboises.	399		
d'épine-vinette.	399	d'épine-vinette.	405
de fraises.	399	de pommes pour dessert.	405
Compote de framboises.	399	de coings.	405
de groseilles.	399	de roses pour dessert.	405
de cerises.	399	Confitures de cerises.	405
de fraises.	399	Abricots à l'eau-de-vie.	405
d'abricots entiers.	399	Pêches à l'eau-de-vie.	406
de pêches.	400	Poires à l'eau-de-vie.	406
de prunes.	400	Prunes de reine-claude à l'eau-de-vie.	406
de pommes.	400		
de poires de martin-sec.	400	de mirabelle à l'eau-de-vie.	406
de bon-chrétien.	400		
de rousselet.	400	Cerises à l'eau-de-vie.	406
de catillard.	400	Fleurs d'oranger pralinées.	406
de coings.	400	Amandes pralinées.	406
de verjus.	400	Pistaches pralinées.	406
d'oranges.	401	Avelines pralinées.	406
Marmelade d'abricots.	401	Glace de cerises.	407
de pêches.	402	de fraises.	407
de coings.	402	de framboises.	407
de poires.	402	de groseilles.	407
de prunes.	402	d'abricots.	407
de cerises.	402	de pêches.	408
de framboises.	402	aux citrons.	408
de fraises.	402	aux oranges.	408
d'épine-vinette.	402	aux bigarades.	408
de verjus.	403		

TABLE DES MATIÈRES.

	Pag.		Pag.
Glace aux cédrats.	408	Ratafia de cassis.	412
de crême à la fleur d'oranger.	408	de framboises.	412
		de mûres.	412
de crême à la rose.	408	d'abricots.	412
de crême aux pistaches.	408	de pêches.	412
aux avelines.	408	de coings.	412
de crême au chocolat.	409	de brou de noix.	412
de crême au café.	409	de genièvre.	413
Fromage glacé.	409	de noyaux.	413
Sirop de violettes.	409	d'angélique.	413
de capillaire.	410	de citronnelle.	413
d'orgeat.	410	d'oranges.	413
de guimauve.	410	de raisin muscat.	413
de mûres.	411	Crême de cédrats.	413
de groseilles.	411	Parfait amour.	414
de fraises.	411	Huile de girofle.	414
de framboises.	411	Anisette de Bordeaux.	414
de vinaigre framboisé.	411	Crême de noyaux.	414
Ratafia des quatre fruits.	411	Café à l'eau et à la crême.	414
de groseilles.	412		

FIN.

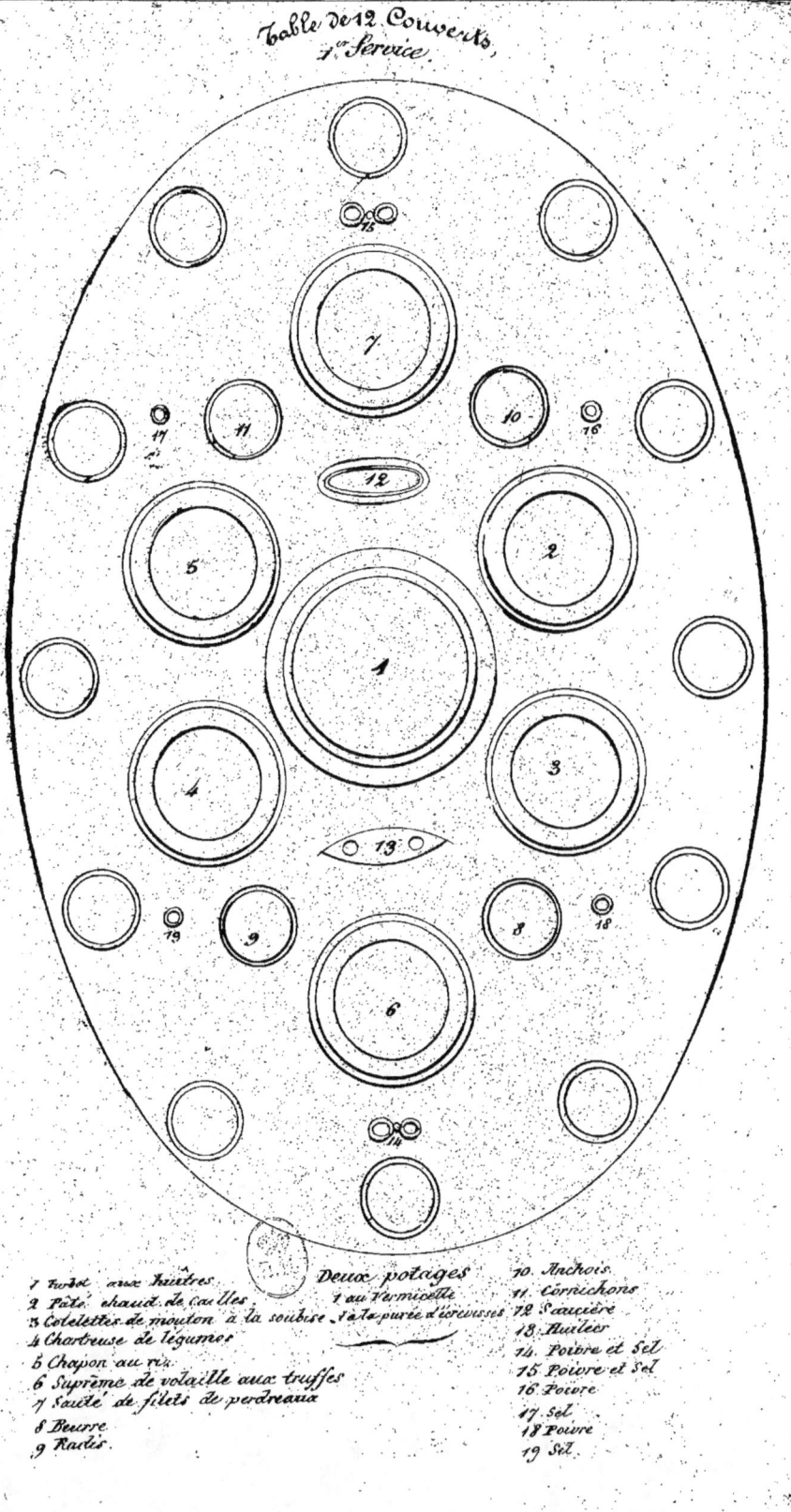

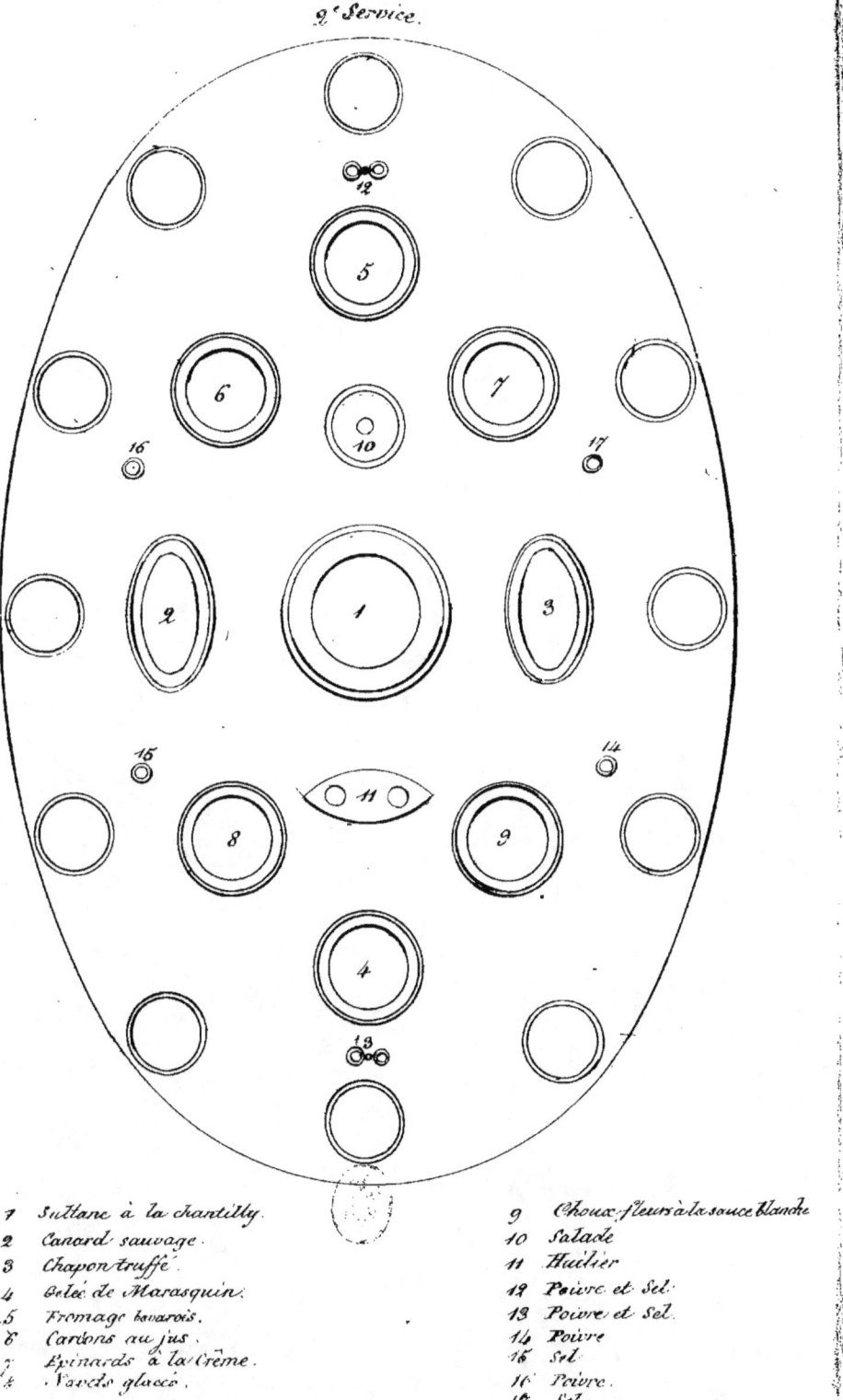

2.ᵉ Service.

1   Sultane à la chantilly.
2   Canard sauvage.
3   Chapon truffé.
4   Gelée de Marasquin.
5   Fromage bavarois.
6   Cardons au jus.
7   Épinards à la Crème.
8   Navets glacés.
9   Choux-fleurs à la sauce blanche.
10 Salade.
11 Huilier.
12 Poivre et Sel.
13 Poivre et Sel.
14 Poivre.
15 Sel.
16 Poivre.
17 Sel.

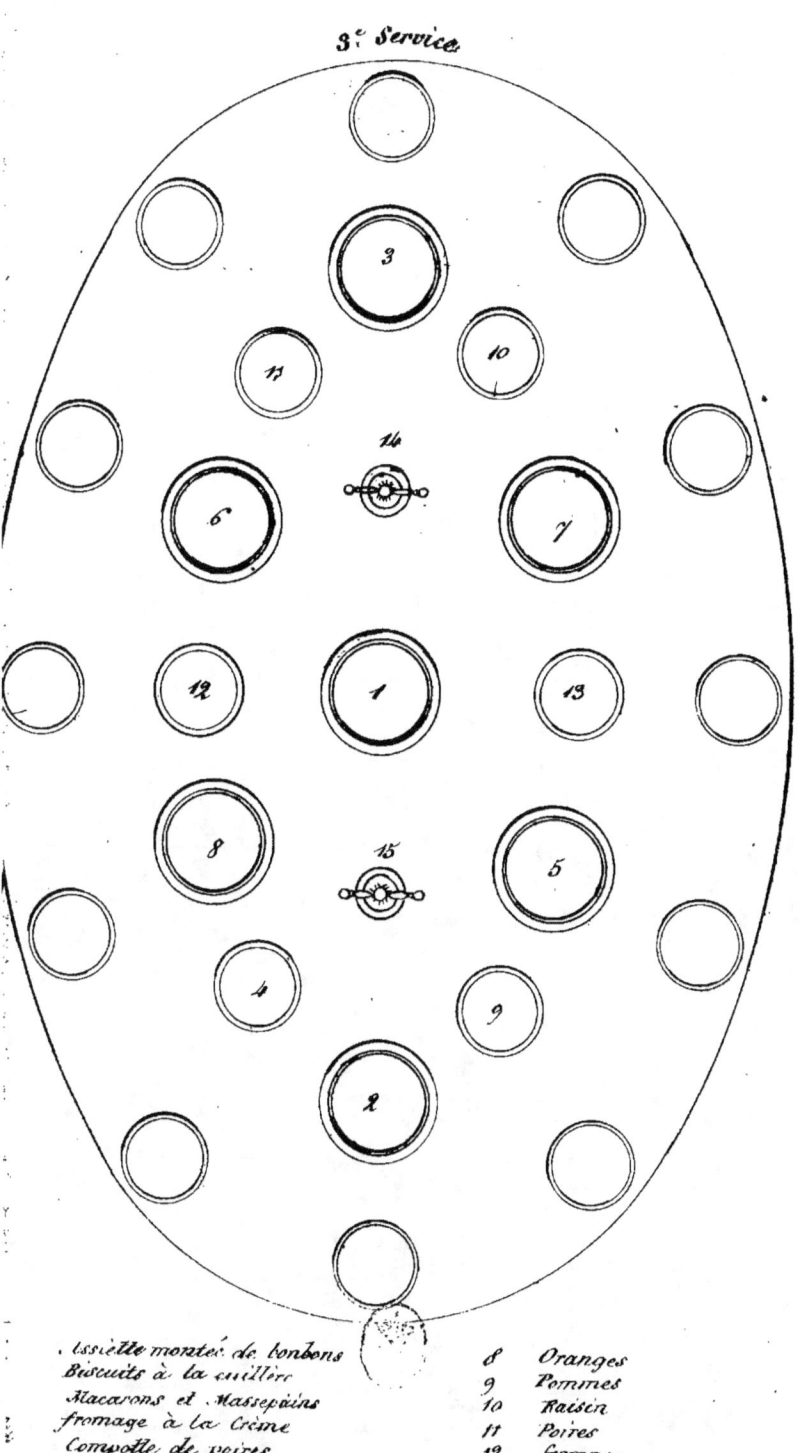

3.ᵉ Service.

1. Assiette montée de bonbons
2. Biscuits à la cuillère
3. Macarons et Massepains
4. Fromage à la Crème
5. Compotte de poires
6. id. de pommes
7. id. de Marrons
8. Oranges
9. Pommes
10. Raisin
11. Poires
12. Fromage
13. Sucrier
14. Flambeaux
15. id

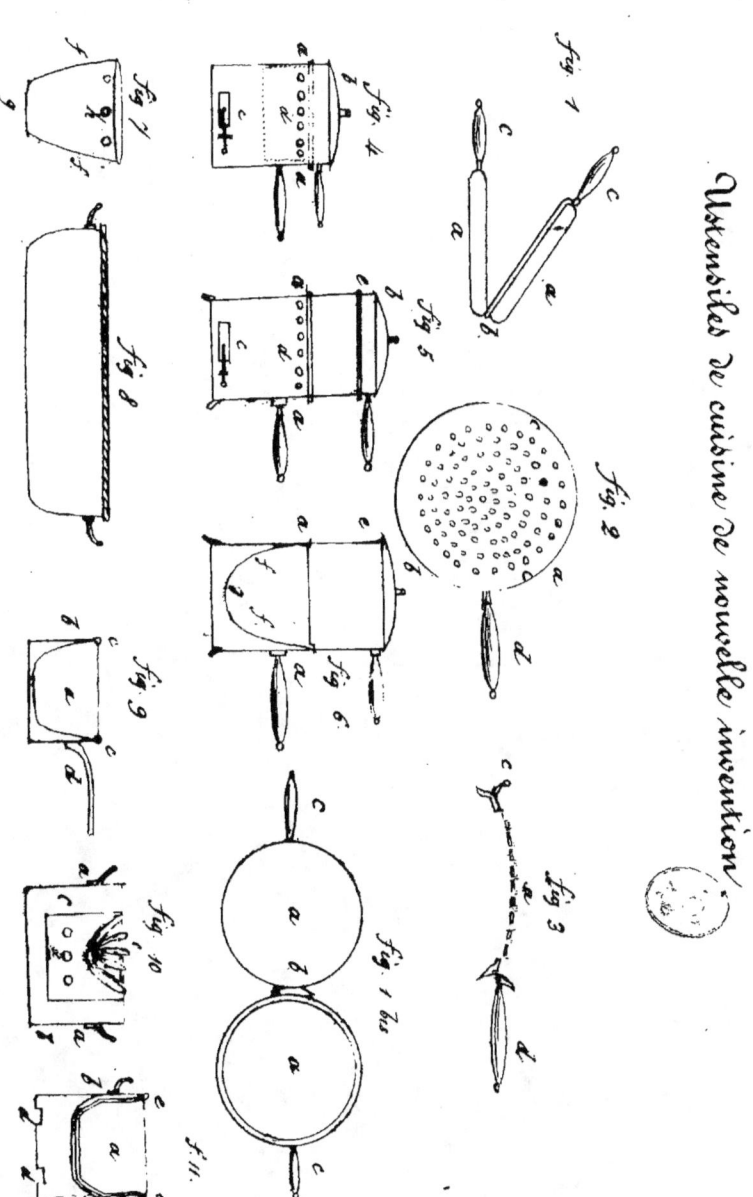

www.ingramcontent.com/pod-product-compliance
Lightning Source LLC
Chambersburg PA
CBHW070543230426
43665CB00014B/1795